黄河三角洲

乡语漫谈

刘东辉 著

中国传媒大学出版社
·北京·

图书在版编目（CIP）数据

黄河三角洲乡语漫谈 / 刘东辉著 . -- 北京：中国传媒大学出版社，2023.12

ISBN 978-7-5657-3537-0

Ⅰ.①黄… Ⅱ.①刘… Ⅲ.①黄河—三角洲—西北方言—俗语—方言研究 Ⅳ.① H172.2

中国国家版本馆 CIP 数据核字（2024）第 006883 号

黄河三角洲乡语漫谈
HUANGHE SANJIAOZHOU XIANGYU MANTAN

著　　者	刘东辉
责任编辑	王　硕
责任印制	李志鹏
封面设计	蒋凯瑞

出版发行	中国传媒大学出版社		
社　　址	北京市朝阳区定福庄东街 1 号	邮　编	100024
电　　话	86-10-65450532　65450528	传　真	65779405
网　　址	http://cucp.cuc.edu.cn		
经　　销	全国新华书店		
印　　刷	北京联合互通彩色印刷有限公司		
开　　本	710mm×1000mm　1/16		
印　　张	25		
字　　数	346 千字		
版　　次	2024 年 3 月第 1 版		
印　　次	2024 年 3 月第 1 次印刷		
书　　号	ISBN 978-7-5657-3537-0/H・3537	定　价	98.00 元

本社法律顾问：北京嘉润律师事务所　郭建平

序 言

（一）

乡语，意思是有限乡域范围内的方言、俗语。方言，简单地说就是语言的地方变体，一种语言中跟普通话有区别的、只限于一个地区的语言。包括语音、语汇；俗语，也叫俗话，是一种人们口头创作流传的、形象的、定型的语句，反映着时代的风尚和人们的思想感情。俗语与格言、歇后语、常用语、惯用语以及方言之间，存在着互相转化、借用的现象。有的格言、歇后语等，本身也是俗语的一种形式。俗语的句式自由、可长可短，没有固定格式，灵活通俗，较少文气，利于通行，风趣、幽默、俏皮，善于描摹世态风情。

"欲学齐言莫楚居"。从小，听父亲使用、讲解家乡那些满含生活情趣的乡语典故，就觉得饶有趣味。后来，几十年的乡村生活，耳濡目染，印象更加深刻。

福建师范大学侯西安教授在讲述《中国传统文化趣谈》中说："对'知其所以然'的热情，才能够唤起我们对于传统文化的巨大热情和兴趣。如果真知道了'为什么'，再回过头回味'是什么'，我们将会对中国传统文化兴致盎然。"

正是这种感知，让我对伴我成长、生活的乡言俗语产生了进一步探寻的兴趣。

通过对这些乡言俗语的学习、了解，让我既深刻体会了黄河三角洲世世代代老百姓生活的不易，也让我深深感受到了祖祖辈辈家乡人语言艺术的智慧。

"一切的语言史都可以认为是文化史的一部分"(王力)。

习近平总书记说:"黄河文化是中华文明的重要组成部分,是中华民族的根和魂。要推进黄河文化遗产的系统保护,守好老祖宗留给我们的宝贵遗产。要深入挖掘黄河文化蕴含的时代价值,讲好'黄河故事',延续历史文脉,坚定文化自信,为实现中华民族伟大复兴的中国梦凝聚精神力量。"

"要真正认识把握我们的民族精神、民族文化与民族意识,真正认识我们的文明、我们的民族性,就必须全面认识千千万万民众中所生发、传承、使用并认知的民间风俗。"(《中国民俗通志·总序》)

乡语俗话既是民俗语言,又是语言民俗。

(二)

恩格斯说:"语言是从劳动中并和劳动一起产生出来的。"千百年来,相对稳定的农耕生活、乡居环境,产生了农耕文化背景下的丰富的乡土语言。黄河三角洲特殊的地理环境,使得这方热土,既涵养在齐鲁文明的大雅之中,有着古老而灿烂的历史,又饱经生活的风霜雨雪,历经沧海桑田的变迁,使之造就了浓厚、独特、活泼的民俗文化。许多生活习惯、民俗文化经过历史的涤荡,沉淀在乡言、俗语之中,化为了活泼精妙、带有鲜明地方色彩的民俗语言。

语言来自生活,新的生活产生新的语言,生活改变,依附于那些旧生活的语言便随之沉寂、沉淀,固化在历史的河床上。

官文化、雅文化背景下的官话雅言,是通过书籍著作的形式传播、留存,而乡言俗语的流行、延续,绝大多数是靠口耳相传,尤其是那些产生于特定环境的村语庄言,流传范围小,途径更少。受社会环境、生活条件的限制,虽然同样蕴含着语言的精妙魅力,乡语却大多不能见之于书籍典章，只能依靠特定的传播媒介，即特定的人群、生活方式和环境，才得以留存传播。一旦这些条件发生改变，与之伴生的乡俗语言的流传就会受到影响，甚至终止，继而导致其湮灭。

当今社会，以前所未有的发展速度，改变着广大乡村稳固了几千年的农耕生产生活方式。旧的生产生活方式消亡，一些传统农耕文化背景下的乡村习俗，逐渐淡出了人们的生活。祖祖辈辈定居的乡村环境也被迅猛发展的城镇化、现代化冲击而逐渐改变，甚至消失，与之伴生并存的乡语村言，正面临着快速的沉寂。

为了避免这些凝聚了祖祖辈辈黄河三角洲人语言才智的文化结晶湮灭在历史长河中，对富于鲜明地方特色乡言俗语的整理、保存刻不容缓。

（三）

乡语俗话从形式上看是带有鲜明民俗色彩的语言，而这些语言语义又紧密关联着丰富具体的文化背景。"语义的历史又是语言史的一部分"（王力）。就连美国语言学者萨丕尔也说，"语言的背后是有东西的。"因此，对于民俗语言的理解，仅限于语言字词的表面意义是远远不够的。

为了更好地整理、保存和使用这些经典的民间语言，就要在民俗情景中考察民间语言。武汉大学万献初教授在大学课程"说文解字"中说："每一个汉字就是一种民俗。"陈寅恪先生甚至说"凡解释一个字，即是做一部文化史"。同样，根植于民间生活的乡语，尤其是谚语、俗话，几乎每一句都包含着一个故事，反映着一个生活场景，表达着某种时代文化与精神元素。

清代语言考源类著作《谈征》之"吴序"有言："所谓老生常谈，忽之则皆为口头语，而不知世间无一语无一字无来处也。不征其故，真有日戴天而不知天，日履地而不知地。"黑格尔也说："熟知并非真知。"

"自然状态下的民间语言都是在特定的民俗情景中发生的，只不过语言的使用者习以为常而浑然不觉。当这些自然生长在生活土壤中的语言花朵被收集起来,就呈现为干枯的标本样的文字形式。将民间语言置于民俗情景之中,他就不再是孤立的词语形式,而是一种立体的文化现象。以此视角来考察民俗语言,有助于我们将语言与民众活动、民众精神联系起来,在历史文化传统与现实社会背景的交汇处,透过活生生的民俗活动来达到对语言民俗现象完整深入的认识。研究语言民俗而不顾其语境,不结合其借以存活的民众生活土壤,对语言现象的解释就容易流于单薄和片面了。"(《中国民俗通志·民间语言志》)

因此,对乡言俗语的整理,由于其区域、背景的局限性,要达到留存、延续的目的,就不能只把这些语句词汇简单地罗列出来。原因是这样一来,那些原本有血有肉、活灵活现的语言就像脱离生命本体的零枝碎叶、凤毛麟角,由于失去了它的根源,而变得扑朔迷离。由于这些语言有着鲜明的时代特性和生活背景,随着与之相应的时代和生活的远去,很多蕴含于这些俗语之中的民俗、生活元素已经模糊不清,如果单从字面上理解,已经不能准确地反映它的全部内涵,也不利于这些乡言俗语更好地使用、流传。如家乡方言"洋登赛"(注:记音词),是哪几个字,现在都没人能说清了。因为没人能说出其来历,用不了多久,连什么意思也没人知道了,自然也就消失了。

俗话说"是草都有根,是话都有因"。要想准确地理解这些乡言俗语的含义,充分体味它的魅力,完整保存它的文化价值,就要振叶以寻根,观澜而索源,还原产生这些语言的过往生活,讲好这些语言背后的故事,最大可能地厘清这些语言演变的来龙去脉,尽量做到"既征于古,又验于今"。

(四)

本书的题目之所以不用"土语""土话",是想强调,所谓土语方言，虽然流传于乡野，多反映乡土农耕的生活，但其语言构成、语言规范、语言艺术，一点不"土"，同样是汉语言的组成部分，同样具备汉语规范，甚至更具语言感染力。难能可贵的是，家乡话中还保留了许多古语雅言，例如：把衣服叫"衣裳"，把汤勺叫"调羹"等。清代翟灏所著《通俗编·总序》论述："夫古人之书，皆古人之方言也。而十三经、二十二史、诸子百家之书，则又各随一国一乡一隅之言……以其通于方言，故曰俗"。其实，你只要留心一下人们在写作、交谈中，在关键的地方都会加上"俗话说"，就可以知道俗话"不俗"了。更何况，有些方言俗语本来就源自旧时的官体、雅言。中国民俗学家、山东民俗学会副会长山曼先生在其著作《齐鲁乡语谭》中说："人常道是'街谈巷语'，语气间有点儿不足为凭的意思，其实，街谈巷语大有文章，只是按文人的传统总不肯十分注意它的存在与它的含金量罢了。"

一些文学大师从来没有鄙视过方言土语。在历史上，许多诗人就提倡"以故为新，以俗为雅"。唐人刘知几《史通》中有："所以晋楚方言、齐鲁俗语，六经诸子载之多矣。"中国近代提倡"诗界革命"的黄遵宪有诗："……我手写我口，古岂能拘牵？即今流俗语，我若登简编，五千年后人，惊为古斓斑。"他把"流俗语"看作是诗歌流芳百世的典范。方言是地方语言，俗语包含在方言之中。鲁迅《门外文谈》说："方言土语，很有意味深长的话，我们那里叫'炼话'，用起来很有意思的。恰如文言的用古典，听者也觉得趣味津津。"有道是："最干净的水是泉水，最精炼的话是谚语""谚语——语言中的盐"。胡适说："国语不过是最优胜的一种方言；今日的国语文学，在多少年前，都不过是方言文学。"

（五）

一个地方的方言、俗语来源有多个，有当地的生活故事、风俗习惯、生产方式，也有国体官制，甚至是经史子集，还有外埠四域的传说故事等。有些方言看似与当地生活生产风俗无关，但作为地方风俗组成部分的语言民俗，同样是当地社会生活的一个方面，也需要真实地记录和反映出来。

各地方言俗语的形成过程中，相近的生活体验，产生了相似的语义表达，这一现象再次证明了语言来源于生活的真理。如："先弄个幺在手"和"先打个兔子别在腰里再说"，涉及事项不同，但喻意很相像。类似这样的语汇，在其他著作中有记载的，本书便不再独立记叙，仅用作旁证、引用。也算作另一种形式的呈现。

有些俗语虽然在黄河三角洲流传使用，但不是黄河三角洲独有，或者不是源自黄河三角洲。然而，随着社会大环境的改变，这些俗语涉及的内容已经不被多数人熟悉，如"一物降一物，卤水点豆腐"。现在真正的卤水豆腐很少了，点豆腐的卤水是什么物质，怎么制作的，绝大多数年轻人不知道，这势必影响了语汇的使用。另外将这些流传范围广，甚至现代汉语通行的俗语记录诠释，也是旨在最大可能地对当地语言语汇的组成做客观呈现。

有些存在黄河三角洲区域内的乡语，因其包含的相关事物，或相对简单，其背后的生活元素直白，或因其流传广泛，不会因某地生活环境的变化而消失在人们的视野或记忆中，所以，这些语汇没有阐述。如：马尾拴豆腐——提不得。

本书侧重记叙那些在乡域、区域内影响大、流传广的方言俗语。在黄河三角洲区域的村庄里，还存在一些源自本村邻庄的故事而形成的俗语，但由于人物影响小，这些方言俗语只有在少数人中流传、使用，便未做记录。

（六）

民俗因民而生，因俗而传，不需要严格的"发布审核"，俗语也是如此。所以，其中难免存在很多误听谬传。如以前，庄乡人打趣别人节俭、勤快、过日子劲头大，经常会说："你这么能过（会过日子），打谱过成九金梦家啊？"以前常听街坊邻居讲这个富家大户"九金孟家"的故事，也称之"九金孟"。凡事都讲究个来龙去脉的父亲，也是这么说的。而著书立说的徐珂在著名的《清稗类钞》中则称"九经孟家"。其实，不管是"九金孟家"还是"九经孟家"都是误传所致的误称。这个大户孟家实为"旧军孟家"，本是过去济南府章丘县旧军镇的孟氏家族，当地人称"旧军孟"。是以瑞蚨祥为代表的"祥"字商号的东家，闻名遐迩的缙绅地主和商业资本家。可见乡语流传的某些内容不一定准确。所以，对类似的情况读者要辩证地识别。

源于人们日常习俗的乡语，因时过境迁，"古之时人人知之，而今日遂为绝学"（《日知录》）。对于方言俗语来源的考证，做得好，可以正本清源，避免和纠正现代语言环境下因时代与文化断层而出现的对俗语语义理解的错误。像文史大师易中天把"摆谱"说成是："把脸谱摆出来"以此表示充脸面。其实摆谱摆的不是脸谱，而是族（宗）谱。出生于1981年，毕业于北京大学历史系的尤李在《老北京岁时风物：〈北平岁时志〉注释》中，把天灯解释为孔明灯。殊不知，这两种灯，一个在地上，一个在天上，遥不可及。

"晋师己亥渡河，有三豕之文"（《风俗通义》）。在有文字书籍记载的"经、史、子、集"中尚存在鲁鱼亥豕现象，何况仅仅以语音形式存在于人们口耳相传的方言俗语？语音形式的方言俗语，有些具体写为哪几个字，在以前的著述中找不到标准答案。正如《石钟山记》有论："士大夫终不肯以小舟夜泊绝壁之下，故莫能知；而渔工水师虽知而不能言。此世所不传也。"这些口语，不识字的庄户人会说不会写，而识字的读书人要么不熟悉乡土生活，在风物的理解上存在偏差，要么没做扎实的田野调查，就主观地随意确定一个字、词，又没有注明是仅做语音记录的记音字，故而谬误百出，以讹传讹。

从语言出现时起，就有方言存在。早在两千多年前，古人就对方言进行了系统研究。《现代汉语词典》收录的常用字不到一万，相比古代辞典多达七万、十万的字量，减少了数倍。这些减少的非常用字，一定有大量的方言用字。新中国成立前后的汉语言文字规范工作，都是为数不多的语言学家完成的。就像1925年由几个语言学家发起的"数人会"的宗旨一样："吾辈数人，定则定矣。"随着大量的汉字被排除在规范字之外，那些原本生僻的方言俗字更不能幸免，尤其是少有语言学家出现的华北地区。因此，很多原本仅以语音形式存在于方言中的词语，要找到与之相对应的正确用字，对于仅仅学习了普通话、规范字的人来说，很难做到完全正确。

近年来，文学创作有追求原生态的现象，乡土内容的作品春潮般涌现，再加上网络自媒体的广泛应用，使大量的方言俗语出现在文学作品中。网络传媒的随意性和普通作者文学素养的局限性，让很多作者随意用一个同音字来代替一个口语字，这就进一步造成了俗语用字的混乱、谬传。

针对这种情况，笔者对所涉及的方言俗语用字，除做了有根据的考证，还采用了中国现代语言文字学家沈兼士的方法："至于歌谣中遇着有音无字的方言，且不必管他怎样写，只要拿注音符号来标出他的声音就得……我对于研究方言，是抱定'考证而不轻易改定'的宗旨。保存现代方言的真实，以备查考音义转变之轨迹，以备后代研究现代方言的材料"（《一封讨论歌谣的信》）。我把这类不确切的方言俗语用字注明"记音字"，以给后来者保留研究的余地。

顾炎武在《日知录》里一面说"俚俗之言，亦不足辩"，一面又说："'数见不鲜'，意必秦时人语，犹今人所谓'常来之客不杀鸡'也。（陆）贾乃引此，以为父之于子亦不欲久恩，当时之薄俗可知矣。"他在这里还是以"俗"辨雅。

很多方言俗语虽然已成为现代通行的书面语，但因其来自今人不熟悉的古代世俗生活，所以，对于方言俗语来源的考证，可以为某些语言应用中在语义理解、文字选取上提供参考。

受区域限制和习惯影响，方言俗语的流传、理解，存在不统一，甚至彼此相左的现象，这也是乡野民俗的共同特点，正所谓"十里不同风，百里不同俗"。所以，对于因此造成的同一句乡语理解义项上的差别，我们要放在习俗形成的背景多样性，以及流传因素复杂性的前提下甄别。正如古人所言："缘物之情及人之情以为所闻，则得之矣。"（《吕氏春秋·察传》）

诚然，本书在编辑整理过程中，因作者水平所限，或因背景遥远，流传过程复杂，或因调查欠细致而造成考察、理解上的差别，使有些俗语在用字、用典、读音、义项的表述上存在错误或异议。此类问题，首先着眼于本区域语汇的记录、留存。也希望尊敬的专家、文友、读者指正，以使其正确的字、音、义、典得以留存。这也是笔者所殷切期望的。

本书内容虽不为时下流行题材，作为民俗俚语考究也难登大雅之堂，但若能像《日知录·潘序》所言："立言不为一时……异日有整顿民物之责者，读是书而憬然觉悟，采用其说……"也算对地方民俗语言文化传承有所裨益。

当今社会欣欣向荣，改变了几千年来从未改变的乡野生活。我们小时候的那前街后井、东场西湾，那父兄走过的土路，那母亲推过的石碾，姐妹呼唤亲人吃饭的声音……都随着世事的变迁，淹没在了城镇林立的楼丛中。一方面我们为摆脱了面朝黄土背朝天的稼穑艰难而欣慰，另一方面，我们也因失去了日出而作、日落而息的乡村恬静生活而失落。鸡犬相闻，街槐湾柳，成了绵绵岁月的奢望；弯弯古道，袅袅炊烟，化作了悠悠不尽的乡愁！岁月过往，物换星移，我们到哪里去寻找过去的家园，到哪里去寻找父母的印记？

好在"话语活着，文化就活着"。古希腊哲学家赫拉克利特认为"语言是存在的家"。"婆留乡语听来熟，恍在春风衣锦城"。让我们循着祖祖辈辈口耳相传的乡音俗语，回到那魂牵梦萦的生命故园，重温那过去的难忘时光！

作者声明：本书所记事例，只作方言举隅，切勿对号入座。如有雷同，纯属巧合。

目 录
Contents

第一章　故地旧事　01

　东北老灶洼　01

　刘官跑了驴高渡逮　02

　咋看咋冲胡家台　05

　一亩三分地儿　06

　弥河发大水——黄了稻田　07

第二章　秤上人心　10

　半斤八两　10

　打不起定盘星来　11

　不在里怀在面上　13

　不伤斤，不失义　14

　秤杆不离秤砣，老头儿不离老婆儿　15

　割耳朵　17

第三章　灯照千古　19

　灯下黑　19

　不是省油的灯　20

　站在那里和灯台一样　21

第四章　食中百味　23

　筶筶也不夯得那糕啊　23

　来个饼卷饼　24

二斤半锅饼——够呛　26

见不得穷人吃口面干粮儿　27

猪头烂了待锅嗖　28

有多大的荷叶，包多大的粽子　29

打煎包儿的浇汁儿——矮一辈　31

前老婆后汉子，韭菜合子两半子　32

撮撮（作作）地和豆包儿一样　33

第五章　钱贯古今　35

　拽钱不响　35

　掉到钱眼里出不来了　36

　二半吊子　37

　盘缠　38

　二百五　39

　当面银子对面钱　40

　知不道自家值几个大钱　42

　说大话，使小钱　43

　值不了几个子儿　44

　卖关子　45

第六章　牛耕岁月　48

　放了卫星了　48

庄稼随大溜	49
邻室家的牲口——借具	50
三十亩地一头牛,老婆孩子热炕头	51

第七章 江湖故事　53

叫花子咬牙——穷发狠	53
打破头扇子扇	54
砸牛骨头	55
三只手	56
龇狗牙与俾门框	58
要饭压破瓢	59
和叫街的似的	60
剃头挑子———头热	61
撂调侃	63
卖钢口	64
耍叉	66
管装不管卸	67
点眼药儿	68

第八章 梓工匠作　71

四撑八榨	71
摁着死卯子凿	72
木匠吊墨线——睁一只眼闭一只眼	73
黏得和大鳔啊似的	75
不看火色	75
吃干饭	77
铁匠家的儿拾锅铁——得了伸(参)了	78

第九章 仕途科举　80

谱局	80
这还用作三篇文章吗	81
加油	83
倒楣	85
水皮儿打一棍儿	86
磨勘	89

第十章 老铺古坊　92

吃不了兜着走	92
哪壶不开提哪壶	93
染坊里倒不出白布来	94
光往自家那脸上拨拉豆面子	96
黄了	98
幌子	99
滚蛋包儿	100

第十一章　新年旧事　103

光想着年五更吃包子——净想好事　103

自家的爆仗自家放　105

放了响鞭　106

二月二拜年——护谱　107

有钱没钱，回家过年　109

年五更打兔子——有它过年，没它也过年　111

第十二章　围锅就炕　113

漫着锅台上炕　113

吃着碗里的，看着锅里的　114

一个锅里摸勺，哪有筷子碰不到碗的　114

锅台角子也碍事　116

第十三章　人生如戏　118

不懂八板儿　118

一板一眼与二五眼　118

叫板　119

想起一出是一出　120

老扮老腔　121

措头子　122

忙得和二行吹手似的　124

楛了大花脸　125

第十四章　有女初嫁　126

一家女，百家提　126

上头儿铮铮——有数的　127

旋上轿旋扎耳朵眼儿　130

这不齐，那不齐，锣鼓一到全都齐　131

上车饺子下车面　132

大闺女坐轿——头一回　133

姥姥家那盒子——不轻快　135

抹了桌子另上菜　136

看席　137

第十五章　大车小辆　138

推车不嫌慢，就怕大歇欅　138

里手儿赶车——没外人　139

前头有车，后头有辙　140

分不出上下辙来　141

大车不走，铃铛先响　142

第十六章　稼穑艰难　145

觅汉头　145

满脑袋高粱花子　146

拉耞钩子　147

砸牛腿　148

压茬　149

一翻三不收　150

第十七章　虫鸟趣话　152

武大郎玩夜猫子——啥人玩啥鸟　152

和夜猫子笑嗄似的	153
枭鸟	154
屎壳郎跑到公路上——装小卧车	155
推碾压煞家陈子——贪吃不顾命	156
全到树摸老鸹——玩牢靠的	157
虾蟆还鼓鼓肚呢	158
当地蝼蛄当地拱	159
听见蝼蛄叫，还能不下种？	160
饶你？饶了南墙那蝎子	161
人生不嫌地面苦，鸭兰儿不离碱场窝	162
黄嘴角子	163
蝈蝈腚上那一根尾	164
小鬼儿鬼不过老家鸽	164

第十八章　吃饭穿衣　　166

你喝一壶的	166
闲喝茶似的	167
某某庄的送客	167
穿得像王八家那祖师	168
光脚的不怕穿鞋的	170
火龙单	171
今日脱下鞋和袜，不知明日穿不穿	173
贪恋几个米粒儿喝撑了肚子	173
吃饭穿衣量家当	174

喝西北风和喝风咽沫	174

第十九章　家用什物　　176

风牵杆子改罗床	176
地瓜抠梆子——不撑敲	177
砂锅捣蒜——一锤子买卖	178
该在板凳上睡，到不了床上头	179
扶竹竿，不扶井绳	180
两手抱着空伞杆	181
话匣子	181
撮撮地和荷包一样	183
一瓶子不满，半瓶子咣当	184
没有闲钱补笊篱	184
买得和全盒似的	185
打着灯笼也难找	186
一袋烟的工夫	188
坐蜡	190
拉得和漏腚筐嗄似的	190

第二十章　水中渔利　　192

小鬼欢气	192
肩小鱼	193
跑了的是大鱼	193
腚底下抠泥	194
一网打着满河的鱼	195

第二十一章　当局者事　197

把眼的不嫌局大　197

拿坐头　198

搅局　199

出点子　201

先弄个么在手　201

说出大天来也白搭　202

和押宝一样　203

第二十二章　人生终礼　204

白喜事　204

出殃　205

趴到灵棚里装亲生的　206

和抱孝帽子似的　207

砸了瓦碴儿子了　210

干顶瓦　211

少不了老和尚那俩经钱儿　212

第二十三章　耒耜耧耙　214

二齿子挝地没了镢　214

自家的箔子上柴火　215

放下杈把摸扫帚　216

借就榔榔头砸坷垃　217

榔晃耧　218

第二十四章　顺应民心　220

带加耗的　220

闹样盘　221

抗粮不缴——反了　222

第二十五章　绳头套索　225

翻绳提秤——好大的系（戏）　225

爹鼻　226

上套了　226

拾掇得钩挂吊鼻　227

踢蹬吊爿子　228

第二十六章　趣话游戏　229

瞪起眼来和砸杏核儿的似的　229

抓瞎　230

扬豹　231

一拃不如四指近　233

第二十七章　勤劳节俭　236

省囤尖，不省囤底　236

背着粪篮子推磨——臭一嘎啦儿　237

烤火不解怀，瞎了这把柴　238

剜到篮子里的才是菜　239

留着过见年　240

第二十八章　骡马牛驴　244

- 嚷嘴骡子卖驴钱——被了嘴的害了　244
- 课马上不得阵　245
- 懒驴上磨屎尿多　246
- 官庄借牛———陪　247
- 犟驴不喝湾水　248
- 借坡下驴　249
- 不像他姥姥家那走驴　250
- 骑着驴找驴　251
- 省钱买瘸驴,不算有眼色　252
- 打马骡子惊　253

第二十九章　古刑旧罚　255

- 一惊一乍　255
- 零刀旋　256
- 点天灯　257

第三十章　古代官体　258

- 旗杆底下误了差　258
- 八抬大轿也请不动　259
- 诈营　261
- 本身乡宦儿　262
- 做官掉了印　263
- 嘴上没有把门的　264
- 说不出个子儿啊卯儿来　265

- 打点　267
- 父母官　268
- 老皇历——念不得　269

第三十一章　俗人俗事　271

- 刮下春风下秋雨　271
- 长着个棉裤腰嘴,还想学那画眉叫　272
- 摆晒　272
- 摆谱　274
- 人五人六　276
- 有枣没枣打一杆儿　278
- 人家的庄稼自个的孩儿　279
- 醉煞不讣那壶酒钱　280
- 留一手　281
- 扒瞎话　283
- 好拉头　284
- 耍光棍　285
- 有钱的王八坐上席　285
- 好人不过三圆成　286
- 论堆　288
- 人家牵驴你拔橛　289
- 穷汉子乍富——知不道咋着好了　290
- 狗尿我长到金銮宝殿上　291
- 笑下大牙来　292

跐着鼻子上头——不要脸	294	描到墙头上	317
数不过被窝儿里几条腿来	294	**第三十二章 女红什样**	**319**
狗不咬加棍儿欻	295	走样儿	319
忿喜歌儿	296	绱鞋不用锥子——一针（真）好	320
光棍儿喝水，吃壶打壶	297	莱芜麻——大批（纰）儿的	321
懒汉子干	298	铰铛棒槌儿	323
和放了坡似的	298	来回牵机儿	324
马前作揖，强似马后磕头	300	**第三十三章 坐贾行商**	**325**
砸杠子与敲竹杠	301	要你那九斤十二两	325
烂泥糊不到墙上	302	干啥的说啥，卖啥的吆喝啥	326
洋灰脑袋	303	很经纪	328
水大还泡不倒墙	304	下重了乡	329
落淤	305	和卖不了的秫秸似的	330
借光	306	褒贬的是买主	331
抬杠	307	紧趸的庄稼，耍笑的买卖	332
识货不识货，掂着大的摸	309	散摊子	332
家有千口，主事一人	309	**第三十四章 相生相克**	**334**
力巴	311	鱼找鱼虾找虾，鲇鱼找那火嚎牙	334
秕子㸆糠下三烂	313	一物降一物，卤水点豆腐	334
扫地出门	314	是猫就逼鼠	336
吃饱了撑的	315	**第三十五章 锅碗瓢盆**	**339**
打谱过成九金孟家	316	知道锅儿是铁打的了	339

砸喽锅了	340
一锅做上那十二样饭	341
谁还没打个黑碗	343
噘起嘴来和撩油勺子似的	344
一勺子一碗	345
打了盆儿说盆儿，打了碗儿说碗儿	345
摁下葫芦瓢起来	346

第三十六章　数说世事　348

管他三七二十一	348
一推（退）六二五	349
"二一添作五""三一三十一"	351
四六不分	351
不摸四至	353
一尺墙头三尺法	354
龙汪河的枣树——独一	354
八杆子搭（够）不着	355
一个也是赶着，一群也是放着	356
十里无准信	357
七大姑八大姨	357

第三十七章　门窗户闼　360

窗户纸——捅就破	360
长了一副好门楼头子	362
大门不出，二门不迈	363

第三十八章　草木人生　366

横草拿不成竖的	366
拾柴的不跟放羊的走	367
瞎子扒豆楂——不离那块地茬	367
秆草把子换豆秸——茬不如一茬	368
歪脖子秋秋——各自一类种儿	369
扒喽（了）蒿子显出狼	370
苘杆子打狼，两头儿害怕	371
竖起草来有高低	371

第三十九章　油盐酱醋　373

稀罕得和香油啊似的	373
命是盐换的	373
吃忌讳	374
省盐酸了酱	376

第一章 故地旧事

东北老灶洼

小时候，听父亲拉呱儿，说如果到了一个地方，人烟稀少，前不着村后不着店，荒凉贫瘠，就形容好像到了"东北老灶洼"。

黄河三角洲濒临渤海，盐业资源丰富，制盐历史悠久。《尚书·禹贡》记载："海岱惟青州……海滨广斥，厥贡盐缔"。《管子》记载"渠展之盐"为诸国制盐之首。管仲相齐称霸诸侯，其财力主要"自渠展之盐"。《山东通志》记载："渠展之盐……在利津滨海"，即今天滨州、东营的东、北临海之地。黄河三角洲上至今仍然留存的众多与盐业有关的村名地名，像盐坨、坨庄、盐窝等，就是历史的见证。

19世纪50年代以前，此地南北有大、小清河横贯东西，水路运输发达，促进了当地盐业的兴盛。大清河下游又称盐河，是过去官盐、盐商运输通道。从前有"麻湾刘家不发船，济南府里缺了盐"的民间说法。刘家，就是清代经营盐场和水运的麻湾刘家。麻湾，清属蒲台新中国成立后，1956年蒲台县撤销，划归博兴县。其中有一段时间划入广饶。1989年划入东营市，今属东营市东营区。麻湾刘家和章丘旧军孟家、栖霞城北牟家为清代山东三大财主。

盐业的发展，经历了从煮盐到晒盐漫长的历程。起初，煮盐的地方称为

"灶地"。《清会典》记载："长芦、山东、两淮、福建、广东灶丁之地曰灶地"。黄河三角洲的东北地域在历史上灶地广布，俗称"东北灶"。

1855年，黄河向北改道，夺大清河入海。清光绪十年至三十年间，黄河连续四次决口。原先的"东北灶"全部淤积，成了沟汊纵横、蒿苇丛生的荒坡洼地。以前，由于环境恶劣，少有村落人家，只有垦户或移民来此开荒种地，且大都春来冬去，当地叫"种洼地"。至今当地还有不少叫"某某屋子"的地名，就是这段历史的遗痕。利津、垦利、广饶、沾化更多的是带"灶"的村名，如灶户王家、灶户信家、灶户刘家、孔家灶、杨家灶、谢家灶、前灶子、后灶子等。除了村名、地名延续了原先的滩池名字，整个大荒洼也依然冠以"东北灶"的名头，所以就有了"东北老灶洼"的说法。

后来，有的以"灶户"冠名的村庄，改成了"皂户"，不知是后人用字的不讲究，还是有意消除明清两代的户役制影响？

明朝四大户役为军、民、匠、灶。清朝沿用户役制，四大户役为民、军、商、灶。从一些历史资料上看，灶户的经济状况或许不低于民户，但不管明朝还是清朝，灶户的社会地位和自由度都不如民户。朝廷为了保障盐业生产和税收的稳定，对灶户（盐户）的管理控制，比对民户更加严苛，一旦成为灶户，世世代代难脱灶籍（至今尚未完全消除的户籍制，有其历史文化基础）。"灶户"背后是世代灶丁辛酸的生活。灶户改皂户，也许是后人不愿将祖先这些辛酸经历的记忆，透过"灶户"这个名字，一直传给后世子孙。因避讳而改名的现象，是造成许多地名或语言的留存产生歧义的原因之一。但岂不知"皂户"也是"贱籍"。

今天的"东北老灶洼"，早已变成了现代化的石油城和生态农业示范区，上演了抑或正还在上演着真正沧海桑田的变迁！

刘官跑了驴高渡逮

我的家乡博兴吕艺镇刘官庄是吕剧发源地，吕剧源远流长；本镇高渡村是地方传统戏剧抡腔的故乡，抡腔列入了省、市、县三级非物质文化遗产保护名录。正是这深远的影响，引发了一句流传百年的双关俗语："刘官跑了驴（吕戏）高渡逮（抡腔）"。

有资料把这句口耳相传的老话写成"刘官跑了驴高渡抡"，并当作吕剧名称源自"驴戏"的依据。需要指出的是：语中"抡"字，是转述者因不谙当地方言，单凭耳听的原话语音臆想来的。整句话这样写，已经无意中篡改了原话。

地方戏"抡腔"的"抡"字，表示"对原本就抓在手的绳、线、布做急促地一拉一松"，没有"捉、逮"的意思。如当地人说"用手抡一抡"等；而表示"捉""抓住"的"逮"字，在当地不读"dǎi"，而读作"děn"，和"抡"同音。谁家的牲畜跑了，都是要"逮（děn）住"，而不是"抡住"。因此，单从字面上理解，"刘官跑了驴高渡逮（děn）"才对。

也看到有的写成"刘官跑了驴高渡抡（腔）"，说是双关俏语。内行一看就知道是对双关修辞格一知半解。

《汉语修辞学·接受原则》："要正确地领会修辞格，首先必须掌握修辞格的相关知识，了解修辞格的结构、功能、特点以及修辞格产生的基础等，不仅要知其然，还要知其所以然，只有这样，才能真正有助于我们的阅读理解。"

双关修辞格分两种：语义双关和谐音双关。谐音双关又分谐音同字双关和谐音异字双关。

"抡"和"腔"无法构成"双关"，写成"刘官跑了驴高渡抡（腔）"，就不是双关格式了。推测这样写的人认为用"抡"字表示抡（动作：捉）和抡腔的双关，那也该写成："刘官跑了驴高渡抡（抡腔）"。这虽符合双关格式，但用一个"抡"字分指"捉"和"抡腔"，属于谐音同字双关。而根据句子成分的搭配关系，再结合当地方言的读音用字习惯，我们很容易看出，驴跑了再去"抡"，讲不通，因为驴跑了要"逮"（děn）。原话里的"děn"又暗指抡腔，这样，就明暗包含了两个同音字，属于谐音异字双关，应该写作刘官跑了驴"高渡逮（抴腔）"。

写成了"刘官跑了驴高渡逮（抴腔）"就是原话了吗？还不是。刘官的驴没跑，谁见过高渡逮过驴？因此，把两个村庄用一句话联系在一起的不是"驴"和"逮"，而是当时两个庄早已各自存在的戏——"缕戏（吕剧前身）"和"抴腔"。所以，类似"莲（怜）子心中苦，梨（离）儿腹内酸"，俗语原话是两两对举的并列关系，即两个村庄两种戏剧的谐音双关并举，书写格式应为"刘官跑了驴（缕戏）高渡逮（抴腔）"。意思是：刘官庄演"缕戏"，高渡村唱"抴腔"。

谐音双关语，表面字词不是表达的本义，本义是暗指的字词。例如"气管炎（妻管严）"。那直接写本义不行吗，为什么非得用一真一假两层意思呢？表面字词是为了制造诙谐，让人觉着有意思，以增强语言表达效果。这种语言现象，用在造句写文章中叫修辞；用在逗乐取笑中就是耍贫嘴。"刘官跑了驴（缕戏）高渡逮（抴腔）"就是这样的关系：有观众见刘官庄演的缕戏《王小赶脚》有跑驴场景，联想到高渡村唱的抴腔，就运用当地方言缕和驴，抴和逮的谐音关系，谐趣由此而来。

还原出"刘官跑了驴（缕戏）高渡逮（抴腔）"后，不难看出，这句话不但不是吕戏源自"驴戏"的证据，反而恰恰证实了"驴"是由"缕"谐音而来（另见作者《荒谬的驴戏说》一文）。

这条仅存且唯一带有地名的表现吕剧地缘关系的原始信息，也是刘官庄作为吕剧起源地的直接证据。

高渡村还是山东省滨州市第一个农村党支部诞生地。也是共产党领导的博兴"八四"暴动首义之地。

近年来，吕艺镇党委政府充分发挥红色文化和吕剧文化优势，分别在刘官庄和高渡村投资建设了智能化吕剧起源展览馆和高家渡革命历史纪念馆，发展红色旅游和吕剧文化建设，努力打造特色强镇。荣获"全国特色小镇""中国民间文化艺术之乡"称号。过去的穷乡僻壤，如今成了富裕、文明、宜居的美丽乡村！

咋看咋冲胡家台

山东博兴县吕艺镇，乃至周边乡村，以前的人大都知道或听说过"胡家台"。家，《康熙字典》：[唐韵]古牙切。即家乡方言中的"家（gā）"。

中国古代宫苑、宗庙、园林建筑常见的有宫、阙、殿、楼、亭、台等，"台"是其中具有独特风格的建筑。《老子》："九层之台，起于累土。"《尔雅》："观四方而高曰台。"像有名的凤凰台、幽州台等。胡家台便是曾闻名府县的一处古"台"建筑。康熙六十年编修的《博兴县志》记载："胡家台去城二十里，阔半亩，高数丈，四围环以女墙，建高阁于台上，西望长白东瞰沧溟，俯视支脉沟如横金带，为东北重镇，亦一大观也。"

胡家台原址，地处今天的吕艺镇马家村。马家村原名胡家台。古有胡姓立庄。后因马姓族人兴旺影响力大，更名为马家。相传高台为春秋时所建（未考）。胡家台曾被当地人视为神圣建筑。

《庙会与中国文化》"山东庙会群与泰山东岳庙会"一文中，"《山东庙会调查集》庙会调查简表"记载：庙会名称：胡家台；集会情形：演戏、酬神、买卖；集会人数：万余数；庙产：十余亩。

"相传，每年农历二月二十九是胡家台庙会。每逢庙会，信士香客云集该地，焚香祷告，酬神祈福。唱戏、说书，跑旱船，舞狮子，玩戏花（杂技），商品交易，男女择偶……人山人海，到处洋溢着一派热闹景象。"（《凤凰栖落胡家台》）

在当地，不仅流传着许多关于胡家台的神奇传说，还产生了与胡家台相关的乡语俗话。

集体化以前，土地私有，并且大都是小门小户的地块，地小邻多。为了节约那一点点的田地，邻地间都是一条窄窄的地岭子。没有公共的排灌沟渠等田间设施，以及树丛林带，甚至田野上连棵树都少见。古人讲："田中不得有树，用妨五谷。"（《汉书·食货志》）。胡家台周边只有一条明朝年间开掘的窄窄的支脉沟。所以，整个乡野之上一马平川，一览无余。因此，平原上高达数丈的胡家台，就像是矗立在海上的一座灯塔，方圆十几公里都能看见。

到了夏天，满坡的高粱长到半人多高，庄稼汉在田里锄地，为了不让高粱秆上的露水、桐油（注：蚜虫分泌物，家乡的俗称）弄脏衣服，就常常脱了上衣。人钻进庄稼地里锄地，由于庄稼秆挡视线，有个人怕衣服脱下后被偷，他就想把衣服埋在一个有标志的地点。四下巡视，发现自己站的地方正好冲着胡家台，他想：我冲着胡家台埋下衣服，待会我再冲着胡家台找就行了，于是放心地埋了下去。当他干完了活，准备找出衣服回家的时候，就在冲着胡家台的方向找，但是怎么也找不到。后来他才发现，不管他站到哪个位置，是咋看咋（怎么看都）冲着胡家台，他没了办法。

他确定埋点和胡家台两点成一线，却不懂他移动了以后，再连成的直线已不是原来的那条了，埋点也就没了原来的标志了。后来人们就用这件事，比喻那些因不谙事理，而一直走不出迷惑的人。

一亩三分地儿

按阴夏历日期，每年二月春分以后的黄昏，龙角星在东方的地平线上出现。因为二十八星宿中构成龙形的东方青龙七宿：角、亢、氐、房、心、尾、箕，此时只有龙角星显现，就像是潜龙刚抬头，只能看见露出的龙角一样，所以，这个天象叫"龙抬头"。古代帝王自诩为真龙天子，因此，每年二月二这天，帝王就出来躬耕劝农，以应天象。

据传，伏羲氏"重农桑，务耕田"，每年二月二这天，"皇娘送饭，御驾亲耕"，自理一亩三分地。后来，从黄帝到尧舜禹纷纷效仿。到周武王当政时期还被当作一项国策来实行。在二月二这天举行盛大仪式。这便是农历二月二日龙抬头的来历。谚语"二月二，龙抬头，大家小户使耕牛"。以前有年画《劝耕图》，上有打油诗："二月二，龙抬头，天子种地臣牵牛。正宫娘娘来送饭，当朝大臣把种丢。春种夏耕率天下，五谷丰登太平秋。古人杳然不见面，今日纸上又相逢。"

明朝，在皇都北京城正阳门外西南六里建先农坛。坛内设观耕台，作为春季皇帝检阅大臣耕作以示劝农的地方。耕作的农田为一亩三分地。到清朝时，为了表示对农业生产的重视，延续旧制，在先农坛划出一亩三分地的"演耕田"，每年在惊蛰时节，由皇帝、皇后"亲耕"。

至于为什么是一亩三分地，说法不同。一种说法是，在古代"一、三、五、七、九"被视为阳数，"一"和"三"为阳数中最小的，因为皇帝是天子，既要"亲耕"，又不能太劳累，所以定个最小面积的土地作为耕田。另一种说法是，明朝有十三个行政区划，称作"十三都司"，所以取了包含"十三"的一亩三分地作为"演耕田"，代指整个江山社稷。

民间还有一个传说，康熙帝微服私访，到了一户人家，交谈中，康熙被问及家里有多少地，康熙回答说有"一亩三分地"。在封建社会的思想背景下，上至皇帝，下至臣民，无不认同"普天之下，莫非王土"。幻想着维持"家天下"万世永昌，统治者无所不用其极。但是为了达到维护其统治的目的，统治者多数借尊崇礼教，虚伪地标榜"天下为公"，只有这一亩三分地，统治者可以"自豪"地说成是皇家的"自留地"（在清朝时，这"一亩三分地儿"每年还得交税）。所以，后人就用"一亩三分地儿"代表"势力范围，私人地带"。

弥河发大水——黄了稻田

如果谁家出了一件突发性的事，因为应付不了，或者不知怎么办好，慌乱是很自然的。比如说孩子不见了，怎么都找不到，就往不好的方面想，因为事情重大，而又束手无策，不免都慌乱不堪。如果这时候，一个在外寻找的人发现了孩子，在过去的家乡，就会用家乡话抱怨道："你这孩子上哪喽（里）疯（玩）来？找也找不着，家喽（里）都'黄了稻田'了。"

后来，我听"有学问"的人说了一句调侃（注：即歇后语。在家乡方言中叫diāo kan。有些读音的字，家乡方言读若古入声或轻声。以下皆同）"弥河发大水——黄了稻田"，才注意了这句话。

弥河，发源于沂山天齐湾，流经今临朐、青州、寿光三县（市），至寿光市央子港口注入渤海湾（另有分支从别处入海）。自古，弥河就是一条人文大河，富有传说。它数次改名，本就包含着古人诸多情怀和故事。最有意思的是，弥河曾叫"米河"，相传源自河沙如米。其中怕是也寄托了两岸人民祈求河流能给他们带来鱼米之利的愿望。传说附近的朐山因形如鼠，为民所忌。《光绪临朐县志·卷十六琐闻》记录了"朐山铁猫"一则逸闻："康熙时铸而复毁，雍正间又铸之，今不存。相传朐山如鼠，首对委粟山。鼠耗粟，故民贫。猫能捕鼠，取厌（压）胜之意，形家之言如此"。民间又有此鼠"弥河吃米，汶河屙屎"之说。大概是为避"鼠"害，而把"米"河改称"弥"河。但至今民间仍有称作"米河"者。

弥河过去是一条水患频发的河。其河道蜿蜒曲折，先向西，折而北，又转东北，多处曲折。民间有"弥河九曲十八弯"之说。弥河上游为山区，河流落差大，每当山洪暴发，形成湍急的洪水，并带有大量泥沙冲向下游平原。该河支流呈叶脉状从东西两侧与干流汇集。以前，河道缺乏有效治理，下游平原地区，河堰低平，每遇洪水，河水必泛滥成灾，致使河道多次改道，像蛇行摇摆左右乱窜，因此有"寿光县（现寿光市），弥河串"之说。在经过水系综合治理后的2018年，弥河下游还发生了河水泛滥、黄水漫野的洪灾，在过去自然状态下的弥河，水患之多之大，可想而知。那时候，洪水来时，广大平原变成泽国，一片黄水茫茫。稻田虽然离弥河十公里左右，但地势低洼，又有弥河支流丹河流经，历来受洪灾尤甚。所以有了"弥河发大水——黄了稻田"之说。

有道是"水火无情"。小时候经常听父母说起"民国"二十六年黄河在麻湾决口发大水的情景，方圆几百里，黄水茫茫，田野上只有高粱穗还露着。大部分村庄被淹，房屋倒塌。没有被淹的村庄，全村男人守在岌岌可危的圩子墙上，如临大敌，昼夜守护。为了加固堵漏堤坝，全村的门板都被拆了下来，甚至，圩子墙附近的房屋都被拆净了。虽然那时候父母还小，但从他们听大人们的描述中所感染的恐惧情绪，多年后仍溢于言表。

由此推断，每当弥河发大水，屡受其害的庄户人必定惶恐无助，"黄了"是稻田外在的灾情，而"慌了"才是种稻人内心的感受。因此民间也有"弥河发大水——'慌'了稻田"的说法。

是先有表示惶恐意思而读音又为"huáng le dào tián"的语汇，再联系弥河发大水黄（淹）了稻田这件事，产生了这句歇后语？还是把由弥河发大水淹没大片村庄土地所带来的恐慌，应用到语言中，以此表达慌乱无主的意思呢？现在已难以考证。但弥河发大水黄了稻田，确实是历史上屡次发生的灾情。这句俗语也长久地存在于家乡人的语言中。

第二章 秤上人心

半斤八两

在北京看到一家店铺叫"半斤八两"。猜想经营者之所以取这么个店名，大概是想用现在通行的半斤为五两的换算关系，给人以"买半斤，有八两"的感觉吧。其实，半斤和八两原本就是一回事儿。

《史记·秦始皇本纪》记载："一法度衡石丈尺，车同轨，书同文"秦灭六国，一统天下，统一度量衡。相传负责制定度量衡标准的是丞相李斯。李斯顺利地制定了钱币、长度等标准，但在重量方面没了主意，他想不出到底要把多少两定为一斤比较好，于是向秦始皇请示。秦始皇写下了四个字的批示"天下公平"，算是给出了制定的标准，但并没有确切的数目。李斯为了避免以后在实行中出问题而遭受罪责，便决定把"天下公平"四个字的笔画数作为标准，于是，决定一斤等于十六两。传说归传说，但这一标准在此后两千多年来一直被沿用。

《淮南子·卷三·天文训》记载：古之为度量，轻重生乎天道……十二粟而当一分，十二分而当铢，十二铢而当半两。衡有左右，因倍之，故二十四铢为一两。天有四时，以成一岁，因而四之，四四十六，故十六两而为一觔（斤）……

家乡有俗语"汉子一斤，老婆十六两"。即"夫显妻贵"。和《仪礼》："夫尊于朝，妻贵于室"，有异曲同工之妙。

一斤十六两，半斤就是八两了。过去，人们用"半斤八两"形容两人、两事物一样或者差不多。如家乡话："你们俩啊，一个半斤，一个八两，谁也别说谁。"

新中国成立后，为了在度量衡方面和世界接轨，进行了度量衡的改革。20世纪50年代末研制出并全面推行与公斤制换算方便的以十两为一市斤的新杆秤。原来的十六两秤就成了"老秤"。

以前，经济条件差，尽管有了新秤，但不是每家都舍得花钱买。所以在20世纪70、80年代，农村还有使用十六两秤的，后来因其换算麻烦，以及新式秤的普及，老秤才渐渐没人使用了。现在，随着各式电子秤的普及，就连十两一斤的新杆秤都几乎绝迹了。年轻人顶多还知道有"杆秤"这个物件，但大都不会使用，也只是从数学课本上知道十两一斤，五两半斤。因此，更好理解的是俗语"一个半斤，一个四两"，这句后来出现的话，有表示差不多的意思。而"半斤四两"则表示"物品质量轻，微不足道"。如："这才有多少东西啊，半斤四两的"。

打不起定盘星来

杆秤，过去作为国家法定衡器，在贸易交换中与人们的切身利益息息相关，是重要的生产生活器具，所以备受人们关注。于是围绕着"秤"产生了不少俗话、谚语："老百姓心里有杆秤""家里有黄金，邻室家有等盘（天平、秤）""秤杆儿不离秤砣儿，老头儿不离老婆儿"等。这里说的"打不起定盘星来"也是其中的一句。

杆秤是根据"动力×动力臂=阻力×阻力臂"的杠杆原理制造的，但由于秤杆自身重量以及质量、重量之间的关系等因素，要完全把其中的力学问题说清楚很烦琐。我们只从它的应用原理简单说明：在杆秤这个以提绳（家乡话叫"秤系"）为支点的杠杆上，不变量是提绳到秤钩子（等盘）

的距离和秤砣的重力，我们姑且把它们当作阻力臂和动力。变量是称重物的质量，它的重力自然是阻力了，变量还有秤砣在秤杆上移动的长度，那就是动力臂。

通过上面的公式我们可以知道：称重物重力变化所产生的失衡，需要秤砣做相应移动，改变提绳和秤砣间的长度，即动力臂来平衡。当杆秤杠杆平衡时，秤砣到提绳的距离就是称重物重力作用在秤杆上的长度表现。不同的称重物表现为不同的距离。以提绳为起点，标记这些不同距离的终点位置，是秤杆上用铜丝嵌点的刻度，俗称"秤星"，或简称"星"。据说，"一斤十六两"，根据"南斗六星""北斗七星""福禄寿三星"，每两在秤上对应一个刻度，这每个刻度就是一颗星，一斤共十六颗星。后来，民间婚嫁，新人入洞房，新郎为新娘掀红盖头，都是用秤杆来挑，意为"吉星高照""称心如意"。

相对明亮的金属嵌点在暗色的秤杆上就像夜幕上闪亮的星星，称作"星"很形象，易懂易记，或许也是人们的另一种理解吧。

称物时，体现在从秤系到秤砣的这段距离的作用力不但是称重物的重力，也包括了秤钩、秤盘的重力。当秤杆平衡时，它们所起的作用，同样表现在秤杆上秤砣移动的长度。

为了去除秤钩和秤盘的质量所产生的重力表现在秤杆上的长度，就要在没有称重物而秤杆平衡的状态时，标示出秤砣在秤杆上的位置，即单纯的秤钩秤盘质量在秤杆上所表现长度的终点，用一个"星"确定下来，这个"星"就叫定盘星。它是称重物质量表现在秤杆上的长度的零起点。它又是秤杆称重平衡时，整个从提绳到秤砣长度中，抵消掉除秤杆秤盘质量的刻度，所以，又俗称"定盘星"。

因为，定盘星是称重物质量标志的零刻度，也就是说，当秤盘上没有重物时，秤砣在这个位置上，秤是平衡的。秤盘上有了重物，这个平衡就要被打破，秤杆翘起，俗称"压起秤来"。

如果秤盘上放上物体，没有明显地改变没放重物时杆秤的平衡，秤杆就起不来，俗称"打不起定盘星来"，说明这个物体很轻，轻到可以忽略。

在生活中熟悉这一生活现象的人们，遇到表示某个人或事物作用小、分量轻，就说："打不起定盘星来"。

不在里怀在面上

杆秤的长度有限，称量的物体质量也有限。如何利用有限的长度，称量质量范围尽量大的物体，并且使用起来方便，聪明的古人就在秤钩一端，前后设置了两根提绳，即两根秤系，也就是在秤杆上确定了两个长度不同的阻力臂。这样用不同的秤系就能称出不同质量范围的物体，用阻力臂长的秤系称质量小的物体，用阻力臂短的秤系称质量大的物体。

称不同质量范围的物体用不同的秤系，物体的质量也要通过不同的刻度读取，两根秤系就需要不同的两排刻度，即秤星。

老式杆秤的秤钩挂向固定，两根秤系提起的方向也就得固定，但那两排分别体现不同斤两数的秤星却不能镶在秤杆的同一个方位。为了区分和看秤方便，两排秤星分别镶嵌在朝上的一面和朝着人胸怀的一面，分别俗称"面上""里怀"。

刚开始接触老式杆秤的人，弄不明白提某根秤系，看斤两是按"面上"的星，还是按"里怀"的星，往往问熟悉秤的人："这斤两数是看哪里？"被问者都是回答说"看面上"或"看里怀"。称重物的斤两，不管是在"面上"，还是在"里怀"，都跑不出秤杆。所以人们以此情形，比喻小范围分彼此，大范围属整体的事物。

人们如果遇到这样的情况：甲没有偿还欠乙的钱，但双方协商好，用另一种形式偿还乙，让乙获得了与债务相当，甚至超过债务价值的利益。这样，乙的利益总体没有损失，只不过是转化成了另一种形式。说和事的人就说："不在里怀在面上，总说你（乙）也没吃亏。"

后来的新式杆秤，在秤钩端的秤杆上安装了能翻转的"刀子"，秤星分别刻在了秤杆的上下两面，称量时，直接翻转秤杆，改换秤系就行了。要看的秤星都在上面，看秤方便了很多。

不伤斤，不失义

既然秤杆上所表现的斤两，关系着人的物质利益，过去就有人动那"压秤"或"挑秤杆子"的歪脑筋。为了防止有人耍秤杆子，攫取不义之财，传说当初古人制作杆秤时，便利用刻度的设计，给那些利欲熏心的不义之人以警示。

关于秤的发明，有两种传说，一说是鲁班发明，根据北斗七星和南斗六星，在秤杆上刻制十三颗星花，定十三两为一斤。秦始皇统一六国后，改一斤为十六两，并颁布统一度量衡的诏书。另一种说法是范蠡所制。他从鱼贩用鱼竿一边放水桶，一边放鱼的挑担中得到启发，利用杠杆原理发明了秤。他依据北斗七星和南斗六星，在秤杆上刻制十三课星花，定十三两为一斤。后因有些商人缺斤少两，他便添加"福禄寿"三星，用"缺一两少福，缺二两少禄，缺三两少寿"的理念警示那些缺斤少两的人，以此赋予杆秤公平正义。

不管出于什么原因，杆秤被后人赋予了神秘色彩，使得原本遥远的历史真相变得扑朔迷离。斤两的确定，杆秤的发明，也是如此。本书之所以选编这些传说，只是记录风俗遗存，留待后世参考。其实有些历史事实需要专业的考察研究。《淮南子》记载："古之为度量，轻重生乎天道。"范蠡曾说："夫人事必与天地相参"。这也是中国古代哲学思想之一。综合从"布指知寸""迈步定亩""手捧成升"，到"十二粟当一寸""十马尾为一分""黄金方寸，而重一斤"，古人制定度量衡具有一定的科学依据。《中国古代度量衡》记录，历史上曾有"权水轻重，水一升，冬重十三两"。由此可见，前面两个传说中的十六两为一斤，都是在"十三两"的基础上，再加三两，不是巧合或凭空而来。而同样多出的"三两"之说，确实有发人深思的意味。

民间有一些关于秤上道德公平的俗语："口念佛，手敲磬，腰里别着杆十八两秤""秤上亏心不得好，秤平斗满是好人"等。一杆公平秤，成了天地间公平正义的象征，天地良心的标尺。杆秤虽小，可以称人心；利益虽重，不取不义之财。于是就有了"伤斤失义"的评判观点。"不伤斤，不失义"就是公平的意思。

在调节利益纠纷或讨价还价时，对于认为公平的办法、做法，家乡人常说："这样做不伤斤、不失义"或"不伤斤失义"。

伤：损，少，损耗。《方言》卷一：憖（yìn）。伤也，楚颖之间谓之憖。《左传·文公十二年》："两君之士皆未憖也。"杜预注：憖，缺也（《集韵》）。

《近代农业调查资料·商业高利贷资本对农民的榨取》，有一节内容叫"勒秤"。这个说法在家乡也有，不过，家乡方言中，"勒"读"lēi"。《京音字汇》勒，音lēi。收紧缩小的意思。"勒秤"也叫"压秤"。上文记叙："[直隶]花行秤量，分为两种：一为公秤，一为行秤。公秤即一斤准十六两说法，并无出入，尚属公允；行秤则无一定分量，出轻入重……施出种种手术，令人于不知觉间，伤斤损两……"

秤杆不离秤砣，老头儿不离老婆儿

这句俗语喻指相关联的两个物体或人存在相互依存关系。

这里说的老头儿老婆儿是指老两口儿。由于年老体衰，很多事情不能独自完成，常常需要老两口儿互相帮扶、相濡以沫，一旦失去一方，原本勉强维持的正常生活就会变得艰难起来；一套秤杆秤砣结合在一起才能完成称量的任务，离开彼此，便不会达到称量的目的。

结合过去的生活背景仔细分析，这里的秤杆秤砣，是指具体配套的秤杆秤砣，和一对夫妻的老头儿老婆儿一样，而不是任意的一个老头儿和一个老婆儿。如果把这里的秤杆和秤砣简单地理解成抽象、普遍意义上的秤杆秤砣，就不能体现这句俗语的精妙。

实验室里，同样配置的天平，秤体和砝码都是分开放置的。使用时随便组合。后来标准磅秤配套的磅砣，并不固定在一台磅秤上使用，而是经常有相互借用的情况。这两种做法都不会影响称量的结果，因为，天平和磅秤都是按统一标准设计制造，砝码、磅砣、秤体都是通用的。

但在标准衡器普及以前，民间使用的杆秤则不行。由于杆秤的制造、使用混乱，秤的设计标准不统一，因此，一个秤砣只适合配套的那一根秤杆，换了其中一件，称量的结果大都会改变，这也就失去了称量的作用。

《中国近代农业史资料》第二辑有"度量衡制度的不统一"一节："中国以前拟定之公度、公量、公衡，迄未实行，各省均依旧习惯，各行各法漫无标准。故同一（种）秤也，有公秤、私秤、米秤、油秤之分别。每斤定量，自十二、三两至二十余两相差不等……甚至同一量器，一城之隔，相差十一。章程错乱，奸弊丛生。"

上述资料又载："衡器和量器根据各个市镇及市镇的各种商品甚至根据各个商贩而各不相同。在中国大多数家庭都备有一杆秤，称量所购物品的重量。这种情况说明衡器和量器在某些方面可能只是买卖双方的一种特有的工具。在进行一种买卖时使用几种量器并不是少有的事。商人可能同时使用两种秤，一种或多或少是通用的，一种是他个人的秤。似乎在任何一个市镇，不论一斤什么东西的重量，都是随环境变化而不同的。在北京，一般情况下，一斤大米重量为十四两，但是一斤糖果的重量则不超过八两。在水果买卖中，一斤的重量甚至更不确定，有的是十两，有的是十四两。"

当然，这些物品实际的斤两数，是作者和标准的公秤对比得出的真实的斤两，而表现在那些相应的秤上都是一斤，也就是十六两。

我小时候，家里的秤就是十六两秤。父母论秤，还常提到"加九秤"。

1993年编纂的《博兴县志》记载:"从清代到民国期间,境内木杆秤型号繁多,计量混乱……有能称量五十斤、三十斤、二十斤、十斤、五斤等的木杆秤。都是十六两为一斤,但一斤质量不同。当时全县以老行秤为主进行换算,老行秤一斤,等于市秤(确立公制计量标准以前,市场设置的十六两官秤)一斤五两三钱,陈户一带采用加九秤,就是行秤一斤再加九两为陈户通用秤的一斤,合市秤二斤零八钱;闫坊集用加十秤,合市秤二斤一两六钱;利城集用半截秤,合市秤二斤。

衡量标准不同的秤,称出的斤两相同则质量就不同,质量相同则斤两却不同。这都是因为秤杆和秤砣定值不同造成的。

在这种衡器与计量如此混乱的情况下,一旦原本配对好的秤杆和秤砣相脱离,换了别的秤砣或秤杆,称量结果不但必定与标准秤不一致,并且连秤的使用者都无法知晓所称量斤数与标准秤之间的差别,从而使斤数不清,无法计算或交易。这样一来,由于原配秤杆和秤砣的分离,而造成称量意愿的落空,就像作为夫妻的老头儿老婆儿一样,彼此分离,而使本来正常的状态不能维系。

记得以前做买卖的商贩,还有庄户人家,不少秤砣上坠上铁丝、铁块,表明不是原配的秤杆和秤砣,秤的主人为了校正杆秤的称量偏差添加上的。这都是那个时代的生活记录。

割耳朵

正当的买卖人讲究买卖公平、童叟无欺,这也是善良的人所追求的理想社会标准之一。但生活中,欺买诈卖的现象时有发生。尤其是在旧时代,政治腐败,社会动荡,法纪不存,民生凋敝,强买强卖,弱小无助。

《中国近代农业史资料·第二辑·勒秤》记载:[直隶]花行秤量,分两种:一为公秤,二为行秤。公秤即一斤准十六两说法,并无出入,尚属公允；行秤则无一定分量，出轻入重，有五厘、三厘之说，即百斤加五加三之意。有时言明加几去几；有时不言加去，施出种种手术，令人于不知觉间，伤斤损两。其法将秤悬挂高处，只凭执秤之人，口报若干，以定重量，交易之时，概无不行此术者。至于言明加去，则因使水，以此借口，或因行情有所变动，售主欲其交易之成，则听买主酌定加去多少，但酌定以后，仍不得免于过秤时暗中被其再行加减之弊。其中内幕，外人终不得洞悉防遏也。这就是买者对卖者实施"勒秤"。

仔细研究各地方言，因其更贴近生活，所以往往表达更准确。勒秤，在家乡方言除了指买方对卖方收紧、压缩斤数，还带有强迫意味。

"勒秤"现象在家乡方言中还被称作"割（gā）耳朵"，这也从另一个角度解释了勒秤的本质。试想，割耳朵不可能让人不知道，那就一定是强迫性的。因此，家乡话里的勒秤是明着的现象。

综上所述："有时不言加去，施出种种手术，令人于不知觉间，伤斤损两"的这种暗中操作，在家乡话里不叫"勒秤"，而叫"鬼秤"。

"割耳朵"除了指斤两上勒秤，还指价格被不合理压低，以及利益上的勒索。有道是"货到地头死"，说的就是要卖的货物因运输、路程等因素制约，不得不接受买方压低的价格。

第三章 灯照千古

灯下黑

听母亲说过一句俗谚"雪里灯盏，雨里秋千"，是说正月十五（灯会闹灯，家里挂灯，小孩玩灯）下雪，清明节（打秋千）就可能下雨。这里的"灯盏"是活用，用灯笼里的灯盏代指正月十五悬挂或手提打的灯笼，虽然灯笼也有点燃蜡烛照明的。而单纯的灯盏则是过去放在家里点燃棉油、蓖麻油，用以晚上照明的灯具。

之所以缀以"盏"，是缘自过去灯的构造形制。

盏，在《说文》中没有载录。或许是因为其来自某种方言，后来逐渐流传、通行开来。《方言》卷五："盏，桮（同'杯'）也。自关而东赵魏之间或曰㯂，或曰盏"。《通俗文》："酱杯曰盏"。后来有词语杯盏、碗盏、宋盏、玉盏、铜盏、油盏、水盏、酒盏、茶盏等，质地多以瓷为主。产自福建古建宁府的建盏，曾是宋室御用茶具，因其神奇的窑变成为黑瓷的珍品，备受世人推崇。

盏，形似小碗，广口、窄底、无足。灯盏一词就是源于形似碗杯状的燃油盛器。这也是后来灯的数量单位论"盏"的原因。黄河三角洲以前灯油多是棉油，所以旧式灯盏也叫"棉油灯"。

《牡丹之乡民俗》"灯台、灯盏摊"一节记载："20世纪40年代以前，农家照明用铁灯，也叫'黑灯''棉油灯'，形状如瓢，只是后边的把儿向上翘起，前段的嘴儿略向前伸，比馒头稍大。灯内添棉油，用棉花搓捻儿置于油中，捻头儿从灯嘴处伸出……后来开始用煤油灯照明，于是在卖灯盏的摊上又多了一种陶质的煤油灯，其大小和形状略如灯盏，只是把上端的灯碗改成了圆瓶，上面有小圆口，口上有盖，盖中有孔，可穿纸捻儿，灯内加煤油点燃，俗称'洋油灯'后来又有了玻璃煤油灯，状如陶灯，只是上部的圆瓶较大，瓶上又加玻璃罩，灯光比较明亮。"

以上各种灯具，因形制相似，所以缺点相同，即"灯下黑"。

古语云"灯台不自照"。直线传播的灯光受角度的影响，照不到盏底下的灯台，所以形成了灯下黑的现象。善于观察的人，就用灯下黑的现象，比喻"生活中本来是离事物中心最近，但由于某种因素反而成了视觉、听觉以及势力影响的死角"。

时光流转，电灯的发明彻底消除了"灯下黑"的弊端，但"灯下黑"却被保留在了语言表达中。

不是省油的灯

"不是省油的灯"流传很广，不管名篇巨著，还是街谈巷语，都有出现。这句话褒贬掺杂，通常是表示一个人有能耐、不好惹。在家乡最经常的用法，是数落孩子顽皮、难管教、不叫人省心。

陆游《老学庵笔记·卷十》记载："《宋文安公集》中有《省油灯盏》诗，今汉嘉有之，盖夹灯盏也。一端作小窍，注清冷水于其中，每夕一易之。寻常盏为火所灼而燥，故速干，此独不然，其省油几半。邵公济牧汉嘉时，数以遗中朝士大夫。按：（宋）文安亦尝为玉津令，则汉嘉出此物几三百年矣。"

从陆游的笔记看来，这个"省油灯盏"当时还是个新奇之物，所以在汉嘉当地方官的邵博多次送给在京城的友人。它的省油原理，应该是在双层灯盏的夹层里注水，利用水来降温，使得灯油降低了挥发。

据说，这是中国最早被记载的"省油灯盏"。在《辞源》中有"省油灯"这一词条，该词条的解释和引文，就是源于《老学庵笔记》的"省油灯盏"。后来《陆放翁全集·斋居纪事》又写道："照书烛必令粗而短，勿过一尺。粗则耐，短则近。书灯勿用铜盏，惟瓷盏最省油。蜀有瓷盏注水于盏唇窍中，可省油之半。灯檠法，高七寸，盘阔六寸，受盏圈径二寸半，择与圈称者。"这里，他还是对"省油灯盏"念念不忘。可见，这个物件的新奇。

"省油灯"是古代的"节能灯"，后来，人们用以比喻那些和善易处或让人省心好相处的人。而一旦和你打交道的人难相处，那就是"不是省油的灯"了。

站在那里和灯台一样

《韩非子·五蠹》："有圣人作，钻燧取火以化腥臊，而民说之，使王天下，号曰燧人氏"。进化出智慧的人类祖先，从对自然界中天然火源的观察、利用，到人工钻木取火，用火熟食，扩大了食源，增强了体质，减少了疾病。正如恩格斯在《自然辩证法》中所说："可以把这种发现看作人类历史的开端"。

由火光到灯光，是人类文明的又一个台阶。《说文解字》：庭燎，烛也。郑注《周礼·司烜氏》云："树于门外曰大烛，于门内曰庭燎。"按，《仪礼·士丧礼》："火在地曰燎，执之曰烛"。也就是火堆和火把的区别。从火堆，到火把，再从火把到灯具，人类经历了漫长的发展过程。

《说文解字》中收录的火部汉字中，只有"烛"，没有灯。而后有的"灯（燈）"，其本字是"镫"。《辞源》是这样写的："燈，《说文》作镫"。《说文解字》记载："镫，无足盛具"。因此可以推断：火炬的使用在灯之前。灯是在有了盛具"镫"之后，又掌握了可用以点燃的动物、植物油脂，把油脂放在镫里，加灯草引燃而发明的。故先借"镫"字，后又造新字"燈"。从"镫"字的应用可以推断，最早的灯是由金属质地的镫演化而来，所以，最早金属质地的灯应是来自贵族家庭，平民人家是没有的。后经模仿，民间才有了陶制的灯。

有道是"灯高下（四下）明"。人们在使用火把的时候，就已经发现了"举烛"可以提高照明的效果。但是，不管是青铜的"镫"，还是陶土、瓷制的灯，其燃油的盛具大都无足、低矮，所以，为了提高灯的照明效果，也为了在挪动时好把持，就给"镫"加上一个增高的柱台，谓之灯台（放蜡烛的叫烛台）。《牡丹之乡民俗》记载："20世纪40年代以前，农家照明用铁灯，也叫'黑灯''棉油灯'……铁灯下有陶制灯台，高20厘米，中段圆柱形；上有碗形的灯托儿，可坐铁灯（灯盏）；下端有圆饼状灯座，可置于桌上"。

虽说灯台的基本要求是稳固，但前面说的这种灯台还比较容易挪动，而在灯台演变的历史上曾有不能移动的灯台。《西京杂记》："咸阳宫有青玉五枝灯，高七尺五寸……"韩愈《短灯檠歌》："长檠八尺空自长，短檠二尺便且光。" 周谷城《历代社会风俗事物考》："是汉唐油灯皆置檠（灯架）上。其高七八尺者，（置地上）盖不动。"

大概是这个缘故，人们才借灯台讽喻那些干活、做事时站着不动懒惰的人吧。一句俗语穿越千年仍然流传，可见民俗语言的表达魅力！

如今，古老的灯台早已退居二线了。体现和见证了人类文明进程的灯具，在今天演变得更加绚丽多姿、灿烂辉煌！

第四章　食中百味

饽饽也不孬得那糕啊

黄河三角洲小清河以北地区盐碱地多，在水利条件差、生产力低下的过去，大多数的人家大多数的年月粮食不够吃。白面更是很难吃到。平常饮食都是粗粮咸菜。一般人家，长年吃蜀黍（高粱，也有的写作"秫秫"）、棒子（玉米）、小米混合面蒸的窝头、面子（饼子），偶有大豆面掺入。也有的掺和些黍子等杂粮。家常便饭能喝上加了地瓜、南瓜煮的绿豆、豇豆、小豆粥，也算是不错的饭食了。遇上歉收年景，老百姓更是半年糠菜半年粮。青黄不接，只能吃些菜面子（饼子）、"苣馏"（粗粮掺菜，蒸成的圆球形团子）、"拨拉子"（野菜、蔬菜叶、树叶洗净，拌上粗粮面粉，蒸食）。平时还有用开水烫地瓜面做菜包子，菜包子纯菜无肉、少油。冬天的时候则靠蒸地瓜、烀萝卜充饥。

白面只能在麦收后吃上十天半个月。那也多是掺着粗粮，做些两面卷子、包皮干粮、杂面汤（面条）等。吃纯小麦的面食对于庄户人家是奢侈的生活，有乡语"见不得穷人吃口面（指小麦面）干粮儿"。

纯小麦净面蒸的馒头，家乡叫馍馍，平常多是叫"饽饽"。北京"三百六十行"就有"卖硬面饽饽的"，这个称呼和家乡"卖饽饽的"相似。今天所称的馒头有方有圆，而在家乡只有圆的叫饽饽，面细松软，味道香甜，有"香饽饽"之说。

像这样的香饽饽，只有儿娶女嫁的宴席上，以及过年待客、走亲访友时才能吃上。即使这样，除了宴席之上没有限制，过年招待亲戚吃的也不是一色（方言音shǎi）儿（指清一色）的白面饽饽，常常也端上些年糕、棒子面发糕之类的，因为家里的白面太珍贵。

过年时，家里来了亲戚，吃饭的时候，当家的女主人照例拿出好饭食招待，自然有白面饽饽，以及年糕之类的。吃饭时，刚娶进门的儿媳妇拿起饽饽吃了一个又一个。要是在今天，婆婆巴不得儿媳妇多吃点好的，但那时家里的白面毕竟有限，为了招待亲戚，当娘的往往嘱咐自己的孩子们尽量吃差一点的杂粮面食，把那好吃的面食留给亲戚们，这是当地人的待客之道。何况，家里人走亲戚，亲戚们也是这样招待的。还有一点就是遮盖家里窘迫的家境。如此一来，那些自己生养，从小就习惯了母亲这个要求的孩子，都理解家长的这层意思，自觉地拿些年糕之类的吃。儿媳妇则不然，是来的时间短，对婆婆的这些规矩不熟悉，还是觉得饽饽好吃？总之，一直在吃饽饽，并且没有停下来的意思。婆婆见儿媳妇这个吃法，不免有点着急。要是亲生的孩子，也就直说"先吃个糕"，孩子也理解。但和新儿媳妇不好说这样的话。于是，就说："他嫂子，这糕很好吃，你吃一个尝尝。"字面语气上是让她吃好的，实际是暗示她别再吃那有限的饽饽了。也许是儿媳妇真实在，没有看出婆婆的用意，也许是为了多吃个平常吃不到的好吃的饽饽，佯装不懂，又拿起一个白面饽饽，顺话答话："这饽饽也不孬得那糕啊。"

这句话流传开来后，表达的意思虽然简单，一般是指吃食、应用之物，甲不比乙差，但这句俗话来历中的人情世故耐人寻味，从而令语言充满了生活的风趣意味。

来个饼卷饼

白面做的面食，除了饽饽，常见的还有白面饼，分油饼、单饼。放上葱、油、盐糅合擀的油饼直接吃就是美食。单饼最好佐以"就菜"(下饭菜),抹蒜泥,卷大葱,也是解馋的饭食。白饼就鱼汤,更是黄河三角洲的美味。

家乡有两首歌谣:

洼老鸹,
尾巴长,
娶了媳妇忘了娘。
把娘背到山沟里,
把媳妇背到炕头上,
擀白饼,熬鱼汤……

今年雨水大,
冲了葫芦架。
姑子来化瓢,
俺待给(jī)她啥。
擀白饼,掐辣蒜,辣得姑子一头汗……

《韩诗》曰:"饥者歌食,劳者歌事。"这类歌谣反映的是过去贫穷的庄户人吃细面白饼的期望。

以前,即使是土地条件比较好的小清河南,小麦面食也不能常吃,更何况,小清河以北地区盐碱地多,在过去水利设施近乎于零的条件下,只有在部分良田上才种植不耐碱、不抗旱的小麦。所以,小麦面粉比较稀缺,小麦面粉做的面食,大多数人家一年也吃不了几回。通常是在麦收以后,蒸些发面馒头,或擀上顿细面白饼,一是为了犒劳干了半年活的家人,二是招待此时来的亲戚朋友。旧时财主家,晒场打麦子,必须吃白饼,一来犒劳雇工,好让扛活的在关键时候出力,二来也是图个吉庆。记得小时候生产队里晒场打麦子，还延续了这个风俗，集体管饭吃白饼。但过去吃饼也不能让人放开肚子吃。俗话说："阔着面吃饼"（比喻做事不能超越条件，量入为出、量力而行），吃多少，要受现有面的斤两限制，而不是由着人的饭量。

在亲戚家吃饼，都是客客气气，斯斯文文，慢慢地吃。但像干活管饭这样的情况往往是抢着吃，于是就有人动心思：本来，即使是狼吞虎咽，但也得一张一张地卷着吃。当看到饼剩得不多了，吃了这一张，下一张就轮不到自己了，便先下手为强，一次卷起两张饼。这回饼卷的就不是葱蒜了，而是饼卷上饼了。

类似"早下米的先吃饭，晚下手的后遭殃"，"来个饼卷饼"常常用来比喻做事抢得先手，或多吃、多占。

二斤半锅饼——够炮

山东锅饼，北方面食的一种，是发面后再戗干面，挏压成型，然后进炉烘烤，或上锅烙熟的硬面大饼。分买卖和家用两种。卖的，大如盘，厚达五厘米。自己家里吃的小、薄。因白面稀罕，平常很少有人家做着吃。

家乡风俗讲究"穷家富路"。通常，在冬春农闲时节，家里有男人出远门时，家里人拿出平日里不舍得吃的白面，烙些锅饼带着，一是好吃，二是水分小不易"丝囊"（注：记音字。意为变质）。

刚出锅的锅饼咬在嘴里，外脆里弹，透着微甜的面香，对于长年吃不了多少白面面食的庄户人来说，不就菜吃也是很大的享受。但是，锅饼放久了，本来水分就少的硬面，变得更加坚硬，牙咬口嚼都费劲。出门在外，往往载重路远，风餐露宿，饥渴是常态，要是只吃这干硬的锅饼，实在是遭罪。于是，遇上车马店，住宿打尖，就花上一两毛钱，让店家给做份炝锅烩饼，连菜带汤热热乎乎地吃上一顿，解饥、解渴又解馋，舒舒服服地填饱肚子，浑身又有了力气。

烩饼，就是先热油炝锅爆香，放上菜拌炒均匀，放盐、酱油调味，然后加水烧开，再放上切好的锅饼稍炖即可。因菜、饭、汤都在一个锅里，所以也叫"一锅烩"。

据家乡那些当年出过远门的老人们讲，店家加工的费用就是一份素菜钱，饼的斤两由客人自己定。卖大力气的人，饭量都大，一斤半斤不够吃，要想吃饱得多些斤两。看来，这二斤半的锅饼，对绝大部分出门的劳力来说，都"够"做一顿"炝"锅烩饼了。

在家乡话中，如果生活中遇上难办的事，或者判断一种状态不会向预想的方面发展而难以达到预期的目的，人们就说："我看这事儿够呛！"

如果事情无足轻重，或事不关己，于是评论起来语气轻松些，有人就用"二斤半锅饼——够呛（炝）"这句调（diāo）侃（歇后语）调（tiáo）侃一下。

见不得穷人吃口面干粮儿

因为家乡域内盐碱地多，土质优良、适合种麦子的农田少，再加上靠天吃饭，旱涝不保，种种原因造成了小麦的紧缺。所以，饺子、白面馒头、细面白饼等面食，对于普通百姓来说，平日里很少吃到。《华北的农村》记载："吾华夏民族，尤其是华北一带，一年不见得能吃到几次肉，白面大米，也是难得吃到的，常吃的食品，只有杂粮……"《黄河口民俗》中"饮食习俗·主食"一节写道："一般人家以高粱、玉米、小米、大豆混合面蒸的窝头、面子（饼子）为主食，辅以黍、稷、绿豆、白豆、红小豆等杂粮，早晚喜欢喝杂以绿豆、白豆、地瓜、南瓜、菜叶的粥。"

以前常听老人们说，即使是地主富户，不是年节、待客，以及割麦子打场雇工管饭，平常也很少吃白面。有的财主，冬闲时，为了节省些粮食，就把咸菜瓮子封起来，这样吃的干粮就少了。当地富裕人家尚且如此,那些粮食不够吃的穷人就可想而知了。因此,在这样的背景下,如果看见哪个穷人家吃白面做的饭食,人们就会因此对其有看法,或说三道四,诸如"好(hào)吃""不过日子(不节俭)"等。更有甚者,眼热生妒。衣食男女,人之常情。一顿不关生死、节操的饭,却招来一些与之不对等的反应。所以,常以"见不得穷人吃口面干粮儿"讽喻那些心胸狭窄、嫉妒心重的人。

《齐鲁乡语谭》有一篇"看不上穷人吃碗小豆腐",说的也是类似的意思。所不同的是文中说的不是面干粮,是"小豆腐",一种山东各地过去常有的饭食。各地叫法不一样,另有"豆沫""豆沫子"的称谓。家乡叫"菜豆腐"。菜豆腐是利用一些零碎菜叶加上些压碎、泡好的黄豆碎末,添水煮成的半菜半汤的菜粥。不能做主食,平常时节约添补,饥荒时糊口,古称"半蔬"。《汉书·项羽传》记载:"今岁饥民贫,卒食半蔬"。连穷人吃这样的饭食都心怀嫉妒,极显此类人的狭隘心态。

相同、相似的意思,各地有不同的表达内容,正是方言、俗语的特点之一。因此,类似"见不得穷人吃口面干粮儿",还有的地方说"见不得穷人吃块热地瓜""见不得穷人喝碗热黏粥"。黏粥,家乡方言读黏zhū。《澄衷蒙学堂字课图说》中,粥和祝字音互注:粥,音祝。祝:粥。

猪头烂了待锅喽

年前准备过年的东西,当地谓之"忙年"。有歌谣:"二十五,磨豆腐。二十六,煮年肉。二十七,杀只鸡。二十八,把面发。二十九,包子熟(豆包、枣包等),年三十,饺子熟。"

在吃大鱼大肉是奢侈享受的过去,殷实人家过年都要煮肉吃。一般农家尽管家境拮据,为了犒劳辛苦一年的老老少少,也为了图个吉兆,来年能过上吃鱼吃肉的日子,便尽量挤出钱来买鱼买肉。买条碗鱼(长度刚过碗口）炸一炸，先做家祭，然后过年食用，取义"连年有余"。有条件的家庭过年有煮猪头祭祖的习俗，有的地方俗称猪头为"福子"。供养（祭祀）过祖先后，再一家人吃了。

古代祭灶也用到猪头。宋朝的范成大《祭灶词》："古传腊月二十四，灶君朝天欲言事。云车风马小留连，家有杯盘丰典祀。猪头烂热双鱼鲜，豆沙甘松粉饵团。男儿酌献女儿避，酹酒烧钱灶君喜。婢子斗争君莫闻，猫犬角秽君莫嗔。送君醉饱登天门，杓长杓短勿复云，乞取利市归来分。"

过去煮年肉通常是在晚上，因为费时。当地也有"火到猪头烂"的俗语，意思是煮猪头不要着急怕麻烦，火候到了自然熟，比喻做事要有耐心，功到自然成。

对于不富裕人家的大人孩子来说，这一年才有一回的享受是多么难得啊。虽说猪头以烂熟为佳，但遇上打盹儿，误了看锅，猪头煮过了，导致过烂肉化了，一定心疼不已。但又是没办法的事儿，只好自我安慰：烂了，也还都在锅里。

遇上一个生意或一份钱款，因某种原因账目有点不清，但又知道与别人无关，知道没有出现对外的损耗，只是理不清。或者彼此关系密切而利害不分者之间发生财物纠纷，劝解时，就说"羊毛出在羊身上""猪头烂了待锅喽"。

有多大的荷叶，包多大的粽子

"一粽尝来千古事"，粽子是中华民族传统的食物。据记载，早在春秋时期，北方用菰叶（茭白叶）包黍米成牛角状，称"角黍"，南方用竹筒装米密封烤熟，称"筒粽"，最初用来祭祀祖先和神灵。

东汉末期，以草木灰水浸泡黍米，用菰叶包成四角形，煮熟，因水中含碱，所以称为广东碱水粽。

有传说粽子是为祭奠投江的屈原，但是粽子被确定为端午节食品是在晋代。以粽子名称记载的文字见于晋代周处的《风土记》。这时，包粽子的原料除糯米外，还掺有珍禽兽肉、板栗等，有的还加入中药。粽子还作为交往的礼品。

到了唐代，粽子的制作已有"白莹如玉"的描述。粽子的形状出现了锥形、菱形等。

宋朝时，已有"蜜饯粽"，即果品入粽。苏东坡有诗云"时于粽里见杨梅"。那时吃粽子已很时尚。

元、明时期，粽子的包裹材料已从菰叶变革为箬叶，后来又出现了用芦苇叶包的粽子。馅料里也出现了豆沙、松子仁、枣、核桃等，品种更加丰富多彩。

清代出现了"火腿粽子"。演变发展到当代，粽子的品种繁多。从馅料上看，南方有绿豆、五花肉、豆沙、八宝、火腿、冬菇、蛋黄等多种，甜咸都有。北方则多以北京粽子为代表的枣粽为主，用米除了糯米外，在一些农村还用传统的大黄米。

现在每年农历五月初五，中国南方几乎家家都要做粽子。在北方，由于饮食习惯的不同，尽管家里做粽子的不多，但凭借商品的快捷流通，家家户户都能吃上粽子。

以前的黄河三角洲，虽然也有包粽子、吃粽子的习俗，但不普遍。由于不出产糯米，家里做粽子只能用当地出产的大黄米（黍米）。只有在集市上能买到用糯米做的粽子。当地也不出产箬叶，只能用苇叶。地理的原因，除了湖区，苇叶都不宽大，单个的叶子不够包裹粽子，只好几个叶子合在一起包，这样操作起来很麻烦。于是就改用宽大的荷叶包粽子。

用荷叶包粽子，南北方都有。有的是把荷叶一分为二包制，有的用整张荷叶，制作足够五六个人食用的粽子。还有的用未长大的"荷叶崽"包粽子。总之，不管是把大荷叶裁开，还是直接用小荷叶，做粽子都是根据荷叶的大小，来放入适量的米料。这便产生了"有多大的荷叶，包多大的粽子"的说法，以此来比喻办事量力而为。

打煎包儿的浇汁儿——矮一辈

水煎包是黄河三角洲著名的传统特色小吃，以家乡乔庄、东营龙居水煎包儿最著名：面皮金黄，酥软兼具，皮薄馅大，香而不腻。传统水煎包儿有韭菜肉、白菜肉两种馅儿。近来随着人们生活水平的提高，不再仅仅崇尚荤食，素馅的水煎包也有，但还是以荤馅儿为多。

包制之前，肉和菜是分开的。先把肥瘦搭配的新鲜猪肉切成黄豆或玉米粒大的肉粒，然后用酱油浸泡腌透。因肉馅只切不剁，故称"切馅儿"。包的时候，把发好的面做剂、擀皮，一手用拨馅儿板儿分别把肉和菜拨入另一手上的面皮儿中，馅料分拨，故称"拨馅儿"。

将拨入了馅儿的面皮撮口包成团状的包子，包口朝下放入木托盘内。等包够一锅的数，再把包子同样是包口朝下，均匀地码放在擦了油的平底锅里。

硬柴烧火，等包子贴着锅底的一面稍微煎黄，再把调制得浓度适中的面糊浇到锅内，水量漫到包子一半的位置。凉面糊浇到热锅上，立时发出"吱儿"的响声。

盖上锅盖，等到锅中的水烧开后蒸发到一半时，揭开锅盖，用长柄铁铲把包子成排翻过个来，再次盖上锅盖。等到锅内发出"嗞嗞"的响声时，说明锅中的水烧干了。这时掀开锅盖，用油壶往锅内浇上适量的油，锅里又会发出"吱儿"的声音。

稍煎片刻，包子底部烧干的面糊在豆油的作用下，烙成了半透明、金黄的饹馇，就用长柄铲子把连在一起的煎包儿铲起，翻盛到盘子里，一份覆盖金黄脆皮，酥软流油，香而不腻的水煎包就上桌了。

因为在浇汁儿的时候，锅内发出"吱儿"的声音，而"吱儿"和"侄儿"听起来同音。伯叔管低一辈的男孩叫侄儿。而"浇汁儿"和"叫侄儿"谐音。既然"叫侄儿"，就矮一辈儿，所以有了"打煎包的浇汁儿（叫侄儿）——矮一辈儿"的歇后俗语，喻指事物晚一茬、低一等。

很多流传下来的俗语方言，历经岁月的侵蚀，文字上的对号入座发生了谬误。就拿水煎包为例，分析"打煎包儿"一说，整个水煎包儿制作过程没有"打"的一点影子，那为什么说"打"水煎包儿呢？如果不加辨识地人云亦云，怕是以讹传讹，一直谬传下去。

以前听老人们说"买dǎ包子吃。"仔细辨别老人们的话，语言结构上，"dǎ"不是支配包子，而是修饰包子。因此，dǎ非"打"，应是"搭"：原本上锅码放留有一定间隙的包子，因煎煮使发面皮膨胀，煎制好后一个一个地挨着。这就不同于家常蒸包子那种为避免粘连而始终保持分开的样子，而是连搭在了一起，故称"搭包子"。做"搭包子"，叫久了，叫混了，就被误解成"打包子"了，又进而演化出"打水煎包""打煎包"来。

那么，这句俗话正确的说法应该是"做水煎包儿的浇汁——矮一辈儿"。

前老婆后汉子，韭菜合子两半子

"韭菜饼"是黄河三角洲家喻户晓的饭食，通常用韭菜肉或韭菜鸡蛋做馅，所以有此称谓。也有用南瓜、瓠子（西葫芦）作馅的，叫"瓜饼"。当地不产木耳，过去极少见三鲜馅儿的。如今生活好了，想吃什么馅儿的都能做，韭菜馅儿之外的，被称为"菜饼"。

只要会擀饼，韭菜饼做起来就不难：和好面儿，调好馅儿，然后擀一张圆饼，把韭菜馅儿均匀地铺在饼上，再擀一张同样大小的饼覆盖在上面，沿着两张重合在一起的圆饼边沿压实捏严。讲究的还用碗沿儿切边。然后放在烧热了的鏊子（现在都用电饼铛）上，两面翻烙至熟，一张圆圆的韭菜饼就做好了。吃的时候用刀一分为四，一块叫一角（jiā）。韭菜饼，饼、菜兼备，味美解饥，是人人喜欢的美食。

黄河三角洲的这种美食，其他地方不多见，但和韭菜饼有异曲同工之妙的韭菜合子，则多地都有。

韭菜合子，是和韭菜饼一样馅儿，一样面儿，一样擀，一样烙的面食。区别在韭菜合子不是两张圆饼，而是将铺了半边馅儿的一张圆饼对半折合，压实边缘而成。因包了馅儿，中心凸起，故称"合子"。面积、体积是圆韭菜饼的一半儿。虽然做法比韭菜饼简单，但算起来不省事。因为以出大力下地干活为常态的庄户人饭量本来就大，加上平时很少吃好的，像韭菜饼这样的好饭食，往往大人孩子都吃得多，而韭菜合子个头小，做起来效率低，所以农忙时很少做。

因为韭菜合子不像韭菜饼是一个全圆形，而是圆韭菜饼的一半，所以俗语有"韭菜合子两半子"的说法。之所以和"前老婆后汉子"联系在一起，喻指半路夫妻之间，由于种种原因，彼此之间不像原配夫妻全心全意地一心相待，而是像韭菜合子半圆式的半心半意。另有意思是说，韭菜合子上下两半的饼之间，有韭菜馅儿隔着，喻指半路夫妻不贴心！

撮撮（作作）地和豆包儿一样

包子，在家乡有好多种，馅料杂、做法多，几乎所有的菜蔬肉类都可以拿来做包子，甚至杂粮豇豆、红小豆也可以用来做豆包儿。

豆包儿，有直接拿煮熟的豇豆、小豆豆粒包制。常见的是把煮熟的豆粒搓成豆沙做馅儿。不管是哪种馅儿，包制的方法一样：圆状的包子皮儿放上馅料，收口撮严，反置压平。

因为豆包儿是撮（zuō）口捏褶包制，俗称"撮撮口"。撮口不严，叫"没（mū）撮撮煞"；撮口严实，叫"撮撮煞了"。又因为家乡有与"撮撮"同音的方言"作作"，义为"妄作""惹祸"。作死，也叫"作作煞"。某人因胡作非为而导致后果不可收拾,家乡人就利用"撮撮"和"作作"这两个"zuō zuō"的谐音关系,说:"某某撮撮(作作)地和豆包儿一样了。"

第五章 ❄ 钱贯古今

拽钱不响

在家乡话中，"拽"和"摺"都是指把东西往外或者往地上丢。俗语"摺钱儿听响声儿"，是说钱花了没有一点儿效益回报，就像扔了钱只听了听声音一样。而"拽钱不响"，这句话是说钱花了，没有效益，就像白白地丢了一样，甚至连"摺钱听响声"的效果都没有，在表达程度上更进一步。如果有人某项钱款花出去了却没有得到一点回报，家里人就说："把钱拽了，还能听到响声，你这钱花得连个响声都没有啊！"或"光做些'拽钱不响'的事。"

今天的年轻人或许认为扔钱能有多大响声，以上俗语说的不是现在的纸币，而是过去的铸钱。

货币从产生到发展，经历了漫长的过程，其演化过程分三个阶段：一、一般价值形式转化为货币形式后，有一个漫长的实物货币形式占主导的时期，贝壳、布帛、牛羊等都充当过货币。二、实物货币向金属货币转化。金属冶炼技术的出现与发展是金属货币广泛使用的前提。金属货币所具有的价值稳定、易于分割、便于储藏等优点，非实物货币所能比。三、金属货币向信用货币形式转化。早期的商业票据、宝钞纸币、银行券都是信用货币。这也是后来的纸币被称为"票子""钞票"的原因。

信用货币最初可以兑现为金属货币，逐渐过渡到部分兑现和不能兑现。到20世纪30年代，各国纷纷放弃金属货币制度，不兑现的信用货币制度独占了货币历史舞台。

拽钱不响，说的自然是碰撞能响的金属制钱。《说文解字·卷十四·金部》：钱，铫也。古田器（农具）。段玉裁注：周而有泉，至秦废贝行钱。秦汉时期，钱字被假借为货币的名称。钱最初专指外圆内方的铜制钱，后来也指银钱。今天我们还是延续了以前的称谓，把纸币叫钱、现金。实际今天通行的货币，准确的称谓是"人民币"。

当下，货币由电子汇兑、网络支付的流通形式不断演变，更有利于社会发展的数字货币已在试行。钱来钱去，看不见，摸不着，真就没有响声了。

掉到钱眼里出不来了

今天，我们既有可拿可放的纸币、硬币、支票，还有方便流通的电子汇兑、网络支付，2022年1月5日中国人民银行宣布数字人民币试点版APP正式面向全国上线。回顾钱币诞生、发展的历史进程，到目前为止，使用时间最长的是在中国存在了两千多年的铜质制钱。漫长的历程以及金钱注定的特殊性质，使其成为人们财富的标志，与国家命运、百姓生活息息相关。所以，围绕着金钱产生了不胜枚举的语言元素，雅言俗语皆有典范。

在与金钱相关的庞大语汇里，相比于"人为财死，鸟为食亡"极端而又露骨的表述，"孔方兄"则显得文雅含蓄多了，既确立了"钱老大"的地位，又不失称呼者口不言金钱的"清雅"。"俯视仰观，铸而为钱，故使内方像地，外圆像天。"内方就是指钱中间的方形孔洞，古代铸币工艺以其固定钱串以便锉边磨圆，也可用绳索通过方孔把制钱串起来，便于制钱的携带、计数。现代汉语尚存的语汇"钱串子"就源于此。铜钱上的方孔，俗称"钱眼儿"。

俗语的一个特点，是意思表达不以字面意义为唯一介质，还通过其包含的生活体会来实现，这样使语言所表达的意思更丰富，更形象、更细致，就类似成语典故，因此超越了仅仅靠几个汉字字面表达的意义。

"掉进钱眼里出不来了"，乍一看，钱眼那么小，人那么大，怎么能掉进去呢？这句话运用了夸张的手法。夸张是为了某种表达效果的需要，而对事物的形象、特征、作用、程度等方面做夸大或缩小的修辞方式。主要有扩大夸张、缩小夸张。这句俗语扩大了钱眼，同时缩小了贪恋钱财的人。贪财者把钱看大了，人岂不就小了？家乡就有俗语"把个制钱儿看得比车辘辘还大"，比喻人吝啬，一文钱都看得很重。

夸张的作用是用言过其实的方法，突出事物的本质，引起读者的联想。一个空间怎样才会掉进去呢？除了大，有生活经历的人都会知道，掉进去还是因为离得太近并且不谨慎。小时候，经常听到大人警告小孩子："没事离着井远点儿，近了掉进去。"必须去井上打水时，家里人也嘱咐孩子："好实着（小心）点儿，别掉到井喽啊。"有道是："常在河边站，哪有不湿鞋？"不但能湿鞋，掉进去的也有啊。那些整天围着金钱转的人，必定会沉溺在金钱里不能自拔，此乃这句俗语所表达的内在本质。

元代马致远《青衫泪》第一折："更怎当他银堆里舍命，钱眼里安身"。明代贾仲明《对玉梳》第四折："老鸨哪个不爱钱，谁似你坐钱眼中间转"。

还有一种说法是"钻进钱眼里出不来"。一个"钻"字，把那些削尖脑袋钻营挣钱的人，刻画得活灵活现。

你言"天下熙熙皆为利来"，我说"掉进钱眼儿里出不来"，雅俗不同，各有千秋。

二 半吊子

"半吊子"是汉语中常用的一个熟语。《现代汉语词典》解释的意思是：不通事理、说话随便、举止不沉着的人；知识不丰富或技术不熟练的人；做事不仔细、有始无终的人。

方言中，半吊子的含义是很丰富的。有的人说话不实在，办事不地道，人称半吊子；有的人一知半解，夸夸其谈，满瓶不动半瓶摇，人称半吊子；有的人在某种场合下，应当说的话不说，不当说的话却说，且不顾对象，人称半吊子；有的人应该办的事他不办，或慢慢吞吞、敷衍了事地办，不该办的事他却大办、卖命地干，人称半吊子；有的人办事有始无终，或不善始善终，人称半吊子；有人错把谬赞当恭维，而且越听越来劲，弦外之音丝毫不察，也称半吊子……

溯其渊源，这个熟语应该来自我国古代钱币计量制度。

在我国古代，最常见的货币是铜钱，而铜钱一般为圆形方孔。为了便于携带和计算，从汉代起，人们就已开始将铜钱用细绳串起来，这种穿铜钱的绳子在汉代被称"贯"。《史记·平准书》："京师之钱累巨万，贯朽而不可校。"而到了魏晋南北朝时期，"贯"又成了货币计量单位，"一贯"为一千文。由于铜钱正面铸有文字，故一枚铜钱又称"一文"。可能是由于钱串提起时往下垂吊的缘故，到了清代"一贯"又被称"一吊"。而半吊，即五百文，也就是"不成吊"。古有"二百五"，算来二百五十文大钱，为"半吊的一半"。在黄河三角洲地区的语汇里就有"二半吊子"，也就是二百五。

依据清代才把"一贯"称作"一吊"这一史实推断，不管是半吊子，还是二半吊子，产生的年代都比较晚。

半吊子，有的书籍文字中也写成"半调子"，其意思和"半吊子"相似。"半吊子"和"半调子"之间存在怎样的关联，或许是因为"吊"和"调"谐音，又或许从"不着调"而来？虚书其说，以俟博识者订之。

盘缠

盘缠，虽然是古人对差旅费的称谓，但今天依然在人们的语言表达中使用。以前听父母说过"身上带的盘缠"等话。也见书上"这回出去的时间长，多带上些盘缠"的嘱咐。

为什么差旅费要用"盘缠"这个原本由动词性语素构成的词语表示，而且还把其他费用排除在外呢？这要从古代钱币的形制和货币的流通说起。

在相当长的历史时期，中国流通的是外圆内方的制钱。制钱面额小，使用量大。又因过去外出做生意、谋事，钱币的使用、流通都是当时、当面，即现钱交易。为了携带方便，就用绳索将制钱穿成串，一千枚穿一串，叫"一贯"，后来也叫"一吊"。常言道："财不外露，富不露相，机不可泄""官不离印，财不离身"，尤其是出门在外。古时候，出门的人带钱多了，为方便和安全起见，就把钱串子盘绕着缠在腰上。因此，后来就拿这种外出带钱的方法代指"差旅费"。其他情况下所花费的钱币，因不用盘缠在腰间，所以就不称"盘缠"。

南朝殷芸所著《小说·吴蜀人》有这样的记述："有客相从，各言其志，或愿为扬州刺史，或愿多赀财，或愿骑鹤上升。其一人曰'腰缠十万贯，骑鹤上扬州。'欲兼三者。"这就是"腰缠万贯"的出处。其中"客"的身份，以及带钱的方式，也从侧面证明了"盘缠"的来历。

或许是因为过去有钱盘缠在腰间，所以，家乡话把某人钱多说成"腰里硬"。

前些年，携带纸币现金仍有装进袋子再缠到腰间的做法。

当今，日新月异的电子汇兑、网络支付，使钱的携带、流通早已不需要"盘缠"，但这个词语和差旅费一样，还伴随着出门在外的人们。

二百五

二百五，尽管是黄河三角洲人经常挂在嘴边的词语，但是，和许多区域性俗话一样，早已是现代汉语的通用语了。国人常把傻瓜或说话不正经、办事不认真、处事随便、好出洋相的人叫作"二百五"。在其来源的几个说法中，有关苏秦的故事流传最广。

相传在战国时期，以连横而深得山东诸侯推崇，曾身挂六国相印，大名鼎鼎的苏秦，却不知为什么在齐国突然被人杀害了。齐王得知后十分震怒，要捉拿凶手，为苏秦报仇。可是他的手下多方侦捕都没有什么结果，齐王十分焦急。忽然有一天他灵机一动，想到了一个计策。他吩咐左右把苏秦的头割了下来，悬挂在城门上，然后在下面贴了一道悬赏榜，榜文意思是：苏秦是一个内奸，杀了他是为我们齐国除了大害，当赏黄金千两，望除奸的壮士前来领赏。

榜文一上墙，马上就有四个人前来，声称是他们所杀，请求赐赏。齐王见了这四条汉子说："你们可不许冒充啊！"这四个人异口同声地咬定是自己干的。齐王点了点头，大声说道："你们四位是真正的'勇士'！一千两黄金，你们每人分多少呢？"四个人齐声答道："每人二百五。"齐王拍案大怒道："来人，把这四个'二百五'推出去斩了！"

不管这四个人是不是真凶，总之都够"二"的！后来，人们就把那些脑子缺根筋的糊涂虫称为"二百五"了。

民间关于"二百五"的传说很多，但仔细分析，大都是有了"二百五"这个词语以后，人们反过来往这个词语上凑的笑话，不像是"二百五"的来源。对"二百五"来历的解释，比较合理的是"古代货币中，十两银子算一锭，五百两银子为一封，二百五十两就是半封。'半封'和'半疯'谐音，故而人们就用'二百五'来指代'半疯半傻'的人"。（《国学知识全知道》）

当面银子对面钱

"当面鼓，对面锣"是流传很广的一句俗语。有一个与之关联的传说：

明朝万历年间，寿州（今安徽寿县）因多次水灾城墙坍塌，失修已久。新知县上任，决心重修。于是通告全城百姓，有钱的出钱，有力的出力，同心协力，修好城墙。告示贴出一月，却无人响应。新知县通过询问，方知此前的三任知县也曾说修城墙，钱捐了，墙却没修，老百姓的钱白拿了。因此，这一次老百姓不相信知县会真的整修城墙，恐怕也是借口敛财，所以无人响应。

开工的日子到了，新知县一大早就带领着衙役、工匠，扛着工具，来到城墙下，一起挖土抬石，一直干到天黑收工。老百姓看了将信将疑。到了第十天，新知县还在工地上劳动。又过了十天，老百姓相信知县是真心实意地要修城墙，于是城内的老百姓都自动地参加修城墙劳动，许多商行店铺的老板主动捐钱捐物支援。本来两个月的工期，四十天就竣工了。

寿州的百姓为了纪念这位清廉的父母官，就在新修建的城西门内相对的两面墙上，分别做了石刻的鼓和锣，意思是用"当面鼓，对面锣"，表彰他说话算话、诚实廉洁的美德。此地也成了寿州八景之一。

后来有的人就把这个典故说成是"当面鼓，对面锣"这句俗话的由来。按民间语言文化习惯分析，这更像是聪明的寿州人以这种形象的形式，巧妙地示意了这句早已存在于民间的俗语，以此表达对清官知县的赞美。

鼓和锣作为两种合奏的乐器，自然是在一起演奏。见过锣鼓演奏的人都知道：为了相互配合好，演奏的人都是面对面。面对面，也叫"当面"，当，犹"对"。生活中，那些说话不算话的，大都是当面说了，离开以后再反悔。正所谓"当面一套，背后一套"。如果没有背后的变故，便只有当面的承诺，也就说啥是啥，说话算数了。两种"当面"，很自然能联系起来了，"当面锣，对面鼓"也就拿来喻指当面为信。

在家乡的俗语里，有构成形式与之相似的"当面银子对面钱"。有道是"隔枝不打鸟，隔人不送礼"，因为往往"捎话捎多了，捎钱捎少了"。所以，钱财交割，中间不能通过第三者转手，当事双方要当面交付清楚，避免一旦出现差错弄得三方间不清不楚，因而生出事端来。这也是"亲兄弟，明算账"的原因。

知不道自家值几个大钱

在过去，当一个家乡人想做或做了被人认为是超越了本人身份地位的事，但又不被认可而遭人轻视，往往被讥讽："知不道自家（音gā，自己）值几个大钱。""知不道"，家乡方言句式，即"不知道"。

所谓大钱是指从（一枚）当十（文）至当千（文）之间诸多计值制钱，因其相对于一文制钱，面值和形制都大，故称"大钱"。

大钱，很早就存在。《通典·食货·钱币》："周景王时，患钱轻，将更铸大钱。"宋代洪遵编纂的钱币专著《泉志》，记载了好几个朝代铸造大钱的史实："军（资）不足，备（刘备）甚忧之。刘巴曰：'易耳！但当铸直百钱平诸物价，令吏为官布（币）'。备从之，数月之间府库充实。""孙权铸当千钱……"等。《通典·食货八》："王莽居摄，变汉制，以周钱有子母相权，于是始造大钱，径一寸二分，重十二铢，文曰'大钱五十'"。

清咸丰朝，政府在镇压太平天国起义时期，国库空乏，铸钱的铜铅原料不足，作为流通银两的贵金属白银更是奇缺，因此，为筹措军费，在发行官票宝钞纸币的同时，从咸丰三年（1853年）起，开始铸造铜铁大钱。其中当五百、当千以净铜铸造，当百以下铜铅配铸。咸丰四年，因缺铜源，上至当千下至小平钱，大量铸造铁质钱，甚至还铸造过铅质钱。

《北京市志稿·度支志·序》："清季钱法，以咸丰大钱最滋流弊……"铸造钱币面值愈大，铸造利益也就越多。如当千铜大钱，额面规定每枚等于制钱一千文，作为金属币，其金属比价实际只等于制钱三十八文，一枚当千大钱，便增值九百六十文。铸造铁大钱，因其金属比价低，铸造者获利更多。所以，各种铜大钱发行不久，因市面折算日贱而流通壅滞，如当千钱，只作七八百文或五六百文售用。清政府遂于咸丰四年收回当五百大钱，同时，当二百、当三百、当四百三种大钱也停铸。次年又停铸当一百、当五十大钱。此后，京城市面只有当十、当五两种大钱。由于大钱不断贬值，后来一度竟至以十当一。此后京城虽然仍流通当十铜大钱，但每枚仅抵制钱二文。直到光绪十六年（1890年），当十大钱才停铸。

铁大钱的流通更是惨淡，咸丰四年开始发行当一、当五、当十三种铁钱，流通时间较短。后来因京城市面拒用，也就没有了行市。京外各省也将大钱视为无用之物。有的地方当十铁大钱不值一文用。有的地方铁钱一百文只当铜钱十文。

清政府从滥铸大钱的通货发行中对百姓进行搜刮，获取了巨额利益，但在民众眼里，大钱却因其价值的贬低，而成为不值钱的象征。

所以，"知不道自家值几个大钱"，就是说不知道自己没分量、不值钱，意指这个人无自知之明。

说大话，使小钱

这句俗话有两层意思，一是口头慷慨大方，但在钱财方面吝啬小气；二是说话豪言壮语，办起事来畏缩胆怯，言行相悖，表里不一。

几千年中国古代社会，钱币的产生、演变复杂混乱。从秦统一货币以来，使用时间最长的是"孔方兄"，即一枚一文的铜制钱。相比后来银锭、银圆，以及不同时期所铸的重宝大钱，一枚一文的制钱面值最小，所以被人们俗称为"小钱"。

家乡有一句俗话"看你和要小钱的啊似的"，说对方和以前集市上要钱的乞丐一样，为一点小事物纠缠人。这些乞丐要的都是一枚一文的小制钱。《中国近代农业史资料·第一辑》"农业中的雇佣劳动"记载："山东济宁州，[乾隆]黄孙康雇孙四种园，每月工价小钱二千文，并无文约，系属短雇。"很明显，这里的"小钱"也是一枚一文的小制钱。

银圆流通的时代，同时还有银质辅币角、分、钱、毫。这些辅币相对"元"来说面值小，所以也被称为小钱。《中国近代农业史资料·第一辑》"商业资本的活动"一节记载：[江苏嘉定县]奸牙拦截通津桥巷，用强拉买，贱价轻戥，并串通奸匠，兑换七、八成色银……布行布庄将低银小钱收买布、花，及店铺出轻入重，刻剥小民。

《通典·食货八》："王莽即真，以为书'刘'字有金刀，乃罢错刀、契刀及五铢钱，而更作金、银、龟、贝、钱、布之品，名曰'宝货'。小钱，径六分，重一铢，文曰'小钱直一'。"

清代的货币制度很混乱，单就面值一文的铜钱来说，有全国通行重一钱四的制钱，还有重七分、只在京城流通的京钱，市值只算半文，因重量、市值都小于制钱，所以是名副其实的小钱。《中国民俗语言学》"俗语与民俗的联系方式"一节记叙："康熙时期高士奇《天禄识余》有记：'今京师以三十三文为一百，近更减至三十文为一百，席上赉人（用市值三十文的小钱，充当一百的通行制钱赏人），通行不以为怪。'……清·李虹若《朝市丛载·风俗门》有《用京钱》诗一首："皇都徒把好名沽，大话连篇他无处，五十京钱（注：这里的京钱不是'小钱'，而是'大钱'，但市值很低。五十京钱的市值远远小于一吊通行制钱。）当一吊，凭谁敏慧也糊涂。"俗语"说大话，使小钱"正是对这一习俗的简要概括。

生活中的人们，有的富贵，也有的贫穷。穷人使小钱并不丢人和不道德，但无论穷富，说着慷慨豪气的大话，却去做那小气的事情，就有了人格上的问题，被人们揶揄也就理所当然了。

值不了几个子儿

旧时晚报有《旧北京的私学》一文，讲"交老师四十枚铜板束脩"

的事。

我国从秦朝统一货币后，直至清代中期，大多朝代流通的都是圆形方孔铜钱。但是到了清代嘉庆、道光以后，由于银价不断上涨，铜钱贬值。清末就出现了圆形无方孔的铜质辅币——铜圆。因它无孔而俗称"铜板"，又叫"铜子儿"（大概因近似棋子儿？未做深考）。一枚铜圆也叫"一个铜子儿"，简称"一个子儿"。以前的人把没钱说成是"手里一个子儿也没有"。

现在八十岁以上的人使用过"铜板儿"，年轻人见的都不多，甚至连知道的都很少。一位六十岁的网友，还把一文制钱说作"一个子儿"，年轻的就更不用说了。

"民国"年间，社会流通的主要有纸币、银圆、铜圆。银圆主要有"小人头"（孙中山像）、"大人头"（袁世凯像）、"站人"（外币）。铜圆有大清造"团龙"（币中有团龙图案）、"光绪元宝""大清铜币"，以及"中华民国"造"五色旗"等。铜子的面值分五十文（特大）、十二文（大）、十文（小）三种。五十文和十文的较少见，流通最多的是二十文的大铜子，一个大铜子叫一大枚。五大枚为一吊。半吊换一分银钱，五吊换一角，五十吊换银圆一元。但由于银价和铜价的涨跌关系，其兑换时多时少。20世纪30年代左右，较长时间都是铜子四十六吊换银圆一元。

"七七"事变后，日本侵略者用伪币联合准备银行的纸钞把银圆和铜子都掠走了。所以，当时物价飞涨，民不聊生。银圆和铜子在社会上就不流通了。

"一个子儿"面值十文、二十文，"值不了几个子儿"意思是说东西不值钱。

卖关子

以前常听家乡人说："你待那里卖啥关子啊！"或者说："有话直

说，用不着卖关子。"

"卖关子"是一个被现代汉语接纳了的通行词语，比喻说话办事到了紧要的时候故弄玄虚，使相关的人着急。

孙犁《淡定集·读作品记》："卖关子之说，见于通俗演唱，然亦只是故作惊人，笼络听众，以利下场的生意经。"孙犁的这句话，似乎是说"卖关子"一说来自说书人的一种"卖座"技巧：因为说书人说的一般是长篇故事，需要分段说唱，一段也叫一场，上下场连接，上一场总是在说到故事重要关节停止，来制造悬念，借以吸引听众在下一场开始时再接着听。

其实，称说书人"卖关子"也是借来的说法，是对"且听下回分解"这一说书技巧的化用。

《新世纪青少年百科知识·十万个为什么》解释"且听下回分解"的小说模式时写道："这一方面固然需要说话（说书）的内容对口，艺术性增强，另一方面，也需要以种种技术性的手段，来迁就、适应听众的心理和演出场所出现的具体情况。比如，听众到场往往先后不一，说话（说书）人为了在延迟开讲时间等候更多听众，并稳住早到的听众，便在正式故事前，先诵解几首诗词或讲述一两个小故事，把它叫作'入话'。有时为了图个吉利，也叫它'得胜利市头回'。为了调节听众的情绪，在讲述当中，往往还穿插一些韵语或诗词，以渲染故事场景或人物风貌。在结尾的地方又常用诗句总结全篇，劝诫听众。""在讲述长篇故事或一朝一代的历史故事时，不能一次讲完，为了吊听众的胃口，吸引他们下回再听，一律选择故事引人入胜、能激起巨大悬念的地方，突然中止，呼叫一声：'欲知后事如何，且听下回分解'等。"

回，原指古代两将骑马对决，一个照面斗完，两马交错、脱离，回马再战。由此，一个照面的搏斗叫"一个回合"。前段所述，正书说唱前头的那段表演，被比喻作"得胜头回"，就是从这里来的。旗开得胜，大吉大利。

称"头回",示意必有"下回"。上回结束,接下来就是下回开始。所以,这个节骨眼,家乡土话也叫到了"回头"。章回小说的"回"就是源自此说唱模式。

听说书进程中,突遇停止,类似走路遇上关口阻止。说唱者设此"关口"是为了吸引听众继续听,达到多收费的目的,也就有了"卖"的意思。但真正的"卖关子"另有本源。

《新唐书·李逢吉传》:"其党有张又新、李续……姜洽及(李)训八人,而传会者又八人,皆任要剧,故号'八关十六子'。有所求请,先赂关子,后达于逢吉,无不得所欲。"这里的"赂关子"虽然不是真正的"卖"关子,但已有了利益交换的意思。

北宋出现了"交子"。西汉扬雄《太玄经·玄测》:"升降相关,大贞乃通。"注:关,交也。所以,南宋又出现了和"交子"功能相同的,官府发给商人用来兑换现钱的"关子"。交子、关子实际上就是存款、提款的书面凭证。《北京市志稿·度支志》:"关子云者,盖始于高宗南渡之后。绍兴元年,因婺州之屯驻,有司请桩办合用钱,而舟楫不通,钱重难致。乃诏户部造现钱关子付婺州,召客人入中,执关子榷货务请钱,有愿得茶盐香货钞引者听。"沿此,当时许多手续交接的凭证也叫"关子"。

宋朝陆游《老学庵笔记》:"宣和间,亲王公主及他近属戚里入宫,辄得金带关子,得者旋填姓名卖之,价五百千。"这就是真正意义上的"卖关子"了。

第六章 牛耕岁月

放了卫星了

在家种地的时候，庄里有块地片叫"卫星田"，虽然从小就知道卫星，但心里老在疑惑：卫星怎么跟这庄稼地连在一起了？

后来，又听人说谁谁种的是卫生田，我也不明白。"卫星田""卫生田"听起来差不多，我就问他啥是卫生田，他说就是地里不上粪、不施肥，很干净、很卫生，所以叫卫生田。都知道"庄稼一枝花，全凭粪当家"（过去种地主要靠粪肥），种的是卫生田，原本说种地不施粪，地里很卫生。后讽喻种地不下本钱，地里没肥力，打粮食少。我又问：你队里那片地为啥叫卫星田啊？他比我也就大个七八岁，也是只知道名字，说不出个缘由来。

直到有一次听父亲说了句"那一年麦子的产量放了卫星了"。我就问父亲："放了卫星是啥意思？"经历了"大跃进"岁月，并且那时候已经是铁厂会计的父亲，对那段历史自然一清二楚，就说："卫星上天嘛，放了卫星就是说产量到了天上了，最高。卫星田的名字就是这样来的。"联想到家乡常有人说"产量算是居顶，到了天了"，便感觉"卫星田""放了卫星"很贴切。

中国科学院文学研究所古代史研究员，中国社会科学院研究生院教授王学泰的自选集《岁月留声》中有这样一段记述：

> 1958年10月去农村虽然不是我第一次下乡，但是它给我留下了极其深刻的印象，至今难忘。这一年，从夏收就开始发烧，特别是在农村，为了迎合"大好形势"和证明反右斗争与全民社会主义教育运动所取得的伟大成果，农业必须获得大丰收。当时，社会主义阵营的"老大哥"苏联第一个成功地发射了地球人造卫星，这个"卫星"遂成为最先进、最高水平的同义词，也成为社会主义阵营（包括中国）的骄傲。当时各行各业动不动就要"放卫星"，其意为，他们创造了不同凡响的新纪录。农业产业的第一个"卫星"就是河南省遂平县人民公社放的，1958年6月，《人民日报》刊登了这个公社小麦亩产2105斤的新闻，从此，各地的"卫星"一个比一个大，一路飙升，最后亩产小麦近万斤。秋收时水稻的亩产量更是一路飙升，到了9月份，《人民日报》头版已经有了这样的大标题"广东穷山出奇迹，一亩中稻六万斤"……原来我们具体干的活是深翻土地为明年小麦丰收做准备。我们翻的这块地，是普通地块，只翻一尺五寸深，明年亩产万斤小麦。另外一块试验田深翻一丈二尺，那里明年亩产小麦120万斤……当时我不到十六岁，又生活在城市，根本不了解翻地在农业生产中有什么作用，但120万斤这个数字令我很好奇。

年轻的王学泰算出120万斤的产量，要在一亩地里满满堆六层麻袋的小麦才够，便提出了质疑，结果以怀疑"大跃进"运动"人有多大胆，地有多大产"的精神而被批斗。历史的悲剧值得我们深思。

庄稼随大溜

"庄稼随大溜"表达的意思可以用另一句俗语解释："庄稼活，不用学（xiáo），人家咋着（zhāo）咱咋着（zhāo）。"看似无主心骨的话，真正了解以前农耕生活的人，就会理解其中的生产实际和生活哲理：过去，农业生产科技含量低，手段落后，很多生产靠经验耕作，收成靠老天吃饭，如果不是种地的庄稼把式，很多生产活动安排都要借助别人的经验。一样的自然环境，一样的生产条件和技术，相互之间有很大的借鉴价值。即使是庄稼里手，面对同一件农事，大家一起对待，总比一个人的想法全面。"三个臭皮匠，顶个诸葛亮"。

俗语"乌龟过河——随大流"，乍看和"庄稼随大溜"相似，仔细比较，前者没有后者所蕴含的事理。

前者仅仅表示做事情、过日子无主见，啥事都仿照大多数人的做法，反映出的是盲目从众思想。这些情形，人们也会用"庄稼随大流"这句俗话来形容和评价。有些当事人也会用这句话来自我开脱和解释。但仔细分析，这两句俗语在表述主体上的转化，体现了劳动大众的语言艺术：各家种庄稼，因为都在一个"天底下"，同样的节气，相似的地理，农事、技术上的经验值得借鉴。所以说"庄稼"随大流是可以的。其他相同背景下的事情，有"庄稼随大溜"的想法是可以的。

但如果像"傻子过年——看邻居"，这样居家过日子也盲从的做法则行不通。有道是"一个门口一个天儿"，即一个家庭一种生活环境。要把事情做好，把日子过好，应根据各自家庭不同的条件、不同的事情，因"家"因"事"制宜，拿出不同的解决方法。如果盲目跟着别人学，往往不能达到理想的状况和目的。

邻室家的牲口——借具

骡马论匹，牛驴论头。过去，这些牲口干活时套进车辆、农具则称"具"，也写作"䄃"，像"几具牲口"等。通常，能拉动一车货物或者能拉动一张犁耕地的牲口组合叫"一具"。力气小的，或车载大的，一具在两头以上。要是一头牲口能拉车、拉犁，也勉强叫一具。以前，小户人家的牲口大都弱小，不能独立拉犁拉车，就把两家的牲口合在一起干，叫"辫具"。因此，"具"也就代指了牲口。

在农业合作化以前，不少单干的农民养不起耕牛，农田耕种除了手刨人拉，就是要花钱雇别人的牲口，能借者就借牛耕地。《中国近代农业史资料》有一篇1927年农村调查报告这样写道："[山东胶澳地区]关于耕牛之使用，大率为田多富户。各田少无牛之户，皆恃人力锄掘；亦有用提前耕地或稍迟耕地等方法，向有牛户借牛。"

新中国成立后的农村，借牛也是常事。1953年9月1日《大众日报》刊登了一篇报道，写的是苍山县（现兰陵县）二区东房上村秋耕的事儿。这个村有160亩大茬地，只有五具牲口，一具牲口一天耕地2亩，160亩地耕完需半个多月。但在这一年的早秋结束后，村里的有牛户并不着急耕自家的地，他们怕把自家的地耕完了，别人向他们借牛用。自己的地不耕，如果有人来借牛，就推说自己要耕地，这样一来，村里的无牛户也就不好意思去跟有牛户借牛了。村领导眼看着要误农时，很着急。通过调查才知道，造成这种情况的原因是以前不少无牛户借牛后，没有及时地补偿有牛户的草料，引起了有牛户的不满。后来经过调解，并补偿了拖欠的草料，最终实现了村里的耕种互助。

以前，类似的故事在家乡时有发生。这种耕地借邻室家的牲口，这便是"借具"——喻指借的东西。

三十亩地一头牛，老婆孩子热炕头

这句话来自小农经济时代。农耕社会，民以食为天，老百姓安土重迁，追求安定的温饱生活。听父亲说过这样一首当地歌谣："妮儿哎妮儿，你千万甭嫁那读书郎，一去十年不还乡。妮儿哎妮儿，你千万甭嫁那买卖汉，出出进进事不断。妮儿哎妮儿，你嫁就嫁那庄稼汉，一天不见见三遍。""老婆孩子"就是指全家人常年在一起生活；"热炕头"就是灶膛里有火（灶膛连着土炕），锅里有饭，冻不着饿不着。在过去，一个中等人口的农户，有三十亩地和一头耕牛，就可以过上温饱安定的生活。后来这句话也代指家人团聚、衣食无忧的安逸生活。

《中国近代农业史资料·第一辑》有一段清代后期山东青州府益都县农业情况的调查资料:"从民间流行的'一人一(亩)地,扭筋拔力'和'一人一亩田,巴巴结结过一年'等谚语,就可见一斑……该县每亩平均产量为谷物四百斤。每斤市场价格平均为六十文(银圆二分或三分)。每亩田赋约为一千文(银圆三角九分),因此土地所有者在纳赋以后,大约每年可以从自己占有的每亩土地上收入二十三串钱(十一二元)。但这个估计是假定农民耕种自己的土地,而且是没有雇工开支的。"

另见《中国近代农业史资料·第二辑》第三章"地主经济与农民经济的状况及其趋向":"[山东胶县]农民之收支及其生活至为贫苦。李村区内有地三十亩者,即称富室。民国四年调查,李村全区户数二万零七百五十户,有地三十亩者仅得三十余户。李村附近,号为沃壤,试就二十亩之上流农家,一考究其全年的收支:计上(等)地二十亩……耕作收入四百五十二元有零,支出三百三十九元有零,收支相抵,余银一百一十三元有零。通常上流农家,家族妇孺在十名以上,比例收入全额,每人年得四十五元,每月不足四元。沃壤富室如此,下(等)地贫户可知。"

听从那个时代过来的老人们说,旧时代黄河三角洲小清河以北地区的村庄,有三十亩地的人家不少,但多半是碱薄下地,无灌溉设施,靠天吃饭,旱涝不保,产量很低。听父亲说过,有一年,家里有块一大亩的地(当地换算市亩为三亩二分四厘),连秸带秆儿,只割了一大包袱的麦子。过去,这样的土地很多。本地地亩计量之所以有"大亩",原因就是有些自然条件差的田地,收成通常只有优质田的三分之一,官府以三亩二分四厘折合成一大亩,仍按一亩缴税。除大亩外,还有中亩。

《孟子·寡人之于国也》有:"百亩之田,勿夺其时,数口之家可以无饥矣"。排除时代差异,俗语里的三十亩地应该指旱涝保收的上等地。

第七章 江湖故事

叫花子咬牙——穷发狠

《中国民俗通志·江湖志》记述：乞丐，俗称"讨饭花子""叫花子""要饭的"，行名称"穷教行"。江湖上称"杆上的"，又称"灰窝"，意谓衣衫褴褛，满面尘垢，携棍子等家什讨饭。

"叫花子"是俗称。就江湖上的乞丐而言，其成分与来源，可谓多种多样，错综复杂，但绝大多数乞丐都是因贫困所迫。

因此，虽然在很多文字记载中有强索强要，甚至结帮为害的恶丐，但绝大多数是为口活命饭而乞讨。不管是从本身的秉性品质，还是所处的社会环境看，乞丐就是社会地位最低的弱势群体。

乞丐大都不是生活在出家避世的山野僻境，为了讨得活命的饭食，他们都是在有人群居住的乡村、城镇，向人乞讨，因此难免受人欺负、羞辱。当地俗话"蛤蟆还鼓鼓肚儿呢"，是说"再没有能耐的人受了欺负，也要尽最大能力地表示自己的愤怒和反抗"。这是人基本的心理现象。于是，同样有喜怒哀乐的叫花子，如果受了欺辱，也会表示自己的愤怒，或者发狠雪此耻辱。但发狠归发狠，一个无权无势、一贫如洗、衣不蔽体、食不果腹，穷得只有一根要饭棍一个要饭碗，靠要饭求生的叫花子，又有啥本事对人做些什么呢？因此只落得个"叫花子咬牙——穷发狠"。意思是除了发发狠，没其他作用。

穷发狠的"穷"字，字面自然是指叫花子的穷，而在我家乡的语汇里引申为"白费""不起作用、没效果"，如"穷嚼"，指说废话。

打破头扇子扇

在民不聊生的旧中国，天灾人祸造就了无以计数的乞丐，因其人数众多，分布广泛，所以形成了形形色色的乞丐种类。《清稗类钞·乞丐类》根据不同的行乞方式，把乞丐分为挟技、劳力、残疾、强索等十几类。

即使是同一类的乞丐，因为不同的区域，不同群体，具体的乞讨方式也不一样，就拿"强索类乞丐"来说，《中国民俗通志·江湖志》记载：拉破头丐，俗呼为"拉破头的"，行语称"红教行"。其特征是，头经常剃得净光，不论春夏秋冬，讨要时皆光头赤背，一手拿刀（旧式剃刀）一手拿把子。把子是长四五寸的高粱穗的秆。以绳或牛皮筋绑缚而成。这种乞丐状恶，性粗野，每到一家先喊一声"要饭的来了"或"傻子来了"，接着就喊"给不给吧，不给就拉了"，乃一手加刀置于头顶，一手拿把子照挟刀处，自上而下击之，一阵连击之后，主家还不理，遂最后猛击一下，而头破血出。主家（注：是商家或富家。去贫民之家、一口凉饭不值得破头）碰上这种乞丐上门，避之唯恐不及，多半一到即给。

书中还记录了中原的红绰和苦绰。红绰：手拿一柄锋利的剃刀，到各商号讨钱，如不给，就拿刀往自己额头上开刀，将血洒在商号的货物上，使店家无法出售。商号为避免糟蹋货物或纠纷打闹影响生意，只得拿钱。苦绰：蓬头垢面，赤身露体，用砖块或菜刀片子砸头拍胸，唤起行人恻隐之心。如遇到赏钱多的人就磕响头，前额头上磕得鼓起一个大包。

以前常听父母亲说起，过去在当地也有类似的乞丐，家乡俗称"犁（剌）头的"。这些讨要者都是在商家摊贩集中的集市上，收益大，值得受此苦痛。他们有时割破或打破头，俗称"开瓢"，然后再拿扇子扇。

破了头还要扇子扇的举动，是来自民间对伤病中"风"的误解。老百姓都认为风症是由刮风引起的。像产后风、破伤风等。连阔如所著《江湖丛谈》有这样一段记载："……他刀子一割，顺着大腿往外流血，直疼得他龇牙咧嘴。他直嚷：'好疼啊！'他围着场子转了一遭，流了不少血，然后往场的当中一坐，他把药在伤口上一洒，伸手拿起破扇子就说：'有人说受了伤用布蒙上，留神受风，受了破伤风可活不了。今天我叫众位看看咱的药有多大力量。'说完用扇子往伤处呼呼地扇起活儿来，足扇了二三十下……"

那些为讨要，自己打破、割破了头再拿扇子扇的举动，是表示不惜得破伤风，以死明志或相要挟。生活中就以"打破头扇子扇"来比喻那些破罐子破摔，不计后果的拼命行为。

以前这些江湖人的行为看似奸邪、令人厌烦，但他们仅仅为了有口活命的饭吃。不管手段是凶是狠，是卑是鄙，比起那些为了攫取财富而坑蒙拐骗、贪赃枉法、丧尽天良，甚至祸国殃民的大骗巨贪之十恶不赦来说，还有几分可悲可怜之处。

砸牛骨头

记得小时候，如果哪个孩子上学成绩不好，厌学、逃学，直至辍学。辍学后，在家又不愿意干活。家长就觉得这个孩子将来一定没出息，往往就生气地骂他："当门儿（将来）就是个砸牛骨头的。"砸牛骨头，就是要饭、乞讨的意思。

旧社会乞讨很常见，甚至形成了一个社会阶层——丐类。不同生活环境中，有不同的乞丐类别。有一类称为"响丐"。

响丐就是以乐器为乞讨手段的乞丐，其中有一种叫"香骨板"。《中国民俗通志·江湖志》有详细地介绍：香骨板，俗呼之为"砸牛胯骨的"。香骨，即牛的后大腿骨，上扁下圆，呈半扇面形。下端为自然手柄，末梢系以红绿色绸条，于手上端扁平面中心骨楞上，两侧各打两个不透眼，再以细铜丝缠一根筷子般粗细的小木棍，铜丝一丝挨一丝地缠成弹簧状，上系一个小铜铃，并饰以五彩丝穗，然后镶牢于骨眼内，方为齐全。香骨板以两块为一副，共系有八铃。乞讨时，两手各执一块，开口前，先摇一阵香骨板以示"警醒"，然后口诵顺口溜，类似数来宝或念喜歌。每到起承转合处，即以两板敲击三下，发出"喀喀喀"的声音，夹带哗啦的铜铃声，在余音缭绕中接诵下文。此三击有"过门"作用，兼有"擂鼓三通"以壮声色之意。最后，以"紧三下、慢三下，不紧不慢又七下"，连击十三下告终。这十三下讲究快慢适当，节奏分明，最后一击后立即两板相合，以手扪之，余音未发即戛然而止。由于语言诙谐，响器奇特，颇能引人注意。

记得小时候见过一回这种乞丐来庄上要饭，当地人称其"打牛膊的"。

三只手

家乡方言称集市上的扒手叫"起手"。扒手到集市上偷，叫"起"。这或许是江湖内部避讳"偷"这个不光彩的字眼儿的"行话"。外人对小偷都恨之入骨，对他们的称呼是不会这么客气的。以前家乡最狠的骂人话是"做贼养汉"。

《清稗类钞·盗贼类》："沪人呼剪绺贼曰弄手，犹言扒手也"。弄，单从字形上看就知道它的含义——三只手。

虽然家乡方言中没有"扒手""弄手"的称谓，但把盗贼叫"三只手"。

在各类不同方式的偷盗中，细化起来，"扒手""三只手"一般指以遮挡人的视线，或乘人不注意，从他人身上或摊位上偷窃财物，都是在有人在的情况下实施窃取，和那种乘人不在家（场）情况下的盗窃不一样。

虽然后者也是用手抓财物,但"扒手""起手"等往往体现在手法上,所以,才缀以"手"。

至于为什么称"三只手",民间流传着一个"三只手"与范仲淹的故事:北宋天启年间,东京有个赫赫有名的神偷,没人知道他的真实姓名。当时的小偷流行一种手法,就是把一枚铜钱的边沿,磨得锋利无比,用以割破人的腰包(现在俗称"割包")。因为是在青天白日里干偷钱的勾当,所以,行话"跑明钱的"。但是这个神偷,不用任何工具,只要擦身而过,便手到擒来。有次他在同行面前炫技,双手高举,一挨人身就把银子掏了出来,好像两只手之外,身上还长着另一只手。众贼佩服得五体投地,敬送绰号"三只手"。然而,盗亦有道,"三只手"给自己的门徒定了"三不偷"的规矩:一不偷忠臣义士,二不偷贫寒人家,三不偷良家妇女。一次,"三只手"的门徒错偷了忠臣范仲淹的银子,事后此人不仅加倍奉还,还在银子里夹上了一张纸条道歉,落款:"三只手"。范仲淹由此联想到朝廷昏庸官场黑暗,达官贵人,明抢暗夺,竟还不如一个小偷!遂提笔写下一首打油诗:"世人都恨盗,岂知盗亦道;若然都有义,怎会世颠倒"。

故事内容的真实性难以考证,然而,"三只手"的称谓之所以能够流传,必定得到了人们的生活印证而认同。听父亲说过一句俗话"贼人有飞计",是说做贼的人,为了达到偷窃或逃脱的目的,往往能瞬间迸发出一些奇思妙想令常人想象不到。所以,普通人认为这些贼有异乎常人的地方,也就合乎情理了。《增广贤文》有言:"贼是小人,智过君子。"

以前听一位长者讲过他们村里一个真实的故事:一天街上来了一个换瓜的,刚放下手推车就围上来一群孩子,过了一会儿,换瓜人发现摆在地上的瓜少了一个。在他犯嘀咕的时候,来了一个老乡换西瓜。换瓜人就和他说了少瓜的事。这个老乡听了就问他:有没有一个怎么怎么样的孩子来过。换瓜人根据老乡的描述回答说有这么一个孩子。老乡听完一笑说:"你不用犯寻思了,一定是这个孩子偷去了。"换瓜人却说对这个孩子印象很深：一个光屁股的孩子，还是两手拍着屁股跑的，咋能偷瓜呢？老乡笑道："你不是头一个让他偷的。你光看见他空着的两只手了，可不知道，他身子挡着，前面用嘴咬着瓜把偷走了。"换瓜人听了，不禁感叹道："这孩子还真是三只手。"

家乡话中，"三只手"指那些比靠两手干活挣钱的普通人另外多了盗窃来财门路的偷盗者。

戳狗牙与俾门框

贫困年代，穷苦人家，缺衣少食，为了活命只好到人家门里乞讨剩汤碎饭度日，俗称"要饭"。这些人被称为"要饭的"。在贫穷的过去，家乡有为数不少的人，在冬春青黄不接时外出要饭。对于要饭的称谓，除了"逃荒要饭"，还戏称为"戳狗牙"和"俾门框"。

和"丐帮"之类的专业乞丐不同，一般要饭的庄户人是在灾荒岁月或家里没有粮食吃的时候，临时外出逃荒。因此他们的行为比较单一，就是到那有饭吃的人家里讨口剩汤剩饭。因此他们的"装备"就是一个篮子一个碗，和一根差不多一人高的棍子。要了干粮放在篮子里，要口粥汤用碗喝，那棍子是用来打狗的。

过去，即使是贫穷人家也有不少养狗的，一是普通人家养狗不需要特意准备狗粮，有一口剩汤剩饭，狗就能活，一般不会给家庭增加吃食上的负担，俗话说"哭不煞的孩子，饿不死的狗"。二是过去的院墙都矮，家里有条狗，在荒乱的年代晚上睡觉有个动静，放心。那些殷实之家，都养狗看家护院。

要饭的人，每到有狗的人家，进门喊叫要吃的，首先迎接他们的一定是家里的狗。要饭的人不可能在狗的主人家里用棍子打狗，正所谓"打狗看主人"。上人家门不是为打狗而来，是为了要饭吃。狗看门，天经地义，打狗不占理（无理），惹烦了主人便不会打发（给你干粮让你走）。

所以，当狗狂吠乱咬地扑上来，要饭人就把打狗棍往前伸，拒狗于一两米之外，不让狗靠近自己。而狗不会乖乖听话，常常是龇牙咧嘴冲着要饭人狂吠，有的还用牙去咬那棍子头。要饭的虽然不去主动地击打、戳击狗，但当狗主动咬着棍子的时候，从表面上看好像是人拿棍子戳狗牙，因此，要饭过程中的这个现象，就被老百姓拿来代指要饭了。

因为不是专业的乞丐，这些在家种地的男男女女，有些还是年轻小伙子、黄花大闺女，荒年灾月，粮食歉收，没有饭吃，迫不得已，才上门伸手要饭，但毕竟不是体面的事，难免有些难为情。所以，每到一家门口，举动不"专业"、不坦然，往往刚刚进大门，就依靠在门框上，等着主人送出口吃的，俗称"俾门框"。于是，"俾门框"也成了家乡人对要饭的人的称谓。

要饭压破瓢

上门要饭，人家给的都是碎食剩饭，或者赶上吃饭，人家给碗汤喝。要饭也多是趁着人家吃饭时上门讨要，俗谓之"赶饭时头儿"，因为过了这个时候有的家里没人。此时，为了多跑几个门，多要点儿干粮，就边要边走，边吃边喝。所谓"风餐"是然？如此，就需要一个放碎干粮的"要饭篮子"，和一个盛汤的器具：碗或瓢。

《论语·雍也》："一箪食，一瓢饮，在陋巷，人不堪其忧，回也不改其乐。"家乡也有俗语"弯刀借就瓢切菜"。瓢这个古老的器物，现在几乎看不到了，但在过去，是一件因材就简的多用途家庭日常用具，可舀可盛，可水可粥，可粮可面。瓢，简单地说就是把葫芦一分为二，去瓢刮皮而成。因此说"比着葫芦画瓢"。

我听岳母说："一家不使两个瓢。"《礼记·昏义》："妇至，婿揖妇以入，共牢而食，合卺而酳。所以合体，同尊卑，以亲之也。"合卺，就是新婚夫妻用两个新开的葫芦瓢共同喝酒，然后把两个瓢合并捆扎在一起。寓意天生的一对新人结成一体，团圆美满。大概是因为如果家里有两个盛用的瓢，必定是分离状态，所以被人们所忌讳。而一个瓢，则是一件完整的家什。

瓢曾被用作舀酒分酒的酒具，而成为水酒的计量单位。

葫芦瓢制作简单，取材方便，贫穷人家用得起而常有。缺点是易碎。有那穷得连平常吃饭的碗都不够用、不舍得买的人，去要饭时就拿着一个瓢，盛汤盛粥。西安电影制片厂拍摄了一部电影《乱世瓢丐》。给乞丐冠以"瓢"，足见瓢是乞丐的标志性装配。

听我老师讲过一个笑话：某年隆冬，大雪扑面，有四个乞丐在马粪堆上各自扒了一个深坑蹲入（相对其他粪便，马粪干松、保温。过去在冬季种韭黄，都是用马粪覆盖），并把讨饭瓢盖在头顶，四人即景对诗：

甲：大雪飘飘似鹅毛，

乙：铺着马粪顶着瓢。

丙：遮风挡雪像神仙，

丁：不知穷人怎么着（zhāo）。

从这个笑话里可以看到，这些要饭的人穷得只有一个要饭的瓢。是夸张，也是过去穷人的悲惨写照。

一个人连饭都混不来，只能要着吃，已经是很没能耐了，而要饭时还把唯一用来吃饭的瓢压破了，说明连要饭也做不来。于是，家乡人用"要饭压破瓢"比喻一个人半点能耐都没有，无用到家了。

和叫街的似的

有把要饭的和乞丐理解为同义词的，其实"要饭的"只是乞丐的一种。

在"三教九流"的"九流"中,乞丐为"一流"。翟文明编著的《图说经典·三教九流》把乞丐分为原始型乞丐,卖艺型乞丐,劳务型乞丐,残疾型乞丐,流氓无赖型乞丐等。

上门要饭的,属于原始型乞丐;卖艺型乞丐有唱戏曲的,有打把式卖艺的,还有打花棍、说唱莲花落的,这也是乞丐后来被称作"叫花子""花子"的原因之一;劳务型乞丐指的是那些从事一般人不愿意做的低贱、简单、肮脏的营生,以换取施舍的人;流氓无赖型乞丐,是指那些披着乞讨的外衣,以各种流氓手段强行勒索财物的乞丐,也就是所谓的"死乞白赖";残疾型乞丐,就是那些衣食无靠的残疾人,多是瘫巴(瘫子)、瞎子,因行动不便,上不了门,要么瘫坐在地上向过往的路人乞讨,要么或爬行,或用杆子探路盲行,以闹市、通衢要道和庙会、集市为主,沿街乞讨。

有些残疾乞丐,边行,甚至边爬边叫,高声卖惨,那声音似喊非喊,似唱非唱,声音凄婉,语意悲怆,为的是叫人同情施舍。像在家乡多是叫喊:"大娘大婶子们可怜可怜这看不见的,给一口饭吃吧"等,故俗称"叫街",这些乞讨者俗称"叫街的"。

也有非残疾"叫街的",称"喊街丐"。这些健全人,为了博得人们的同情,"不论春夏秋冬,皆上体赤裸,或仅披破麻袋片,袒胸,手拿半截砖,或坐或跪于地,嘶声拖腔呼讨。每呼喊一句或数句,即以半截砖或旧鞋底当胸一击,胸部常厚肿而隐现血迹……"(《中国民俗通志》)

生活中如遇有人大声唱或喊叫,会让人反感,就会被讽喻为"和叫街的似的"。

剃头挑子——头热

清代人理发是用剃刀剃除头发,所以叫剃头。我小时候已经用理发推子理发了，因此演变出"推头"的称谓，但也有人沿袭过去的叫法，哪怕是现在，那些上了年纪的村民还是称理发叫"剃头"。

其实，"理发"一说在很早以前就存在，唐朝孟郊《长安羁旅行》："十日一理发，每梳飞旅尘。"诗中说的理发是指梳理、结束头发。古人认为头发受之于父母，不能随便剃除，便蓄发束发。那时理发只是梳束，工具是梳子篦子，所以有梳头、篦头，而没有剃头（剃度除外）。

直到满人入关，建立了大清王朝，汉人才剃头留辫。这被说成是清廷为了达到长久统治汉人的需要，而实施的从心理和文化上征服汉人的举措，其最初的缘由却匪夷所思，发人深省："清世祖福临（顺治帝）定鼎中原后，起先朝贺时分满汉两班。满员剃发留辫，明朝降臣仍是束发冠带面朝。顺治二年（1645年），明朝天启进士孙之獬自发地剃发满装，站入满班遭满员驱逐。孙之獬上折奏请改制，使顺治帝受到震动，遂下令剃发蓄辫"（《北京百科》）。于是才强制汉族男子一律剃头梳辫，实行严厉的"留发不留头，留头不留发"，这就是所谓的"剃发令"。汉人从此便开始了剃头留辫。

开始没有专门的理发馆，是官府派专人挑着一幅配备了剃头用具的担子（俗称挑子），在街市上强制人们剃头。据说，后来挂"铁褡裢"的杆子当初是挂砍刀和朝廷告示的。这些人拉着谁，如有违抗立刻砍头。后来，在街市上给人剃头的剃头匠就沿袭了这一装备——剃头挑子。

所谓挑子，就是一根扁担挑着两头的东西。剃头挑子，一头挑的是炉子。起初炉子是放在一个圆筐里，筐下面有三个腿，其中一根延伸到上面成旗杆样，原是挂告示和砍刀的，后来挂钢（蹭）刀布（铁褡裢）和毛巾。黄铜脸盆放在炉子上面，炉子是点着的，脸盆里的水保持着一定的温度。后来有的是把炉子固定在木架子上，也是有腿有杆儿——这是热的一头。另一头挑的是红漆方凳。凳腿间有三个抽屉，最上面的一个放钱，钱是从凳面上开的小长方孔里塞进去的，第二、第三个抽屉分别放置围布、刀剪等工具——这一头自然不热。所以，才有了"剃头挑子——一头热"

的说法。

一件需要双方彼此同意才能达成的事情，如果只一方有愿，而另一方没意，像男女恋爱，一方热追，一方拒绝，或者一个项目，一方寻求合作，一方不接受，人们就用这句俗话来比喻。

撂调侃

歇后语是汉语体系里被广泛熟知、使用的一种语言形式，并且随着时代发展，不断有新的歇后语产生，彰显着这种语言形式强大的生命力。

这种活泼的语言形式曾活跃在家乡方言里，被称作"调（音diāo，下同）侃"。

家乡人用歇后语大都是真不说出后面部分，也就是说半截话。因此，很多听了某句歇后语的人常不明白，便说："你撂啥调侃啊"，埋怨说话者不直接把话说明白。

我从小听惯了家乡的叫法，但后来没有在其他地方遇上用"调侃"称呼歇后语的例子，甚至连和"调侃"词性相同、读音相近的名词都没遇到。

直到读评书艺术家连阔如所著的《江湖丛谈》，才发现了和家乡说的"调侃"用字、词性相同，读音基本一致的词，书中明确记载："（江湖）各行都有各行的术语，俗话说叫'调（diào）侃儿'。江湖艺人管他们所调的侃儿，总称叫做'春点'……不惜一锭金，都舍不得一句春。据他们江湖人说，这春点只许江湖人知道。若叫外人知道了，能把他们各行买卖毁喽，治不了'杵儿'（江湖人管挣不了钱，调侃儿说'治不了杵儿啦'）。"

说白了，江湖中各行，为了便于有外人在场时，瞒着外人，行内的人相互交流和传递消息，而创编了一套只有行内人听懂的黑话、术语，行话叫"春点"。这些"春点"俗称"调侃儿"。没有熟悉的人解释，行外人是不明白的。

返回去再说家乡人说的歇后语"调侃"。熟悉家乡语言习俗的人都知道，家乡人说歇后语，类似当地方言说的"抛闷儿猜"（猜谜语），只说前半部分，不说揭示谜底的后半部分，即半截话。如此做的原因，大概由于说这些话的语境不是平常情况下的交流，而是对与己无关的人、事、物做评论，又往往不是建设性的意见，只是淡淡地评说，甚至是冷嘲热讽，所以不便说透。因此，就以"歇后"的方式说半截话，目的不是表达一个完整清楚的意思，只是表达一种态度和情绪。在别人听来不容易明白的这半截话，就和江湖中的"调侃儿"相似了。这大概是家乡人把歇后语说成"调侃"的来历吧。

以前我也听母亲说过这样的话："让谁谁听了春儿去了。"说的是知情人说话，被某个外人从话中听出了暗含的信息。分析起来，这个"春儿"就是"调侃儿""春点"的简称。

和"春点"同为江湖隐语的四川"言子"中的"谜语言子"，就是说半截话的歇后隐语。这一语言现象的存在，也是对家乡人把歇后语称为"调侃"来历的一个侧面证明。

卖钢口

有人在众人面前虚张声势，放狠话，信誓旦旦，按母亲的话说，这样的人是在那里"卖钢口"。俗话说："王麻子的刀剪，卖的是钢口。""刀口"是刀具上的刀刃，那"钢口"家乡话说的"钢刃子"。因为王麻子刀剪的钢口好，所以有此俗话。但把钢口用到说话上，就是另有缘由了。

《江湖丛谈》（连阔如著）有这么一段介绍："我向江湖人探讨卖刀伤药的内幕。有某江湖人说卖刀伤药的这行调侃儿叫'挑青子'。干这行的生意亦大有研究。按他们的行规是'打走穴的买卖'（注：江湖人管今天黄河三角洲在东，明天在西，满处乱跑的流动性质的生意，调侃儿叫'走马穴'。今天演艺明星们走穴的说法就是从这里来的，所不同的是，原来指不断地换地方，而现在主要指本来有演出单位的演艺明星外出搞私演、赚外快的行为。所以"走穴"的意思到今天也变了，这就是语言演化的实例），其骗人之法亦分前后棚（前棚指设圈套，后棚指顺势骗钱）。前棚的生意，第一是'圆粘子'招引观众，人越多越好，及至人多了，调侃儿叫'粘子火炽'。围多了人时，（骗子）嘴里所说的话，一件件，一桩桩，按行话叫'卖弄钢口'。"

这"卖弄钢口"，就是为了能把药卖了，骗子推销的话都是言之凿凿，信誓旦旦，说他的药多么神奇，自己是如何讲诚信，甚至不惜拿自己和家人的性命赌咒发誓，说的话斩钉截铁，如同刀剪的好钢口。

《江湖丛谈》这样描述那个人的表演："……到了济南府向人打听吧，西关铁匠铺王家舍刀伤药，无人不知。我们这药原是不卖的，如今我困在这里没办法了，配了这药卖给众位。那位说了，赶集赶庙，有那真传方卖假药的，说得挺好，到了用时不见效力，叫他们蒙怕了，你的药我们亦不敢买。倒是这样。前人撒土迷了后人眼。眼是观宝珠，嘴是试金石，真金不怕火炼，好货不怕试验！我把这药当面试验一回，叫众位看看，如若众位看着有效力再买，倘若看着没有效力，算我蒙人，谁亦别买了。"他说到这里，伸手把刀子拿起来，他这刀子约有一尺长，看着就很快。他又说："我怎么试验呢？我把大腿上割个口儿，往上抹刀伤药，抹上就能止疼止血"……他把左腿的带儿解开，把裤子往上一捋，露出半截腿来，他右手拿着刀子，大声喊嚷："我要割了！这也不怪众位不真信，是那些个骗子把人骗怕了，我割回试试。众位看我割的时候龇牙咧嘴，止住了血亦不流了。果然是这样，大家都买我一包，行个方便，结个人缘。卖多少钱一包哪，卖一毛钱一包。那位说我要买，你先别忙，这时买我也不卖，等我试验好了再买。今天我先卖五十包，可是买一包，还格外送一包，过了五十包之外，是一毛钱一包不多送了……"他说到这里，用刀子往大腿肚子猛然去割……

故事的最终是这个人成功地卖了药,但他卖的依然是假药。像这种骗子,卖的不是药,卖的也就是满嘴虚假的硬话。这也许是人们把这种言行称作"卖钢口"的原因吧。

耍叉

生活中,常有人虚张声势,连咋呼带比画,云山雾罩,意图让对方在不摸底细不明就里的情况下被其欺蒙,或进其圈套。但如果这套唬人的把戏被人识破,其举动意图就会被人戳穿,往往遭人指责说:"你待(在)那喽(里)'耍叉'啊?"

耍叉,是旧社会江湖演艺的一种技法:一柄齐眉高的三尖钢叉有十多斤重,演艺者变着花样儿舞弄,钢叉在手上、臂上、肩上、肘上,再到胸、腹、腰、背,上下翻飞。时而又将飞叉腾空踢起,再用后背或脖子接住,舞出一系列行话所说的"挑翅""手串""回翅""戏水"等惊险动作。有的叉头坠有铜环,耍起来"哗哗"作响,非常炫人耳目。

如果这套把戏是撂地划圈玩耍卖艺,动作大开大合,惊险炫目,好以此为敛钱的噱头,倒也没有唬人的成分。把耍叉和唬人联系在一起,源自它另一种表演形式。

耍叉,最初起源于民间的社火表演。后来由社火嫁接到香会表演中。旧时香会,即参会(庙会)的团体组织,分文会、武会。武会的表演有一定的顺序安排:开路(钢叉)、五虎棍、侠客木、中幡、狮子、双石头、杠子、掷子(石锁)、杠箱、花坛、吵子、胯鼓、旱船、踏车、小车。因过去避讳有"不顺"含义的"叉"字,故行内不称"耍叉",只称"开路"。老北京有"开路头,中幡眼,挎鼓胆,狮子尾"的说法。

所谓开路,就是在所有表演的队伍中,耍钢叉的走在最前面,也就是逢山开路的意思。钢叉耍将起来,铜环哗啦作响,加之动作惊险,上下翻飞，随着表演的进行，观众被其表演的气势所威慑，便会不自觉的往后退，就像被表演者操纵一样，纷纷让出路来。因此，人们就拿这种状况，比喻那些言行夸张、虚张声势、意在唬人入套的行为，俗谓之"耍叉"。

管装不管卸

以前在老家，经常听到"管装不管卸"这句话，通常是用在一桩婚事的成与散上。

常言道："宁毁十座庙，不破一合媒。"一合媒，家乡方言指一桩婚事。在人们看来，破坏一桩婚事的罪孽，要比拆毁十座庙还要深重。尽管总有人并不是被人强迫而做损人利己的事，但表面上都崇尚"君子成人之美"的承诺。所以，从言语上听，人们大都愿意去做成全一门亲事的善举，而没有谁明着说要去破坏一桩婚事。因此，即使是受人委托去帮着处理一桩破裂婚事的善后事宜，除非不得已，多数人也不想去做，理由是：都是管成啊，还有管散的吗？于是，有的媒人被委托去说合一门亲事时，干脆事先向事主言明"管装不管卸"，意思是只管说合的事，如果说成的婚事后来散伙了，所有纠纷一概不管。这个说法，也推及其他双方合作的事情，只管撮合，不管散伙。

装卸，含运输的两个环节，有装就有卸，所以从常理上看"管装不管卸"是悖而不通。之所以有这句话的流传，是因为真有这种现象存在，才被人们拿来做借用。

今天依然常说的"三百六十行"，在前些年其中一行叫作"脚行"，就是专门在码头、货站承揽装卸搬运的行当。旧时代民间有句话"车船店脚牙，无罪也该杀"，说的是五种行业在社会上的恶劣影响。虽然这是过去流行于民间的一句话，但其表述也不细致，因为凡事不能一概而论。就拿脚行来说，该杀的是开脚行的老板，而不是在脚行干活的苦力。

开脚行的地方，往往是商贾云集之地，鱼龙混杂，存在很多利益纷争。旧时代这一行中，非豪强恶霸不能立足，因此脚行是江湖虎狼之地。虽有行规，然而往往因脚行经营者独霸一方，欺行霸市，索价极高，而又以极低的工钱雇工搬运。苦力劳工流血流汗却只能勉强糊口。而那些同为地方一霸的每个脚行的经营者，又各自占有一定的地盘，相互之间，不得侵犯，否则就会爆发凶殴狠斗。因为货物的运输距离大都超过一个脚行的势力范围，所以，货物装好以后，等运到目的地时，大都不在原先装货的脚行控制范围之内，卸货的事情只能换彼地脚行去做了。这在行内称"管装不管卸"。

如装货的脚行想兼管卸货，按行规，就要另给卸货地的脚行一笔费用，叫做"过肩儿钱"。

点眼药儿

记得以前，听母亲说过这样一句话"某某叫人家（gā）点了眼药儿了"，意思是说某个人被蒙骗了。当时就疑惑，被人骗为啥是让人"点了眼药儿"。

后来读《中国江湖秘闻》，见有这样一段文字："有一种卖眼药的，能当场把眼里的朦取下来，也是一种手彩儿。他在给患者上眼药的时候把薄膜偷偷地混入眼里，让患者闭上眼睛，过了一会，用镊子轻轻地把薄膜钳出。大家不明真相，认为果真有起朦退翳的神效。"

书中还有一段类似的讲述："遭汉（江湖行话说的一种行骗种类）：专治眼疾的。说凡有云状肉、攀筋红翼、青光近视，一经用药立即消退。他们这种骗人的手段我知道，他们将鱼鳔剪成长三角形的小条块，晾干后备用，在给人当场治疗时，把这些小条块掺进眼药粉中，同时点到眼内，再用肾上腺素（血管收缩剂）滴到眼内，三分钟后，鱼鳔小碎块见水湿润，还原变成半透明状的组织，当场用镊子取出，酷似从眼内取出的云翼，撕不烂，拉不断，用火烧散发出焦肉气味，让人上当；另外经用眼药水（肾水腺素）点眼，眼球上血管收缩，巩膜立即变白，观众不知其详，便认为他的眼药有奇效，争相抢购，上当受骗。"

连阔如编写的《江湖丛谈》也有"点眼药"的骗术记叙，其原理相同，因地域不同而手法、说法有所不同，但都是骗人的把戏。在此不再赘述。

以上所述，大概就是母亲把骗人的行径称作"点眼药儿"的根由吧。

一直以来，那些看来并不高明的江湖骗术，总能让一些人上当。说到类似这种"玩手法"的骗术，并没有在社会上绝迹。记得在老家生活的20世纪80年代，我就亲眼见过类似的骗术：那时，农村实行了包产到户，生活有了逐步改善，为了更好地进行农业生产，差不多家家户户都买了牲口，并且都像对待家人一样爱护着这最重要的生产力。有一天，街上来了一个下乡的人，号称是给牛取出误食到胃里的钉子。

那时我家也喂着牛，听父亲说，牛误食了铁钉之类的金属，不能自己排除，会伤到牛胃，有损牛的消化，牛就逐渐消瘦，影响牛的力气和健康。因此，那些有牛的家主就凑了上来询问。

那人自然是吹嘘一番，于是就有人要求给自己家里的牛治治。只见他拿出一块拴了细线的磁铁，用手送进了牛的嗓子眼里，停了一会儿，开始用一只手往外拉那条线，等到磁铁快被拉出口时，另一只手半握着捂到牛嘴上，那样子好像是怕吸出的铁钉之类掉落，而去接着。等磁铁拉出来，然后张开手掌，里面有几个铁钉。

我一看，那铁钉不是长时间被浸泡在酸性胃液里该湿黑的样子，而是带着黄色的锈斑，一看就是他事先攥到手里，再凑到磁铁上，装作从磁铁上取下来的样子。当时我说这是他手里的，这个人也没有激烈的反应。那牛的主人大概是因为我是个年轻小伙子，或者掩盖自己受骗的尴尬，也未有所表示。只是再也没人要求给自己家里的牛治的了。

这骗术实在是拙劣，但凡有点生物常识的人都知道，牛反刍，它有四个胃，结构复杂，单凭一根软线怎能把磁铁放到胃里去？但还是有人上当。记得费用好像是十元，这在当时是不小的花费。

后来看书才知道，这个手法源自旧社会"金钩钓虫丸"的骗人把戏。过去生活条件差，孩子肚子里都有寄生虫，常见小孩腹痛。江湖骗子就以能驱除虫患为由行骗：

"当场表演，将一丸药给小孩服下后，立刻将虫吐出而病愈。小儿即使误吞硬币、纽扣等物，也能用此药引诱吐出。卖药者，用竿头挂虫作幌子，名为'钓利子'，也叫'狼包'。其实，药丸并没有这种疗效，而是用一种无毒的药制成的。小孩吐的虫子也不是腹内的，而是卖药人用乌龟的旁肠（名叫'狼形'）加猪血做的。乌龟的旁肠与蛔虫形象无异，有口有尾，人所罕见。拌入猪血后，少时凝成块，卖药前临时藏在自己手中。将丸药令儿童吞下后，再以羽翎探其喉，当儿童呕吐时，即将此物纳入儿童之口，吐出后，以为是腹中钓出的虫。"（《江湖从谈》）

现在很多词语工具书和文艺作品拿"让人点眼药了"当"被暗中诬陷"用，是没有根据的。被暗中诬陷，家乡话说"叫人擤鼻子水了"——据说做豆腐被人偷着滴进鼻子水，豆腐成不了块，因此比喻遭人诬陷、暗算。

第八章 梓工匠作

四撑八榨

　　工匠技艺的传承主要是靠拜师收徒来实现。旧时代，家长希望孩子有个吃饭的手艺，或年轻者有学艺意向的，便托人介绍或上门自荐，拜师学艺。个别的也有师傅为了手艺的传承，发现自己中意的孩子，主动收徒。

　　学徒的期限通常是三年。学徒期间没有工钱，师傅只管吃住。开始，师傅并不教徒弟多少具体的技艺，一般都是让徒弟干一些基础的活。像木匠学徒，前一两年，徒弟干得净是些开料拉锯、斧劈、锛削、刨推的粗活，一是要打好匠作的基本功，俗话说"千日斧子百日锛"。二是师傅大都有意保留，不肯短时间内便倾囊相授。另外，学徒期间还要为师傅家做些家务活。有的学徒在师傅家干了两三年都没有学到多少手艺，没办法只得继续在师傅家里当学徒。师傅在一两年后，觉得徒弟不错，就指导着徒弟接触一些实质技术，让他先做助手，再让他独立操作。那些比较聪明的徒弟，经过三年的苦熬，大都能独当一面，完成一些基本的活路，就该出徒了。

　　有些行业，学徒要经过验徒才算真正出徒。《黄河三角洲民俗文化》有这样一段当地木匠行业验徒的记叙："据说出徒的标志是独立制作一对'四撑八榨'的方凳。做成后，一条仰放，另一条四脚放在仰放的四脚上，如八只凳脚相对，严丝合缝就算出徒了。"《中国民俗通志·生产志·手工业生产习俗》也有类似的记载。

就像包括了书法基本笔法的"永"字一样，不管是方凳还是长凳，在制作上涉及了木工的各种基本技艺：开料、放线、凿卯、开榫、刨平、插接、加楔等。要是凳面宽大，还要做板面胶合等。因为是斜榫，所以板凳的四条腿都是斜撑着站立，这叫"四撑"；又因为每条腿的榫卯包含了两种不同角度的斜面，于是就有了"八搾"。搾也是撑开的意思。

生活中"四撑八搾"常常用以形容人或物体向外撑开站立稳固的样子。

摁着死卯子凿

手工业时代拜师学艺一般都是三年出徒。木工在手艺行当里因其涉及的面广，制作的物件多样、复杂，所以在拜师授徒上，和那些工艺相对单调的行当有所不同，要讲究"三年一节"。木匠出徒的"毕业成绩"是两张或长或短的四撑八拃的板凳：两个板凳一正一反，四腿相对，每个接触面的四角对齐，两面和缝，就算是合格。木匠虽说锯刨凿砍样样都会，但这套考试题里更突出的是卯榫的制作工序，其中以卯榫的画线最有玄机，因为都是斜卯、榫斜，不同的斜度，不同的板面厚度，数据、尺寸就要变化。

这种测试出徒的制作工艺要求是统一的，老师教给一个固定尺寸，徒弟按着那个既定办法也能完成。

手艺、武艺的师徒关系要比四书五经的师徒关系复杂。在科举时代，学生学业有成，金榜高中，不但光宗耀祖，也显耀师门。老师也会因学生地位显赫而身价倍增。所以，老师授课必定不遗余力，倾囊相授。而匠作行当，手艺是吃饭的本钱，同行之间相互竞争，教会一个徒弟，无疑就是给自己增加一个竞争对手，甚至会直接影响到自己的饭碗。有句老话"教会徒弟,饿死师傅"。虽然说"隔行如隔山",但对于同行来说,有些看似神秘的技术、窍门,就像隔着一层窗户纸——一戳就破,一点就开。所以,一些凝聚了匠人一生甚至是师承几代人经验的口诀、诀窍,是不会轻易相授的。像板凳卯榫的定尺画线,新刊《梓人遗制》附录中,有口诀"凳三算九""桌一凳二"。其中的诀窍,师傅一点,简单明了,老师不讲,难似天书。"留一手儿",都是过去在这些行业师徒间存在的现象,这还是对那些能获得师傅基本认可的徒弟。

过去,手工行业收徒,很大原因是可以获得不花钱的雇工助手。对于一般木工学徒来说,三年学艺主要是锯刨凿砍打基础。三年学满后,各方面得到师傅认可的,往往再延长几个月到一个重要的节日(要给师傅送完节日礼),这期间师傅才真正教徒弟画线放样、制作技巧等,这就是所谓的"三年一节"。甚至有的为了得到师傅真传,再跟着师傅干三年。

这样一来,那些只按着师傅给的固定尺寸打了两个"四撑八拃"板凳的徒弟,日后难免只能按着固定的尺寸凿卯榫,也就是摁着固定卯子凿。人们就拿这个做法来比喻,做事不知变通的行为。

木匠吊墨线——睁一只眼闭一只眼

木匠下料画线,除了在木料上用尺子画线外,还要用墨(家乡方言读mèi)斗打线,俗称"打墨线"。打墨线是依照需要画线的位置,墨线一头或挂或由徒弟摁着,另一头,师傅一手揿紧、压点,一手提拉墨线,利用线的弹力,把线上的墨水打在木料上,所以又叫"弹墨线"。

小时候,听庄里的人说谁谁是大木匠,认为只要是手艺好,名气大的木匠就是大木匠。后来才知道,传统的木工一般分三类,造房子的粗木匠,也叫大木匠;做家具的细木匠,也叫小木匠;箍桶做盆的桶匠,也叫圆木匠。有木工谚语:"小木匠的料,大木匠的线。"这句话的意思是:大木匠行当的技术,多是表现在对于墨线的运用上。线有垂直中线、水平边线等构件尺寸线。梁、柱、檩、椽等，都要先弹出中线，包括迎头的十字线和顺身的中线等，然后根据中线操作。施工放样、大木构件画线时，还要弹出水平线和其他尺寸线，所以线是大木匠加工及施工作业中极为关键的一环。因此，还有一句木匠谚语："大木留墨一朵花，细桌留墨成冤家"。是说造房子，工件上的记号和墨线要留着；做家具，在装配前要用净刨刨去表面的线迹和污痕。所谓留花是说留着线痕有利于施工、安装，主人自然看着好；而一件家具上如果到处是墨痕线迹，则会因不美观而得罪了主人。

吊墨线有两种情况，一是在组装诸如房梁等大构件的过程中，顺手把放在一边的墨斗拉出适当长度的墨线，再把线在墨斗的轮轴弯把上缠绕固定，形成一个简单的吊坠，手提墨线，形成一条下垂线，对照要目测的立向构件的中线，看中线是否垂直。二是在房架、房梁、立柱的施工中，拿铅坠对比构件上留下的墨线，看看安装放置得是否中正。这里虽然没有用墨线作垂线，但用吊坠比照的还是构件上的墨线，所以也叫"吊墨线"。为了看清楚、做准确，就像打枪瞄准一样，匠人睁一只眼，闭一只眼，认真观察，这便有了"木匠吊墨线——睁一只眼闭一只眼"的歇后语。

还有几句话源于"木匠吊墨线"的说法："这还用得着吊墨线吗？"是责怪对方对本来不是需要严格操作的事，却有些较真不灵活；"吊着墨线说话"，比喻说话刻意掌握分寸，不敢多说一丝一毫；"木匠吊墨线，不差一分儿"，比喻标准严格。

分析起来，"木匠吊墨线"本来是一项不差一丝一线的操作程序，体现着"严格、认真"，但由于匠人们有"睁一只眼，闭一只眼"的动作，就被人们截取了这部分的字面意思，反其意来比喻生活中对应该严格要求的事情放松要求，或是对应该制止的事情装作没看见或不知道，姑息纵容。

歇后语一般由前后两部分组成：前半部分是"引语"，像谜面，后半部分是"说明语"，像谜底。所以前后部分所表达的含义是一致的。但这一句歇后语的说明语，只对前半部分里的动作做了表面描述，却产生了和动作实质意义截然相反的语义。有意思的是，这并没有影响语言的明确表达，反而使之更加活泼、形象，充满了语言感染力。足见语言之奇妙。

社会发展到今天，有了激光水平仪，多数匠作看线不再吊线，也不再睁一只眼闭一只眼了。

黏得和大鳔啊似的

生活中，有人办事拖拉，或喜欢与人纠缠，家乡话就说这人很"黏黏"。更有习惯于形容、比喻者，就说"你咋黏得和大鳔啊似的！"

大鳔，就是鳔胶。《集韵》云："鱼鳔可作胶"。鱼鳔也叫鱼泡。大概是泡和脬同音，家乡话也把鱼鳔叫鱼尿脬。其实，鱼没有尿脬。鱼鳔，是硬骨类鱼大都有的器官。鱼鳔的体积约为鱼身体的百分之五，鱼鳔一般分为两室，内含氧气、氮气和二氧化碳等。鱼鳔可以作为辅助呼吸器官，而主要的功能是通过鱼鳔肌调节鱼鳔的收缩和膨胀，以此来改变鱼的身体密度，实现在水中的上升和下沉。

在没有化学工艺制造强力胶的过去，许多工艺，尤其是细木作，常用到用鱼鳔制作的胶。虽然兽皮也可以熬制胶，但只可用作普通的木材或器具。花梨、紫檀等硬质红木制造的细致经久木器，则非鳔胶不可。木板用鳔胶粘接的地方，往往比原木还坚固。如果受压或碰撞，原木有断裂，粘接处却不断不裂，并且不怕水。鳔胶的使用也和普通胶不一样，用时加水熬至融化，还要经过反复捶捣才能用。

因为在过去的所有胶中，鳔胶的黏性最大，所以被人们用来比喻那些做事很不利索、性格极其黏缠的人。

不看火色

农耕社会中，因铁匠行当与人们的日常生产生活密切关联，所以，围绕铁匠行业产生了许多影响广泛的民俗语典。

"打铁看火候"这句典出铁匠打铁的俗语,依然通行于现代汉语,被人们熟知,用来表达做事要把握关键环节。山曼先生在《齐鲁乡语谭·打铁看不出火候来》中有对这一场景的精彩描写:

"那铁匠班一行三人,在街角支起烘炉就成了临时作坊。师傅五十多岁,两个徒弟,都是二十几岁的样子。那师傅取过要加工的菜刀,放在炉火上。一个徒弟不紧不慢地坐在地上拉风箱,另一个则持大锤而立。待菜刀烧红,师傅用剁刀,徒弟挥大锤,将旧菜刀破残的一溜刃口凿齐,之后,打一条钢铁与刀口等长,再将菜刀与那一条钢铁摆齐,一同放在炉火上。坐地拉风箱的徒弟依旧不紧不慢,把风箱拉得节奏分明,人却是半闭着眼睛,不很精神的样子,站立持锤的那位也不动声色。师傅把那炉火调理成焰苗等高度的一线,拥着刀刃与那一条钢铁起起落落,眼见那刀和铁,始则青黑,继而微红,再到红亮,转瞬由红变白。就在此刻,师傅用响锤在铁砧上敲出'当当'两声,迅疾用铁钳将菜刀与钢铁条一起,放在铁砧子上,站立的徒弟就地拉开架势,拉风箱的那个'呼'地站起来,一样地手持大锤站在师弟的对面,这一刻,但见师傅的响锤连声不断,两个徒弟的大锤跟着师傅响锤的指点,一先一后砸下去,'叮叮当当',直入急风暴雨。那发白的刀,与钢铁条渐渐恢复红色,锤声随之缓慢下来,钢铁条就在这一阵煅打中牢牢地结合在一起。此后,淬火铲刃口,磨刀,打点主顾满意而去,都由师傅去做,俩徒弟从旁看着,从从容容地貌似闲散了。"

俗话说:"内行看门道,外行看热闹。"那些身临其境的旁观者,看到这样的情形就像欣赏一幕精彩紧张的表演,往往让人心潮激荡,甚至终生难忘。然而,个中门道只有内行人知道。铁匠歌(guō)帖(歌诀):"铁块发了白(bēi),掏出来就打锤。"当需要煅打的工件烧到颜色发白时,就是打铁的火候。要是单纯的煅打,烧不到火候,顶多打起来费劲,如果是"接铁",火候不到,两块铁件结合不到一起。要是火候烧过了,铁件就熔化了，那得赔偿主顾。

即使到了火候，煅打的节点和打锤的力度也是有讲究的。父亲年轻时在公社的铁厂当过会计，他听铁匠师傅说过：接铁，火候到了，接得成功与否，关键是大锤的头几下。打铁主要靠大锤，师傅的响锤更多的是起指挥作用。这时铁软锤重，不能狠打，否则容易打呲。要双手持锤轻掂，几锤过后接好了再用力，大的工件还要抡起锤来打。这个过程要是乱来，就可能半途而废，费时费力费工本。所以，铁发白，眼发亮，打大锤的徒弟稍有怠慢或差池，有的师傅就拿热铁块烫他，以示惩戒。

所以，不管是掌钳的师傅观察铁件的熔烧程度，还是打下锤的徒弟帮锤干活的时机、态度，都要看火候而为。"打铁看火候"看似单指掌钳师傅对煅烧火候的把握，实际上还包含着徒弟的工作素养，直接体现了师徒的协作关系。因此，生活中，为师为长者往往用"看火色"来告诫那些生手、后生，干活、行事要懂得关注境况、看准时机，适时而动。反之就是"不看火色"（色，家乡方言读shēi）。

吃干饭

南方人称米饭为饭，北方人称米饭为干饭。大概是相对于稀饭的有米有汤，米饭有米无汤，所以叫"干饭"。

过去黄河三角洲做干饭是用小米、黍米、高粱米蒸煮。小米干饭平常很少吃，只有在清明节时做小米干饭，并且只要是家里拿得出，不但人吃，有牲口的人家也给牲口吃。正如俗语所说：（对牲口）"打一千，骂一万，清明节，吃干饭。"

本来干饭做了就是吃的，而"吃干饭"却被人们赋予了特殊意义，作为俗话流传开来，原因是其背后的生活。

以前，乡村里的铁匠，因一个庄里的人数有限，单靠在家里做活收入少，他们打铁多是赶集支炉，或是下乡找活。有些外地的铁匠，没有固定的铁匠铺，常年赶集、下乡。因此，吃饭的问题就不能像在家煎炒烹炸的那样"班次"（家乡方言。有序、讲究的意思），只能简单地做。一是出门在外做饭的家什不方便，二是也为了省时间，多干活。

每到一处，打铁的师徒们就在地上临时用麦糠和些硬泥，垒一个简易的红炉，用煤炭生火，拉风箱（方言叫风杆）鼓风，俗称"拉火"。炉心烧铁件，炉尾放一口大小合适的煮锅。锅里放上小米或杂粮，加上水，利用红炉烧铁件的余火先煮后焖，做成小米、杂粮干饭。这样的饭做起来省事儿，吃了顶饥，干活顶时。

打铁是手艺。凡是手艺都是师徒传承，因此有开门授徒。一是学艺者想得到一门养家糊口的手艺，二是收徒者也得到一个不用付工钱的帮手。过去工匠学艺三年出徒，三年里没工钱，只管饭。但是，有那愚笨的学徒，干活不顶一个人，而干饭却没少吃。师傅自然不满，难免嘴里训斥："看你打铁打铁（抡大锤）不行，拉火拉火（拉风箱）不行，吃干饭'搧拉'一碗，'搧拉'一碗。"说他啥也不会干，只剩下吃干饭了。后来，"吃干饭"就成了没能耐、无用的代称了。

铁匠家的儿拾锅铁——得了伸（参）了

《天工开物·锤锻篇》："凡治地生物，用锄镈之属，熟铁锻成，熔化生铁淋口，入水淬健即成刚劲。每锄重一斤者，淋生铁三钱为率，少则不坚，多则过刚而折。"

上述是一种独特的给有刃口铁件"表面渗碳"技术，直到20世纪70、80年代仍在各地广泛应用。"这种技术通常是用犁镜和锅铁等白口铁（即生铁）做原料。因为旧锅铁更容易取得，所以一般铁匠更多的是使用锅铁。有的地方是将锅铁砸成碎粒，均匀地铺在煅打的工件上，称为'铺生'或'煮生'。"（《中国民俗史》）

这项技术除了用在煅打新的铁制工具，也用在磨损后的旧铁具刃口伸展、碾平、做新上。其法：将锅铁烧至接近熔化的状态，然后与烧红的工件用力摩擦，使锅铁上的高碳元素渗入工件表面。书面称作"擦生"。

这些白口铁（生铁）的特点是"具有高碳低硅的化学成分，其他元素除磷为中等含量外，一般都很低。由于这种铁料熔点低、流动性好，渗碳作用较强，经擦生操作后，使工件由内而外由亚共析体依次递变为共析体，过共析体和表面的白口铁熔复层，从而具有刚柔兼备、利土省力和可自行磨锐等特点"。（《中国民俗史·民国卷》转载《科学史集刊》1960年第9期《生铁淋口技术的起源、流传和作用》）

刃口的碾平、延伸，家乡话叫"伸"，如伸锄。伸锨。因为是在"伸"的过程中应用擦生工艺，所以家乡也俗称"擦伸"。也或许是因擦而"渗"碳，谓"擦渗"？就不得而知了。当地匠人理解和称谓的是"擦伸"。

因此，生铁（包括锅铁）对于打铁的铁匠来说是一种好的工艺原料，往往被其看作好东西加以寻取留存。但对于平常人家来说，锅铁却是一点价值也没有。所以在街上看到被丢弃的锅铁，普通人都不要，而铁匠家里受家庭职业熏陶的小孩子，就可能当好东西拿回家去，预备家里打铁时用来"擦伸"。

被公认为好东西的人参，家乡人简称"参"，和铁匠用锅铁来进行擦伸的"伸"谐音。于是人们巧妙地组成了双关语："拾着锅铁得了伸（参）"，用来比喻得了好东西。

而在普通人眼里，锅铁并不是好东西，因此，谐音作"参"，又包含了讽喻的意味，所以，在生活中，一个物件价值不大，却被获得者看重，有人就讽喻说："你可是'铁匠家（gā）的儿拾锅铁——得了伸（参）了'。"

第九章 仕途科举

谱局

家乡语言表达中，对一件或一段时期的事务做出打算、计划，叫"打谱"。所做出的打算、计划叫"谱儿"或"谱局"。如："你打的啥谱儿啊？""人家真好谱局"等。打谱儿，原意之一是按着棋谱演练棋艺，即"对棋谱儿"；谱局，除了有"谱"，还带有一个原指棋盘的"局"字，所以，乍一看，很容易把这两个词语都归结到棋谱、棋局之上。但语言却不像看上去这么简单，许多语义的产生往往超出一般人的认知。

谱局，古代官方研究和整理谱牒的机构。谱，谱牒；局，棋盘。"引申之，官署亦曰局。以其各有部分不相杂，如棋行于局也。"（《澄衷蒙学堂字课图说》）范文澜、蔡美彪等编著的《中国通史》第三编第二章第一节："东晋、南朝特重家谱，朝廷设立谱局，用人必须查考谱籍"。

在隋朝创立科考举仕制度以前，官员的举荐、使用，不同时期，分别来自世袭、察举、征辟和九品中正制等。东汉时期，由于政治地位和文化修养的优越性，大姓冠族中能产生名士，有些名士又和武装军队的将帅相兼。这些名士大儒操纵乡论，主持选举，在相当程度上掌握着地方政权。另一方面又凭借文化上的优势和手中的权力，通过察举和辟举让其门亲族人跨出地方，步入朝廷。到了东晋时期形成了严格的门阀政治，选官任贤主要看家庭出身。达官显贵，代代延续，子子孙孙，世世公卿，故有俗语"朝里有人好做官"。在这样的背景下，士庶之际，实自天隔，所谓"上品无寒门，下品无士族"就是当时社会的真实写照。

除了政治上的原因，门第观也影响着婚姻问题，世家大族不仅要保持政治特权，还要保证婚姻特权，在婚姻对象的选择上，讲究阀阅相当。一求形成政治上的裙带关系，二为保持贵族血统的纯粹，这就是俗话说的"门当户对"。那时，朝野上下，对于一个人家世的判断主要依据族谱。门阀制度、婚姻观念促进了中国历史上第一次编修族（家）谱高潮的形成。

士族在举仕、婚姻、徭役等方面的特权，诱使不少士族以外的人投献到士族家中充当私户，更有不少人伪造家谱，冒充士族。

为了稳定政治基础，避免徭役来源减少，政府不断地清理户口，清除冒充的士族。后来，各级政府设立谱局，专门管理谱牒，编修总谱，以备随时查验。就在这一时期，催生了谱学的创立。

官方设立研究和整理谱牒的机构——谱局，主要是为门阀政治下的举仕任贤、徭役赋税提供家族地位、血缘信息方面的服务。后来，官风民化，用谱局借指为自己或别人的事务安排做出的研判、计划。

科考举仕制度建立后，虽然没有了谱局，但门阀观念一直影响着国家政治、百姓生活。贾雨村通过攀附上八杆子够不着的远宗贾府，得以仕途通达。就连无名无姓的半吊子阿Q，在喝了酒的时候还说自己是赵太爷的本家，为此被赵太爷狠打了一个嘴巴，骂他"不配姓赵"。

这还用作三篇文章吗

在家乡话里，"三篇文章"用来比喻难办的事情。俗语"这里头还有三篇文章吗？"是以反问的句式，比喻事情没有难办的地方；"这还用作三篇文章吗？"是说这件事不需要废多么大的工夫。

"三篇文章"怎么就成了难办事情的代名词呢?

黄梅戏《女驸马》中,公主有一段为冯素珍的欺君行为作的开场词:

要救公子无上策,
她只得女扮男装上京城。
大比之年开皇考,
改名姓替公子求功名。
三篇文章似锦绣,
龙虎榜上夺得了头名。

中国的科举制度是在汉魏以来察举制度的基础上,经过漫长演变发展而来的,是在以德取人、以能取人的基础上,突出以文取人的一种全新选官制度。以公开考试、公平竞争、择优录取为基本原则选拔人才。科举制源于汉朝,创始于隋朝,确立于唐朝,完备于宋朝,兴盛于明清。

科举除了特制科目外,明经、进士科考的内容主要是儒家经典。考试形式在各个朝代也不同。唐朝主要有墨义、口试、贴经、策问、诗赋等,到了明代只有经义了。

明清时代的科考,乡试,每场考一天,三天考一场,共考三场;会试,每场考三天,连考三场,这就是民间所说的"三篇文章"。

其实,这里的每场考试并不是只有一篇文章要做。明朝以后,第一场考的就是著名的八股文;第二场考官场应用文,分两种,一种是上下往来的公文,一种是根据案例来撰写的司法判文;第三场考策问,涉及具体的国计民生问题,给出对策和办法。除了第一场是一篇文章,其他两场都有多道题目。以中国历史上最后一次科举会试为例,第一场考论五道,代替了以前的一篇八股文,第二场考策五道,第三场考经义三题。

从隋朝大业元年(公元605年)的进士科算起,到光绪三十一年(公元1905年)正式废除,科举制在中国的历史上绵延存在了一千三百年,对中国社会产生了深刻的影响。千年科举摒弃了世袭、察举、征辟和九品中正制,为天下所有读书人提供了相对公开、公平的晋身之道,使那些优秀的白衣书生圆了一品公卿梦。"朝为田舍郎,暮登天子堂",看似一步登天,然而,利益的驱使,官场的黑暗,使得科举考试注入了激烈复杂的竞争。"五十少进士"算是幸运。事实是,绝大多数读书人皓首穷经,科考一辈子,最后也难进士及第。不说历朝无数书生名落孙山,仅唐代,诗圣杜甫两度落第,终生失意;孟浩然"未禄于代",布衣一生;初唐四杰之一的骆宾王,科举不第,沉沦下僚;温庭筠屡试屡败,做了科场枪手;诗人贾岛,枉为"推敲",屡试不第;黄巢、王仙之科考绝望,愤而造反……可见科考不易,"三篇文章"之难!

加油

习近平主席一句"撸起袖子加油干",以"历史使命和承诺"的号召力,一度推动了全国各行各业的务实发展,因此入选"2017年度中国媒体十大流行语"。并由此引发了一些地方性的"俗语式口号",像诸城市领导"头拱地、嗷嗷叫"的精神,北京市机关"街乡吹哨、部门报道"的机制等。不说这种表现方式的跟风现象是否值得提倡,但就语言形式来说,足见俗语不俗!

"加油!"从竞赛助威,到救灾声援,从各行各业,到大事小情,从鼓舞群体,到激励个人,这句流传广泛的口号,使用率极高。经常见诸媒体,或听闻耳畔。这句话早在媒介传播闭塞的过去就已存在于家乡的语言表达中了。"加油",意思都明白,但对其与科举有关的来历,知道的就不多了。

回望遥远的古代,世袭贵胄之外的平民,要想加官晋爵,除了舍命挣得军功,只能走"学而优则仕"之途。孙敬秉烛头悬梁,苏秦夜读锥刺股。到了科举时代,天下读书人,尤其是寒门学子,为有一个锦绣前程,圆"一品公卿"之梦，拼命读书。"天大寒，砚冰坚，手指不可屈伸，弗之怠"。五十少进士，白首到穷经。梁灏八十及第，蒲松龄一生秀才。寒窗岂止十年？苦读夜以继日。

时光来到清朝道光年间，贵州兴义府安龙城内，每到夜深人静，交更时分，就有两个差役从知府衙门走出来，前面的差役打着一个灯光昏黄的灯笼，后面的差役担着一副颤颤悠悠的油篓挑子，沿着大街小巷游走。他们一不是巡更，二不是买卖，只要见到哪户人家亮着灯光，并有读书声传出，两人便会停下来，前面差役高唱一声："府台大人给相公添油喽！"等读书人开门出来，后面的差役便放下挑子，从油篓里舀出清亮的桐油，加到这个读书人端着的灯盏里，并补上一句："府台大人助相公用功，得中功名。"然后又挑起油篓，打着灯笼，向另一户亮着灯光、有读书声的人家走去……

就这样，每晚给安龙城里的读书人添加灯油，知府张瑛前后持续了十三年，不管晴天下雨，夜夜如此。张瑛还在当地建书院、修试府。在他的推动和影响下，辖区学风兴盛，人才辈出。十余年间，取举人二十余名，贡生八名、进士两名，这在过去偏远荒蛮的黔地当是斐然卓著。

张瑛的曾祖父、祖父、父亲三代都曾任知县。他继承了祖、父辈诗书家风，并推而广之于辖内的书生学子，更培养出了以兴实业、创学校、废科举影响后世，推动近代中国进步的儿子——一代名臣张之洞。张氏一门，五世为官，一代强过一代，其中不排除"祖荫长泽、惠及子孙"的封建宗法因素，但不可否认的是，长久显耀的家世与一贯良好的家教分不开！有道是"三代仕宦，学不得着衣吃饭""五世长者知饮食"。可见家风的传承无不影响着家庭的未来，文化的延续直接关系着个人的品位、地方的发展、民族的前途！

孩子加油！爸妈加油！中国加油！

倒楣

一个人遇事不顺或自认为运气不好,往往以"倒霉"来表达。今天的人们知道这是一个与迷信有关的词语,岂不知这个词语的来历与科举有关。

在科学不发达的古代,人们普遍认为一个人的福祸吉凶都来自命运,因此在很多事情上,除了自身努力之外,还要借助、祈求上苍神明,给自己一个好的运气。哪怕在今天,很多公司、店铺开业或其他喜庆活动,还要搞一些期冀好运的仪式或事情。

始自隋唐的科举制度,虽然让下层平民知识分子有了步入官场的机会,但是对于大多数读书人来说只存希望,而真正梦想成真的是少数。大约在明朝中后期,有些地方就形成了这样一个风俗:那些逢考的举人在考前都会在自家门前竖起一根旗杆。过去中了进士的人要回乡到祠堂前竖旗杆,旌表祖德,光宗耀祖。我听老辈人唱过歌谣:

去得快,来得急,
门口竖着状元旗。
状元旗上一枝花,
富贵荣华第一家。

考前竖旗杆大概与此事相关,有希冀吉兆之意。如果考中了,旗杆就继续保留。如果没考中,就把旗杆放倒。因为"楣"指横木。而这原本竖在门前的旗杆放到后,类似放倒的横木,因此,把旗杆放倒这个行为被称为"倒楣"。

科考落第自然令人沮丧难过,也被当事者认为是运气不好,所以,"倒楣"就成了"遇事不顺,运气不好"的代称了。又因为汉语中早就有了"霉"字,其本义就含有"不好"的意思,如霉运。所以当"倒楣"这个词语流传到没有"倒楣"习俗的地方,或由于这个习俗后来消失,这个词的原始意义多数人不了解，再或许受了"霉运"的影响，于是把从口头听来的"倒楣"的"楣"，用更直观的"霉"代替，写作了"倒霉"。

人遇上不好的运气应叫"走霉运""交霉运"。迷信说法，人的运势是交替运行的，故有"交运""走运""交霉运""走好运"等。何来"倒"呢？

水皮儿打一棍儿

这句俗语意指对事物认识肤浅，或学识浅薄，造诣不高。关于这句话背后的传说，最初，是父亲给我讲清代才臣诸城窦光鼐江南主考的故事时说的。

纵观中国科举考试的历程，统计历代各地进士录取人数的多少，宋代之前北多南少。到了宋代，由于北方长期战乱，经济重心南移，北方士人在科场中逐渐丧失了优势，出现了南北易置，形成了南众北寡的局面。到了明朝洪武三十年，竟出现了北方士子无一人中第的"南榜"，导致了历史上著名的"南北榜"案。即使此后，会试实行了南北分卷的配额制，南北地区大致按照六四开的比率选取进士，虽然在名额分配上，对北方及边鄙地区有所倾斜，但依然是南重北轻。这种局面一直延续到清末科举制度终结。有清以来，从顺治至乾隆年间，发生了几次震惊朝野的江南科考弊案，使乾隆帝对江南举子心存芥蒂而有所打压。

传说窦光鼐主考江浙乡试，因主考官是山东人，虽然山东有"一山一水一圣人"的名头，但江南士子则仰仗"多山多水多才子"的优越，语气情绪颇有轻视之意。窦光鼐便寻机予以敲击。一日，当地士绅才俊邀其登楼游乐，窦光鼐边登阶梯边慢吟句："一步一步上高楼"。众人面有不屑其粗俗之情。快到顶层，此时，大风吹来，梁木结构的塔楼略感摇动，于是，又吟一句："百尺高杆挂斗牛"，此句已露陡起之意。及至登顶，凭栏远眺，楚水吴地，尽在手下，指点江山，窦光鼐借景赋句："伸手摘过天边月，盖压江南十八州。"众人方知窦光鼐才学不俗。

然而仍有不服者窃窃私语："水皮儿打一棍儿。"认为一首绝句，只是表面文章，难以认定其真实才学。窦光鼐听在耳内，忍于心中。待到考试时便以"水皮儿打一棍儿"命题作诗。众考生做惯了经史子集、治国论策的试题，如此粗俗的题目不知如何应对。考毕，便以考官刁难之名，聚众责难。窦光鼐遂作佳句，以斥众议：

手执长杆杵碧流，
一声击破楚江秋。
千条银链分还聚，
万颗明珠散复收。
红芦滩头惊宿雁，
白萍堤上起伏鸥。
早知此处无鱼钓，
整顿丝纶别下钩。

以此讽刺江南无才俊，众考生方被其震慑。

然而，后知另有轶事所传：清代顺治进士山东新城（今桓台县）人伊辟，与同朝进士武进人吴鸣珂都有写"水皮儿打一棍儿"诗的传说，二人经历相似，都是科考误了日期，未能按时进入考场，后遇考官，一首"水皮儿打一棍儿"诗打动了考官，幸运地进入考场，并最终金榜题名。诗的内容也都与这首诗相同。由此可证，民间传说存在着"诗无达诂"、实据难考的特点。

在窦光鼐的故乡诸城，则流传窦光鼐江南主试时所作乃《别蛮诗》：

馆阁居官久寄京，
朝臣承宠出重城。

散心萧寺寻僧叙，
闲戏花轩向晓行。
情切辞亲摧寸草，
抛撇棚辈譬漂萍。
生逢盛世识书士，
蛮貊氓民慕美名。

（诗和传说另有版本，在此仅收录其中一种。）

根据《别蛮诗》推知，窦光鼐南方主考确有传奇经历。联系雍正朝江南屡发科举案，江南学子尤其是浙江士子最惹雍正反感，甚至在雍正四年停考了浙江乡试会试。余震波及乾隆朝，朝廷派员对江浙士子有所震慑，故事中窦光鼐口出大话也符合当时的政治背景。以当时已有人说"水皮儿打一棍儿"的情形，推考此语早已存于日常语汇之中。

早在明朝嘉靖年间，郎瑛编著的《七修类稿》就有"水上打一棒"的记述，大意是说：一生员向"府主"申诉，要求免去自己父亲的兵役。府主未理睬。生员拂袖而出，并负气道："水上打一棒"，抱怨自己说了些话也没用。大概话是俗语的缘故，府主听不懂，只以为是生员用不好听的话说自己，就把生员叫了回来。生员就给他解释了这句话的意思。府主见生员没有恶意，就说他如果用这句话作一首诗，便免除其父的兵役。生员于是口占一首：

丈七琅玕杵碧流，
一声击破楚天秋。
千条素练开还合，
万颗明珠散复收。
鸥鹭尽飞红蓼岸，
鸳鸯齐起白苹州。

想应此处无鱼钓，

起网收纶别下钩。

由此推断，以上所举诗文都不是此语来源。引诸故事，不过是借以帮助理解而已。

以前，街坊有老人腹有诗书，见多识广，是庄上礼俗典章的掌故，诸子百家未必精通，但用我父亲的话说也是"外学"颇多。父亲自幼常有追随，听其谈古说今，摹其字体书法，很多典故就是听老人说的。撰此文的目的不在去伪存真，意在记录家乡俗语故事，还原地方风俗旧貌。

磨勘

看到有人做事慢、费时多而不耐烦，家乡人就用方言说："你真能磨勘啊！"或"真叫你磨勘煞啊！"言"磨勘"的意思近似今天说的"磨叽"。看似土俗的"磨勘"，却是来自正统的官文化。

唐朝时，文武官吏由州府和百司官长考核，分九等注入考状，期满根据考绩决定升降，并经吏部和各道观察使等复验，这一制度称为"磨勘"。到了宋代，设审官院主持官员考核升迁调任，也沿袭唐代旧制称为磨勘。范仲淹《答手诏条陈十事》："今文资三年一迁，武职五年一迁，谓之磨勘。"他还有一句名言留世："常调官好做，家常饭好吃。"

宋代的磨勘程式很复杂，在官员阶层有着深刻而广泛的影响，也流传着许多有关磨勘的故事。

柳永，北宋著名词人，婉约派代表人物，出身官宦世家，少时习学诗词，存功名用世之志。然屡试不中，致失意苦闷，于是流连坊曲，寄情词调，虽树一代词风，令其声名鹊起，却因"属辞浮糜"，招致权贵谴责。好在暮年及第，初授睦州团练。可是在地方官任上九年，虽每任都有政绩，按宋朝磨勘制度，早该升迁，但由于历次磨勘考核不过关而未能成行。宋代的磨勘制度对年龄有明确规定，凡年满七十者将不再进行磨勘，仕途就此完结。已经时至暮年，但还想着仕途有所发展的柳永只好求见当时的宰相晏殊，投诉吏部对他不公。晏殊问柳永："贤俊（你）作曲子吗？"柳永回答说："和相公一样，也作曲子。"晏殊对他套近乎的回答却不买账，说："我虽然作曲子，但不作'针线闲拈伴伊坐'。"他的意思是告诉柳永：你过不了磨勘关，是由于行为放浪，诗词低俗，名声不好，原因不在政绩。柳永一听就走了。

要说放荡不羁的柳永，苦于漫长难耐的磨勘，或事出有因，然而，宋仁宗口称"为子孙得两位宰相"中的苏东坡，可谓集文库底蕴和政治卓见于一身的杰出人物，但对于磨勘制度，说来也是颇有微词。

《宋史·苏轼传》有这样一个故事：宋元丰三年，苏轼从黄州调往汝州，途径江宁，顺路拜访对他有救命之恩、被罢官在家的王安石。两人江边煮酒，和诗畅饮，通宵达旦，相谈甚欢，大有相知恨晚之情。论及军国大事，地方狱讼，虽彼此推心置腹，以诚相见，然王安石想起自己曾因话柄落在小人手中而受制于人的遭遇，不免"一朝被蛇咬，十年怕井绳"，嘱咐苏东坡不要外传他说的话："出在安石口，入在子瞻耳"。另外还加上一番大道理："做人要知道，做一件不仁义的事，杀一个无辜的人，即使能得到天下也不去做，这样才行啊！"苏东坡心领神会，却故意开玩笑说："现在当官的人，都为了争取减少半年的磨勘时间，就算杀人也敢啊！"王安石笑而不答。

面对过程烦琐、结果难料、三年一期的磨勘，官员们必感缓慢难耐。

然而也有权臣污吏利用磨勘制度拉帮结派，徇私枉法。南宋末年，出身贫寒的福建闽县人陈自强，为改变命运发奋读书，终成一名太学生，但会考屡试不中。寄居京城临安的他，为了生计，受承宣使韩诚聘请，去给其幼子韩侂胄当塾师。韩诚是北宋名臣韩琦之孙，其妻是宋高宗吴皇后的妹妹。官宦世家，门第显贵。陈自强在这样的人家里教书自然格外卖力，韩府上下对他很满意。韩夫人对年幼的韩侂胄说："你日后飞黄腾达，别忘了恩师啊！"后来陈自强离开韩家，继续自己的科考之路，但依然时运不济，直到年近半百才考中进士。因没有靠山，仕途不畅，六十岁时还做着区区小吏光泽县丞。庆元二年夏，陈自强任满卸职，一直任职偏远的他，忽听说三十年前教过的学生韩侂胄已是当朝宰相，暗自窃喜，便想通过这层关系捞个好职位。几番周折，他见到戒备森严府第中的韩侂胄。韩侂胄一见陈自强，就行师生礼，并很快任命陈自强为太学录，不久又转任国子博士、秘书郎。半年后又升右正言、谏议大夫、御史中丞。不到一个月又进了枢密院，四年后，陈自强官至右丞相，位居正一品，成为南宋重臣。

磨勘之下，真是几家欢乐几家愁啊！就是陈自强这同一个人，没有靠山的前十年，历经磨勘不能升迁；有了靠山，一届磨勘就实现八连跳，从一个末品县丞，一路擢升为一品要员。怎不令士人唏嘘？

"旧时王谢堂前燕，飞入寻常百姓家。"虽然旧的国制官话流落到了乡言俗语中，但自古"侯门一入深似海"，仕途险恶，宦海沉浮，又岂是平民百姓所能洞悉的呢？

第十章 老铺古坊

吃不了兜着走

这是一句流传很广并且已经被现代汉语接纳的俗语。它带有警告、威胁或玩笑语气的比喻，为人熟知：出了问题，要承担一切后果。家乡话说："脱不了叫你'吃不了兜着'。"或"出了事儿，我兜着。"而这句俗语的来源早已被人们忽略了。

相传，黄河边上有个开包子铺的潘老汉，他做得一手好包子，大家都爱吃。有人觉得好吃就想带走几个，但没有包囊，不方便。他就买了布，让家里人做成小布袋，为客人提供方便。他去世后，儿子继承了包子铺。但儿子没有其父亲的手艺，包子质量越来越差，因此，来买包子的人越来越少了，并且再没有人多买带走的了。可他还是习惯了父亲在世时的状况，一有人来买包子，就让多买。客人说吃不了，他说："吃不了，兜着走啊！"没多少日子，就没人再来买包子了，包子铺也就关门了。这句"吃不了，兜着走"的话，却流传开了。

对于"吃不了，兜着走"来历的说法另有所传。唐朝的时候，长期参加朝会的官员，"朝食"实行分餐制，标准是按品级的高低来制定的。比如四至五品官员的工作早餐标准是七盘菜肴，一升半酒，三分羊肉，两升细米，二升三合面，以及其他若干。六至九品官员的标准是五盘菜肴，一升一合面，二升白米，三勺油等。众人根据自己的品级聚在一起，由侍役举案分配菜肴。贞元初年，洛阳物价大涨，一般家庭买不到好的食材食品，河南府兵曹庚倬，每次就餐后都要把剩下的部分带回家给自己的姐姐吃。起初，同事们大都嘲笑他寒酸，但后来，同事们了解了事情原委，便对他赞赏有加了。这段美谈，也是"吃不了，兜着走"做法最早的明确文字记录。

在家乡方言里，"兜着"还不是指用布兜盛，一般是指用包袱之类的东西包裹，还指用穿在身上的上衣衣襟向外伸展盛裹东西。衣里放东西为揣，衣襟外裹东西为兜。有俗语"张兜"，借喻主动揽事。

哪壶不开提哪壶

常言"鱼怕扣腮，人怕揭短""打人不打脸，骂人不揭短"。俗语"哪壶不开提哪壶"的意思却相反，指有意无意提及别人的隐私或短处，或对于一件事，说了不该说的方面。

现代京剧《沙家浜》中，优秀地下党员"春来茶馆"老板娘阿庆嫂有一唱段："垒砌七星灶，铜壶煮三江，摆开八仙桌招待十六方……"七星灶就是茶馆用来烧水的炉灶。炉灶台面上七个炉口按北斗七星形状排列。靠近炉膛的四个炉口四方排列，远离炉膛的三个炉口依次由低到高，一字垒成。七把茶壶一齐放在灶上，因为离火源近，前面的四把壶先烧开。客人来了，先提用前面水开了的壶，再把后面不开但水有了一定温度的壶提到灶火炉口上。后面再放上装了凉水的壶。如此反复，提高效率，节约柴火。

以前有父子俩开了间小茶馆，生意比较兴隆。贪财好利的知县白老爷，整天酒足饭饱后便到小茶馆来喝茶。茶喝够了就扬长而去——白喝。不但如此，县老爷来喝茶，老爷的排场，随从的声气，还让不少人感到不便或厌烦而不来喝茶，因此影响了茶馆的生意。这父子俩惹不起他，只好忍气吞声。不久，小茶馆的老掌柜病倒了，便让儿子司炉掌壶，应付生意。后来一连几天，照常来喝茶的白老爷一端起茶杯，就龇牙皱眉吧嗒嘴，说："这水也不开，茶也没味儿。"小掌柜好言道："老爷，茶，还是天天为您准备的上等龙井，水，还是扑腾扑腾泛沸花的开水，怎么能没味了呢？"过了几天，白老爷来得少了。又过了几天，白老爷渐渐不来了，小茶馆又恢复了往日的兴旺。老掌柜病愈后，便问儿子："白老爷为什么不来了？"儿子一笑，说："我给他沏茶，是哪壶不开提哪壶！"由此，这句俗话便四下传开了。

民间故事虽然不像历史事件那样有确切可考的年代、人物等，但它来自生活，即使是虚构，也有着真实的生活素材，是社会现实的反映。像这样巧计拒劣客的，生活中不乏其人。

在家乡那十里八乡，就有一个"某某庄的炉子不敬客（kēi）"的俗语故事：

某庄有官道通过，所以，沿街有不少店铺茶坊。一家茶馆，晚上收工后，有个不检点的熟人经常来此聊天蹭茶喝。主人不好当面谢客，时间久了就想了个办法。每天打烊就把炉子熄了，在炉子里放了盏油灯，上面罩一张红纸。这样，打开炉口有红光透出，好像炉火一样。等那人来了，就把水壶放在炉子上，还不时地提起壶来看看，可水就是不开。主人假装歉意地说："今门儿这炉子咋了，这么不敬客啊？"如此三番，这个人意识到了主人的意思，以后就不再上门烦扰了。

两个同为"壶不开"的故事，却产生了两句意思相去甚远的俗话。

染坊里倒不出白布来

过去的黄河三角洲没有多少人家能穿得起绫罗绸缎，就是一些所谓的富户也多是粗布衣衫。黄河三角洲地产棉花，人擅纺织，不但自己穿用，还贩卖到外地，甚至出口到关外。

当地所产土布，除了土黄色布是用一种叫"紫花"（开紫花）的天然土黄色棉花纺织，不用染色，白（棉）花织布，如果需要的不是白布，有的就先染线、再通过牵机整经，刷机上浆、上机织纬，织成条状图案和方格图案的布。像常见的"柳条子布""方格布"等。纯白布，有的根据自己的需要染色。以前染色大都是染成蓝色、青色、深青色。

以前染布使用一种特殊的材料——靛蓝，是采集蓝草制成。蓝草，泛指含蓝汁可制蓝靛作染料的植物，有蓼蓝、菘蓝、木蓝、马蓝等。据《光绪通州志》记载："种蓝成畦，五月刈曰头蓝，七月再刈曰二蓝。甓一池水，汲水浸之入石灰，搅千下，庠去水，即成靛。用于染布，曰'小缸青'。出如皋者尤擅名"。

白布下染缸浸染，第一次染出的颜色为淡蓝色、浅蓝色，俗称"月白色"。晾干后再浸染一次，蓝色就深一层。愈染愈深，由月白色染成依次渐深的颜色为二蓝（俗称天蓝）、深蓝（俗称毛蓝，家乡就有"毛布蓝色"的说法。）、老蓝、雅青（俗称缸青），最深的蓝色近于黑色，称为青。"青出于蓝而胜于蓝"的说法就来自这种染布工艺。邹平等地仍有称黑叫青。一般老年人穿深色，年轻人穿浅色。

过去染布，有的是买来颜料自己染，但更多的是送到染坊里染，因为自己染的效果不好，要么色不正，要么掉色。

由于过去粗布的使用量大，所以染坊很多。谚曰："天下无二行，除了药店是染坊"。记得小时候，常常有开染坊的人来庄里或到集上收布，给人加工染布。收布人手里摇的带小铜锣的货郎鼓（方言叫拨浪鼓）格外吸引小孩儿。后来大概货郎鼓制作的行当少了，收布人手里响的换成了铜锣。人们把家里需要染的布交给收布人，收布人一一在布上写上名字。也有到集市上收布的。临染，先在布的一角缝上一条小布片，把名字抄在上面，再缝裹起来，以防把名字染了。等布染好晾干后，把缝裹起来的布条拆开，露出没被颜料浸染的名字。把布叠好，再下乡、赶集，送给布主。

"染坊里倒不出白布"就概括了这个过程，送去时布是白的，倒回来的是染了色的布，原先的白布再也倒不回来。这句俗语，在家乡被用来比喻既成事实的事无法更改。也比喻财物要是到了贪婪者手里，想要没有损失地完璧归赵是不可能的。也见有"染缸拉不出白布来"。

以前，蓼蓝青靛，虽产地不少，但以江苏如皋出产最为丰品质良。"民国"初年，出口总值年约六十余万元。自德、日洋靛输入后，民间印染，不管是染坊还是家庭，以洋货染色便捷，花色多样，大多购舶来品而弃国产货。后来洋靛畅销，日增月盛，江北所产靛蓝的销路，渐渐被洋货挤压，天然环保的蓝靛慢慢销声匿迹了。

20世纪60、70年代，家乡所用颜料，已非蓝靛，而是化工产品。记得母亲染青色的布并没有染三次，而是一次染就。那时常有人下乡或赶集卖染料，家乡话叫"卖颜色（shēi）的"。以前本庄里就有位专卖染料的老人，赶集下乡，货真价实，十里八乡，颇有名气。记得那时候的染料已是赤橙黄绿青蓝紫，五颜六色。各色还有深浅之分。黑就是黑，青就是青，青黑有别，皂红分明。

从20世纪80年代，手工印染逐渐消失，土布土染也早已成为历史。即使是所谓的老粗布只不过是用机器把"洋线"织成土布的花纹花色，早已不是地道土布了。到今天，小染坊早已被大公司替代，但依然倒不出白布来。

光往自家那脸上拔拉豆面子

这句俗语，换句比较通行的话说就是"老是往自己的脸上贴金"。贴金是一句源自行业工艺的俗语。造佛塑像、建筑装饰，以金箔贴面，尊贵富丽，经久不变。脸上贴金不难理解，但"往脸上拨拉豆面子"，现在知晓的人就很少了。

前文说了染布，其实，表达意思全面的称谓应该是"印染"。作为中国传统工艺，印染技术历史悠久，复杂多样，在世界文化史上独树一帜。传统印染大致分纯色的直染，和花色的扎染与印染。

直染，前文已写。扎染，古称"绞缬"。先用针和线，在布帛中间做成旋涡状，然后把线拉紧，俗称"撮"，家乡方言读zuō。也可将布帛折叠成长形、方形，用木条或者金属条块复压在上面，用夹子固定。然后放入清水中浸透，以便使扎结、叠压部位产生扎染作用。最后才放入染液中染色。染出的布便可以出现深浅不同的黑、白、灰多种层次晕染效果的花纹。山东民间扎染，分"豆花布"和"撮花布"两种。豆花布又名"包豆子花布"，纹样似方非方，似圆非圆。大的圈纹是用白布包结玉米、黄豆染成的，小的圈纹是包结绿豆、高粱染成的。撮花布，家乡叫"撮花子布"，主要纹样是"蛾子"，所以又名"蛾子花布"（蛾wó子是家乡方言，就是蝴蝶类的成虫）。这是采用折叠或压线缝扎白布后再染而成，通过设计好的折叠方法，使折叠结扎后染不到的白布，拆解后留有蝴蝶形状。以前就见母亲染过"撮花布"，图案就是"蛾子"。

印染又分蓝印花布、蜡染花布、豆浆印染、彩印花布等。这几种印染工艺相通，只是由于地域不同，材料各异而名称不同。黄河三角洲今天规范的称谓是"蓝印花布"。过去各乡各镇，各家染坊都有制作。时至今日，随着时代的发展，家乡城区北关村"德泉永耿记蓝印花布"成了当地仅存。耿家世代相传的"蓝印花布印染技艺"，如今已成为山东省省级非物质文化遗产项目。耿延祯老人作为该项非物质文化传承人，以其精湛绝伦的印染技艺盛享美誉。

蓝印花布又称"药斑布""青花布"，工艺程序比较复杂。先把镂空花版铺在白布上，把有黏着性的豆面与有漂白作用的石灰和成防染浆，用抹子刮入花纹空隙，漏印于布面，等到染浆干后浸染靛蓝，晾干，然后刮去染浆粉，就显现出蓝白花纹了。用这种工艺印染的花布，家乡叫"印花子布"，也叫"豆面子花布"。

家乡人观脸以白为美，像"白闺女""白面书生""白净子儿"等，这里的"白"都是赞美之词。有"一白遮百丑"的说法。因为"豆面子花布"的印染原理，是利用石灰的漂白作用，又因覆盖了豆面子和石灰粉混合染浆的地方避免了染色，染后刮掉染浆后呈现白色。所以，人们就把这个效果嫁接到语言表达中，用"往自己那脸上拨拉豆面子"表示把脸整白，以达到美饰效果的意思。自然白的人，脸不用修饰。这句话说的是脸不白的人，通过往自己脸上拨拉豆面子，以期达到修饰、美白的目的。喻指那些往自己身上揽功或有意粉饰自己的言行。

黄了

如果遇到事情没办成，或计划失败，在家乡的方言中，有的就说"这事儿黄了"。《红楼梦》里也用到这句话："薛蟠听了这话，又怕闹黄了宝蟾之事，忙又赶来骂秋菱"。一件事的成败怎么和颜色扯上关系了呢？这是有其生活背景的。

现在依然常常看到商铺开张的当天，门口都要贴上用大红纸写的"开业大吉"四个大字，一示喜庆，二作广告。有的还贴上写有经营方面内容的喜报。如果商家买卖生意没有经营好，或者是干了一段时间，老板这山看着那山高想改行做别的生意，原来的店铺要关门不干了，在今天，也就偃旗息鼓，不声不响直接关门了。但在过去，生意人出于对待顾客的负责，也有讨口彩的意思，和开张一样，也要有一个告示，还要用一张黄纸，写上"收市大吉"，贴在门上，表示这买卖不干了。有的还贴上告条（即张贴的广告）写明某号于某日歇业，有未清的交往，请赶紧来接洽等语。

歇业即停业。歇，意思不同于结束，这也是图个吉利的说法。家乡话里，"歇业"也用来指完结、完蛋的意思。齐如山所著《中国风俗丛谈》有这样的叙述："银行歇业，更须广告，因为从前银号、钱铺等，都可以随便出票子，毫无限制，也没有机关取缔，爱出多少就出多少，歇业时更要多出广告，以便把票子收回，维持信用。"书中记载北京清末"恒和"银号歇业,各地遍贴广告,后来还专设门面回收票子,善后工作历时十几年。足见其信誉道德程度之高,与当今那些失信经营跑路者有天壤之别。

语言表达或文学作品里有"关门大吉"的词语,这原是外人把店铺"关门"的现象和告示中的"大吉"字样联系起来,表述营业者关门停业的一句风凉话。做生意的当事人都避讳"关门"这个晦气的字眼,只是含蓄地讳称"收市""歇业",是不会自己写上"关门大吉"的。

每当门口出现"黄"色的告示,就意味着生意关门、做不下去了,于是人们便把一家生意的关门歇业,含蓄形象地说成"黄了"。久而久之,人们不光是将一家商店的关门歇业如此表述,并且引申开来,把计划失败,事情未成,都说成是"黄了"。

至于"收市大吉"为什么用黄色的纸书写、张贴?有的说,秋天自然界中草木变黄,一个生命阶段结束,故用黄色示意结束。其实,过去的商家除了开业表示喜庆外,少用红色,因为在中国传统的五行学说中,红色代表火,而火能克金。商家追求金钱利润,所以平常忌讳代表火的红色,而用金钱的颜色——黄。

幌子

近来,新闻中常有:"美国打着民主、人权的幌子,恶意打压污蔑中国的内部事务"等类似的话。

生活中有人常撒谎而被戳穿,久而久之,人们便对他有了认识,家乡人评论起来就说他是"谎腔子",说他说话没真事,跟放屁一样。还有的说他"说话净块幌子"或"纯幌子"。此幌非彼谎。撒谎都知道,可幌子是什么呢?

"千里莺啼绿映红,水郭山村酒旗风。"酒旗又称酒望、望子,顾名思义:酒旗高挂,远处可望,以招揽顾客。望子也称"幌子",幌,本作帏帘，因酒旗状如幌，故称。后经引申，所有用在商家门面上招揽顾客的标志，都称为幌子。

过去街市上像样的店铺门面，都有不可少的三样装饰：字号匾额、招牌、幌子。三者合在一起，形成了过去店铺三位一体的广告标志。三样儿中，字号最讲究，就像自己的名号一样，除了区别别家商号，还从不同角度反映出了店主的文化涵养和经营品味。相比过去的"聚德""咸亨""内联升"，现在的"鑫源""金鑫""汇鑫"这类赤裸裸见钱眼开的字号，显得粗俗不堪。而招牌和幌子则是显示商铺经营内容的标志。不同的是，招牌是写着具体经营品类的文字广告，幌子则是经营项目的象征性标志，往往最显眼。

根据形制不同，幌子大约有七类：以经营实物为幌子，以实物模型为幌子，以经营商品附属物为幌子（像修车的挂一个车瓦圈），含有隐语暗示的物件作为幌子（如过去酒店挂葫芦，现在理发店挂转花筒灯），以灯具光影为幌子，以上面写字的旗帘为幌子，以文字牌匾为幌子（如茶楼悬挂一个大的"茶"字）等。

幌子在老北京商家的眼里是尊贵的，他们不仅把幌子看作是店铺的标志，还看作是财神的化身。因此，开业或过年，都要酬神、祭幌子。开业有一个重要的环节——挂幌子，叫"请幌子"。

然而，幌子毕竟是店铺外在的标志，如果没有实体经营的事实，那挂在外面的幌子，就只是一个虚假表象。家乡话"净块幌子"就是说只有个幌子，比喻全是假话。

幌子，成了虚假的代名词，而招牌也没能幸免，在语言中同样作为骗人的喻体出现，像"他是借谁谁谁的招牌来骗人"。招牌在这里成了用以骗人的幌子。

滚蛋包儿

《中国民俗语言学》有这样一段话："在山东某些地方，客人进门的第一顿饭忌水饺,因水饺是送行的食品,俗称'滚蛋包儿',若吃水饺意味着客人不受欢迎。"

以上对"滚蛋包"含义的解释不正确。大概是受到以讹传讹的戏言影响。

婚嫁中有"上车饺子下车面"的习俗。过去,家乡只有出嫁才"上车"。平常一般人出门谋生几乎没有坐车的,除了行走不便的小脚女人、老人、孩子,都是下步走。更没有吃饺子的习俗,因为穷。后来生活条件好了,这个婚嫁习俗被引申扩大,临出门时也吃饺子。这饺子,已不是最初习俗的"上车饺子"了。

出门,意味着"走"。走,又可以戏称、怒斥为"滚蛋"。和家乡一样,饺子在山东不少地方俗称"包子",于是,就有人单从字面上以为"滚蛋包儿"是出门吃饺子的戏称。

其实,"滚蛋包"和出门不沾边,和"上车饺子"也不是一回事儿。

对俗语产生的生活背景缺乏了解,仅仅望文生义,是造成很多俗语语义误解的常见原因。

北京旧闻丛书《春明叙旧》记录了老北京的一个旧俗:过去的北京,年前放假的商业、手工业行当,都是年后正月初六开业。那些有意在新的一年做人员调整的商号,为了不让裁减人员带着忧烦的心情过年,都是把人员调整放到年初五聚餐的时候。尽管如此,那些效益不好的商号的职员,也会隐隐感觉到危机的存在。

每年初五晚饭,有雇员的店铺商号,都要照例摆上酒菜,东家、掌柜的、伙计、学徒就座之后,共同举杯祝贺明天开市大吉、万事亨通。相互祝贺后,掌柜的就要说"官话"了。如果生意兴隆,就当众宣布人事照旧,好好干活,说一些什么肉肥汤也肥的辞令,不会亏待大伙等。于是大家就可以放心,开怀畅饮大吃大喝起来。

如果买卖不好,或需要裁员,掌柜的就在宴席上先要诉一顿"苦经",长吁短叹之后,先饮酒后吃饭。当吃饭时,就端上一大盘肉包子,这时，掌柜的亲自夹一个包子，放在谁的碗里，谁就明白了，那就是要辞退谁。

尽管明白，但从开始的疑虑，到发现倒霉的事情竟真的落到了自己头上，不管是有些吃惊，还是流露出某种不满，人都会不自觉地瞪大眼睛，所以，这个包子也叫"瞪眼包子"。可是，瞪眼也是干瞪眼，掌柜的给谁夹包子，谁就只有走人的份，于是人们又习惯把这个包子叫"滚蛋包子"。

说轻巧了就是"滚蛋包儿"。书里记述的"滚蛋"是真滚蛋，可不是戏称！

老北京饺子和包子是不混称的。新社会了，北京没人再吃"滚蛋包子"，而生活好了的山东人出门则效仿闺女出嫁开始吃"包子"（水饺）了，于是，阴差阳错之中，老北京的"滚蛋包儿"跑到今天山东人出门、送行的饭桌上了。

第十一章 新年旧事

光想着年五更吃包子——净想好事

旧时代"民以食为天",不是百姓没有更高的生活追求,而是由于生产力低下,再加上落后残酷的社会制度,造成社会经济凋敝,生活物资匮乏,老百姓食不果腹,朝不保夕,吃饭保命成了最大的任务。那时候的百姓人家,吃饱都是奢求,吃好在平时更是无法实现的梦想。只有在年节才能有一时,甚至是一顿解馋机会。因此以前家乡有"馋年"的说法。

过去,家乡和其他地方有相似的俗谚:"小孩小孩你别馋,过了腊八就是年。"意思是过了腊八家里开始准备年饭,有好吃的了。

普通人家,没有钱准备足够的鸡鸭鱼肉,而加肉的饺子是贫穷百姓最好的饭食,有道是"好吃不过饺子"。放在贫困环境下才能有对这句话的生活体味。就连生活条件相对好的老北京也有俗语:"白面为皮肉作馅,给个神仙也不换。"

过去,家乡人把水饺称作"包子""下包子"(而其他地方所称的包子,家乡人习惯叫"蒸包子")。

饺子好吃,但在贫穷的过去,家乡大部分年月大部分人家只能在过年的时候吃。按当地风俗,家里宽裕,可以在除夕、初一早上吃饺子,甚至初三、初五早上再各吃一顿。但再穷,其他时间可以不吃,初一早上这顿饺子必须吃，因为风俗以初一代表着一年的运气，所以初一吃饺子一要质量好，二要吃得够，三要吃得早，以此期望新的一年里吃得好、吃得饱、人勤快。

现在见有"更岁交子"的说法，意思是新旧岁交是在子时。按历法是没问题，但笔者认为这是对"更岁饺子"，也就是把年初一早饭吃饺子谐音双关应用。因为过去乡野民间并不把零点作为一天的开始：旧时春联"一夜连双岁，五更分两年"。家乡有俗话"天不明（或'鸡不叫'），是今门儿"日期交替被认为是五更时刻。所以，人们为了图个新年里抢福的彩头，于是各家各户起得很早，都在五更放鞭吃饺子，因此，"过年吃包子"被说成"年五更（家乡方言读jīng）吃包子。"

可以说，年五更的那顿饺子是旧时一家老少一年的期盼。所以家里的主妇们，就把平时舍不得吃的白面拿出来，从家里仅有的那点钱里支出一部分，买点肥猪肉，包上一顿饺子吃。由于平日里吃不到，所以大人孩子都吃得多，于是各家各户都尽量多包一些，因为怕饺子不够吃而犯了禁忌。那一顿香喷喷的饺子，是大人孩子念念不忘的。

这好吃的饺子，过去的多数人家只能在年下吃。

小时候常听大人拉这样一个呱儿（故事）：有个民间女子当了皇后，皇帝为了讨这位娘娘的欢心，就问她喜欢什么。她说愿意天天过年吃饺子。皇帝说这好办，就传下旨在宫里天天为娘娘包饺子吃。可是，一个月后，这位年轻的娘娘就得病死了。洞悉天机的人就说：本来这位娘娘还有三十年的娘娘做，却因为她连着过了三十个年初一，吃了三十天的饺子，等于过了三十年，所以折去了三十年的寿命。后来才知道这是不识字的庄户人根据王宝钏守了十八年寒窑，只做了十八天皇后的故事演绎来的。

这个故事也许是大人们在贫困条件下教育孩子的一种策略，告诫孩子们不能贪吃，不能去追求那些有违常理的事。从另一个角度理解，故事体现的是：庄户人认为过年吃饺子是最大的幸福。

"光想着年下（年五更）吃包子——净想好事"，讽喻那些不切实际想好事的行为。

自家的爆仗自家放

与过去不同，现在的小孩过年没有几个喜欢放鞭炮的。20世纪80年代以前的农村孩子，由于生活条件差、平日娱乐活动少，所以过年吃饺子、穿新衣、放鞭炮都是孩子们盼望了一年的享受。当地就有俗语"闺女爱花（穿花衣、戴红花），小厮爱啪（放鞭炮）"。

那时尽管家里钱少，但每逢过年，家里大人就是口挤牙攒地省着，也要尽量给孩子买点过年的玩意儿。记得我小时候的20世纪70年代，一个男孩子过个年也就有一到两包鞭炮。一包二十个头儿（一个鞭炮叫一个头儿）。要是某个孩子，大人给他买了五包以上的鞭炮，那会叫别的小伙伴眼热一年下。记得有一年，父亲回了一趟有"卷鞭"副业的老家，老家的长辈给了五包鞭炮，我一直记忆犹新。

在过去，家乡把鞭炮分成"鞭"和"炮"。个头小、芯子长，用芯子编结成串的叫"鞭"；个头大、芯子短，无法用芯子编结成串，而是粘成盘状的叫"炮"，家乡人更愿意叫"爆仗"。

除了除夕和初一早上吃饺子前各放上一枝（挂）两枝的"鞭"，其他时候，小孩子不舍得整枝放，都是把"鞭"一个个地拆下来单个放，这样玩儿的时间长一些。

"爆仗"就不同了，因为个头大，价钱贵，所以买的少，一个孩子也就有十个八个的。但是由于个头大，爆炸威力大，一般小孩不敢自己放。有的就叫胆子大的孩子或大人替自己放。孩子的家长看见了，心疼花钱买的爆仗，自己的孩子不放，却叫别的孩子放了，这不等于自己出钱给别人的孩子买爆仗放吗？另外也有嫌自己的孩子胆小不争气的心理。于是，就背地里嘱咐、鼓励孩子："自家的爆仗自家放"。

后来把这句鼓励自己孩子放爆仗的话，扩大到鼓励孩子或亲近的人

"自己的事情自己做""自己的责任自己担"意义上了。

放了响鞭

生活中,一件事做得漂亮,过去的家乡人常说成"放了响鞭"或"打了响鞭"。

"打了响鞭"的"鞭"是打牲口的"鞭","放了响鞭"的"鞭"是放鞭炮的"鞭"。两种鞭都以"响"为好,因此"放了响鞭"和"打了响鞭"都是借喻做事出了彩,意思几乎完全相同。可见两种"鞭"早就存在着密切的关联:

说起放鞭炮的习俗,《老北京的传说》记载:相传在很久以前,在一个村庄旁的山林里住着一个被称为"年"的怪兽。"年"每逢腊月三十就出来作恶。它非常凶狠,挨家挨户地吃人,直到吃饱为止,手段非常残忍,搞得村里的人都非常害怕。村民们每天都在想办法杀死"年",可是什么办法都不管用。

一年的腊月三十晚上,"年"又出来作恶了。说来也巧,当时村里正好有几个小孩在玩甩牛鞭子的游戏,他们将牛鞭子甩得噼啪作响,声音非常大。"年"正好听到了这个声音,它非常害怕,赶紧逃离了村庄。它走啊走,又到了另一个村庄,准备继续作恶。谁知它看到一家门口正晒着一件血红色的大衣。"年"不知道那是什么,吓得赶紧逃走。它走啊走,又到了第三个村庄,看到一家家灯火辉煌,刺得它头昏眼花,只好赶紧溜走了。

后来,这几个村子里的人都渐渐摸清了"年"的习性,知道它怕响、怕红还怕光,于是利用它的这些弱点,想出了很多对付它的方法,即点火、贴红、打鞭子。

再后来,火药和纸发明了,人们就用纸炮代替了打鞭子,但依然沿用了"鞭"的叫法。

严格地说这是北方年俗放鞭炮的传说。而南方则多是水田，赶牛都是用竹竿、树枝，不用鞭子，因为牛羊皮质的鞭子遇水易软烂。南方产竹，古代过年是燃竹爆裂，发出响声，故称"爆竹"，后来也以纸炮代替。

二月二拜年——护谱

靠谱，源自按谱演唱，是合谱的意思，引申为符合事物的规律、规矩，和离谱是相对的。家乡方言中，"护"和"靠"的用法、意思接近，在程度上"护"略逊于"靠"。护谱，次于"靠谱"，强于"沾边"，是"还算合规合理"的意思。

春联是春节的标志性元素之一。在老北京，正月十五过了，就叫过完年了，要把春联揭下来，最晚不能晚过二月初二。也就是过了正月，二月初一就要揭下来。

相传，有一年和珅府上在二月二龙抬头那天忘了揭春联了，纪晓岚看到后一乐，就叫人找来一个叫花子，说和大人他们家今天请你们吃年饭。叫花子不信，说这都出了正月了，怎么可能请吃年饭呢？纪晓岚说："你只要按我说的做，一定能吃上。"于是这个叫花子召集了很多同伴，来到和珅府上说给和大人拜年了，谢谢和大人管年饭。家丁觉得叫花子胡闹，就往外赶。叫花子们闹闹哄哄地不走。和珅听说了出来说："你们干什么，都二月二了还拜什么年啊？"叫花子说："您不是说请我们吃年饭吗？"和珅斥问听谁说的。叫花子答是纪大人说的。和珅说："你听他胡说八道。"叫花子说："他哪里是胡说八道，您这春联没有揭下来，年还没过完呢。"和珅一看还真是。出于信奉老规矩且要面子，没办法，只好掏银子打发了这一大帮叫花子。

传说虽然都有一定的生活依据，而这个故事从贴着春联就沾年边的逻辑，推理可以拜年的结论，也合情合理。但又不难看出情节有明显的虚构成分，因为真实的历史上，纪、和二人交集很少。不过，一些旧的风俗遗存中，确实保留着"二月初二拜年"的佐证。

家乡家乡有"出不了正月还是年"的说法。

山东民俗专家山曼先生所著的《齐鲁乡语谭》，有一篇短文"二月二那碗糕"："从大年初一这一天起，家家户户都过着坐吃享穿的日子。这情形一直延续到正月十六。俗话说'过了十五过了十六，过了十六就照旧'。在饮食上，一般过了正月十六就改换成平日的吃食，这叫'换饭'（注：家乡叫"换饭食"。）。到了换饭之时，并不是把过年吃的东西全都吃完，主妇必留一点面食，留出一碗年糕，到二月二再端上饭桌，让全家人最后享受一次过年的滋味。"

既然二月初二还在享受年的滋味，自然也就还有过年的意味。那拜年也就护谱了。《黄河口民俗》记载：（二月初二）中午煎食年前或是正月里的年糕（愚以为，此处有误：正月里没有蒸糕的习俗。年糕年糕，都是为过年做准备而在新年前几天蒸糕，还有稷面等尽量多的年干粮。当地习俗，正月迫不得已不蒸干粮，更不用说有年标志的年糕了。老习俗，正月里干活多，意味着一年劳累。再有，即使以后有蒸的，也不叫年糕，直接称"糕"）。传说这样的年糕可以避五毒（蝎子、蚰蜒、蜈蚣、壁虎、蟾蜍）。

记得小时候，家里过完年，母亲都是留下些年糕，等到二月初二，煮软化开，再和上面，做成面棋子，炒豆棋儿（有的地方叫燹豆，谐音"蝎"，说是吃了不会被蝎子蜇）。剩下的就用少许的油来炉（注：记音词）糕吃（当地避讳叫"煎糕"，因为棺材入葬前，要在坟穴里用油锅煎糕）。可见，二月初二，那碗糕是真有的，年的余意还是存在的。

齐如山《中国风俗丛谈·年关·祭祀庆贺》记载："……（官员）用这样的'车楦'（代拜年者）四五位，代表拜年，往往拜到正月底才能完事，所以从前提起拜年，大家认为是一件头痛的事情，实在也可以说是年关为难之一。"

《一本书读懂中华民俗知识》（王晓梅主编）有这样一段话："'宁可欠人钱，不可欠人年'说的是旧时拜年的习俗。旧时民间特别注重年节拜贺，除亲朋好友之外，往往有点关系甚或无多关系者都要互相拜贺。而且这种拜贺往往不只在大年初一及其后数日，而是要持续到正月十五以后，甚至要持续到二月二、三月三。俗语有'拜年拜到三月三'。民俗以为'礼多人不怪'，因此不论相识与否，新年相遇即拜；又以为'不可欠人年'，即便是挨到三月三也必须补贺。"

　　照此说，拜年拜到三月初三是有些拖沓，但二月初二拜年还是护谱的。

　　"二月二拜年——护谱"是以前听父亲所说和解释的。

　　同样是在鲁北地区，不同的市县乡村，对"二月二拜年"有不同的说法。有的说"二月二拜年——胡扑（胡乱联系，拉扯，不沾边）"。这"胡扑"，大概是今天那些不了解从前过年习俗的人，认为二月二不该是拜年的时候，把"护谱"讹作"胡扑"吧。

有钱没钱，回家过年

　　每个节日由于其起因各不相同，所以各自留下了不同的节日习俗和文化寄托。

　　虽说出门在外的人"每逢佳节倍思亲"，却也不是每个节日都必须回家。但是，中国传统中影响最大的节日——春节，最重要的习俗就是"回家过年"。虽然归根结底是中华民族家庭情结所致，也与春节来历有文化基因上的关联。

　　春节的起源极其古老。据《尔雅·释天》记载，尧舜时有"载"，是万象更新的意思；夏代叫"岁"，是表示新年一到，春天就要来；商代称"祀"，是表示四时已尽，该编入史册了；直到周代，才把谷禾成熟一次叫作一"年"。年的初义来自农业。《说文解字》释"年"字，原是"秊"字，是谷物成熟的意思。《尔雅·释天疏》："年者禾熟之名。"

古代春种秋收,所以"春秋"指岁月。"在上古时期,农作物复播率很低,一般是一年只播种一茬作物,谷物成熟一次就是一年"。(《黄河口民俗》)

古谚:"秋收冬藏"。收获以后的人们,为报答天地神灵、祖宗先人的恩赐庇佑,在冬季谷物入仓以后要举行祭祀活动。后来这些活动便演化成了年节。是时,人们待在家里,不再外出劳作,这也是古人顺应自然规律的体现。

《图说中国文化·民俗卷》引用王驰名"关于'年'的传说":

太古时期,有一种凶猛的怪兽,散居在深山密林中,人们管它叫"年"。它的形貌狰狞,生性凶残,专食飞禽走兽、鳞介虫豸,一天换一种口味,从磕头虫一直吃到大活人,让人谈"年"色变。后来,人们慢慢掌握了"年"的活动规律,它是每隔一年窜到人群聚居的地方尝一次鲜,而且出没的时间都是在天黑以后,等到鸡鸣破晓,它们便返回山林中去了。

算准了"年"肆虐的日期,百姓们便把这可怕的一夜视为关口来熬,称作"年关",并且想出了一整套过年关的办法:每到这一天晚上,每家每户都提前做好晚饭,熄火净灶,再把鸡圈牛栏全部拴牢,把宅院的前后门都封住,躲在屋里吃"年夜饭",由于这顿晚餐具有凶吉未卜的意味,所以置办得很丰盛,除了要全家老小围在一起用餐表示和睦团圆外,还须在吃饭前先供祭祖先,祈求祖先的神灵保佑,平安地度过这一夜。吃过晚饭后,谁都不敢睡觉,挤坐在一起闲聊壮胆,就逐渐形成了除夕熬年守岁的习惯。

即使这个传说的内容在今天看来缺乏科学依据,但之所以流传下来,就说明它对人们的认识起到了一定的作用,具有一定的社会背景。试想,在科学高度发达、通信顺畅的今天,依然存在人们对虚传事件的相信、跟风,好比说社会上依然不时传播的迷信活动。何况在蒙昧闭塞的远古时期?人们把一件仅是听闻来的事情当真、模仿、流行是合情合理的。而全家聚集在一起过年的史实则是由来已久。晋人周处的《风土记》："至除夕，达旦不眠，谓之守岁"。一家人聚在一起守岁，是家人团圆意愿的具体体现。

以前听父亲讲，回家过年就是指过除夕，过了除夕，就是初一到家，也不算是真正回家过的年。"一年将尽夜，万里未归人"。正是这一习俗背景下的挂念与乡愁！

随着社会的发展，人们从单一的农耕生产生活方式，发展到了士农工商各业、三百六十行的社会分工，生活方式尽管不再只是秋收冬藏，一年四季，都有人离开家乡，外出创业谋生，但每逢到了新春佳节，人们还是像候鸟迁徙一样回家过年，因为外面、家里，相互挂念：一年了，在外面（家里）还好吗？

要团圆，要看到家人的平安，就要回家过年！

年五更打兔子——有它过年，没它也过年

黄河三角洲过去最算得上打猎的活动就是用土枪打兔子。在没有枪支管制的时候，秋收完了，庄稼收净了，田地里只有刚种上的小麦和零散未拔完的棉花柴（棵），因此，田野空旷。被秋粮喂肥了的野兔，失去了平日隐蔽的庄稼地。这时是一年中打野兔的最好时机。没有了三秋农忙的劳作，那些好玩枪的"猎手"，扛起枪，或独自，或结伙，还有的带上自己家里的狗，漫野游荡，俗称"踩兔子"。当潜伏的野兔被人或狗惊起，好枪法的枪手，在野兔跃起奔跑的档口，顺枪击发，手起枪响，兔子应声仆地，或受伤翻滚，被随后赶到的狗咬住。主人会及时赶到，从狗的嘴里夺下猎物，然后塞进背包中。运气好的话，好的猎手，一天能收获好几只兔子。在平时，卖掉兔子，是一笔可观的收入。或者留下一只，一家人改善一下伙食，也是难得的野味！

农耕时代，春节是家家户户期盼一年的重要节日，备受人们重视。为

了这个重要的节日，一到腊月，各家都开始"忙年"：家庭妇女要给孩子们缝制过年的新衣，还要磨面、推子，准备蒸年糕，蒸饽饽（馒头）。男人们则赶年集置办家里过年的东西。

到了腊月二十几，孩子零星放的鞭炮响起来了，大人们被这越来越浓的过节气氛催促得也越来越忙了。

有这些准备工作的往往是为数不多的殷实之家。只有遇上丰年，大多数人家才有。在贫穷的过去，大多数的岁月，大多数的人家，年节都不能做到像今天这样丰衣足食。很多时候都是凭借有限的财力，将就着过。所以有句老话说"这不全，那不全，贴上对子（春联）全了年"。这句话除了有"办事的准备工作，事前总觉得有不足，但事到临头也就权当全了"之义外，还表达着"有钱的富过年，没钱的穷过年"的认知。即使缺吃少穿，贴上春联也就算过年了。

过去，乡人以为日期更替的界线是五更天，所以有"一夜连双岁，五更分两年"。到了新旧交替的年五更，不管你是吃用富裕的殷实之家，还是家境拮据的穷门小户，过年的准备多与少，好与坏，本来那过年习俗几乎与野兔没有多大关系，何况还是夸张的等到年五更才去打的兔子，有还是没有，过年的脚步都不会停下来。

分析起来，再穷的人也不会在年五更打兔子，因此这句歇后语必定是人们为了表达需要而虚构的。这句俗话常用来比喻那些无足轻重，不影响目标达成，可有可无的人和事。

第十二章　围锅就炕

漫着锅台上炕

黄河三角洲上，木床普及已经是20世纪90年代以后的事了。此前，几乎家家户户睡土炕，锅灶烟道就和土炕连接在一起。因为一是家里没有多余的房间用来专门做厨房，二是那时候冬天大多数人家没有取暖的炉子，仅靠做饭的灶火驱驱屋子里的寒气。灶膛的余热通过烟道烘暖了土炕，晚上睡觉暖和一些。

过去农村的房间远没有现在这么宽敞。家里的北房也是盘大炕垒大灶的房间，一般是一梁两间，宽不到四米，长六米左右。冲门的一间，靠门南墙上挂着一个存放碗筷儿的"碗匙架子"，架子下面是一口水瓮。东或北墙靠墙放一张抽头（带箱底和抽屉的桌子）。再往里，就是一个靠北墙垒的四方的大锅台，锅台一边安风箱。锅台往里连着大土炕。大土炕几乎占据了另一间整间屋子，既睡觉又充当烟道。

这样的布局，要想从门口到炕上，必须经过锅台。如果漫着（越过）锅台到炕上，悖理而做不到。在生活中要是有的人做事有失次序，或越俎代庖，往往被人讥讽为"漫着锅台上炕"。

吃着碗里的，看着锅里的

过去家乡人家通常是围着锅台吃饭，尤其是在寒冷的冬天，一是家里没有像样的饭桌，二来也借助灶膛里、火炕上的余热取暖，俗语叫"围锅就炕"。

像今天一家人一桌子菜的生活，那时的家乡人连想都不敢想。现在平平常常"吃一尝二眼观三"的一桌菜，在以前是令人羡慕的权贵殷实之家的饭食。平常人家吃饭的餐具也很简单，就是全家一两个的咸菜碗和每人一个黏粥碗，喝汤吃菜都是直接从锅里舀。

那时候，家家吃食简单，大都常年咸菜、黏粥、窝头、玉米面饼子。如不遇灾年，这些倒是能任吃管饱。但遇上家里做好吃的，一般要分开了吃，很少管饱管够。尤其是孩子多的家庭，为了避免兄弟姐妹之间相互争抢，便把那好吃的一人一份分开。有时分了后，锅里还有些剩余。那些贪吃的孩子，一边吃着分到自己碗里的，心里还惦记着锅里剩的那些，就一边快吃，一边看着锅里的，生怕被吃得快的孩子赶在自己的前头吃完，抢走了剩下的那点饭菜。

在以前缺吃的年代，这些现象在大人之间也经常发生。好比说出夫、帮忙、生产队管饭等，抢吃抢喝的现象很普遍。

"吃着碗里的，看着锅里的"比喻人得陇望蜀的心态。

一个锅里摸勺，哪有筷子碰不到碗的

过去人口多、条件差的农村人家，吃饭简单，没有四个碟子八个盘，不过一把勺子一口锅，一人一个黏粥碗。炖白菜、馇黏粥，盛菜、舀粥都是用一把勺子，谁摸过来谁用。所以，"一个锅里摸勺"就成了在一起生活的代称。引申为一起做事，共同相处。

筷子，中国发明，是中国、朝鲜、日本、越南、新加坡以及东南亚地区普遍使用的餐具。

中华民族有着悠久的社会文明，就连一双简单的筷子，也包含着深厚的传统文化、哲学思想。据说，过去筷子的标准长度是七寸六分，代表人与其他动物不同，有"七情六欲"，这是在吃饭时，提醒人们要节制不当的欲望。筷子，一头圆一头方，除了好用，还有其文化内涵，圆象征天，方象征地。筷子由两根组成，但中国人都叫"一双"（外国人说两根），这包含了中国传统哲学思想"太极为一，阴阳为二"。一分为二，代表万事万物都是有两个对立面组成；合二为一，包含阴阳结合，意味着完美发展。

《谈征·匕箸》："方言匕谓之匙。说文：匕所以取饭。大东之诗曰：有捄棘匕。今之茶匙……轩辕以竹木为箸之始。纣以象牙为之，故谓之奢。"过去家乡人称放勺子筷子的笼状器具叫"匕（chī）箸笼子"。

据说是后来水上行船人家语言中忌讳"住"音，才改"箸"为"筷"。"筷"应该是后造的字，并且必定来自民间，因为这个字，不但《说文》里没有，就连《康熙字典》都没有收录。《辞源》或许是因为这个字没多少来头，也没有收录。

许多传统文化体现在日常生活的方方面面，比如吃饭的许多讲究，不单是出于礼节、规矩，也包含着科学的道理，如"食不言，寝不语"。

筷子的名称来自生活中的语言避忌，而筷子的使用也有许多禁忌：一、三长两短；二、仙人指路；三、品箸留声；四、击盏敲盅；五、执箸巡城；六、迷箸刨坟；七、泪住遗珠；八、颠倒乾坤；九、定海神针；十、当众上香；十一、交叉十字；十二、落地惊神。

其中"击盏敲盅"就是用筷子敲击盘碗。这种动作被看作是低贱的行为，俗话说："敲碗敲筷子，讨吃一辈子"。因为过去要饭的人常常用筷子敲击要饭的碗,发出声音配上嘴里的哀告悲调,以引起人的注意而给予施舍。所以,要是小孩用筷子敲碗,大人一定会制止,甚至是无意用筷子把碗连续碰得很响,也要招来家长一顿严厉的训斥。

虽然有此忌讳,但理智的家长也知道,筷子要到碗里夹菜、扒饭,哪能碰不到碗?筷子和碗这两个必须合在一起使用的餐具,和在一个锅里摸勺的人一样,关系密切,发生些碰撞、纠葛都是难免的。于是,用"一个锅里摸勺,哪有筷子碰不到碗的?"双重同喻:生活中因一起相处,利益关联,发生一些碰撞、摩擦和争执、矛盾是正常的。仔细咂摸这句话,其中满含理解、体谅,透着宽容、和善,有利于矛盾妥善解决。

锅台角子也碍事

受经济条件制约,过去黄河三角洲上的大部分乡村民居建造狭窄。就连所谓的正房大多数人家也就两间,不过二十平方米。个别人家还有储物的里间,但起居、做饭、吃饭,睡觉都在这俩外间屋里。

因为人口多,房屋少,所以,除了大龄子女,多数家人挤在靠窗一间垒的阔间炕上。炕头连着锅头(灶台),土炕兼做烟道,冬天以此获取点余热,好暖和点。剩下的十来平方米地方,一个带风箱的大锅台,就占去了近两平方米。放一个盛水的水瓮,挂一个盛碗的秫秸插的碗匙架子,再放上一张父母结婚时的抽头(带抽屉、箱膛的桌子)。没有抽头,也要垒个放东西的土台子。通常配一两个或长或短的凳子。这样,空地就所剩无几了。有时几个孩子们打闹起来,相互躲不开。

有生活经历的都会留意到,一个心烦、生气的人,心理就变得对周围的事物看不惯,而常常迁怒于本来不相干的人、事、物,拿通俗的话说就是"看啥啥不顺眼"。

这种现象在心理学上被称为"情绪转移定律",指人的坏情绪如果没有得到适当的宣泄，就会转移到其他人和事上。是一种情绪的蔓延现象。由于无法直接向"始作俑者"发泄情绪，而将这种情绪转移到比自己级别更低的对象身上，从而化解焦虑，缓解心理压力。是人们常用的一种心理防卫机制。

  过去的穷苦岁月，日子艰难，生活中，一个人，尤其是当家的，难免遇上叫人着急、生气却又得不到发泄的情况。那些脾气急躁的男人，直气得踢腿抡胳膊，土话叫"抡风撒脚"。屋里本来空间不大，这时就更显得小了，近在咫尺的锅台角子难免要被踹一脚，以发泄满肚子的怨怒之气。家人见了，不免数落一句："锅台角子碍你啥事啊？"

  生活中，形容一个人因生气而看啥啥不顺眼，胡乱撒气，就用"锅台角子也碍事"来比喻。

第十三章　人生如戏

不懂八板儿

家乡有句表示一个人对基本事体不熟悉或不懂行的话叫"不懂八板儿"。八板是啥？

民俗专家山曼先生编著的《齐鲁乡语谭·老八板》里，有一段关于"八板"的解释："最近闲读一本书，是20世纪30年代李家瑞先生所作《北平俗曲略》，这才知道，'老八板'是一个曲调的名称。"

"八板"就是文中说的"老八板"。在民间俗曲谱中，"八板"向来被列为第一，因此也称"头八板"。从前北京民间学音乐的人，都从"八板"入手。听熟悉京剧唱段演奏的老师讲，京剧唱段的京胡伴奏"首过门"以"八板"居多，即八小节的前奏。或许因为老是这八板开头，所以才有"老"八板之谓吧？

从这个意义上看，连新手入门的、曲谱前奏最常见、最普通的"八板"都不会，就是"啥也不懂了"。

一板一眼与二五眼

板眼，指民族音乐和戏曲中的节拍：每小节中最强的拍子叫板，因这一节拍使用板来打节奏，故称；其余的节拍叫眼，用鼓打拍。如一板三眼（四拍子）、一板一眼（二拍子）。因为在演唱和伴奏中，板眼的强弱规律性强，清晰明了，尤以一板一眼最明显。于是，人们常用"板眼"比喻做事的条理、层次、规矩。如"他说话做事很有板眼"。在黄河三角洲又演化为"有板有眼""一板一眼"。如"某某说话办事有板有眼"，或"谁谁办事一板一眼"。

二五眼，在黄河三角洲方言中指差劲的人或事儿。评论一个人差劲就说："那个人二五眼""那是个二五眼"：说一件事儿做得差劲，就说"这事儿办得二五眼。"要是一个人被蒙骗而生对方的气，有的就指责对方："你打我的二五眼啊？"

"打二五眼"近似"打马虎眼"。

二五眼的来源也与京剧板眼相关。京剧曲牌中有两板三眼、两板四眼、两板六眼，就是没有两板五眼。所以老北京话中用原本没有的两板五眼，引申出"不着调"的意思，用来比喻那些说话办事差劲的人或事。说俗了，就简称"两五眼""二五眼"。

叫板

在生活中，家乡人常把向别人发出挑战称作"叫板"。如"谁谁和谁叫开板了"。

叫板，咋和挑战扯在一块了？叫板，又是咋回事呢？

清代王德晖、徐沅澄合著的《顾误录》有解："板，鼓拍也。"即在古代乐曲中的拍，因是用板作为打拍子的器具，故称拍为"板"。用来打拍子的，除了板还有鼓。板所打出的是强拍，鼓打出来的是次强拍或弱拍。在家乡的吕剧演唱中，司鼓就被称作"打鼓板的"。

源于这种打拍方式，在中国传统戏曲中便衍生出了"板式"。这一演唱伴奏形式，即中国戏曲音乐的节拍和节奏。其中包含板眼和下板形式两层含义。板眼，前文已讲过。下板形式指的是节奏的形式，说白了就是打板和唱腔时间上的搭配关系。以戏曲唱腔为例，字随板出的叫"应头板"，后半拍出字的叫"腰板"等。

"叫板"作为戏曲中的术语，是指演唱者用一定的念白、唱腔示意司鼓下面的唱段是什么节奏的板式。为了使表演更加自然，更加感情饱满，以调动观众的情绪，演员在道白的最后一句，运用叫板的方法，有以语气示意，有以动作唱腔示意。司鼓便会指挥带动伴奏乐器起奏或转奏出相应的板式。演员和司鼓的这种配合，就像挑战双方的呼应一样，人们便将"叫板"的本义，引申为叫阵、挑战的意思。

又因为，演员情绪饱满的叫板，能很好地调动观众的注意力，提振观众的情绪，从而达到很好的表演效果而被观众叫好，所以，家乡人又把一件事做得很漂亮也说成"叫板"。如"那件事办得真'叫板'！"

想起一出是一出

在家乡，常听尊长数落一个人："你想起一出是一出。"是说这个人做事没有计划，临时想到什么就干什么，导致因失序而出现不该有的失误。

这句话来自过去的梨园习俗。出，剧目单位。舞台设置写着"出将、入相"的出场口、入场口。一场戏从出场表演，到入场结束，故一场戏俗称"一出戏"。

旧时代，大戏园子的演出都有一定的规矩和惯例。如老北京的戏院，每场演出都是安排十出戏左右。分开锣戏、前场、中场、后场。开锣自然是第一出戏，通常是表现吉祥、情节简单的开场戏。这种戏小，连戏单上都不出现。最后一出是"大轴儿"，倒数第二出是"压轴"。早年，大轴儿都是大武戏，具有送客的含义，称"送客戏"。因为最后阶段，观众临退场有个别早退场的而出现骚动，所以，头牌角、头等角都喜欢唱倒数第二场，因此"压轴儿"才是正戏（春晚演出的场次就保留了与之相似的编排意味)。整个演出的过程中,依场次先后,演员的表演水平要依次提高。常说的"好戏在后面"就源于此。主演唱最后的"压轴儿",以把演出推向高潮。所以人们用"压轴儿戏"来比喻重要、令人瞩目又最后出现的事情。

如果前面的演员水平高,后面的演员水平低,就会出现行话说的"接不住"的状况,这会叫观众因后面演员水平下降而没了兴致,导致有人提前退场,影响了演出效果。

演出剧目次序的安排称"派戏",也叫"派角儿",除了根据演员的水平外,还要遵循"派戏忌翻场"的原则,即相关剧目内容不能出现时间、事件倒错的情况。如三国戏,不能先演《失空斩》,再演《捉放曹》,否则会造成观众时空感的颠倒从而生怨。另外还有很多讲究。

派戏由后台管事负责,戏单要在演出前一天就定下来,不许再改。如果管事失误,或换了新人,不留神违背了派戏规则,随意安排,被主演、主管或内行看了,就会被斥责"想起一出是一出",说他不懂规矩,胡乱安排。

老扮老腔

装扮和唱腔是戏剧艺术形式中重要的人物形象元素和表现手段。装扮、唱腔是为表现人物服务的。表现不同人物,每个剧种体系都有一套相对程序化、公式化的模式。虽然不同的剧种行当分法不尽相同,但基本上都可以用生、旦、净、丑行来概括,称作生行、旦行、净行、丑行。有的剧种还要多,像京剧演员就分"七行"。

根据声腔组成,中国戏剧分为"地方大戏"和"民间小戏"。地方大戏,生、旦、净、末、丑各行角色齐备,能够反映的题材范围较广阔,既能演出反映宫廷生活和政治、军事斗争的"袍带戏",又能演反映民间生活和传说的戏;民间小戏,大抵只有旦和丑或旦和生两种角色,与旦、

丑、生三种角色，被称为"两小戏"或"三小戏"。它们只能演出反映民间生活和传说的故事戏。（《图说中国戏曲》）

我的家乡博兴吕艺镇刘官庄是优秀地方剧种吕戏的发源地，因此和周边几个村庄在1956年被山东省政府批准命名为"吕艺之乡"。一百多年来，当地有过众多的民间戏班、剧团。看戏是庄户人最热闹的年节庆祝、娱乐、集会活动，产生了有不少类似"听见锣鼓响，饼子烀到门框上"的俗语，足以证明过去人们对吕戏的喜欢程度。

以前，庄里演戏，春节从初一到初五唱五天，正月十五、十六演两天。本村剧团唱戏的有好几十人。那些戏中人物多是普通百姓。剧情也多是表现婆媳关系、夫妻恩怨、妯娌姑嫂等家庭生活。由于深受乡民，尤其是家庭妇女的喜欢，故吕戏有"拴老婆橛子"之称。许多唱腔、戏段，大人孩子男女老少都能哼上两句。所以，舞台人物形象人们耳熟能详。那些老生、老旦形象多数是普通人家的老头儿、老太太，没有花旦的鲜艳活泼，没有青衣的优雅风韵，没有文生的俊秀洒脱，也没有武生的勇猛威武，没有丑角的诙谐滑稽，更没有花脸的性情张扬。他们装束朴素，扮相老成，唱腔稳重。

像这种朴素的装扮、老成的唱腔，就成了穿戴朴实、说话老成的形象代表，俗称"老扮老腔"。常被用来形容那些穿戴朴素，举止庄重，说话老成的年轻人："你看那闺女，老扮老腔的，一点儿也不洋饱（注：记音字。指爱打扮、张扬）。"

措头子

木偶戏又称"傀儡戏"，有着悠久的历史。唐代段安节《乐府杂录》《东京梦华录》《都城纪盛》等书籍都有记载。

《中国民俗通志·演艺志·木偶戏艺人》对木偶戏的分类做了详细的记述："提线木偶，即古代的悬丝傀儡，这是目前最流行的木偶戏。提线木偶的舞台一般长六尺至一丈，深三到五尺，中间幕布揭开，操纵者站在幕后提线操作。布袋木偶，这种木偶除头部和双手为木制外，身躯以布袋制成，下面空口。表演者以手插入，有的制成手套型，食指挑起头部，大拇指和中指伸入两臂，使木偶灵活行动，表现各种人物动作。杖头木偶，也称'手举木偶'，表演时艺人手举木偶耍弄。木偶下连杖柄，由艺人操作，可周身活动。演出形式，一是街头艺人演出，另一种是专门搭台演出。木偶与艺人手连手、臂连臂、腿连腿、脚连脚，中间以细棍相连。舞台空间无台板，演员藏身于台下，表演时演员手舞足蹈，牵动上面的木偶也做同样的动作。演员配合木偶动作口中念念有词，或另外有人配唱，均有乐队伴奏。"

在家乡早已不见木偶戏的演出了，但那段历史却留在了乡言俗语之中，家乡俗语"措（方言意为举）头子"，说的就是木偶戏中的手举木偶。

《北京百科》有一段记录老北京托偶（即手举木偶）戏票友活动的话，最能说明"措头子"这一俗语的寓意："有些票友……为托偶戏配唱，称'钻筒子'。托偶戏是一种大型木偶戏，舞台长约4米，高1.5米，配唱者与操纵木偶者都在布幔里，观众听其唱，不见其人，如同在筒子里演唱，故名钻筒子。许多王公贵族乐于此道，原因是不抛头露面。"

家乡人根据这种民间艺术的表演特点，把生活中那些不露面，躲在台下、幕后撺掇别人出面去说、去做的行为，形象地喻为措头子。好比说，双方闹纠纷，其中一方认为对方是受某人指使，就说："这一定是某某某在那里措头子啊。"

有些资料上用"撮"这个字，大概是由"撮举"一词而起。但"撮举"是递进结构，而不是并列结构，因为"撮举"中的"撮"不是举的意思，而是"撮要"，即聚合要点；举，是列举，不是举动。《广韵》：措，举也。因此，应该是"措头子"。

忙得和二行吹手似的

生活中要是有谁为事儿忙个不停，没有一霎儿闲着，家乡那些见多识广的人就会形容说："谁谁忙得和二行吹手似的。"

在家乡，有东西分层摞放，几层叫几行（"xīng"）。二行，就是两层。北魏贾思勰《齐民要术·鱼鲊》："布鱼于瓮子中，一行鱼，一行糁，以满为限，腹腴居上。"字、义和家乡方言完全一致。这里"行"的表面意思与行（háng）相去甚远，因鱼的排放是一个面，所以文中"一行"就是一层，而不是单列的行（háng）。

对于"吹手"，我小时候也不懂是啥。听大人说某某家娶媳妇吹门儿，我就寻思，门咋吹啊？后来也没见有人去吹那门儿。过去当地风俗，娶媳妇的前一天，男方家里要请人在家门前吹唢呐吹笙打锣鼓，俗称"吹门儿"，一为增添喜庆气氛，二为弄出点动静来以便让街坊邻居们知晓，好来帮忙、祝贺（以前，除了亲戚和本家，事先是不对外人发请柬的。收到贺礼才撒帖子请客）。"文革"以前是锣鼓唢呐笙管合奏。到我小时候破四旧，不允许吹奏了，只保留了象征鼓舞战斗的锣鼓。所以我一直没有见着"吹"门儿的。虽然没有了吹奏，但还是习惯叫吹门儿。因为后来只有锣鼓响，又改叫"响门儿"的，不过还是有老人称吹门儿。

吹、打乐器的演奏者，称呼全了叫"吹鼓手"。《乡言解颐》"乐工"一节："世俗红白事俱用吹鼓手。谓之鼓手者，五声非鼓不和也；谓之吹手者，吹虽用口，非手按之不成声，亦犹书手、炮手之得名也。"

或许因吹打乐器合奏中，吹奏器乐是主奏，所以在名称中突出了"吹"，家乡人就把吹鼓手笼统地称为"吹手"。不管原因是不是如我所说，但家乡人就是这么称呼的。

在过去的民间表演中，有一种叫"打十不闲"的。十不闲，是用木架槲上锣鼓镲，一人居中，连拉带打，左手夹俩鼓槌，敲打单皮及大鼓。右手拉绳，敲小锣及小镲，其大镲之绳系于地，用脚踏之使响。因演奏者手脚并用，口中唱词，所以谓之"十不闲"（"十不闲"还有另一种说法的演奏形式，这里不做赘述）。

和"打十不闲"的类似，家乡戏、乐演奏，有时为了节省人手，多些收入，也常见这种手脚并用的演奏形式。为了方便打奏，乐器分上下两层安置在架子上，即所谓的"二行"，家乡人把这些演奏者叫"二行吹手"。人们以其手忙脚乱的样子，形容那些忙得不可开交的人。

恼了大花脸

家乡人见有人生气恼怒而情绪激愤、脸色难看，就说他"恼了大花脸"。

京剧作为中国戏曲影响力最大的剧种，有一套复杂的表演行当和化妆形式。生旦净末丑，人物各异，不同行当，装束不同，脸部化妆也各不相同。脸部化妆的系列图案叫脸谱。

而京剧脸谱中又以净行脸谱最为丰富复杂。净行人物按身份、性格及其技艺特点不同，又分为俗称的大花脸（正净）、二花脸（副净）、武二花（武净）等。这些细分的类别，对于不深谙京剧艺术的普通观众来说，是分不出来的，而是笼统地称为"大花脸"。

这些"大花脸"，以夸张到变形的象征性脸部图形，再配上净行吼叫式的粗犷声腔，展示的角色性情多为"易怒""愤恨"，因此，这种舞台形象常常被家乡人用来形容一个人恼怒、愤恨的样子，说"恼了大花脸"。

第十四章　有女初嫁

一家女，百家提

家乡常言"一家女，百家提"。提，就是提亲。有道是"男大当婚，女大当嫁"过去男女结合，极少像现在的自由恋爱，都是依照"父母之命，媒妁之言"来认定结婚对象。因为是从中说合，所以媒人给人介绍对象叫"说媒""说亲"，找对象叫"说媳妇"。有没有"说男人"的说法？没有。20世纪80年代以前，女方家要是看上某男孩儿，想与男方家结成儿女亲家，就托媒人到男方递话，被称为"倒提媒"，这在过去多多少少要被人低看。但为了能结成一门如意的亲事，理智的女方也不在乎别人说啥。

今天的年轻人，或许对"找对象"要通过媒人说合的现象不理解，认为过去的年轻人迂腐，这其实是不了解过去社会背景的片面认识。

中华书局版《诗经》早在西周时期，"媒"就出现了。《诗经·豳风·伐柯》："伐柯如何？匪斧不克。取妻如何？匪媒不得。"《诗经·卫风·氓》："匪我愆期，子无良媒。"周代设有官媒，专司判合之事。据《周礼·地官司徒》记载："媒氏掌万民之判。凡男女自成名以上，皆书年月日名焉。令男三十而娶，女二十而嫁。凡娶判妻入子者，皆书之。中春之月，令会男女，于是时也，奔者不禁。若无故而不用令者，罚之。"在当时的社会背景下，官媒的设立是婚姻规范的体现，是两性关系从野蛮到文明，从无法到依法的文明进步。但随着封建制度的腐朽，媒妁之言，父母之命，给中国人婚姻带来的危害，不断凸显、加深。

《孟子·滕文公》说："不待父母之命，媒妁之言，钻穴隙相窥，踰墙相从，则父母国人皆贱之。"《说苑》中载："士不中而见，女无媒而嫁，君子不行也。"

《唐律》规定：为婚之法，必有媒证。媒人的作用不只是牵红线做月下老人。源自董永故里山东家乡的董永七仙女和媒仙的故事中，就有即使董永七仙女已经彼此中意，也需要找媒人的情节，因为媒人是婚姻确立的法定要件之一。"三媒六证定下的婚姻，七姑八姨也无法反悔。"因此后世就有了俗语"天上无云不下雨，地上无媒不成亲"。于是，有女孩到了一定年龄，就不断有媒人上门来提亲，正所谓"一家女，百家提"。

日常生活中，一件需要寻求合作的事情，有上门表达合作意向的，不管是谁，都会被视为善意的合作意向。例如一处宅产想卖，这时候就会有不少打算买房子的托中间人来说合。假如有个人想买，又因彼此很熟，不好意思讨价还价，左右为难，别人就劝道："这有啥为难的，'一家女，百家提'。他愿意卖，你愿意买。提出来，成，很好；不成，也无所谓。"

上头儿铮铮——有数的

"亲结其缡，九十其仪"（《诗经·豳风·东山》）古老的婚嫁礼仪，影响了中国几千年。20世纪家乡旧俗，两个未婚男女，从互为陌路，到通过媒人说合成为一个锅里摸勺的夫妻，要经过提亲、见面（原来不见面。见面是新中国成立以后的事了）、定亲、换号、送彩礼、送日子、通路儿、填箱、迎娶、拜堂、三九六日等一系列程序。

黄河三角洲各地结婚风俗大体相似，但无论是事项还是称谓，又不尽相同。

《荀子·正名》："名无固宜，约之以命。约定俗成谓之宜，异于约则谓之不宜。"意思是：事物名称没有本来就合适的，而是由人们共同约定来命名。约定俗成，这个名称就合适，反之则不合适。

广饶风俗，纳彩（送彩礼）称"奠雁"或"上头"。（语见《黄河口民俗》）

"上头"一词，见于元代《南村辍耕录》："今世女子之笄日上头"。笄，女子成人礼。《朱子家礼·笄礼》"女子许嫁，即可行笄礼。如果年已十五，即使没有许嫁，也可以行笄礼。笄礼由母亲担任主人。笄礼前三日戒宾，前一日宿宾，宾选择亲姻妇女中贤而有礼者担任。"

"奠雁"，也是古老的婚俗礼仪。《仪礼·士礼》："礼，下达纳采，用雁。"郑玄注："用雁为贽者，取其顺阴阳往来。"意思是说大雁"木落南翔，冰泮北徂"，顺和阴阳。又，大雁配偶，从一而终，取其忠贞之义。

至于广饶有无如《黄河口民俗》提到的"奠雁"之称，询问多人，均未听闻，所以还有待考证。清代王引之《经传释词·自序》："揆之本文而协，验之他卷而通。"对于词义的理解，既要依据上下文，又要参考其他著作的验证。语言学家王力说："如果我们所作的词义解释只是在这一处解得通，但在别的书上再也找不到同样的意义，那么，这种解释一定是不合语言事实的。"

家乡、广饶有的乡间将此礼称为"点茶"。考查其用字和寓意，均确切无误。

《茶疏》："茶不移木，植必子生。古人结婚，必比以茶为礼，取其不移植子之意也。今人犹名其礼曰'下茶'"。《七修类稿·事物·未见得吃茶》："种芝麻，必夫妇同下其种，收时倍多，否则结稀而不实也。故俗云'长老种芝麻——未见得'者，以僧无妇耳。种茶下子，不可移植，移植则不复生也。故女子受聘谓之'吃茶'，又聘以茶为礼者，见其从一之意。二称皆谚，亦有意存焉耳。"

"下"和"点"，都是播种方式的俗称。《汉书》："其耕、耘、下种田器，皆有便巧。"在家乡，播种，有耧播，条播，点播等。点播也叫点种（分点种植）。以前，家乡有"点大麻子（蓖麻子）""点料秫秫"。现在还有"点绿豆""点瓜"等说法。不管哪种种植方式，在家乡都可叫"下种（zhǒng）"。有俗语"听见蝼蛄叫，还能不下种？"

因此，"点茶""下茶"同义（家乡泡茶也叫"下茶"。此处为种茶），都是种茶，取其"种茶下籽不可移"的意思，喻指婚约既定，不可变更，从一而终。如今家乡婚嫁尚存前述旧俗，但又有演变。

家乡有的地方"点茶"之礼中，有"换水"一环，即未来的媳妇给未来的婆家长辈倒茶。因当地方言称一杯茶喝罢再续杯叫"换水"。这已经和"点茶"最初的意义相去甚远，是否受前面说的"吃茶"影响，还是家乡人把原本义为种茶的"下茶"，和家乡话里义为泡茶的"下茶"混淆，误转而来？就不得而知了。

家乡无"雁礼"之说，但于迎娶前"通路"时送鸡于女方，并且此鸡不能宰杀，走失也不寻找。现在家乡没人知其原因，其实这就是"雁礼"的演变：雁有定偶、回归的天性，故而用在婚礼上。意在新婚夫妇如成双的雁回到夫家，宰杀了就回不去了。不过是，用鸡为礼，已经和雁礼去之甚远，与礼仪原意不符。

《尔雅》曰："舒雁，鹅。"老北京用鹅行雁礼，因为"野曰雁，家曰鹅。"这样就合理、合礼了。

《黄河口民俗》记载："纳彩在婚前半个月进行，男方备大饽饽（一个约一市斤，上印红双喜字）60个，馃子、馓子200个，包袱一对，富者送青布或蓝布一匹，活公鸡一对，鲤鱼一对及头面首饰（所谓上头，即由此首饰因起）和钱，盛在食盒（应为'什盒'）里，用红纸写封，上写'纳彩大吉，文定厥祥'，送至女方。女方收礼后，回上糕坨、茶碗、枣、栗子、十双高粱梃、九双筷子，意为'十庭九柱'，希望婚后荣华富贵，住好房子。之后，男女双方各自向亲朋分赠礼物（饽饽等食物）并告知婚期。"

因为60个饽饽是定数，所以，当地有俗语"上头儿饽饽——有数的"。比喻生活中那些"有数的"事物。"有数"既表示"数固定，错不了"，也表示"数额有限"。

旋上轿旋扎耳朵眼儿

"旋……旋……"是一个当地方言句式，和现代汉语里的"现……现……"相同。比如"现吃现做"，家乡方言就说"旋吃旋做"。旋，临时。《故训汇纂》："《助字辨略》卷四：'旋，事非豫（预）为之也。王仲初诗：旋翻曲谱声初起。'"

"旋上轿旋扎耳朵眼儿"，这句话是说姑娘临到上轿出嫁了，才扎那挂耳环耳坠的耳朵眼儿（当地对耳环眼儿的俗称）。比喻需要提前做的事情，因做事拖拉，事到临头才仓促应付。

古往今来，女嫁和儿娶一样，是人生大事，家里的人都非常重视。从小疼爱有加的女儿，即将初为人妇，作为家长大都尽心尽力把姑娘装扮到最好，做嫁妆，制服饰，开脸盘头，搽胭脂抹粉，都要精心准备。那本来就需要有一个愈合过程的耳朵眼，自然得提前扎好。听老人们说，那时候扎耳朵眼儿，是在女孩儿几岁的时候，一般由奶奶先用豆粒儿在耳朵耳垂上揉捻，把皮肉碾薄，再用穿了线的缝衣针蘸油后，直接扎透，穿线结环，等愈合后再戴耳环。小女孩都要因此承受不少痛苦。

和女子缠脚一样，扎耳朵眼儿戴耳环耳坠，不单是为了好看，更是封建礼教的产物。"阃以限言，玉以节动"（《内训·德性章第一》）。"令女子佩玉，行则有声"。据说，戴耳环的最初目的不全是为了装饰，还是借挂在女子耳朵上的环状金属、玉石晃动碰撞发出的声音，来提醒女子举止规矩，或限制其行动。所以，扎耳朵眼儿，不仅生理上早扎容易些，作为礼教方式，也从小闺女懂事时，就要提前做了。

如果有做事没计划、拖拖拉拉的人家，直到孩子就要上轿出嫁了，才要扎耳朵眼，这样做的结果自然极显仓促之状。在生活中，临上轿才扎耳朵眼儿的事情，是不大可能发生，这不过是语言表达需要的夸张、虚构。但确实也有不少人因办事拖拉，在该做的时候不做，错过了合适的时机，事到临头，仓促而为。每遇到这样的情况，家乡的人常常用"旋上轿旋扎耳朵眼儿"来比喻。

这不齐，那不齐，锣鼓一到全都齐

嫁女的人家准备嫁妆，因办事拖拉，或家境窘迫，准备不周全，那是肯定的。就是那些做事有计划的家长，准备了一两个月，甚至更长时间，到时候还是有遗漏，总是有缺这少那的情况，不能做到万事齐备。这其中既有过去婚嫁的准备事宜繁杂、零碎所致，也有爱女之心导致的心情原因。作为对自己从小养大，而今将要离家，甚至是远嫁的闺女，必然恋恋不舍。当地风俗，只要条件允许，总要尽量齐全地陪送好。清代山东临朐人马益著写的《庄户杂字》有语："头戴珍珠翠，狄髻妙常冠。围花金银打，箍子鸾凤悬。响铃云肩上，飘带是八仙。挑牌索子系，钗环凤头簪。不论贫和富，难以凑办全。"

不管是哪种原因，在闺女出嫁的准备事宜上，都会有准备不齐全的感觉。甚至到了结婚的当天早晨，还要准备这，准备那。但当迎娶的锣鼓响着到了门口了，一切准备不管是不足的，还是想锦上添花的，都来不及再去做了，不齐，也只当齐了。这就是俗话说的"这不齐，那不齐，锣鼓一到全都齐"。

这句话用在做事情上，表示一件事的准备工作齐全与否，一旦事到临头，就只有当齐全作罢了。生活中某些适度的妥协也许是有益的人生经验。

上车饺子下车面

到了结婚的当天早晨，新郎在前呼后拥的迎亲队伍陪伴下，来到女方家迎娶新娘，一套烦琐的礼俗不做赘述，单说其中一项，就是女方家中上上下下招待新女婿，送闺女。家乡风俗最讲究的一项就是请新姑爷吃饺子。要给新郎准备两双筷子。等吃完饺子，把这两双筷子带回家里，放在大门顶上，压在用红纸包裹好的两个红砖下面。以前的衣服没有封口严实（严紧）的衣兜，怕把筷子丢了，听老人们说，新郎都是把两双筷子插在裹腿里带走。

就在家里的男人们招待新女婿的时候，将要出嫁离家的闺女也要吃作为未婚闺女在娘家的最后一顿饭——饺子。吃了这顿饭，姑娘就要上车出嫁到婆家做新娘子了，所以这饺子叫"上车饺子"。

闺女上轿，随着迎亲队伍一起陪送的娘家兄弟，还要用圈盘带上适量面条，俗称"随车面"。到新娘下轿过门后，在婆家做一顿新娘新郎同吃的喜面，谓之"下车面"。意为婚后夫妻长长久久、日子顺顺溜溜。

当今人们所了解以前的婚嫁习俗都是新娘子坐轿，那为什么不是"上轿饺子"呢？在很早以前迎娶新娘，都是用车。《古诗十九首·凛凛岁云暮》："良人惟古欢，枉驾惠前绥。愿得常巧笑，携手同车归"。描述的就是女子回忆结婚时丈夫用车迎娶自己的情景。《婚嫁趣谈》（完颜绍元）有述："新郎用来迎娶新娘的交通工具，在南宋以前多用马车。"

近代家乡习俗，不管以前婚嫁是乘坐轿子，还是后来换作了骑马，闺女离开娘家时都是先坐马车，临进男方村庄才换坐轿或骑马。因此流传到现在的是"上车饺子下车面"。说"上车"，倒也应了今天嫁娶、出门都是坐车的现实。

后来人们把"上车饺子下车面"这一婚嫁习俗推而广之于平常生活中，形成了出门、归家，迎来、送往的习俗：自己出门或为出外的人饯行就吃饺子，外出归家或者给在外回家的人接风就吃面。

过去，家乡方言称饺子为"下包子"，或干脆叫"包子"，所以以前都说"上车包子下车面"。这样一来，"上车包子"，就和另一句俗语"滚蛋包儿"发生了字面上的关联：都叫"包子"，"滚蛋"也是"走人"的意思。于是有的人就认为"上车饺子"和"滚蛋包儿"（前文有述）是一回事。现在给人送行请吃饺子，一般彼此客气的情况就说"上车饺子"；如果关系很随意，就把出门吃饺子，戏称"滚蛋包儿"。其实，两种称谓的来历了无相干。把上车和滚蛋包联系在一起也是卯不对榫。

大闺女坐轿——头一回

家乡说"大闺女坐轿——头一回"，换作现代汉语通行的话说就是"大姑娘坐轿——头一回"。家乡通常不称"姑娘"。

大家在一些文学、影视作品上常见大家闺秀不止一次地坐轿，可能说到出嫁时不一定是头一回。那这句俗话是不是不准确呢？答案是否定的。大姑娘出嫁坐的轿，和那些富贵人家的姑娘平时坐的轿不是一种，在形制上有明显的区别。大姑娘出嫁坐的是装饰起来的"花轿"，而且这花轿还是"官轿"的形制。

"汉（喜）轿轿围子是彩缎绣花的，图案花色很多，都具有喜庆吉祥的意义。例如'凤凰垂牡丹''百子图''五狮同居''九狮同居''游龙戏凤''龙凤呈祥''鸾凤和鸣''百鸟朝凤''麒麟送子''花开富贵'等"。（《红白喜事》）

因此，题中俗语说全了应该是"大姑娘坐花轿——头一回"。所以，即使是富贵人家的姑娘经常坐轿，那也一定不是"花轿"，更不可能是"官轿"。

《婚嫁趣谈》（完颜绍元）有述："新郎用来迎娶新娘的交通工具，在南宋以前多用马车。当时人抬轿子已经出现，但限于帝王勋贵和一定品级以上的官员乘坐，叫'銮驾'或'官轿'，严禁平民百姓使用，否则就是违规僭越。但是自南宋起，民间娶媳妇不仅可以乘坐装饰精美、色彩艳丽的花轿，甚至允许配备开道铜锣、旗牌金灯、伞盖立扇以及刀枪斧钺等一整套只有高级官员出巡才能使用的仪仗。这个转变，据说是从南宋高宗时开始的。

民间相传，北宋末年，金兵越过黄河，兵陷汴京，生缚徽、钦二帝。钦宗的九弟康王赵构在商丘宣布即位，史称宋高宗，其建立的政权史称南宋。登基不久，高宗便南渡长江，往宁波流窜，途径宁波偏遇金兵拦截。等他在随从将士的掩护下冲出包围后，才发现自己已经落单，当真成了孤家寡人。正惊慌的时候又被一队金兵游哨发现，追了过来。幸亏他的马快，跑了一阵便和追兵拉开了距离。谁知再往前跑却被一片湖水挡住了去路。眼看走投无路，一个正蹲在湖边浣纱的村姑把他喊了过来，指着湖水说："这里水浅。相公快快下去只管仰着鼻子透气，我自有办法搭救。"束手无策的高宗只得按照姑娘说的行事，那姑娘将手中的白纱迎风一抖，撒向湖面，正好把他全部遮住了。一会儿，金兵追到湖边，四望不见高宗的人影，便喝问那个浣纱的村姑。村姑胡乱指了一个方向，将金兵引开，这才收起白纱，叫高宗爬上岸来。再由其兄长找来一条船，把高宗送到对岸。

两年后，仰仗岳飞、韩世忠等人打了几场大胜仗，东逃西窜的宋高宗才在临安站稳了脚跟。随后，他便传旨宁波府，要寻访那个有救驾大功的浣纱姑娘，结果却无人认功请赏。宋高宗受到感动，便下了一道圣旨，今后凡是宁波姑娘出嫁，特许乘坐原本只有官员才能坐的四人抬轿子。四人抬轿子正好是皇后所坐八抬銮驾的一半规格，所以宁波人一直自夸他们的花轿是"半副銮驾"。这规矩实行了没几年，其他地方的人也学了样，有道是"普天之下，莫非王土；率土之滨，莫非王臣。"宁波姑娘坐得轿子，我们也坐得。官府没辞可驳，只好认可了。不过大家也没有忘记这是托那位宁波姑娘的功德，就管新娘乘坐的花轿叫"四明轿子"（宁波有四明山，代指宁波）。

因为花轿是皇帝特许专门给新婚姑娘乘坐的官轿，所以，在结婚以前，姑娘是不允许坐的。即使有机会坐，因为是婚嫁专轿，也犯忌讳。那结婚时坐花轿就是头一回，于是就有了"大姑娘坐花轿——头一回"。

说"头一回"，那是不是就有"第二回"？没有！北方旧俗，女子再婚，不许乘轿，要用车接。车载为"拉"，故有"拉回头子"的说法。回头子，来自俗语"好马不吃回头草"。回头草，是吃过的草，喻指再婚。另一个原因，再婚女子即使有轿坐，也不是黄花大闺女了。所以又有俗语"大闺女坐轿——只一遭"。俗语来自真实生活的支撑，因此洗练严谨，天衣无缝。真可谓俗语不俗！

姥姥家那盒子——不轻快

《易经》中说："有天地，然后有万物；有万物，然后有男女；有男女，然后有夫妇；有夫妇，然后有父子；有父子，然后有君臣；有君臣，然后有上下；有上下，然后礼义有序所错。"这种哲学思想在西周文化遗留中是统一的。这种统一，从《诗经》把《关雎》排在首篇，就得以体现。从那时治理国家就从夫妻之义开始。先齐家，后治国。

男婚女嫁，是真正的成人之礼，人生大事，历来最受人们重视。在不太提倡喜事简办的过去，其重视的表现之一，就是结婚要经过烦琐的礼节。

过去家乡风俗，程序走到了大喜的嫁娶过程，更要经过三日、六日、十八日一系列隆重烦琐的仪式，俗称"三九六日"。其间，男女双方的七大姑八大姨，亲戚流人（亲戚们）都要按一定的日子送礼、赴宴、道贺。

过去，亲戚们在婚期临近时要送穿戴，很早以前是送新做的布鞋。后来有了成品衣服，变成送裤子。赴喜宴除了给新郎新娘磕头钱，亲戚们还要蒸上二十个馎馎，用箢子盛了来，谓之"送饭"。当然，各地的做法不尽相同。

因为嫁娶过程时间太长，尤其是农忙时节，不太适宜，后来就缩短了间隔的日期。结婚的第二天称三日，第三天称八日，三天结束整个婚嫁程序。

家乡风俗，三日这天，新媳妇的姥姥家要来外甥闺女的婆家，叫上姥姥家从小疼爱的外甥闺女，去姥姥家住一天，谓之"叫外甥闺女"。也要蒸上饽饽来座席。姥姥家的饽饽可是和七大姑八大姨们送的饽饽不一样。七大姑八大姨送的饽饽，个数儿是二十多个，个头儿是四五个一斤；姥姥家送的饽饽是一个一斤，俗称"斤饽饽"。并且数量是四十个，也就是四十斤。再加上盛饽饽的三层大什盒，足有七八十斤。

这比起普通亲戚那连饽饽带筐子才七八斤的重量，肯定是重了很多，所以就有了"姥姥家那盒子——不轻快"的俗语。形容那些重量大的物件，或价值高的物品。

抹了桌子另上菜

家乡婚俗，八日这天，新娘的父亲要到新娘的婆家接闺女。因为是最尊贵的客人，所以礼数也和普通客人不同。普通客人，包括三日那天来"分礼"的新娘母亲，和来叫外甥闺女的姥姥家长辈，也都是一席菜一道饭。而八日待的客，都沾了老泰山的光，是三道饭，两席菜。

开席先上果盘点心，为头道饭。吃罢，然后撤去，再开始上菜。从八个冷菜碟子开始，上了鱼，其他热菜陆续上桌。等到碗盘上够了数，最后上一道饺子，为第二道饭。吃了饺子，然后把所有的饭菜端走，俗称"扫席"。因为一席吃罢，桌子上饭菜淋漓留痕，所以要抹干擦净，然后新的一席酒菜才从头开始重新上。因此有了俗语"抹了桌子另上菜"。二次让（敬）酒、吃菜罢了，最后端上白面馍馍，是第三道饭。

抹了桌子另上菜，比喻一件事从头再来，或表示既往不咎，重新开始。

看席

古代官宦富豪宴客，饭菜上齐了，筵席上有一种"看菜"，即工艺菜。主要用来装饰和观赏。宋代周密《武林旧事·酒楼》就记载："酒未至，则先设看菜数碟，及举杯则又换细菜……极意奉承。"文中记述为士子登科或官员升迁举行的烧尾宴食单中有一道"素蒸音声部"的看菜。用素菜和蒸面做成一群蓬莱仙子般的歌女舞女，共有70件，放在筵席上非常华丽和壮观。

演变到后来，在传统宴席中，干脆在旁边另设只可看不可吃的宴席，摆着各式各样以面捏成的果品，称为"看席"，也叫"看桌"。一则使宾客在宴席闲暇时欣赏，再则表示主人的情意。常用于喜庆及庙会时。清朝顾张思《土风录·看席》："《正字通》谓：今俗，燕会黏果列席前，曰看席。即古之饤坐，谓饤而不食者。"《金瓶梅》四十九回："……只见五间厅上湘帘高卷锦屏罗列。正面摆两张吃看桌席，高顶方糖，定胜簇盘，十分齐整。"

在家乡，家里来了客人，饭菜齐全了，客人按礼节要等还在忙其他事的主人一块吃。这时，忙完了的主人过来，看到客人尚未动筷，就谦让说："咋都不吃啊？当看席啊！"意思是善意地客套一番，"数落"客人等着不吃，以此表示热情。

第十五章 ☯ 大车小辆

推车不嫌慢，就怕大歇襻

以前有一句表示坚持继续做贡献的俗语式口号"小车不倒只管推"。这里的小车，是家乡的小推车，也叫"推车子"。单轮，双把，易倒。过去小户人家出门做生意，或外出谋生，运输工具也就是一辆手推车。别小看这小推车，陈毅元帅说："淮海战役的胜利，是人民群众用小车推出来的。"这些小车里，就有众多来自黄河三角洲渤海老区支前民工的小推车。听父亲说，我爷爷就曾推车支前。

人们为了推车省力，需要一根差不多与人等高的扁状带子做辅助。带子用麻线编制而成，一寸多宽，家乡人把它叫作"襻"。襻的两头分挂在两个车把的顶端，中间搭在脖子上，向下揽过两个肩膀，人往前走，两肩的顶力通过襻传导到车把，和握车把的手合力往前，推动车子。

人开始推车时，把襻挂在脖子上，到了停下车休息就把襻摘下来。因为人每走一段路都挂一次襻，所以走过的这一时段和路程俗称"一襻"。人推车，襻挂；人休息，襻摘，因此推车的人停下休息，也叫"歇襻"。

"推车不嫌慢，就怕大歇襻"，是过去那些经常推车出远门的人总结出来的经验。比方说两个或两帮人，同时推车赶路，在同样的时间内，比谁走得路程更远，不怕你走路的速度慢，就怕你走一段路便停下来长时间的歇息,那一定落后。相似道理的俗语还有"站一站,二里半"。

赶路是这样,劳动赶进度也是这样。当地俗语还有一句类似的话"不怕慢,就怕站"既是说走路,也是指干活。来自女红的一句俗话"抬头误三针",是说做针线活,抬抬头就耽误纳三针,这句话就是单指劳动进度了。

这些土生土长的地方俗语,道出的却是工作、生活乃至人生的一种哲理:干一件事,就像走路,慢不要紧,只要坚持一直向前,就没有干不成的事,没有达不到的目的。

里手儿赶车——没外人

歇后语是大家根据丰富的生活经验创造出来的,一种满含语言情趣的特殊语言品类。是中国式幽默的一个分支。它仿佛是一个装得鼓鼓囊囊的笑料布袋,随时都可以抖出一串令人喷饭的笑话来。

和省去后面部分不说的"缩脚语"式歇后语(如用"秋胡戏"代指妻)的特殊形式不同,常见的歇后语由前后两部分组成,前面部分是喻体的半截,后面部分既是对半截喻体陈述的补全,又是本体语义的揭晓。也可以说前部分是引语,像谜面,后部分是说明语,像双关谜底。"引语"一出,悬念陡起,略加停顿,"说明语"紧接跟出,使对方恍然大悟,绷紧的神经突然从笑中松弛下来,谐趣顿生,其幽默机智跃然而出。题中俗语"里手赶车"就是"引语","没外人"就是"说明语"。

牛拖马拉时代,陆路运输最好的工具就是骡马牛车。人驾驭之,俗称"赶车"。赶车的人叫"车把式""赶车的""鞭掌"。

通常情况下,车把式走在车辆的左边,或坐在车的左前车板上赶车。过去,乡间路窄,路上只有一趟车辙,两车相遇需要破辙(错辙)。过去的交通习惯,车都是靠左边让着走。听父亲讲其中的原因:马车牛车靠左行,两车相遇,右边相近,如果有挂碰,人在左边,可以躲开车辆挤碰的危险。

以车马为参照,赶车人所在的左边叫"里""里手儿",车马的右侧叫"外""外手儿"。

人在"里"赶车,相对"外"就没人。换言之,也就是人只有里边的,而没外边的。而"外边的人"在当地的方言里,又和"自己体系内的人"是相对的,也就是外人。因此,没外人是双关语,言外之意都是自己人。

为了强调关系,或套近乎、拉关系,人常说"在座的(或今天来的),里手儿赶车——没外人。"

前头有车,后头有辙

在家乡,对于一件没有经历过的事,诸如儿娶女嫁、打墙盖屋的大事,如果当事人感到心中无数,表现出为难的情绪,帮衬的亲朋好友常有这样的劝勉:"这有啥为难的?'前头有车,后头有辙',人家能办,咱也能办。"又如在人情往来中,对方做得不大方,自己不想吃亏,也想以对等的方式回报。但怕周围的人会同样评论自己小气,于是感到为难,不知咋办好。身边的人就说:"怕啥?前头有车,后头有辙。他做的在先,你做的在后,别人不会说你,他也争不出理去。"

辙,即车辙,是车辆走过以后留下的印痕。准确地说,不是今天硬化路面上留下的印迹,而是土路上被车轮碾压出的有明显凹陷的沟痕。

松软的路上第一次有车通过,不管是双轮车,还是单轮车,都会压出深深的车辙,叫"压辙"。用来比喻以某种手段首立规矩的俗话"压辙口",就是源自这个现象。

前车留了辙,后车顺辙跟随,俗称"跟辙"。这就是"前头有车,后头有辙"所要表述的情景。用来表达比着葫芦画瓢,依样学样。类似成语"前轨后蹈""循途守辙"。

车辆在古代就与社会生活密切相关，因此汉语中留下了大量与车辆有关的词语。仅车辙，就还有"涸辙之鲋""如出一辙"等。

大名鼎鼎的"三苏"之长苏老泉，给儿子起的名字都与车有关。小儿子名辙字子由。辙，就是车辙；由，就是循辙，也就是俗称的"跟辙"。看似再土不过的跟辙，寄托了一个严父深切的爱子情怀，也体现了汉语言文字的精妙。《名二子说》："天下之车，莫不由辙，而言车之功者，辙不与焉。虽然，车仆马毙，而患亦不及辙，是辙者，善处乎祸福之间也。辙乎，吾知免矣。"大意是："天下的车没有不沿车辙而行，虽然论功劳，车辙是没份的，但如果车翻马毙，也怪不到辙的头上。这车轮印，是能够处在祸福之间的。辙儿啊，我知道你是能让我放心的。"

但对于才学出众的长子，老苏表现更多的则是担忧，故名之"轼"，是希望他勿露锋芒，低调处世，少生是非，以避灾祸。不幸的是，才华绝世的苏东坡其命运究竟没能逃出他老子的担忧；而老二苏辙则如他老子所料一生平安！

这正如父亲对我说过的"知子莫若父"啊！都道"儿行千里母担忧"，但担心孩子的岂止是母亲？我能力远不如哥哥，但哥哥性格耿直。父亲曾和我说："你哥哥性子急，我最担心他。"

今天，四通八达、密如织网的各色公路、街道，硬化的路面上连车印都很少留下，更不用说深深的车辙了。今天生活在城市里的孩子怕是很少有知道车辙是什么的了。

分不出上下辙来

老话把不同行驶方向的车辙分称"上下辙"，即车辆各行其道。

"路、道、途"虽然都是供人行走的，但在古人的规定中，三者又有区别。《周礼·地官》载："百夫有洫，洫上有途；千户有浍，浍上有道；万夫有川，川上有路。"文后的注解："途容乘车一轨，道容二轨，路容三轨。"三者的规格不同，用现代道路作比，"途"为乡村公路，"道"可算是省道，"路"则相当于国道。而后来的"秦驰道"就有好像是现代的高速公路。

过去宽阔的官道，像今天的公路、高速公路一样，为了来来往往的车辆行驶畅通，规定来往不同方向的车辆各行一边，谓之"上下辙"。如南北大道，哪趟辙是南来，哪趟辙是北去，一目了然。

中国道路交通规则，有文字记载的，有过靠左行驶，也有过靠右行驶的历史。鸦片战争后，中国的道路交通受到了英、日等国的影响，汽车及各种人力车、畜力车又较长时期地施行了靠左行驶。后来美式车大量进口，其方向盘及灯光安置，均适用美国车辆靠右行驶的交通规则。如要适用于中国当时靠左行驶的交通规则，必须花很多钱进行改装，因此，国民党政府决定自1946年1月1日零时起，全国一律实行车辆靠右行驶。

但是，20世纪90年代以前，在家乡的乡间土路上赶车，两车相遇破辙时，还是靠左而行。

在家乡，两辆牛马车相向而遇，本来该彼此靠左相让，如果其中一个还是靠右，这样就和对面靠左避让的车冲突了。对方就公斥责说："你咋分不出上下辙来啊？"这句话常用作对事件中的某种关系分辨不清、处理不当。

大车不走，铃铛先响

以前在家乡，常见拉车的骡马脖子上挂着铃铛，走起来铃声朗朗，特别吸引人。旧时代的大家富户，还有后来有运输业务的国营、集体单位，如供销社、生产队等，都有条件讲究，铃铛大多为铜质。小门小户，多将就着用铁质铃铛或不用。

记得以前，哪个单位的马车一辕（骡或马）两骖三硬套，骡马高大健壮，拉起车来昂首阔步，车把式长鞭一甩，人欢马叫。再配上那一串串清脆悦耳的马铃声，不知吸引了多少赞赏的目光。也让那扬鞭驭马的车把式不知得意扬扬了多少回。

铃铛，不只是增加车马的气势，还有它实在的作用。马铃铛最初的发明虽无法考证，但推断不是来自民间。《文选·潘岳〈藉田赋〉》："五辂鸣銮，九旗扬旆。"古代帝王所乘车子的衡木上装饰有铜凤。《礼记》："行，前有鸾"。鸾口衔铃，故谓之銮铃。

机动运输工具和现代通信技术出现以前，交通运输、信息传递是靠马匹车辆。"步递曰邮，马递曰驿。"古时候国家在各地设立驿站，一般每隔十里、二十里或再远设一个驿站，有专门的驿吏驻守。《宛署杂记》载："宛平县凡一十二铺，每铺设铺司一名，掌送到官文书籍计件角时日而递发之。铺兵三名，轮次传送。"三十里堡，堡读pù，大概是受了"铺"的影响。

一旦传递的公文上标明"马上飞递"，必须快速传递，有的一天走三百里。有的更快，四百里，六百里，最快的八百里，谓之"八百里加急快报"。因此需快马加鞭，每到一处驿站，多是换马不换人。如需人马皆换，也是一刻不停，即换即走，分秒必争。每遇急报，驿马佩挂特殊响声的马铃，所到之处，兵民盗匪，闻铃避让。驿站的守吏，远远听到铃声，知有急报，及时备好鞍马，以免因耽搁而受处罚。

和许多地方一样，从形状及挂戴方式上区分，过去家乡的马铃有两种。一种是挂在骡马笼头下方，这种铃铛小，通常是不摘的。它的作用在于夜间喂马。有道是"人无外财不富，马无夜草不肥""牛要满饱，马要夜草"。不同于反刍的牛，骡马全靠夜间喂草料，来保证体力和膘情。喂骡马的夜草，一般为四和（注：为了草和料均匀掺和，利于牲口吃好吃净，每次加草料要拌和，一和，代指加一次草料）第一和喂草不喂料（注：是喂粮食粒或面）。第二和加草少加料。第三和添草再加料。第四和在剩草上拌料，为的是让骡马把草吃净。为了不误夜草，就在骡马的笼头下方挂一到两个小铃铛。骡马吃草，铃铛会叮铃叮铃作响，饲养者可安然睡觉；铃声停下，意味着马不动了，说明槽中的草料吃光了，饲养者便起来添草加料。因此，有的地方把这铃铛叫"报君知"。

还有另一种铃铛，是穿在皮条或编结的襻带上，再把皮条或襻带挂在骡马脖子上。这种铃铛通常个头大，响铜质地，声音脆亮，只有在出车时才给牲口佩戴：走夜路，用铃铛的声音提醒路人有车辆行走，注意避让；一人赶车，长途枯燥，铃声可以缓解旅途中赶车人的孤寂；在有野兽出没的地方，可以起一定的驱赶作用；骡马在外，一旦走失，主人好循声寻找。

听父亲说过，以前大家富户有马车外出运输，到了该回来的日期，车马没到家，家里人怕车马出了问题，常常牵上一头牲口去接车。要是半路听到自己熟悉的铃铛声，就早些放心，慢慢等着，少走些冤枉路。

因为这种铃铛只在行车时给骡马佩戴，大车走，铃铛响，响、动一致。所以在生活中，如果有人一件事还没有开始做，却事先声张，人们常以"大车不走，铃铛先响"来比喻、评论。

第十六章　稼穑艰难

觅汉头

自明清始，山东各地就有了雇工劳动市场，称"功夫市""工市"或"人市"。合作化以前，短工雇佣多发生在本村或邻村，而农忙时急需大量雇工，就会出现季节性雇工劳动力市场。小时候就听母亲说过"人市"以及"上市"找活、雇人之类的话。

和现在多数由政府设立劳务市场不同，过去的雇工劳动市场，多是自发形成的，少数是地方政府设立的。雇工市场都是以较大村庄、较大的集市、集镇、较大庙宇为依托，形成、设立。

过去，雇工多是距离雇工市场三五里路至一二十里路的农民，想找活儿的农民带着简单的农具，于清晨赶到劳动市场等待雇佣。而需要雇工的雇主则到市场上寻找工人，双方在市场上商定工作内容、工资、工作时间等事项。康熙初年青州海防道周亮工在《劝施农器牌》中写道："……山东农民，穷无事事，皆雇于他人，代为雇工子，又曰做活路，每当日出之时皆荷锄立于集场，有田者见之，即雇觅而去，其无锄者，或有锄而质当于人者，止袖手旁观，见无人觅雇，皆废然而返"。《民国时期华北地区农业雇佣习惯规范研究》：雍正年间，齐河县杨坤"需人锄地，令工人赴市场雇觅"，言明"每人每日给工钱九十文"。

因这"觅"字,所以民间就把这些受雇于人的人俗称为"觅汉"。过去家乡说"打短工,扛觅汉",就是指给人"扛活",也就是今天说的打工。不同的是,过去家乡说的扛活,都是农业雇工。

旧时代,一些人虽然勤劳能干,但因出身穷家,地无一垄,孤身一人,成为专业觅汉。他们靠干活卖力吃饭,雇主也会对觅汉的活儿、品行审视挑选,所以,老实憨厚,吃苦能干,壮实卖力的汉子,因其得到雇主赏识而备受青睐,成为人市上的"抢手货"。有的会被雇主聘为领工(工头)。这些觅汉中的"佼佼者",多被聘作"领工",被称为"觅汉头"。类似有的地方的"穷人头"。因其突出的品行特点,就成了老实憨厚,吃苦能干,只擅长干活的庄户人代名词。

家乡有依据头形面相称呼人的语言习惯,在一些人员称谓后面缀以"头",像哑巴头(不爱说话,不会说道)、麻滑头(机灵、难对付、不吃亏)等。

合作化以后,"人市"一度绝迹。今天,不管是城市还是乡村,找活、雇人又出现在了生活中。不同的是,雇人场所不再叫"人市",而叫"劳务市场";找活的人也不再叫"觅汉",而叫"打工的";受雇干活不再叫"打短工",而叫"打工"。

满脑袋高粱花子

20世纪70年代以前,黄河三角洲的小清河以北地区,大多数区域盐碱地多,且春多旱、夏多雨,水利条件有限,很多地块靠天吃饭。因此只能播种耐碱、抗旱、抗涝的高粱,因其春种、夏长、秋收,适应当地季风气候。记得小时候,庄子东门外,冬春盐碱地一片白茫茫,夏秋高粱一片绿油油。高粱地,家乡话叫秫秫棵地。盛夏初秋,屏障似的高粱地连成望不到边的青纱帐,那时才叫人充分感觉到天地的恩惠,生命的力量。

俗话说:"清明秫秫谷雨花"。高粱春种秋收,生长期长,管理工序多。有道是"七遍秫秫八遍谷"。单苗后锄地就要最少七遍，还不说播种前的锄春地。高粱从扬花到籽粒成熟，是保证产量的关键时期。在这个阶段要特别注重锄地，俗称"删（注：记音词）秫秫"。天热地湿，庄稼汉在秫秫棵丛里来回穿梭锄地，闷热难当，汗流浃背。这才是"锄禾日当午，汗滴禾下土"的真实意境。此时，正值高粱扬花，由于高粱的种植面积广，庄稼汉们在高粱地里劳动的时间长，因此，高粱花子落满头是庄稼汉身上的常见现象。这也就成了老农的特征。于是就有那不靠种地养家的人嘲讽庄稼汉，或身为庄稼汉的人自嘲为"满脑袋高粱花子"。意思是农民只知道种地，没文化及其他能耐。

拉锄钩子

以前常听大人教训孩子说："不好好念书，考不上学，当门儿（将来）就拉锄钩子"。

在过去生产力水平原始低下的传统农业活动中，锄地是最主要的田间管理手段。锄是最常用的田间管理农具。因为锄的使用率高，那时候，勤快的老农，一年就能磨坏两个锄头。

锄由锄头、锄钩子、锄檀组成。檀，音jiāng。《释名》："锄，助也，去秽助苗长也。齐人谓其柄曰檀，檀然正直也。"家乡方言说"锄gāng"，即木制锄把。讲究的人还在锄把的顶端安上一个用牛角做的箍儿。因为牛角遇水生涩，在有露水的早晨锄地，锄把不易从沾了水的手里滑脱。否则锄把就会掉在地上粘上露水和土，弄得满手是泥，影响干活了。所以这个箍儿俗称"露水箍儿"。

锄钩子就是安锄头的铁锄弓，弯而有钩，所以俗称"锄钩子"。连同锄刃，状如鹤的脖颈和头，故《释名》称其为"鹤"。因为锄钩子是锄具拉力主要的承受部件，人锄地时的拉力主要集中在它上面，所以人们才形象地把锄地称作"拉锄钩子"。

过去锄地，春也锄，夏也锄，从春锄到秋；旱也锄，涝也锄，从种锄到收。农谚："三耕六耙九锄田，一季庄稼顶三年。"最典型的一句是"锄头子上有火，锄头子上有水"。意思是：雨多地湿，要锄地透气蒸发水分；天旱地干，也要锄地松土保墒。

春天锄没苗子的春地，目的是松土、晒碱、保墒、提地温，为种棉花做好准备。春地要锄得下实上暄，土细得没有坷垃。就像老农说的"锄得和熟麻（熟麻地）一样"松软。有民谣："勤恳汉，去锄棉，横三竖四七八遍。"清明秫秫谷雨花。等秫秫苗子出来要开苗子、定苗，所谓"头遍高粱二遍谷，三遍棉花要深锄""七遍秫秫八遍谷，棉花地里没遍数"。还有"豆锄三遍粒儿圆，谷锄七遍米汤甜""麦锄三遍面满斗，谷锄八遍饿煞狗（籽粒饱满少糠）""棉花锄八遍，桃子结成串""晚田晚田，三日（锄）两遍""入了伏，手不离锄"。

伏天按说要避暑休养，但是，此时荒草旺长，庄稼汉正是锄地最频繁和最辛苦的时节，删秫秫，锄棒子（玉米）。这个时候庄稼地里闷热难当。高粱叶喇，玉米叶挂，浑身秫秫桐油（老百姓对蚜虫分泌物的称谓），满头高粱花子，极显锄禾之苦。繁重的锄地劳作，从春锄到夏，半年多时间，直到"立了秋，挂锄钩"，庄稼汉才稍作歇息，以迎接接下来的繁重的三秋劳动。

因为过去锄地几乎贯穿了整个农时农事过程，又是主要的农田管理手段，所以，人们又把"拉锄钩子"代指下地（种地）做农民。

砸牛腿

在传统牛耕马拉式农业生产中，虽然种田人在田间管理上用时间最多的是锄地，但是庄稼地里最重的农活是耕、播、耘、拉。这些活儿，只要有条件的都是使用牲口来完成。

在农村，驾驭牲口也有很多不同。不管是过去的大家富户，还是后来的生产队，都有专职赶车的车把式，当地也叫"鞭掌"。鞭掌不但熟练掌握驾驭技能，所赶的牲口也是牛马中比较好的。因此赶车、耕地，甚至耪地都是自己使牲口。除了耩地，一般不用别人徬牲口（牵拉牲口）辅助。

但是，小户人家，一般买不起能干又驯服的良畜。大都是花少量的钱买个小马驹小牛犊，放在家里用些廉价的青草、谷秸、豆秸、棒子秸喂着。等小牲口刚能拉动犁驾得了车，就拉上它帮人干活。刚学着干活的小牲口一是没学过活咋干，二是力气上不足，干活自然吃力，所以大都不乖顺，因此就需要一个人牵着。即使牲口大了，有些活像耪苗，难免牲口不走正道糟蹋了庄稼，所以也需要徬牲口。

耩地是关键的农事环节。垄的宽窄、种子的稀密都直接关系到庄稼的收成，所以家家都很重视。过去种子金贵，俗话说："饿死爹和娘，不吃种子粮。"所以耩地来不得半点马虎。为了保险起见，除了要请耧把式扶耧，耩地还必须有人牵牲口，谓之"徬耧"。

这些情况下，因为紧挨着牲口，所以不便使用把儿长、头儿长的鞭子。讲究的，用一根牛角短鞭子。简易的，就在木棍儿上钉皮条。有的干脆拿一根不粗的木棍儿。因为威力都不如长鞭子大，所以遇上皮糙肉厚的犟牛不听话、捣使（方言记音，捣蛋不干活的意思），徬牲口的人就用木棍儿、短鞭击打牛相对敏感的腿。徬牲口的活儿因这个典型的动作，被称作"砸牛腿"

徬牲口是粗活。比起真正的鞭掌，以及扶耧的耧把式，不管是本身的技艺能耐，还是在农业劳动中的地位，这些徬牲口的都要低。因此，"砸牛腿"就成了在庄户地里干粗活累活，老实巴交没出息的代称。

以前，那些不喜欢上学的孩子，常被大人们说成"当门儿（将来）脱不了砸牛腿的货啊！"意思是将来一定下庄户地，干农活当农民。

压茬

黄河三角洲农业生产，夏秋两作（耕作），收了麦子耩豆子、种玉米（夏玉米），都是在麦茬地（保留着麦楂的地）里直接播种，方言叫贴茬。在过去落后的生产条件下，等大豆或玉米苗出来以后，就要把麦茬锄掉，方言叫锄麦茬地，也叫耪麦茬（耪，即锄）、拿麦茬、拼（注：记音字。用锄硬铲）麦茬。

锄地有两种情况最累。一是删秫秫，就是在植株没过人顶的高粱地里锄草。"小暑大暑，上蒸下煮。"六月天暑气重，在密不透风的高粱地锄地，就像上笼蒸，闷热难当。汗水从头湿到脚，正所谓"锄禾（秀穗的庄稼，不是苗）日当午，汗滴禾下土。"再加上高粱叶子划脸刺背，尽显稼穑辛苦。另一种就是锄麦茬地。麦收后的鲁北平原，大多还处在五月的旱天，由于植被小，光照强烈，所以，常常是地干土硬。再加上厚厚的麦茬因为没经过雨水的浸泡远没有腐烂，依然韧劲十足。因此，那些分量轻，锄刃钝的锄头落到这样的地上，常常一蹦老高。这就需要锄头一要锋利，而且要有一定的重量，以此增加锄头的力量。这样才能比较容易地铲断那又肉又结实的麦茬，降得住这难锄的麦茬地。俗称"压茬"。

生活中，看到一个人面对复杂群体和复杂局面，压得住阵脚，稳得住阵势，处理得恰当，人们就说："谁谁谁说话办事就是压茬。"

一翻三不收

"一翻三不收"原本是一句农耕谚语。生活中被用来比喻办事来回多折腾一次，就少了三份获益。

有谚语"休前妻、毁幼苗，后悔到老"。说的是生活中最容易引起人后悔的两件事。

结发之妻是人生第一段男女感情，有着比较牢固的感情基础。如果因为某种原因，男子休妻另娶，这本来想摆脱不如意的婚姻，希望以后的家庭生活会有一个新的境界。但生活中往往发现，后妻比前妻有许多不及的地方。民间甚至有"半路夫妻，永远是贼"的说法。这话虽然有很大的偏颇，但凡流传的俗语都是生活体味后的表达，代表了一部分人的感受。有这样感受的人，这时确实后悔莫及。

对于普通人来说，人生不过短短几十年，过去那些地里刨食的庄户人更是如此。除了婚姻大事上的过失能使他们入骨地后悔，再就是庄稼耕种方面的失误。

因为庄稼苗情不好，用犁把已经长出的幼苗翻耕了，重新播种，家乡俗称"翻苗"或简称"翻"。俗话说"有钱买种，没钱买苗。"一旦苗情不好，是件几乎无法挽回的事。通过翻种，出苗率可能理想了，但此苗已非彼苗，因为一来二去不少天，耽误了庄稼适宜生长的时节，影响了庄稼的正常成长，到了收获季节，却没有得到满意的收成，甚至还比不上别人和自己最初苗情一样但没有翻种的地块收成好。联想到自己费了两遍工夫，用了双倍的种子，收成还不如没翻种的好，真是赔了夫人又折兵，怎么不后悔？

第十七章 虫鸟趣话

武大郎玩夜猫子——啥人玩啥鸟

武大郎是一个悲剧式的人物，令人同情。但在生活中人们也把一些猥琐、窝囊、无能、屈辱的人格赋予了他，使他成了一个人们不喜欢的人。

夜猫子，是家乡人对猫头鹰的俗称。因其不同于绝大多数鸟类的相貌，还有在夜里出来活动的习性，尤其是在寂静的夜里常发出的近乎凄厉的叫声，好似孩子哭叫，让人毛骨悚然，因此，令人心生恐惧与厌恶。于是就给它加上了一些不吉利的形象色彩。当地有俗语"夜猫子进宅，无事不来"。缺乏科学知识的迷信观念让原本是益鸟的猫头鹰成了人们不喜欢的鸟。

武大郎玩夜猫子——啥人玩啥鸟，源自善于创造语言的人，根据生活中有人喜欢玩儿鸟的生活习俗，把这两种本来风马牛不相及的人、物联系在一起，表示窝囊人办窝囊事儿或者笨拙人用笨家什儿。这种语言现象，钱锺书就在《管锥编》上引用康德的一句话阐述过："解颐趣语能撮合茫无联系之观念，使千里来相会，得成配偶。"

用这种方法创造最多的俗语是歇后语。

和夜猫子笑啊似的

……似的，在家乡方言中读"shì di"。夜猫子常在夜间活动，因其"狰狞"的面貌，还有那不同于其他鸟类的难听叫声，在寂静的夜里，给人以恐怖的感觉。真正引起人们心理压力的还不仅仅是这些，更是自古就有"猫头鹰飞临，是灾祸降临征兆"的民间认识。《谈征》"枭鸟"篇："《五杂俎》'猫头鸟枭也。人最忌之。云是城隍摄魂使者。城市屋上有枭夜鸣，必主死丧。'"家乡有俗语"夜猫子进宅，无事不来"。记得小时候，有夜猫子落在一棵有老人生病的人家树上，气得男主人拿着棍子边轰打，边嘴里骂："夜猫子，胡量量（注：记音字，指喊叫），飞到谁家谁遭殃。"多年前，父亲生大病，恰恰也有猫头鹰不时地在周围飞落鸣叫。那时还没有实行枪支管制，因为是冬季，树上没有叶子，我和回家看望父亲的哥哥夜里就拿着气枪，循着声音，借着月光追打。听母亲后来说，她知道那是孩子们为了不让了解这一习俗的父母，听到那使人心生忌惮的叫声，让老人得到一分心理上的安宁。

其实，这些说法不是现在的人杜撰出来的。早在古代的占卜书上就有记载，这种鸟飞到宅院是大凶之兆。对猫头鹰的憎恶古今皆然。《汉书·郊祀志》记载黄帝、汉武帝都有杀灭猫头鹰的举动。由来已久的认识习惯，让人们普遍认为猫头鹰是"恶声之鸟"。

人们还根据猫头鹰不同的叫声，分为"叫"和"笑"。当地有"不怕夜猫子叫，就怕夜猫子笑"的说法。因此，夜猫子笑，被家乡人列入"老母猪叫，夜猫子笑，馋锅铲子，挫锯条"四大刺耳声。所以，生活中听到令人厌烦的笑声，就说"和夜猫子笑啊似的"。《文心雕龙》有"魏牟比之鸮鸣（喻恶声）"之语。

虽然，今天的人们大都已经知道夜猫子叫和世间灾祸没有因果上的联系，并且也知道猫头鹰是益鸟，但依然不喜欢夜猫子的"笑"声。

枭鸟

如果认为一个人不仁义，家乡有的人会说："那（个人）才是个枭鸟来。"枭鸟是如何和不仁义联系在一起的呢？这还得从一种旧的刑罚"枭首"说起。

古代刑罚中死刑有斩首和枭首。虽然都是把人的头颅砍下来，但斩首是砍下来了事。而枭首是砍下来，还要把首级挂起来，称作"枭首示众"。斩首和枭首都是砍头，那砍了头挂起来怎么就叫"枭首"呢？

严林林等编撰的《国学知识全知道》记载：传说，枭是中国上古时期的一种食肉鸟，羽色黑褐，头上长着两根上翘于天的白色羽毛，和猫头鹰极为相似。由于它在出生后会把父母吃掉，只剩一个头颅，因而被古人认定为天下第一狠毒凶险的动物。所以，古人有"枭雄""枭将""毒枭"等说法。

可是，枭在出生后为什么要吃掉自己的父母呢？传说在母枭孵化小枭的时候，由于没有食物可吃，公枭便把自己的身体奉献出来：公枭跳起来，用自己有力的钩喙咬住枭巢上方的树枝，从此便不再松口。处于孵化期的母枭在饥饿难耐的时候，便用锋利似刀的钩喙啄食公枭的身体充饥，直到小枭出生。小枭出生后，母枭如果没有任何食物可以喂它，只能像公枭那样将身体奉献出来，作为小枭飞离枭巢前的"食物"。母枭先给小枭示范：它跳跃起来啄食悬吊着的公枭尸体残骸，等树枝上仅留下枭首，母枭便会毫不犹豫地用最后一丝力气，将身体悬吊在公枭咬住的那根树枝上。小枭饥寒交迫之下，按照母枭示范的样子，奋不顾身地去撕咬"食物"，为了吃到下一口食物，小枭唯一能做的就是死命地腾跳啄食。最后，小枭出窝了，树枝上又多了一个枭首。

因为剩下的枭首是挂在高处，所以这种情形，就被用来命名斩首以后，再挂在高处示众的刑罚——枭首示众。其意在威吓众人，以儆效尤。

大概是因为枭鸟食父食母的传说，才被冠以不仁义的恶名。

其实，即使按传说来讲，同是发生在枭鸟身上的那种献身精神，不也算大爱的体现吗？再者，用今天的生物学划分，枭鸟是一类鸟，并且没有关于这类鸟自食现象的科考记载。看来传说的严格性是有欠缺的。因传说而产生的俗语，其真实性要辨证识别。

屎蜣螂跑到公路上——装小卧车

今天的小客车，在过去叫"小轿车"。是沿袭了以前马拉轿车的称谓，还是因乘坐舒适而比作轿子？大概都有吧。以前就听上了年纪的人把乘坐小车叫"坐轿子"。又因为人在车里半坐半卧很舒适，所以也俗称"小卧车"。

在20世纪70年代以前的乡里村庄，普通载货汽车都很少见。记得小时候最早见庄里来汽车，是拉着罪犯游行。车上解放军手持半自动步枪武装看押，枪上的刺刀闪闪发亮。除了好奇那平日看不到的绿色大汽车，还有浓重又陌生的汽车尾气，吸引着孩子追逐不停。那更高级的小卧车是见不到的。

所以，当有出门的人，在油漆（柏油）公路上看到那漂亮的小卧车，自然印象很深，并且以见过为荣。

汽车不常见，马拉牛拖的大车常见。有牛有马就有粪，有牲口粪，就有屎壳郎，家乡方言叫"屎蜣螂子"，是蜣螂的方言俗称。蜣螂，鞘翅目金龟甲壳动物。大多都具有粪食性。可以将粪便滚动成球状，推行向前，因此又叫"推丸""推车客""黑牛儿""铁甲将军""夜游将军"等。因为其主要以动物粪便为食，所以虽有"自然界清道夫"的称号，也不受人们待见。民间关于屎壳郎的俗语都是带有贬义的。如"屎蜣螂子推粪——滚蛋""屎蜣螂子吃粪蛋——好那一口""屎蜣螂子做不出蜜来（注：指无能或品行差的人做不出好事来）"。

以前那些见过小卧车的人，看到小卧车中间高两头低的外形，就联想到了在家里经常见的屎壳郎，觉得很相似。当他和人们炫耀自己见过的小卧车时，就说和屎蜣螂一样。后来，认可了这个比喻的人，就拿来创造了一句带有现代元素的歇后语：屎蜣螂子爬到公路上——装那小卧车。用来讽喻那些原本土生土长，却说话办事装洋气的人。

推碾压煞家陈子——贪吃不顾命

推碾推磨，是机磨普及以前大多农村碾米磨面的普遍劳动。比较起来，石磨用的比石碾多。那时家里存粮食不存面，天天吃的面都是用石磨加工而来。所以家家户户三天两头地就要推磨磨面。以前差不多十之八九家里都有一盘石磨。石磨都是安置在家里矮小的偏房，俗称"磨屋"。而平常的日子里石碾用得少，因为和磨比较起来，推碾出面的效率低，除了年下碾糕面子，必须用碾以外。像地瓜干，因为块大，进不了磨眼，只有摊在碾盘上碾碎成面。其他类的面都是用磨来磨。

而碾大都是用来做粮食的粗加工。像谷物脱壳，叫碾米。也有把粮食破碎成碎粒状。方言叫"扑啦'chěichěi子'""扑拉"是粗碾粗磨的意思。"chěichěi（注：记音字）子"就碎粒、碎屑。因为用得少，所以，小村只设置一盘碾，大村也不过几盘碾。多是庄里的共有财产。一般安设在街上，有的露天，有的也有一间简陋的小屋，叫碾屋。露天的不用说，就是有碾屋的，也是少门缺窗，几个大窟窿用来透光。所以，那些麻雀，家乡话叫"家陈（注：记音字）子"，就经常飞到碾上碾下觅食。

平常人们碾完粮食离开后，碾上碾下剩点儿粮食是很正常的事，麻雀就会来吃。但也有那些大胆或是饿得有点疯狂的麻雀，或许是看到人在碾米时碾上的粮食多，就当着推碾人的面飞到正在压着粮食的碾盘上抢食粮食。推碾的人也只是挥挥笤帚轰跑而已，一般不打。一是麻雀吃不了多少，二是也投鼠忌器，怕把粮食溅到地上。

麻雀本来是很怕人的，平常老远就飞跑了。用弹弓打过鸟的人都知道，麻雀是最难打的，就是因为怕人，人很难接近它。但是这些飞到碾盘上抢食的麻雀，离人近在咫尺，不但不跑，反倒主动飞来，可见是贪吃的原因。但是推碾的速度远不足以压死麻雀，"推碾压煞家陈子"不过是人们对麻雀不顾危险而贪吃的夸张、联想：要是因抢食儿叫石碾压死，那可是贪吃不要命了。

上到树摸老鸹——玩牢靠的

老鸹，在很多地区指乌鸦。家乡人把喜鹊俗称为野鹊（qiǎo），也叫老鸹。把喜鹊叫作老鸹，不是家乡独有。反映白洋淀地区抗日故事的电影《小兵张嘎》中，嘎子就有"上树掏老鸹窝"的台词。从影片中看，那老鸹明显就是喜鹊。

农耕环境，乡野荒村，文化生活缺乏。人们为了打发单调繁重劳动的苦闷，也会就地取材，搞一些娱乐活动。好比说养家雀（qiǎo），也就是麻雀，方言也叫家陈子。也有养鸭兰儿鸟的。过去，有的大人在苇笠底下用块小布缝上一个小布兜，上坡干活时，小鸟就趴在里边。养鸟人趁干活的间歇捕一些小蚂蚱喂鸟。收工回家还在苇笠上挂着用草莛穿成串的蚂蚱，或捉一小布袋小蚂蚱带回家喂鸟。养鸟的小孩也在割草剜菜时，顺便逮些蚂蚱喂鸟。也有养小喜鹊的，但是喜鹊食量大、难养。

养这些野鸟，必须从小雏儿养起。捉麻雀雏鸟通常是用梯子爬到麻雀筑巢的房檐下，把刚孵化不久的小鸟掏出来。而鸭兰儿鸟喜欢在面积宽大的盐碱荒场地里筑巢，当地俗语："人生不嫌地面苦，鸭兰不离碱场窝。"一是荒地里去的人少，避免了人的打扰，二是荒碱地植被不茂盛，视野开阔，天敌不易藏身，有利于躲避天敌的侵害。所以要想捉到鸭兰儿雏鸟就要到那碱场地里寻找。鸭兰儿鸟机灵聪明，起飞，要走到远离鸟窝的地方，而要落地的时候，就飞在高空观察好了才落。所以，有经验的人就隐蔽起来观察它落的地点，鸭兰儿窝往往就在附近，正如俗谚曰："看落不看起。"

老鸹都是把巢筑在高树的高枝上,即使人能爬那么高,因为树枝细,人也很难靠近,所以,掏老鸹窝最难,还要冒很大的危险。所以就有人联想:要是把树垄倒,再从窝里摸老鸹雏鸟,人就是牢靠(安全)了。

生活中表示办事不想冒风险,就说:"垄倒树摸老鸹——玩牢靠的。"

其实这只是一种假设,因为没有谁会为了一个雏鸟,去毁坏一棵大树。即使有,但"覆巢之下无完卵"。树倒了,鸟巢是跟着下来了,人倒是牢靠了,可必定是大鸟飞了,里边的小雏鸟不牢靠了。

虾蟆还鼓鼓肚呢

人生气,又没处发泄,往往胸满气胀,俗谓之"气得鼓破肚子"。有人受了欺侮,没有或不敢做出一点反抗,甚至连表示愤怒的举动都没有,有的旁观者就会觉得这个人老实无用。如果关系亲近,就会善意又无奈地数落几句:"虾蟆还鼓鼓肚儿呢,你连肚子都不敢鼓鼓,真是无用啊!"

在家乡,青蛙(蛤蟆)和蟾蜍都叫虾(xiá)蟆。青蛙,根据肤色分别叫青虾蟆、花虾蟆(也叫花螃)。蟾蜍,因体肤状如疥疮,所以叫"疥虾蟆",简称"老疥"。

《蒲松龄俗字》:"细丝换成虾蟆眼。"《京音字汇》:"虾,本音瞎,俗言虾蟆之虾字。"《墨子》"备冲篇"记载:"子禽问曰:'多言有益乎?'墨子曰:'虾蟆蛙蝇日夜而鸣,舌干辟,人而不听;今鹤鸡时夜而鸣,天下振动。多言何益?唯其言之时也'。"

不管哪种虾蟆,都有一个习性:被人捉住后,人如果用木棍等物加以戏耍引逗,就会鼓肚子。以前乡村的人,这样的"恶作剧"差不多小时候都有过。因此,乡人对虾蟆鼓肚儿的习性很熟悉。虾蟆鼓肚儿的举动,不过是它被招惹后的情绪表达,或虚张声势的本能体现,并起不到一点反抗、回击的作用。正如另一句俗语说的："运粮河里的蛤蟆——干鼓肚儿"。

相传清代乾隆皇帝巡游江南时，坐船沿运粮河（京杭大运河）南下。时值夏天，运粮河里的蛤蟆叫得聒噪，乾隆皇帝很不耐烦，就说："要这些蛤蟆干啥，噪得烦人。"是作为天子的神威，还是蛤蟆好像懂得乾隆皇帝的心思，突然停了叫声。从那以后，运粮河里的蛤蟆就再也不叫了，于是民间就有了俗语："运粮河里的蛤蟆——干鼓肚儿。"本来，蛤蟆鼓肚子就叫，现在是鼓了肚子却叫不出声来，这鼓肚子岂不就是白搭？干，就是做无用功的意思。

但如果人和虾蟆相比，连这样没用的举动都没有，真是忍气吞声软弱到家了。

当地蝼蛄当地拱

蝼蛄，属直翅目蝼蛄科昆虫。有的俗称"蝲蝲蛄""土狗子"。家乡方言称"蝼蚓"。

蝼蚓的触角短于体长，前足宽阔粗壮，适于挖掘。蝼蚓是庄稼的害虫，喜欢在土质松软的地里拱地寻食。蝼蚓为多食性害虫，尤喜食各种蔬菜，对蔬菜苗床和移栽后的菜苗危害尤为严重。蝼蚓成虫和若虫在土中咬食种子和幼芽，或将幼苗根、茎部咬断。蝼蚓在地下活动，还将表土钻出许多隧道，使幼苗根部透风和土壤分离，造成幼苗因失水干枯致死，缺苗断垄，严重的甚至毁种，造成大幅度减产。

田地土质松软，家乡方言称之为"暄"。关于蝼蚓拱暄地的习性，还有一个神话传说：汉高祖刘邦很小的时候，由于是真龙天子出生，按迷信说法，上应天象，很快被秦始皇的星象官发现了。于是秦始皇就下令把那一方位的婴幼儿全部杀死。为了逃避秦兵追杀，抱着小刘邦逃跑的母亲，慌忙中把他埋在了刚刚翻起的田土里。等躲过官兵以后，刘邦的母亲以为孩子早就在土里憋死了，谁知有只蝼蛄在小刘邦的鼻子上方拱出了两个孔洞。后来刘邦做了皇帝，蝼蛄来讨封。刘邦觉得不封不好。封吧，又因为蝼蛄是田地里咬毁庄稼的害虫，封了它，会受老百姓非议。突然灵机一动，心想：即要封它，又不让它拱庄稼，就说："蝼蛄听封，孤封你去拱山。"谁知蝼蛄常年在地下，使得耳朵有些背，听成了"去拱暄"。于是，高高兴兴去拱暄地了。

不管是在荒地中，还是在农田里，蝼蛄拱地总是在一定的范围内转圈，因为蝼蛄的活动能力有限。济南方言里就有"墨地里的蝼蛄，白土里拱不得"。《中华古今注》介绍蝼蛄："有五能而不成伎术：其一曰，飞不过屋；其二曰，缘不过木；其三曰，泅不度谷；其四曰，撅不能覆其身；其五曰，走不能绝人。"全面地说明了蝼蛄的活动能力差，因此当地蝼蛄只能当地拱。

熟悉这种现象的农民，就把蝼蛄这种生活习性用来比喻当地人办当地事，或本地的利益由本地人占有的社会现象。有人也常常和另一句俗语连起来用，意思表达更丰富："当地蝼蛄当地拱，强龙不压地头蛇"。

听见蝼蛄叫，还能不下种？

在科学技术不发达的过去，传统农业者常常根据自然界中一些季节变化的物候，来预判未来时段天气以及各种自然因素对农业生产的影响。诸如旱涝虫灾等。并且以一种固定模式的语言表达，这就是农谚。过去常听母亲说："清明不明，遍地生虫""蓬（蒌蓬）来收，马（马齿苋）来见（见年，歉收），灰菜多了吃饱饭"等。家乡当地还流传着许多类似的农谚，都是人们长期观察、总结、积累、流传的，以此来指导生产生活。

立夏初候："蝼蛄鸣"。蝼蛄叫，说明有蝼蛄。蝼蛄破坏庄稼，所以，就意味着庄稼会受到破坏。但是，庄稼人都知道，即使有几个蝼蛄，也不会给庄稼造成大的损失，所以都不在乎。于是，人们把这种哲理用在生活中，对于那些认为无所谓或者不在理的话不采纳、不理会，家乡人就说："听你那蝲蝲叫。"用肯定的语气，表达否定的意思。

听见地里几个蝲蝲叫，要是过度担心庄稼的收成受影响，而不去播种庄稼，导致地里没了收入，实在是杞人忧天的不明智做法，有经验的庄稼人是不会这样做的。《荀子》有曰："良农不为水旱不耕。"何况蝲蝲叫呢？所以有了俗语"听见蝲蝲叫，还能不下种？"比喻不会因为某种无所谓的不利因素，而放弃该干的事情。

饶你？饶了南墙那蝎子

在20世纪80年代以前，由于居住、卫生条件差，家乡的人经历了忍受虫害的漫长时期。像跳蚤、虱子、潮湿虫，还有蝎子等。人们除虫的办法也很有限。家乡甚至有"淋淋（雨）不招虫"的说法。

过去的正月十五晚上有打灯笼的习俗。有童谣："东屋里照，西屋里照，蚰蜒蝎子都上道（街）。"当孩子们打着灯笼玩儿、聚在一起玩儿的时候，有调皮的伙伴开玩笑都说："你的灯笼底下有个蝎子。"有孩子上当，当真倒过灯笼来看，结果把灯笼"煳"（烧毁）了。因为那时候蝎子很常见，所以才有孩子相信那骗人的话。

在当地习俗中，二月二炒豆棋（棋豆）也叫炒蝎（蝎）豆，说吃了不招蝎子蜇。另有敲房梁驱虫的习俗。边敲房梁边念歌谣："二月二，敲房梁，蝎子蚰蜒没处藏。"从这些习俗看，人们对蝎子是深恶痛绝。

虽然蝎子和马蜂都有蜇人的本领，但马蜂在树上做巢，在天上飞翔，所以人很少进入它们的警戒范围，因此它们一般不会主动蜇人，除非有人"戳蜂招蜇"。而蝎子活动在地上、土里、砖缝、墙根、屋角旮旯，和人的交集多。黑夜，蝎子出来觅食，人们在黑暗中走动、摸拿东西时，经常被蝎子蜇伤。与看见同样不受待见的蛇、刺猬、蜘蛛人们很少理会不同，看见蝎子，除非胆小的孩子，都要弄死它，少有放跑的。

一个院子中，北墙朝阳，南墙向阴。潮湿的南墙根是蝎子常出没的地方。"饶了你（就）饶了南墙的蝎子"，用人们从不肯饶过蝎子的一行为作比，表示惩罚或报复的决心坚定，没有饶过对方的可能。

人生不嫌地面苦，鸭兰儿不离碱场窝

虽然同属齐鲁大地，和自古就殷实富庶的小清河以南那些故国都邑、肥沃之地不同，小清河以北这片广袤的退海之地，过去荒碱成片，涝洼众多，地薄水苦，人穷家困。荒碱贫瘠的自然环境中，人们广种薄收，加上旧时代天灾人祸，兵匪不断，水患频频，靠天吃饭的农业，收少歉多。有当地民谣就道出了环境的艰苦："走的是宽宽道，听的是鸭兰儿叫。吃的是黄星菜，喝的是牛马尿。"家家户户，虽然春忙到夏，夏忙到秋，受尽牛马累，吃尽寒暑苦，依然缺吃少穿，温饱不保。人们住土屋，睡土炕，喝咸水，吃粗粮，穿破衣，盖烂被。如遇灾年，只好举家外出，逃荒要饭。

为生活，虽也有人离家远走，下天津，闯关东，但绝大多数的黄河三角洲的居民，世世代代固守着这方地碱水咸的家园，不离不弃。不管冬天人们走出多远谋生糊口、逃荒要饭，每到春天的耕种时节，人们都要回到这片生养自己的土地上，耕耘耙耩，播种下新的希望。

这时，本来就没有多少生灵的荒野之上，少有树木绿色，一片盐碱荒茫。连那夏秋季节在此觅食的野兔也不见了踪影。天地之间，除了春耕春种的农民，再就是那凌空欢唱的鸭兰儿鸟，呼朋引伴，振翅高歌，欢呼春天，歌唱生命。

鸭兰儿鸟，学名小沙百灵，也叫小短趾百灵，百灵科短趾百灵属的一种，是全面迁徙的候鸟。生活在干燥的荒原、荒地。以草籽、嫩芽、昆虫为食。

需要说明的是，它的迁徙是适应气候的生存本能，而不是因为环境的贫瘠。等气温回升，春暖花开，它依然返回那片荒草萋萋茅花荡荡的盐碱地。

生活在这方水土的荒原之子，看到年年春天同样坚守在这碱场荒野之上的灵鸟鸭兰儿，联想到自己对这方土地的坚守，感觉找到了生命的知音，所以就有了"人生不嫌地面苦，鸭兰儿不离碱场窝"的感慨。这句真正土生土长的家乡俗语，体现了世世代代生活在这方水土上的人们，对生养自己的故土的热爱情怀，和对坚韧生活意志的赞美！

黄嘴角子

《三国演义》第八十三回写关羽死了以后，刘备要找东吴报仇。赵云规劝，他不听；秦宓进谏，被捉进监狱；孔明上谏表，他扔到了地上。当他率兵征伐东吴时，听说东吴派陆逊为大将，马良提醒他"陆逊之才不亚周郎，未可轻敌"。他却自负地说："朕用兵老矣，岂反不如一黄口孺子耶？"黄口，喻指年幼无知者。

古代户役制度称小孩为"黄"。唐代杜佑《通典》："凡始生为黄，四岁为小，十六为中，二十一为丁……"黄，即黄口。

《孔子家语·六本》："孔子见罗雀者，所得皆黄口小雀。夫子问之曰：'大雀独不得，何也？'罗曰：'大雀善惊而难得，黄口贪食而易得。'"这里的黄口是指雏鸟。后扩展语义，喻指婴幼儿，又讽喻人年幼无知。也作"黄颔小儿""黄口小儿""黄口小雀"。

过去的乡野村庄，孩子玩耍，大人哄孩子，除了养家雀、燕子，也养小沙百灵鸭兰儿。因为这些都是野鸟儿，成年的鸟儿又不好逮。因此只能从鸟窝里捉小雏儿从小喂养，培养鸟儿和主人的感情，等鸟儿大了就不易逃逸了。

浑身长着绒毛的雏鸟那宽大的喙一张开，黄色的嘴角儿分外显眼，给人的印象很深。所以，家乡人不说"黄口"，而是形象地唤作"黄嘴角

（方言读作jiǎ）子"。

蝈蝈腚上那一根尾

穷乡僻壤虽说生活艰难，但那里的人们也同样有对生活乐趣的追求。黄河三角洲上的庄户人，在劳动间歇，农闲时分，也有一些自娱自乐的活动。比如，用秫秸秆的外皮，劈成细篾儿，编个苹果大的蝈蝈笼子，然后，捉一只浑身翠绿的蝈蝈养在里面，早晚听听那小虫的叫声，仿佛置身于大自然中，感觉饶有情趣。

蝈蝈，学名短翅鸣螽，属于节肢动物门，昆虫纲，直翅目螽斯科，鸣螽属。一年发生一代，以卵越冬。家乡俗称读"官官儿"。

雌雄蝈蝈有许多不同的地方，雄性蝈蝈翅膀大，有发声器，能鸣叫。雌蝈蝈翅膀很小，没有发声器，不能鸣叫。尾部有细长的牙签状的产卵器，以把卵产在土里。家乡方言，谓虫类产卵叫"下蛰儿"。《诗经·螽斯》"螽斯羽，揖揖兮。宜尔子孙，蛰蛰兮"。当以雌蝈蝈繁殖力强比兴女子多子。见《诗经》注疏多把螽斯解释作成群的蝗虫。蝗灾令近代社会都谈蝗色变，何况接近原始状态的古代？古人会拿这足以带来举国之荒的灾虫来比喻美好的义项？

家乡方言也称雌蝈蝈叫"蠡蠡巴（注：记音词）"，有句歇后语"蝈蝈儿不是官官儿——蠡蠡巴"。讽刺那些喜欢装官样打官腔的人。又因其屁股上的产卵器像一根长长的尾巴，所以有了"蝈蝈儿腚上那一根尾（yī）"的俗语。用来比喻唯一的人或物。

小鬼儿鬼不过老家鸹

鬼，《齐如山文集》解释作"小慧也"。陶朱公五字商训：天地人神鬼。鬼，有心机、手法活络。《方言》："虔、儇，慧也。赵魏之间谓之黠或谓之鬼。"笺曰："际，古视字。今北人谓小儿慧黠曰鬼视。"家乡方言就有"那孩儿很鬼眯"的说法。因此，小鬼指小孩。

麻雀，家乡方言叫"家翅儿""家chēn子""家鸰子"。

家乡俗语"小鬼儿鬼不过老家鸰"正是孔老夫子这番话的"俗解"：那些罗雀的孩子，布撒谷物诱饵，布下天罗地网，静等鸟雀来投。然而，即使有所捕获，总也逮不到那些年头多的老家雀。因为老家雀经历多，警惕性高，不易上当。

在生活中，老人、老手和小孩、新手打交道或较量、博弈，后者占了上风，前者叹曰："后生可畏！"后者谋算失误，前者笑道："小鬼鬼不过老家鸰。"

第十八章 吃饭穿衣

够你喝一壶的

20世纪70年代初,酒还大多是散打散装。一块多钱的"原瓶儿"酒则是身份和地位的象征,一般人喝不起。庄里人家里打墙盖屋伺候匠人,或娶媳妇招待亲戚,都是用粮食到几十里外的石村街换个十斤八斤的地瓜干酒。平常别人请喝酒,就揣上个"盐水瓶子"(输液瓶)上"社"(供销社)里去打。喝了酒,瓶子要拿回家,以后再用。一次只能拿上个半斤四两,也就是一两壶酒。

那壶是锡做的酒壶。以前,常有锡匠来庄里轧酒壶:将锡块在坩埚中融化,把锡液沿一个漏斗样的嘴倒进两片石墨做的模具。等锡液冷却,形成一大一小两块厚薄均匀的扇形锡片。把锡片分别卷成漏斗形、焊缝。再小口对小口焊接起来。最后焊上壶底,拿砂纸少做修饰,一把锡壶就做好了。也有用陶瓷做的,但导热慢,易碎。那时喝酒多是在冬闲时,都喝热酒。锡壶不怕摔,导热快,喝酒的人更喜欢。

热酒时,先倒上一盅子酒。盅子就是微型的碗,大概盛两三钱酒。为了好点火,在酒盅子上放一小片烟盒纸,点着蘸了酒精的纸片后,蓝莹莹的火苗就蔓延了整个酒盅。这时拿着盛了酒的锡壶放到酒盅的火焰上,差不多一盅酒烧完,那壶酒便热了。也有把灌了酒的烫瓶子(就是盐水瓶子，有大小之分。小的更好用）放进水壶里用热水烫的。

以前，家乡的人们约酒称作"喝一壶"或"喝壶酒"。这话源自20世纪60年代以前。那时人们普遍贫穷，平时酒友相约，大都不能来个酒足饭饱，因为只有"一壶酒"。

抑或是一壶烧酒就够一酒者消受一下子了，又或是一壶酒对于不擅饮酒者难以下咽，因此，"够你喝（方言说hā）一壶的"表示够你受的。言外之意是你要受罪、受苦或受惩罚。

闲喝茶似的

常言道"愁烟闷酒自在茶"。有生活经验的人对这句话都有体会。抽烟的人，有了愁事儿抽烟多，甚至不会抽烟的人，因解愁而开始了抽烟；喝酒的人，心里闷了喝酒多，甚至不会喝酒的人，因解闷学上了喝酒。就连英雄盖世的曹孟德，也在《短歌行》中写了"何以解忧，唯有杜康"的名句。相反，人有了愁事、伤心事，则"茶不思，饭不想"。人只有在闲暇心静之时，才愿意喝一杯清茶："小楼一夜听春雨，深巷明朝卖杏花。矮纸斜行闲作草，晴窗细乳戏分茶"（宋·陆游诗《临安春雨初霁》）。"落尽庭梅三日雨，香风闲对一瓯茶"（明·傅汝楫《闭门》）。

家乡说一个人清闲自在，生活过得滋润，就拿他平日里喝茶说事："天天喝那大叶子茶"，或"天天喝那卯时茶"。农家少闲月，早晨更关乎一天之计。庄户人起早贪黑，只有闲人能常喝茶。所以就有了"闲喝茶"一说。闲喝茶的人一身轻松，喝茶也不用费多少力，所以"闲喝茶"比喻做事轻松："这么点活，闲喝茶一般。"

某某庄的送客

在缺吃少食的年月，吃饱有时都是难事儿，更不用说吃好了。平常日子，粗粮淡饭，甚至是吃糠咽菜。所以，如遇上机会去坐席，吃那有鱼有肉的四碟八盘和管够的白面饽饽，自然猛嗨一顿。于是围绕着坐席产生了许多俗典乡语。一个十几岁的孩子坐席，到了吃饭的时候，帮忙的人提来一笼子饽饽，不一会儿就吃完了。他想再吃却没有了，他就抓着筷子眼巴巴地等着，嘴里有些不悦地嘟囔："不供手，耽工。"意思是"饽饽不供手，中间停下了"。当看到又一笼子饽饽提上来时，便喜笑颜开地说："又来了！"于是，在劳动和生活中，要是遇上"不供手""耽工"或"又来了"等情况，有人就在前面借用这个生活典故，冠以"某某坐的那席"作引语，组成歇后语来表示。如，某某坐的那席——耽工。

过去在家乡，女儿出嫁，当地风俗：新娘的两个兄弟，一人提着随车面，一人扶轿杆，跟随男方迎亲的队伍，送新娘去婆家。另有娘家嫂子或弟媳两人跟着，合称"送客"。

因为是新娘的兄弟，是当天最主要的客人，所以，酒菜饭食都很丰盛。酒足饭饱是自然的事。但有一位却做得有些过头，直吃得肚子鼓鼓的，都锅（弯）不下腰了。被人演绎成了笑话：出了庄，帽子被一阵风刮掉了也没法拾，只好用脚踢着走了一路。因此有"某某庄的送客——吃得锅（弯）不下腰了"。

后代人或许觉得有些夸大，但"吃得锅不下腰"是以前常说的一句话，也是年节和坐席司空见惯的现象，有的就在我们身边。后来，家乡话就用来讽喻那些吃饭没出息的行为。这里不写具体庄名，一来是有意避讳，二来也因为在那贫困的年月，因吃撑闹出笑话的，又何止是一个人一个庄呢？这不是哪个庄哪个人的笑话，是那些贫穷年代的悲哀。

穿得像王八家那祖师

"乌龟王八蛋""王八鳖羔子"是谩骂或戏谑别人的称谓。不管王八是指乌龟还是鳖，之所以产生这样的混淆，可能是因为这两种动物相似的外形，还有相似的行动特点：笨。

人生在世，衣食住行，穿戴是生活的重要部分。所以，围绕着穿戴也衍生出了许多俗话。例如，那些穿戴光鲜靓丽，出众显眼，而又因某些原因招致别人揶揄或者开玩笑，常被说作"穿得像王八家那祖师"。

和多数家乡人一样，我原来认为这句话的本意是指人穿得厚笨。

过去形容人穷叫"吃不饱，穿不暖"。尤其是在寒冷的冬天，追求温饱的当地百姓，穿得好无非是穿的衣服厚、多、暖和。这就足以让人羡慕。家庭拮据的，穿的短袄盖不住屁股，俗称"撅腚子小袄"；里面没有内衣，叫"堂心（空）袄"。而富裕人家穿的则是棉袄棉裤外面套棉长袍，叫"大袄套小袄"。

冬天穿得多，人就行动不便捷，显得笨。当被穿得少的人看见，或许一来是平日就有戏谑调侃的习惯，二来也不免有些因羡成妒的心态，于是送上句损人的话："你看你穿得像王八家那祖师"。

乌龟的特点不是外表的光鲜，而是行动笨。而比喻都是合乎乌龟的特点。乌龟笨，乌龟的老祖师老得不成样子了，自然更笨。至于这句俗话后来有了讽喻"穿得好"的意思，大概是从人们认为"冬天以穿厚为好"引申演变而来吧？

笔者根据过去的生活，对"穿得和王八家那祖师啊似的"作以上理解，原本觉得比较合理。就在将要定稿的时候，读《中国方术概观》，见有引用《史记·龟策列传》的一段话："（宋元王）召博士卫平而问之曰：'今寡人梦见一丈夫，延颈而长头，衣玄绣之衣而乘辎车……是何物也？'（卫平）对元王曰：'……玄服而乘辎车，其名为龟。'"

读是文，方知自己先前的理解很肤浅。于是上网搜索，又见："晋孙惠《龟言赋》曰：'有辎车者衣之丈夫兮，衣玄绣之衣裳，乘辎车之岌岌兮，驾云雾而翱翔……'"玄绣之衣，就是黑色绣衣，即黑色的刺绣丝质服，为古代贵者所服。

原来家乡俗语"穿得（dī，方言音）和王八家祖师啊似的"源自古老的传说。哎！由此不禁自我检讨：旧俗鲜见于典章，须反复考证，不可轻加断定；学无止境，精益求精，不可自负自满。故保留原来的推论，以此为示，虚心以待。

光脚的不怕穿鞋的

电影《林海雪原》中，来自山东闯关东的穷苦林场工人李永奇，误以为前来敲门的解放军是上门为非作歹的土匪，准备以命相搏时说："光脚的还怕穿鞋的？"家乡人就常说这句俗话。

山曼先生所著的《齐鲁乡语谭》记叙了一句俗语"光脚的赔不得穿鞋的"，意思是"不管是从平常过日子的行为，还是具体到一项活动，经济条件差的赔不起条件好的"。这和"光脚的不怕穿鞋的"的意思正好相反。

通常，不管是走路还是干活，脚上穿着鞋既得劲儿又安全，因此，"赤脚的赔不得穿鞋的"是合理的。但换个角度理解，有的情况下正好相反，就是光脚的不怕穿鞋的。因为有时候人们关注的不是如何舒服、安全，也不是生活条件的攀比，而是怎样爱护自己的东西。例如："舍得一身剐，敢把皇帝拉下马"。穷人只有一条不值钱的命，再无其他顾忌。反倒是富贵人保家惜财爱命，忌惮多。

过去在农村，一个是穷光蛋的单身主儿，一个是勤快能干的富裕户儿，一旦双方发生争执，如果这个单身汉是个不讲理的，富户又不是心狠手辣的恶霸，通常情况下是富的怕穷的。穷汉本来就是食不果腹的日子，不怕在你这里捣乱几天；富人家里有地有活，一大家子过日子的人，谁会为了鸡毛蒜皮的事天天耗着？就是圆成事的人也都劝说富户让步："光脚的不怕穿鞋的，你和他较劲干啥？"

过去，常见庄里的青壮年角力玩闹，那些穿得相对整齐鞋帽齐全的人，都是怕那些穿着简单的。尤其是在一些有水有泥的环境中，穿着好的为了爱惜自己的衣裳，不等对方下手，自己早已躲得远远的了。这大概是"光脚的不怕穿鞋的"最直接的意思吧。

近读著名商业咨询顾问刘润的《底层逻辑》，讲三种对错观。其中商人的对错观是：谁损失大谁的错！大概的意思打比方说就是：穿鞋的因为和光脚的博弈而损坏了鞋，那就是穿鞋的错！

网上有许多当今作者高见的说教，实际是拿古圣智慧，甚至是老话俗典化用而来。

火龙单

小时候，听庄里那些"呱篓子"（故事篓子、故事大王）拉《薛礼征东》，有一段"火龙单"的故事让我印象很深：说白虎星薛礼下凡来保李唐江山，机缘注定由一个富家子弟沦为扛活的壮工。被柳员外的千金柳金花慧眼识英雄相中，在冰天雪地的寒冬中给了他一件"火龙单"。后被柳员外发现。员外嫌女儿行为不检点，有辱门风，竟把女儿赶了出来。使得这段浪漫传奇反倒得以成全。

那时候年龄小，对男女爱情懵懵懂懂，不感兴趣。但吃不好，穿不暖的穷日子，让我对那件御寒的"火龙单"艳羡不已。按故事的说法，"火龙单"就是一件有火龙神效，哪怕是在冰天雪地里穿上也暖如火炉的单衣。

爱美之心人皆有之，能在冬天穿上一件御寒的衣服就很好了，更何况还是单的？这么神奇的衣服足以让寒冷中的孩子羡慕不已，也是过去那些爱美的年轻人做梦都想要的宝贝。

普通话里表示漂亮的"俏"字，在家乡方言里表示在冷天因爱美而嫌棉衣臃肿，有意穿得单薄。像说："你真俏啊！"甚至说："你待俏煞？"意思是"你穿得这么少，想冻死啊？"讥讽、训斥那些追求美丽而宁愿"冻人"的行为。

故事里之所以出现一件能御寒的单衣，而不是棉衣、裘皮，反映的是从前人们在穿衣上面早就有的，不但要求舒适，还要追求美观的审美心理。对过去的人来说，只要条件允许，穿暖还是有办法做到的，但想既保暖又轻薄，那就不能了。听父亲说过庄里曾经有一个爱美的年轻男子，为了在寒冷的冬天穿得暖和，又不像穿棉衣一样臃肿，就穿了十二件单衣，人称"十二根领"。但是那样也未必比棉衣暖和，有俗语说："十层单不如一层棉"。

然而，古语有云："爱衣常暖，爱食常饱。"这话里既有"爱惜衣服的人有衣服穿，珍惜粮食的人有饭食吃"的意思，也表示"一件自己喜欢的衣服，不管厚薄，穿着就觉得舒适暖和；一份自己爱吃的饭食，哪怕少也不觉得饿"。这样的道理在生活中都有实例。记得20世纪70年代的时候，如果谁能有一件军服一顶军帽都是让人羡慕的事。有个小伙子，不知是没有棉衣，还是嫌家做的棉衣不如军装好看，寒冬腊月身上就穿着当兵的哥哥给他的一条黄绿色军裤（家乡人叫黄裤）。别人看了就问他只穿一个单裤不冷吗？他说黄裤不冷。

后来，听评书、看文本，才知道《薛仁贵征东》里的那件神奇的衣服，书中不叫"火龙单"，而是叫"红宝衣"。倒是有段传统相声，名叫《火龙单》。可见"火龙单"这个词语早就存在于方言中。家乡的故事篓子们用"火龙单"代替"红宝衣"，表达更形象。家乡人讽喻那些为了好看，冬天里穿得单薄而不怕冷的人，常说"人家穿着火龙单啊"！

其实，对于一件穿着美观，"冬则轻暖，夏则轻清"的神奇衣服，是古今人无论雅俗都期望的。曹植《求自试表》就有"身被轻煖，口厌百味。"

不管是过去被认为是扒瞎话的"火龙单"，还是显贵们眼中的"轻暖"，在如今已经不神奇了，很多过去看似异想天开的事物，今天的先进科技已使之成为现实。相信将来比"火龙单"更轻暖神奇的服饰会越来越多！

今日脱下鞋和袜，不知明日穿不穿

有了一定生活经历的人，不免都有点儿"世事难料，人生无常"的感慨。同样的体味，读书识字不多的人，却是用自己熟悉的生活元素表达出来，形象，还有些诙谐，令本来或许严肃的话题平和了不少。

衣帽鞋袜，今日睡觉脱掉，明天起床再穿上，是最平常不过的生活现象。但是，不管是生活水平、医疗条件都很差的过去，还是物质环境、医疗技术都有巨大改善的今天，总有人在没有一点异常征兆的情况下，今天睡下，明天再也没有醒来，就这么去世了。沉痛而真切的现实，让那些周围的人，看着逝者昨天脱下今天却再没穿上的鞋袜，联想到人生的无常，不免由此感慨："今日脱下鞋和袜，不知明日穿不穿。"

珍爱时光，珍惜生命，是人生的大爱大智，是一切美好生活的根本！

贪恋几个米粒儿喝撑了肚子

说到贪婪，就联想到孔府内宅门的"贪"照壁。可见，世袭公爵、累世圣贤的孔府视贪念为大隐患，才以此醒目的警示告诫家族的人诫贪。

要说那些不被鳄鱼吃掉也会因为干渴死掉的动物们，冒着被鳄鱼咬死的危险，去喝那口活命的水还情有可原的话，那么为了贪恋那点儿值不当的好处，而损失更大利益的做法，不管曾经多么风光奢华，都是愚昧的人。俗语"贪恋几个米粒儿喝撑了肚子"讽刺的就是这种现象。

在过去，生活贫穷，饭食普遍不好，家乡人平日里就是玉米面子（饼子）就咸菜，然后喝碗玉米面或者高粱面熬的黏粥。平日里很少喝到香喷喷的小米粥。齐如山在《中国风俗丛谈》中写道："北方乡间有这种歌谣：'冬天生活不用忧，一天就喝两顿粥。'古人云：'数米熬得一碗粥，鼻气吹得浪悠悠。'又有民歌曰：'无米又无粮，只是一锅汤，不喝肚子饿，喝了胀得慌。'"都是过去老百姓真实的生活写照。

早先，黄河三角洲不产水稻，大米粥少有喝的。因此，如遇家里熬顿小米粥，往往就多喝几碗，以至于把肚子撑得难受，那是常有的事。人们以此比喻因小失大。

吃饭穿衣量家当

这句话说全了是"出门走路看风向，吃饭穿衣量家当"。有"量家当"和"亮家当"两个写法。虽然说"穿衣戴帽，各有所好"，但大部分人还是本着"有多么大的荷叶，包多么大的粽子"的生活原则，吃饭穿衣要先衡量自己的家底家当，然后根据家境优劣、财力多少来确定吃穿的消费档次。富足就吃穿得好些，贫困就花销紧一点。做到量入为出，计划消费，才能不至于吃了今天没明日，饱一顿，饥一顿，更甚至花销无计划，坐吃山空，生活无着落。《中国家庭史》引用宋朝陆九韶《居家正本制用篇》里的话："……（收入分十份，其中）六份为十二月之用""取一月合用之数，约三十份，日用其一，可余而不可尽用"。《红楼梦》中刘姥姥有一段和女婿说的话："姑爷，你别嗔着我多嘴。咱们村庄人，哪一个不是老老诚诚的，守多大碗儿吃多大的饭。"

因为量入为出，吃饭穿衣也就自然表露出家当来了，那家当也就"亮"出来了。

"量家当""亮家当"不管哪个写法、哪种理解，都能体现人们量入为出勤俭节约的生活理念和优良传统。这句俗语不但对今天不同条件的家庭生活依然有借鉴意义，而且，在自然资源日益减少的工业文明社会背景下，对于合理开发资源，保护生态环境，也有着积极的现实意义和超前意识。

喝西北风和喝风咽沫

《五灯会元》："有没有，空不空，笊篱捞取西北风。"鲁北地区的冬季盛行西北风，俗称"西北冽子风"。而这个季节正是一年中开始缺吃少穿的时候。有的人家面临着断炊的境地，家里什么吃的也没有，只有天天塞屋充栋的西北风。"喝西北风"，大概就是在这种情景中扎根于乡语的中吧，意思是没饭吃。

清朝的王有光在《吴下谚联·吸西风》篇中曾做过考证："讽人无饭吃，称为吸西风。风不可以当饭，何独取乎西？盖'小东大东，杼柚已空。''维南有箕，无簸无扬。维北有斗，无酒无浆。'何处容得一无生计之人长嘘短吸，惟西伯昌善养百姓，五亩宅，百亩田，母鸡母彘，数口无饥。流风犹在，于此一吸，可得三日饱。"

这里，王有光在为"吸西风"一语解释时，所用四言句皆源自《诗·小雅·大东》诗意（字词与原句有差别），意思是说小东大东这些地方（周时谭国所在，今山东济南附近），老百姓的织布机上已经空了；唯有南边天上有颗簸箕星，但是无粮可簸；北方天上似斗的星在，但也不能用来舀酒盛汤水。这些诗句反映了周厉王末年连年大旱，再加上暴虐的统治，人们无法生存而对厉王产生的不满与愤怒。王有光接着说：人们在走投无路的情况下，想到了很早以前的西伯（即周文王姬昌）当政时，施行裕民政策。那时连鸡和猪都饿不着。现在怎么办呢？吸一口西风吧，可以三天不饿。

当然，这只是愿望而已，西风里不会有饭吃。后来，人们把不吃食物，或没有食物吃叫"喝风咽沫儿"。

另外，小时候，听那些广知掌故的人讲了一个乌龟喝风咽沫的故事：传说，一个富人小时候，家里人给他安床。靠近墙脚的地方低，床腿不能着地，安床的佣人就顺手把一只小乌龟垫在了下面。等到多少年后，这个人去世，家人移床时发现乌龟还活着。人们就联想到平日里见乌龟只是张嘴吐沫的样子，就认为乌龟能不吃东西，只靠喝风咽沫活着。原本以为乡人扒瞎话，后读书见《抱朴子内篇·对俗》："江淮间居人为儿时，以龟枝床，至后老死，家人移床而龟故生。"方知不是乡人杜撰。

古人所考，未必真实。权且列举，抛砖引玉。

第十九章 家用什物

风牵杆子改罗床

20世纪80年代以前，鲁北农村，家家户户烧火做饭都是盘锅头、烧柴火。柴火燃烧值低，透气性差，再加上烟道长而曲折，密闭性不好，所以拉风箱鼓风助燃是重要的手段。

风箱在家乡叫"风牵（注：记音词）"。风箱里，有两根方木杆子，箱体外的一头由一根竖"把"连接，箱内一头固定到一块四周粘贴了鸡毛（以增加鼓风密闭效果）的木板上，这两根杆子俗称"风牵杆子"。人握外头的把，将风牵杆子往复拉动，带着杆子另一头的木板在密闭的方桶状箱体内来回鼓动产生风。有歇后语"老鼠钻到风箱里——两头受气"。

风牵杆子往复拉动，产生的气流催动箱体两头用来开闭入风口的小方板儿发出"呼哒呼哒"的声音，所以，小方板儿俗称"呼哒"。本地方言：一个人交际广、能办事，叫很能"护搭（注：记音词）事"，简称"护搭"。所以人们就利用了风箱发"呼哒"声的谐音，和生活中的"护搭"关联。

罗床是罗面粉的家什。过去，粮食通过石磨磨下粉来，用"罗"盛上适量的面粉，放到横担在大簸箩里的罗床上来回晃当，碰到罗床前后的木板上，发出"咔嗒咔嗒"的声音。在震动的作用下把细面罗下，叫"罗面"。然后把留在罗里的粗颗粒,再放到磨上磨二遍。如此反复,直到剩下少量麸子方才作罢。

罗床是用两根类似风牵杆子的木条,两头顶头固定到扁方形的木块上,形似一个小木床框,因此得名。

风牵杆子受力大,罗床杆子受力小。记得小时候常见由于长时间摩擦被摩得很薄的风牵杆子。如果风牵杆子用久了,拆下还能做罗床。因为长度差不多,还因抽拉摩擦得很光滑,易于面罗在上面滑动。

原来的风牵杆子,"呼哒呼哒"地干了"一辈子"(指从开始用,到被退换下来,就像人从开始干事,到退休干不动了)临了又改做罗床,再经受"咔嗒咔嗒"的磕(方言读kē)打(本义为磕碰),"咔嗒"又和"磕打"谐音。"受磕打"在当地是"遭受不顺、坎坷、挫折"的意思。

"风牵杆子改罗床,呼嗒了一辈子老来受磕打"常常被用来比喻有的人辛苦一生,老来又遭受生活的坎坷。

当然,生活中罗床杆子也许大都是用新木条做成的,但从这句真实存在的俗语推断也有用风牵杆子改装的。一是罗床不是受力大的工具,二是过去家庭物品匮乏, 也不排除旧物再利用。

地瓜抠梆子——不撑敲

今天的日常生活中,梆子已经见不到了。在过去,梆子却是一件常见的器物。梆子根据其用途分为两种,一是演奏用梆子,二是生活用梆子。

戏曲演奏用的梆子,又称梆板,属于汉民族打击乐器。制作讲究,用材大多选用紫檀等红木,也有用枣木心制作的,总之材料必须坚实、干透,外表光滑,不能有疤节和裂纹。清代李调元《剧说》中说:"以梆为板(鼓板),月琴应之,亦有紧慢,俗呼梆子腔,蜀谓之乱弹"。

在没有钟表的从前,大的城市中设有鼓楼。晚上报更一般敲鼓,几更就敲几声鼓,所以几更也叫几鼓。乡村、小地方则是敲打梆子报更,所以也叫"打更"。《二十年目睹之怪现状》第二十六回:"外面那洋号一回一回的,吹得呜呜响,人来人往的脚步声,又是那打更的梆子敲个不住,如何睡得着。"

在家乡,大概从新中国成立以后,村里有了治安的民兵,就没有打更的了。倒是换豆腐、卖豆腐的梆子声,在寒冷的冬天时常听到。

不管是打更的梆子,还是换豆腐敲的梆子,形制是一样的,都没有伴奏用的梆子做工讲究。谁也不去用贵重的红木做一个或打更,或作为豆腐挑子进村音讯的梆子,顶多是用枣木或其他比较结实的果木制作:将一块扁长方体的硬木,在一侧从中间用凿抠出一个长、深合适的共鸣腔,另一侧凿卯按把,做成丁字状的梆子。在把的末端用细绳拴一根筷子长指头粗的木棒,方便敲打,木棒又不易掉落。用时,一手握把,一手拿木棒敲击,发出"bāng bāng"的声音。这大概是把这个器物叫"梆"子的缘故吧。

有道是"梆子不敲不响"。不管是哪种梆子,都是中空和用来敲打,所以要结实、硬。而地瓜本身脆而易碎,要是拿来抠去中间的部分,做成梆子,自然是不撑敲打。

生活中是绝对没有拿地瓜抠梆子用的。根据生活经验,虚构一种假设的情景来表达一个贴切的意思,是民俗语言的常见方式。

砂锅捣蒜——锤子买卖

山东人历来就有吃葱吃蒜的习惯。透过黄河三角洲的俗谣:"葱蘸酱,是两样""擀白饼,掐(注:记音词)辣蒜",可知当地习惯。

家乡话说的"掐蒜"就是捣蒜。捣蒜的工具包括两部分:盛蒜的叫"蒜臼子",捣击的叫"蒜锤子"。蒜臼子蒜锤子的材质有木质、竹质、陶瓷(体壁必须厚实)、石质。家乡过去最常见的是石质蒜臼子蒜锤子,结实耐用,好洗涮,不霉变。

陶瓷的蒜臼子也比较常见。有俗语"黑碗蒜臼子——一个窑里的货"（比喻两个人或物，性质属性相同，通常以"货"喻人的话，多含贬义）。因为是用来捣蒜，所以瓷质的蒜臼子在做胎时，下部被捶打的部位必当厚实，才结实耐用。

砂锅是用来煮粥、炖汤、熬药的锅具，用陶瓷、陶土烧制。为了导热好，省时省火，利于熬煮，锅底都要做得比较薄，因而易碎。如果拿砂锅来捣蒜，尤其是石质的蒜锤子，一锤子下去，砂锅就碎了，所以才有了俗话"砂锅捣蒜——一锤子买卖"。

"一锤子买卖"意思是"一下子的事儿"。买卖，也是打交道的一种，所以"一锤子买卖"也比喻"只打一回交道"。

该在板凳上睡，到不了床上头

文化荒原中的人们，对生命、自然、社会的问题思考、理解并不少。但由于知识的贫乏，使得他们只能在蒙昧的荒原上游走，把许多社会和自然现象归于迷信，宿命论就是其中之一。

记得小时候，母亲给我讲家乡那个广泛流传，后来被刘官庄的吕剧艺人改编为传统吕剧剧目《回龙传》的民间传说故事《王华买父》。故事说的是，李天官信奉"事在人为""万事由人不由命"。而天官的女儿则信奉"万事由命不由人"，相信富贵天定。因此和父亲发生了言语冲突。天官恼怒之下，就说：既然你说由命，那你就跟着那个天天来要饭的王华去过日子吧。为表心志，女儿毅然决然地跟着正巧上门来要饭的王华走了。虽然历经种种苦难，"命中大贵"的天官女儿，最后做了皇后。也许是"由命"的天官女儿最后得到了荣华富贵的结局，吸引着贫穷中的人们，记得那时候老百姓都是赞同天官女儿的"由命不由人"。

板凳和床都是木制的家具，形制相似。不同的是，床宽而板凳窄。黄河三角洲上的人们把日子过得好叫作"日子很宽块"，反之，日子过得拮据就说"日子不宽块"。宽块，方言是宽裕的意思。板凳的宽度比人身体还窄，在板凳上睡，自然不宽块；床的面积宽大，睡在床上自然要宽块许多。"该在板凳上睡，到不了床上头"这句话是比喻命中该你受穷，你就不可能生活宽裕。这句话的意思也有用"该待扁担上睡，到不了板凳上"表示。意如"命里一尺，难求一丈"。

"万般皆是命，半点不由人。"表达了相似的天命迷信观念。随着时代的进步和人们文化素质的提高，天命之说已经不再是主流世界观了。

过去黄河三角洲上的人家，绝大多数是睡在炕上，因此，这句俗话过去在家乡说作"该在板凳上睡，到不了炕头上。"

扶竹竿，不扶井绳

竹竿，人们都很熟悉；井绳，今天的年轻人则不知道了。在过去没有自来水的农村，人们饮用水都是到井里取，工具是一根扁担和两只木梢或铁桶。挑担工具，圆的叫杠子，扁的叫扁担或担杖。不安担杖钩的叫扁担。扁担两头安担杖钩叫担杖。在没有辘轳提水的情况下，是用担杖挂着一只水桶伸到井里灌满水提上来。两只桶灌满，然后挑回家，这个活叫"挑水"或"打水"。

有道是"瓦罐不离井台破"。也有的人用一条绳子拴着一只水罐或桶，放到井里灌满水，用手提回家，这叫提水。也可叫打水，但不叫挑水。这条用来拴罐拴桶提水的绳子叫井绳。

井绳和竹竿本来少有交集，之所以把这两件东西连在一起，看似是人有意借它们一软一硬的不同品型来对比，其原因还是来自真实的生活。

有过用井绳拴桶打水经历的人都知道，打水的人稍不小心，井绳就会脱手，结果就是连绳子带桶一块掉到井里。要想把绳子和水桶捞上来，这个时候就用到竹竿了。在一条足够探到井底的长竹竿头上绑上铁钩，伸到井里比较容易地就把水桶和绳子捞了上来。这样的情形在过去农村的水井旁司空见惯。

用竹竿捞水桶的好处，除了手感灵敏，好操作，还有就是不管人怎么不小心，竹竿一直坚挺，不会像井绳一样由直变软整体掉到水里。竹竿和井绳的优缺点，让人们很自然地把它们拿来比较。

"扶竹竿，不扶井绳"的"扶"应该包含了两层意思。一层是扶持，意思是扶持人就扶持那些扶得住的人，而不去扶持那些"离了柱棒（拐杖）就倒"的阿斗。"扶"的另一层意思是扶靠。下有水桶坠着的时候，扯在手里的井绳坚挺笔直，一旦离开了两头的外力作用，马上就软弱无力，这样的东西不会给需要扶靠的人以支撑。而竹竿始终坚挺，能在人需要的时候提供支撑。以物喻人，人物一理。

两手抱着空伞杆

算卦的卦辞多是富含生活寓意的语言。题中话来自当地算卦卦帖上的卦辞："这（这样）也攒，那（那样）也攒，攒来攒去攒了把伞。大风刮了伞头去，两手抱着个空伞杆。"

过去的家乡老百姓，一方面向往劳动致富，所以崇尚勤劳；另一方面，知道创业艰难，所以提倡节俭。攒就是过日子节俭，省下东西积攒着以备维持家用。但有时则事与愿违，事情偏偏不是朝着自己愿望或努力的方向发展。本来靠勤劳节俭，积攒下一些东西，偏巧天不遂人愿，一件意外的遭遇，使辛辛苦苦积攒下来的钱财，损失得荡然无存。就像一把伞被风刮走了伞头，只剩下无用的空伞杆一样。

这话可以用作预测一个人破财的运势，也可以用来概括一个人破财的经历。比喻一个人努力来努力去，最后落得个两手空空。

话匣子

话匣子，喻指那些喋喋不休话多的人。话匣子是一个比较年轻的俗话，它原指曾经作为时尚和奢侈品的留声机、收音机。单从话匣子的"话"上理解，相对于留声机唱的内容多，收音机里说话的时候多，也或许是收音机后来远比留声机普及，所以，说到话匣子，一般人更多的是和收音机联系起来。

收音机是一种能收到电波运载来的声音的电子机械发明。最先把信号载在电波上进行电信传输的人是意大利电气技师马可尼。第一次试验是在1894年，这成为无线电技术的开端。

1906年，美国33岁的发明家李·德福雷斯特组装了第一个真空管放大器，这种放大器立即就被用来与马可尼的无线电发明相结合，利用无线电传送人的声音，于是产生了收音机。

说起收音机在中国的发展，要追溯到矿石收音机和电子管收音机时代，那是新中国成立前最为主流的媒体播放器。从1949年建国之后，由于国家的大力支持。到20世纪80年代，收音机普及到了家家户户。

我第一次听到这无线电传送的声音，是在邻居张保良家。那是他哥哥自己安装的收音装置，后来我才知道那叫"矿石收音机"。因为没有扬声器，是用耳机听的，所以，直观地称作"耳机子"。

在最初留声机、收音机进入普通百姓家的时候，由于科学知识的缺乏，老百姓只能凭外观感觉去认识它。除了感到神奇，看到这个唱戏说话却不休息，外观像一个匣子的器物，便把它叫作"话匣子"，也有人叫它"戏匣子"。

家乡有一老农，儿子买了个收音机，天天拨到说评书的频道听书。老头儿喜欢听戏，但是总听不到儿子的收音机里唱戏。可是，每天去老玩伴儿的家里串门，则听到老伙计家的收音机里总是在唱戏。他不知道收音机能调频选台，自由选择听歌、听书、听戏、听新闻的功能，于是，就生气地和外人数落，骂他儿子买了个不唱戏的收音机，说"买假了"。

在过去文化荒芜的乡村，"话匣子"曾经给家乡人带来了很多快乐！

撮撮地和荷包一样

家乡方言里有一个词叫"作",跟胡作非为的"胡作"意思相似,就是不计后果地乱来。好比说一个后生做了件不好的事,家里的老人就会指责道:"你待(想、要)作啊。"更有甚者会质骂:"你待作死啊?"遇上一个人事情办砸了,造成的损失或麻烦很大,就难免有人评论,说"他作下了",或说"这一回他作作地不轻快(很严重)"。

荷包,是中华民族传统服饰中,人们随身佩带的一种装零星物品的小包。因为古人衣服没有口袋,一些必须随身携带的物品,只能存放在一个袋子里。荷包的前身叫荷囊。成语"探囊取物""囊中之物"都是由此而来。荷者,负荷。古代尚书令、仆射等高官朝服外有负于左肩上的紫色囊,也叫紫囊。后来经过演变小了很多,不再适合背在肩上,就将它挂在腰际,所以有"旁囊"的俗称。《曹瞒传》:"(曹)操性佻易,自佩小囊,以盛毛巾细物。"

也许是受了荷包的启发,后来有人干脆把小包缝在衣服上。再后来衣服口袋有了缝在衣服里边的,黄河三角洲有的地方还管它叫荷包儿。

荷包和香包,因相似的形制和相同的绣花做工,容易使人有所混淆。但从功用上讲,荷包和香包是不同的两种饰物。香包通常是盛香料粉末,人们需要的是香料气味,填装后不需要往外拿,并且为了防止香料撒漏,所以多数是缝口的;而荷包需要不断地拿放东西,所以是留口的。为了防止东西散落,荷包放入东西后,就要拉紧穿在包口周围的线,把包口收缩、勒紧、系严。家乡方言把服饰制作上的缩线针法叫"摀",把缩线收口叫"撮"。撮,当地语音叫"zuō",和"作"同音。

有了前者"胡作"的"作",又有了后面荷包撮口的"撮zuō",人们就把这两个"zuō"联系在了一起,利用谐音把"撮"双关为"作",表示因做事不善招致灾祸。

一瓶子不满，半瓶子咣当

家乡人常拿俗语"一瓶子不满，半瓶子咣当"来评价、批评能力一般、态度张扬的人。

这句俗语或许源自一句古语"瓶满不响"。有生活经验的人都会发现，晃动装满液体的瓶子，由于瓶子口小的缘故，里面的液体不响；相反，如果液体只装到一半，晃动时，里面的液体会大幅度"咣当"而发出声响。

喜欢张扬就会发声，懂得低调则少说话。因此，用满瓶不响的现象比喻学识渊博的人谦虚谨慎，不爱张扬。言外之意，才疏学浅的人则爱自我表现，自我吹嘘。而家乡俗语"一瓶子不满，半瓶子咣当"则包含了这两层意思。"不满"应是"不自满"。

家乡还有一句俗话叫"半瓶子醋"，其寓意，除了半瓶子喻指的能力一般又不谦虚，还多了卖弄学问的酸气。

没有闲钱补笊篱

笊篱，是古老、常用的家什。《谈征·物部·笊篱》："黄帝命元妃西陵氏制笊篱以捞蚕蛹。以竹为之。《开元遗事》：'明皇赐安禄山什物有银丝笊篱。'"

家乡人平常用的笊篱，其形制有两种。一种是不带把儿的小簸箩形，多用来盛放干粮、瓜果等食物，用高粱穗莛杆或竹篾编制；一种是有把儿的平底勺子状，用棉柳条子、竹篾编制。《土风录》："汤中取物竹器曰笊篱"，就是指这种笊篱。家乡人用它捞取淘洗的粮食、野菜、鱼虾等。用铁丝编制且形体小的，也叫漏勺，多用来捞取炸制食物和舀饺子等。

基于笊篱的这些用途，"漏水漏油"是它的基本功能，而不是缺陷。《五灯会元》："有漏笊篱，无漏木杓。"《乡言解颐》有诗描述："家无长物漏卮多,流水难盈结柳科。晓起抄云堆白粲,夕来捞月滤金波(淘白黄米)。莫当渔舍悬筌箸,不比欢场设笡箩。茅店招牌供一笑,破篱低挂绿杨柯(乡野饭馆幌子)。

过去的百姓之家,常有盛器类家什因损漏而补漏的事。大到补锅、补梢、补桶、补簸箕筶子,小到补瓢、补勺甚至补碗。那时庄里常有箍炉子匠、篾匠(俗称"补簸箕筶子的")下乡揽活。有东西补的人家,就花上少许的钱,补补那些损漏的家什。就是没有给漏勺和笊篱补漏的。因为漏勺、笊篱补上了漏,废了工本,反而影响了它那漏水漏油取物的功能,所以没有人去花这个闲钱。

没有闲钱补笊篱,比喻不去为不必要的事情花费无用的钱。遇上无理、无聊,甚至讨厌的人向自己借取、索要钱物而不予理睬,也常常说这句话。

买得和全盒似的

以前常听大人们说:"人家买得和全盒(家乡方言念作huō)似的。"意思是物品购置得齐全。

以前只听过这句话,不知道全盒是啥。为了表述这句俗语的来历,就在网上百度,得到的明确答案是年节家里盛放零食的盒子。盒子有圆形、方形、八角形等。颜色以象征喜庆的红色为主,上绘图案。盒内间隔成数格,用来放不同的干果糖品。因能盛放多样,所以叫全盒。

答案有了,但回想以前,在家乡却从没见过这种本是家常用具的物件。又想:在家乡没见,也许是以前家乡普遍贫穷缺吃少用?那时,不用说各色糖果,孩子们连一种干果、糖果都很难吃到,家里哪用得着这样的东西?或许有富裕人家曾经用过,只是不普遍而已。

为了进一步求证,就去询问八十多岁的岳母。老人很肯定地回答说:"就是结婚管新媳妇饭的'shì盒'。"这不同的答案让我感到意外,因为

"shì盒"在家乡很普遍，红白喜事中经常用到。分大小两种。小的，是尺半见方的带盖儿的方盒子，通常成对使用，一人用担杖挑，谓之"挑shì盒"；大的，由三层长三尺左右、宽一尺多的椭圆形盒子组成，上加盖，下有底，两边有提框连接，两人用扁担抬，叫"抬shì盒"。因为主要是盛放食物之类的东西，所以和家乡人一样，我认为是"食"盒。所以，开始我还觉得岳母说的有出入，起码是跟网上说的明显不一样。认为网上说盛糖果零食的那种盒子，比家乡的"食盒"叫"全盒"更合适。

后来读"北京旧闻丛书"《红白喜事》见一节"喜轿业"有："旧京，办喜事用的轿子、仪仗、响器，以及其他一切礼仪用品（包括通信过礼时用的鹅笼、酒海、什盒……）"才恍然大悟：shì盒非"食"盒，原来是"什"盒。联想到在家乡办事时，什盒里放的东西样式多多，谓之"全盒"也就对了。当地俗语："两头不收礼，难为抬什盒的。"比喻当事双方不合作，让中间人受难为。可证：什盒不仅仅盛食物，还盛礼物。什，也作"十"。《说文》："十，数之具也。"《荀子·正名》："具，全也。"单从文字上理解，什盒就是全盒。

打着灯笼也难找

灯笼，笼状灯具。古代照明用具，从最初的火把发展到蜡烛、灯盏，可当室外需要照明的时候，蜡烛、灯盏很容易被风吹灭，于是，人们就给蜡烛、灯盏增加了透光的笼形防风罩，故名灯笼。灯笼的罩多以细篾制骨架，最初蒙以透光的纱绢类织物，后来换成油纸或玻璃纸。另有底盘、内燃灯盏或蜡烛。底盘上连提手，提手栓着长短适宜的灯笼杆。人手持杆挑灯照明，俗称"打灯笼"。

传说姜子牙封完神后，却没给自己留有什么司职神位，只有某位神仙出游时他给打替班。大年三十，众神都归位，姜子牙就没有地方可去了。百姓见他可怜，就在高杆头上点一盏灯，让他在灯下蹲上一夜，久而久之就形成了大年夜点灯笼的习俗。

灯笼作为中国古老的工艺品,起源于两千年前的西汉时期。纸灯笼则是在东汉纸发明以后才出现的。

中国灯笼经过漫长的历史演变,种类繁多。又以灯彩,也称"花灯",最为多样、精彩。原本只为了防风的透明灯罩,经过历代灯彩艺人的创新、继承和发展,形成了丰富多彩的品种和高超的工艺,让灯笼成了中国人喜庆的表达和象征。

除了喜庆挂灯,又因"灯"与"丁"读音相同,被寓意为人丁兴旺。由于"添灯"字音和"添丁"相近,所以也有用添置灯笼来祈求生子的做法。过去很多地方有挂字姓灯的风俗。大概是出于"登科发甲"的传统思想寓意,有地方每年正月私塾开学时,家长会为子女准备一盏灯笼。由老师点亮,象征学生的前途一片光明,称为"开灯"。

最让人遐思、期盼的恐怕还是元宵节的花灯了。关于正月十五挂灯笼、打灯笼的由来,民间有一种有趣的说法:在很久以前,凶禽猛兽很多,四处伤害人和牲畜,人们就组织起来去打它们。有一只神鸟因为迷路而降落人间,却被不知情的猎人给射死了。天帝知道后十分震怒,传旨让天兵于正月十五到人间放火,把人间的人畜财产通通烧光。天帝的女儿心地善良,不忍心看百姓无辜受难,就偷偷来到人间,把这个消息告诉了人们。一个聪明人想出个法子,他让大家在正月十五、十六、十七这三天都在家里张灯结彩、点响爆竹、燃放烟火,这样一来,天帝就会误以为天兵已经放过火了。

到了正月十五这天晚上,天帝往下一看,发觉人间一片红光,响声震天,连续三个夜晚都是如此,以为是大火燃烧的火焰而作罢。

为了纪念这次成功避难,从此每到正月十五,家家户户都挂灯笼。

元宵观灯的习俗起源于汉朝初年。到唐开元年间,为了庆祝国泰民安,乃扎结花灯,借闪烁不定的灯光,象征彩龙兆祥、民富国强。观花灯的风气从此广为流行。每年的农历正月十五元宵节前后,人们都挂起象征团圆的红灯笼，来营造一种喜庆的氛围。有唐寅诗为证："有灯无月不娱人，有月无灯不算春。春到人间人似玉，灯烧月下月如银。满街珠翠游村女，沸地笙歌赛社神。不展尊芳开口笑，如何消得此良辰。"

家乡庄野，没有观灯赏灯的灯会，但记得小时候，每逢新年和正月十五，家乡习俗，不管家里穷富，只要有孩子，不管男孩儿女孩儿，都要买个玻璃纸做的彩绘灯笼。几十年过去了，新年、正月十五晚上的街上，再也没有了夜色中那一串串晃动的灯笼光亮和孩子们的欢声笑语，连那儿时的村庄模样都消失了。而那遥远记忆中打灯笼的情景，却依然历历在目，恍如就在眼前。

《潜夫论》有曰："索物于夜室者，莫良于火。"在没有电灯、手电筒等现代照明工具的过去，晚上，黑暗中，尤其是室外，要想寻找一件东西，都是借助灯笼。如果打着灯笼也找不到，就意味着很难找或找不到了。所以，劝说一个人寻求、接受一件在一般情况下难以遇到的好事，人们会说："这么好的事，打着灯笼也难找啊！"

随着时代的发展，灯笼的照明功能已经不用了，它也从日常家庭生活中消失了，只剩下节日气氛、喜庆场景的装饰。制作灯笼的材料，也发生了质变。光源也由蜡烛、油灯换成了电灯泡、灯带。灯笼的形制在继承传统的基础上，变得千姿百态，绚丽多彩，装点着我们日益美好的生活。

一袋烟的工夫

烟草，源自美洲。与之相关的衍生品烟卷和烟斗也是舶来品。厂家生产的烟卷在黄河三角洲上普及，不过仅四十多年的时间。20世纪70年代末80年代初，左邻右舍不少有烟瘾的大人，还在向小学生们淘换（寻找、讨要）用过的练习本，用来卷烟。那时候集市上有摊贩卖散装烟叶烟丝。烟民买上一两斤，用裁成宽条的白纸卷成喇叭烟。

吸烟，之所以又叫抽烟，除了"抽"有"吸"的意思，也有管状的纸烟从烟盒里抽取的意思吧？因为在纸烟普及之前，家乡人抽烟都是说"吃烟"。那时吃烟的器具有两种：水烟袋、旱烟袋。

这两种烟具，都是把烟丝或碎烟叶直接填进烟锅里，点燃吸食。这样省了卷烟的纸张和麻烦。烟具里装有水，通过吸气造成水室里出现负气压，使烟通过水再进入口腔，谓之"水烟袋"；烟具由锅、杆、嘴组合，将烟叶点燃产生的烟直接通过烟杆儿被人吸进口腔，因不用水，故称"旱烟袋"。

以前，因为家乡的烟民多是下地干活的庄稼汉，一是没钱买，二也是不方便携带，所以很少见水烟袋，几乎都是旱烟袋。

关于旱烟袋，民谣"东北八大怪"里有："十七八九大闺女，嘴里含着旱烟袋。"说过去东北包括大闺女在内的人都有用旱烟袋吃烟的习惯，那些在老家没见过大姑娘抽烟的闯关东的内地人看了自然奇怪！

因为烟袋燃烧室的形状像微型的锅，因此这个部件叫烟袋锅儿。关于烟袋锅，民间还有这样一个传说：相传明朝皇帝算命，问大明王朝延续到什么时候，算卦的说："嘴上按锅，袖子上跑马。"皇帝一听很高兴，因为这是不可能的事，意味着大明江山永世不变，没有丢的那一天。岂不知等到大清朝建立，满人吃有烟袋锅的旱烟，服饰有马蹄袖，正应了那句谶语。

旱烟袋、水烟袋之所以都缀以"袋"字，是因为烟具都另有一个盛烟丝或碎烟叶的小布袋里。又因形如荷包，这个袋子也叫烟荷包。所以准确地说，烟袋是包含布袋在内的组合烟具。但不知什么原因，人们也习惯把不包括布袋，只有烟锅儿、烟杆儿、烟嘴儿的烟具叫烟袋。所以，一袋烟，不是一布袋的烟丝烟沫，只是放一烟袋锅子的烟。这一烟袋锅子的烟烧完所用的时间，就叫一袋烟的工夫，也就是不到十分钟。

家乡人吸或分享香烟，常说"来一袋""吃一袋"。就是如今已经换成了卷烟，抽一支，还有的称作"抽一袋"。

坐蜡

"坐蜡"是我国北方方言,意思是指自己遇上麻烦或陷入困境。这个词语最初源自佛教习俗"坐腊"。

"坐腊"又称"安居""结夏""坐腊"。佛家的戒律,众僧应于每月望晦两日即农历十五和三十,齐集一处共诵《戒本》,自我反省有无违反佛家戒律之事。如有,则要面壁思过。而一年之中,从农历四月望日起,到七月十五结束,应取一月定居禅修。不能随意走动或他住,这便是"结夏"。

在戒律的最后一天,农历七月既望,众僧聚集一堂,开展大规模的"批评与自我批评",此曰"自恣"。经过"自恣",受戒的年头才算增长一岁,称"一腊"。这里的长一岁是指"戒龄"的增长。至于为何称"一腊",则与古代计算年龄有关系:每年只有一个腊月,过了腊月,一年就结束,所以"坐一腊"便是一年。旧时计算年龄,以农历新年的到来作为新一岁的起算点。所以"坐腊"有年龄增长的含义。

后来,人们把"腊"和"蜡"讹同,于是便有了"坐蜡"一说。从字面理解,也很形象。人坐在蜡上被粘住,比喻陷入困境,但实际上却并非如此。

家乡话中,把"坐蜡"说若"作蜡"。因为家乡话,把惹了事、摊上了事通常叫"作下了"。由"作"联系到"坐蜡"的"坐",就有了"作蜡":"某某某今回儿作蜡了。"

拉得和漏腚筐啊似的

过去农村竹编、柳编的盛具,有篓、簸箩、篮、筐。筐底破了,放进东西往下漏,俗称"漏腚筐"。

家乡有俗语"船破不要紧,有底就行"。意思是,日子穷或者花费大都不要紧，只要花销有数，日子就不至于没法过。

有道是："穷坑难满。"是说接济一个穷家庭，给再多的钱财也不能使之摆脱贫困。所以才有"救急不救穷"的说法。

"无底洞"是现在通行的词，比喻消耗钱财无数。语言创造，意思表达，"近取诸身，远取诸物"，所以，身边最常见的那些事物就成了当地老百姓比物喻理的对象。家乡为平原，没有山区深洞，所以，几乎不说无底洞。而掉了底的竹筐、柳筐却是司空见惯。筐掉了底，装东西就漏个没完，所以就有了俗语"拉得和漏腚筐啊似的"。比喻拉下的账还不完。

第二十章 水中渔利

小鬼欢气

行驶在水情复杂大河里的小木船，家乡人称之"小鬼欢气"。欢气，家乡方言是高兴的意思。

小木船在黄河三角洲上不同的地方有不同的叫法，有的叫"溜子"，有的叫"划子"等。之所以称之为"小鬼欢气"，是说它船体小，抵御波浪的能力小，容易翻船造成人员溺亡。

那为什么是小鬼欢气？过去家乡人的迷信观念认为，人非正常死亡后在原地变鬼，不能离开。要想超生投胎轮回，就要再招一个亡者来顶替它，俗谓之"替死鬼"。船翻导致人亡，便有了替死鬼，原先的溺死鬼就可以脱离"鬼地方"，去投胎托生，自然欢气。

听父亲说，"小鬼欢气"之谓，说的是旧时在黄河上谋生的人驾驶的小船。黄河三角洲上绝大部分水域，上游来水有限，汛期短，流量小，水势平缓。唯有黄河水情复杂，流域广大，来水多变。尤其是到了汛期，水流湍急，泥沙含量大，浮力小，造成了变幻莫测的复杂水况。黄河上没有桥梁的年代，特殊的交通地位，使得河上为数众多的小船不得不冒着风险穿行在滔滔黄水的风浪中，出现危险就在所难免了。

以此类比，要是生活中看到、说起那些有潜在危险的载人器具，人们也会拿"小鬼欢气"来比喻。

以前公交落后，私家无车。记得那一年县城举行物资交流大会，四乡的男女老少蜂拥进城赶会，一天几趟的公交车远远乘载不过来。于是，一些家里有农用三轮车的人就趁机搞起了私运。为了满足儿子赶会的愿望，我带着他上了一辆人挤得勉强能坐下的三轮车。一路就像坐上了在浪中飘荡的小船，飘摆颠簸，大有随时翻车的感觉。那时让我想起了父亲说过的"小鬼欢气"，真是后悔不迭。于是就和孩子说："回来时就是跑着，咱也不坐这危险的三轮车了。"

㪇小鱼

因地理环境的不同，造成了各地农、林、牧、副、渔业生产方式的差别。就拿渔业习俗来说，可以说千姿百态。

过去，黄河三角洲上除了黄河，再无大水大河。黄河由于泥沙含量高，历来不易大规模捕鱼。其他沟河湖汊由于水量小，也不适合大船大网作业。所以淡水鱼类捕捞多是使用小型的渔具，像䍏（注：记音词）、旋网、泥母猪等。更小的水域，有的干脆"竭泽而渔"：筑堤打坝，围水圈鱼，把坝内的水"㪇"（家乡方言读若huō）干后，将鱼捉尽，俗称"㪇鱼"。

深水有大鱼，要㪇干水则付出大，不易得。而小鱼一般是在浅水里，围坝、㪇水容易。待水干鱼现，捉起来轻松，易于捉净。所以常用"㪇小鱼"比喻比较轻易地把众多对手尽数收拾。

跑了的是大鱼

家乡捉鱼的人擅长因水制宜，不同的水域不同的季节用不同的方法。拉拽拖网捕鱼叫"拉鱼"，竭泽而渔叫"戽鱼"，用粘网挂鱼叫"粘鱼"，用旋网罩鱼叫"打鱼"，用电枪电击叫"电鱼"，徒手捉鱼叫"摸鱼"，总起来都叫"拿鱼"或"逮鱼"。

就像所有的渔猎行为一样，拿鱼不是每每都能有满意的收获，失手甚至是一无所获都是正常的。在拿鱼的过程中，不管是哪一种方式，漏网之鱼是绝对有的。一般情况下，鱼在水里不容易看清体型的确切大小，人们只是看水的动静判断。没动静逃脱的鱼再大，人也不知道。遇上鱼逃逸弄得水动静大时，除非经验丰富的老手，听动静大都觉得不小。所以这时，打鱼的人往往惋惜地说："哎呀，跑了个大的。"其中，有从声音上的判断。更多的是人的普遍心态：得不到的是好的，跑了的是大的。

腚底下抠泥

戽鱼者竭泽而渔，是比较原始的捕鱼方法：先在湾塘或沟汊上用硬泥筑起堤坝，把认为有鱼的水域围起来，家乡方言叫"打阡"。然后用水桶或水斗子把水戽干。

在一段有落差的河沟里戽鱼，则需要在上下游各筑一条泥坝，上游坝阻挡来水，在下游坝上放一个阻鱼、淌水的䦆（注：记音词），两条水坝之间的水会自己流干，水落鱼出，捉起鱼来就容易多了。这样就少了戽水的辛苦。

如果河沟湾塘的水没有落差，就要靠人工攉水。

但这两种情况，随着坝内水位下降，阻水坝的压力增大，坝体的稳固就是个考验。戽鱼的人就要不断地关注、加固泥坝。弄不好就会发生溃坝的事情，让一切努力付诸东流。

一旦发生溃坝的情况，情急之下，有的戽鱼人就坐在淌水的豁口里，以身挡水护坝。因为人在水中，且以身堵水，故不能轻易挪动，所以，要想搜寻泥巴修复堤坝，远处的泥够不着，只能是在触手可及的范围内，也就是在屁股周围抠挖。所以这叫"腚底下抠泥"。

由于屛鱼人不像现在防洪一样事先要准备足量的石块、土袋、木头等筑坝材料，而是水坝出现了溃漏才采取措施，自然手忙脚乱束手无措。生活中，遇上事到临头因准备不充分而仓促应付的情况，人们就形象地比喻"腚底下抠泥"。

一网打着满河的鱼

整个黄河三角洲，虽然不是鱼米之乡，但区域内河湖沟汊众多，洼湾池塘遍布。长久以来，勤劳智慧的家乡人，积累了丰富的捕鱼方法。有拉鱼、摸鱼、抢鱼、砸鱼、拦鱼、粘鱼、钓鱼、缯鱼、屛鱼、叉鱼等。以前最常见的是"打鱼"。

旋网是圆形的渔网。合拢状态下，通过抡网者提领、旋转、举抛，在网脚子（网坠）的惯性作用下网张开。即所谓"纲举目张"。网落下，把鱼罩住。这个过程俗称"抡网"。被网住的鱼四处逃窜，正好进入渔网末端的网兜。渔人拽纲收网。

抡网打鱼、拖网拉鱼、打阡屛鱼、浑水摸鱼。也就是说，抡网才叫打鱼。当地有俗语："草桥打鱼——两帮（把）儿"。说的是广饶草桥这个地方的人善用抡网打鱼，抡网抡得好，都是采用难度大但能抛得远的"两把"式抡网法。

家乡方言把"两帮儿人"说作"两bā儿人"，这样一来，"帮（bā）儿"就和"把儿"同音，所以有了"草桥打鱼——两把儿（帮bā儿）"。喻指不是一伙儿，或做事情做不到一块。

这句话也证实了"打鱼"在当地单指用旋网捕鱼。

在没有水污染的过去，涨水的河汊，落水的闸口，河边湾头，经常看见抡网打鱼的人。但即使是技术再好的人,也不可能一网打尽满河的鱼。

人们用"一网打着满河的鱼"形象地比喻一个判断、一番指责不加甄别,泛泛而论,把在场的人都牵扯在内。用如此明显有悖常理的举动做比喻,极显对方荒谬。

第二十一章 当局者事

把眼的不嫌局大

局，棋盘。《史记·吴王濞列传》："皇太子引博局提吴太子，杀之。"是说"皇太子就拿起棋盘猛击吴太子，把他打死了。"后来"局"由棋盘引申为下棋、打牌、赌博的活动，如棋局、牌局、赌局等。

过去的农村，在农闲时也有下棋、打牌、推牌九的娱乐活动。冬春两闲、下雨阴天，设下楚河汉界，来番走马飞象。也有支起小桌摸把小牌儿。集体时代，即使是在农忙季节，干活间歇，也有社员在田间地头画上棋格，掐草儿、撮泥为子，下盘"五福"。不管哪种情形，旁边大都缺不了人围观看热闹、支招出主意，俗称"把眼"。这些人叫"把眼的"。

下棋很少用作赌，一盘棋无关钱财利益，娱乐而已，无大无小，因此本条俗语的局是指赌局。

当地赌局一般是打牌、顶牛（注：家乡叫顶牛yóu，牌九的一种玩儿法）、推牌九。若赌注小，参赌者少，谓"局小"，反之谓"局大"。赌局上，当赌注和参赌的人到了一定的数量，参赌者，不管输者赢者，都要谨慎对待。但有那旁观的局外人，因为事不关己，往往撺掇局中人，扩大局势。让赢的乘势加码赌大，让输的孤注一掷挽回败局。这其中有的是出于偏向，有的则是希望赌局大，以带来更大的刺激，好看热闹。

《增广贤文》有语："人情似纸张张薄，世事如棋局局新。"世事如棋局，棋局看人生。有语言表达需要的人们，把棋局牌局上形形色色的人联系到生活中桩桩件件的事，用"把眼的不嫌局大"比喻局外人对局势推波助澜。

拿坐头

家乡话，说一个人在一件事中不出力而拿头份好处，叫"拿坐头"。

过去农村常常有赌博现象，但没有固定的赌场。一些游手好闲或以此谋利的人，通过相约在一起赌博，俗称"起局""凑局"。一般是选择那些清闲家庭临时设局聚赌。这些家庭要么孩子少，要么光棍儿一条。赌局常常是通宵达旦，主家不参赌，只提供灯油坛火。场所的提供，陪着熬夜的辛苦，家庭生活的扰乱，都要有一定的补偿。所以，成局之前都要约好，不管谁输谁赢，主家都要拿到一份钱。根据协商，这份钱有的是赢家出，叫"吃局"；有的是庄家出，叫"吃庄"。这便是"拿坐头"。

《现代汉语词典》解释"坐地分赃"为：（匪首、窝主）不亲自偷窃抢劫而分到赃物。从"坐地分赃"和"拿坐头"这两个词语的"身份"来看，一个是正统的汉语成语，四字成典，结构工整；一个是土生土长的俗语土话，三字成句，自然随口。但从语汇的表现水平上看，这句俗语却高出不少：除了"坐"相同，拿坐头的含义更细致、丰富。其中"拿"不是分，说明拿者有很大的主动性。拿坐头还不同于普通意义上的"拿坐份儿"。坐份，不过是固定的普通一份。但"拿坐头"把当事人的身份特殊性、获利主动性表现得淋漓尽致。齐如山《北京土话》中有"头家"一词："凡成局之人，曰'头家'，即首领之义。后来亦曰'局家'。"既然是首领，拿的自然是头份，家乡俗语真有些春秋笔法的味道。

《清稗类钞》"赌博类"所记"赌博之抽头"："召集博徒于家而饮食之，伺其既胜，或二十取一焉，或十五取一焉，谓之抽头，俗所谓囊家者是，宋苏东坡所谓赌钱不输方。"

此种做法，《中国近代江湖秘闻·秘密赌窟》有一段翔实的记录，给我们做了细致的诠释：旧时每逢过年，上海总有一批人租借密室，大开赌场，抽头渔利，这种勾当，叫做"挑头场"……赌客中必有一人出而为上风。若推牌九，吃注（赢）十元，抽头五角；配出（输）者一元抽五分。这叫"进出头"，抽头都是5%。要是上风赢了，又须抽若干，叫"护庄头"。而代为"戳角"（注：在赌桌旁帮助点钞、收付款），供应茶水，递送毛巾等，还有一笔收入。每一名赌客，不论是赢是输，总须向场主支付费用，谓之"拆小头"。大约赢100元实得不过70元，另外30元被场主以各种名目所攫取。若是输100元，则须抽头5%，所以实际是输105元。一元钱在赌桌上进出20次，这一元钱就进入头盆（场主存放头钱用）中。场主每天的收入，一般数百元，多则一两千元。

搅局

生活中办一件事，遇上有人故意扰乱或阻挠，家乡俗语谓之"搅局"。好比说："他是来搅局的""好好的事，叫某某某给（jī）搅了局了"。

搅局一词来自赌场。近代中国社会史料丛书《近代中国江湖秘闻》记述："（大赌场）赌局抽头，收入之大可用'日进斗金'形容。有的人想争行夺市，取而代之；有的人则企图通过大闹赌场，分得一杯羹，因而便有'搅赌局'这种事。"

书中记载，清末至民国年间，天津有一种流氓叫"混星子"，官方称为"锅匪"，专喜搅赌局。有时是单枪匹马闯进赌场，平白无故破口大骂，扬言如赌局局头不将赌局让他干几天，他就把赌局闹个天翻地覆。赌局局头亲自出面，连哄带吓。混混儿不吃这一套，仍吵闹不止。局头一声令下，打手们蜂拥而上，操起斧把乱打。混混儿立即躺倒在地，两手抱后脑，胳膊护住太阳穴，两条大腿并紧，侧身而卧，还要倒在门口，拦住去路。倒下后，口中还恶骂不止，为的是刺激赌局局头等人，好叫他们将自己重打一顿。打够了，局头吩咐打手们住手。这时另有人来问明受伤的混混儿的姓名、住址，用门板将他抬回去治疗、养伤。按当时天津地方的规矩，赌局局头还要亲自登门探病，送钱送礼。痊愈后，赌局每天给予一两吊钱津贴。只要赌局开一天，就要给一天的津贴，这叫"拿挂钱"。

这是用送上门去挨打的方式搅局。另一种搅局的方式，讲起来叫人简直不敢相信。混混儿闯进赌场，到赌桌前操刀割下一块肉，作为押注。有的宝官二话不说，从自己大腿上割下一块三倍大的肉，作为赌注。如混混儿赌输了，宝官将混混儿的腿肉拎走，混混儿就占不到便宜，只好使出另一招，就是类似前文说的挑衅，有意招来毒打。有的赌局局头怕把事情搞大，赶快对混混儿赔笑说好的，并吩咐手下："快给这位朋友上药！"有人便拿来"药"——一把盐，敷在混混的伤口上。混混儿尽管疼痛难熬，也要装作不在意。敷过了"药"，赌局局头劝解一番，答应每天支付津贴，混混儿才肯收场。

混混儿送上门挨打，要让人打出个名堂来，方能得到赌局每天开给津贴的报偿。如打得不重，或打时忍不住哼了两声，混混儿就达不到目的，有时还要被奚落。这就是赌棍和流氓相遇演出的一幕丑剧。

混混儿集体搅赌局的事，也时有发生。一伙混混儿冲进赌局，掀翻赌桌，砸坏家具，宣称：今天要来接收赌局。赌局打手在赌局局头的指挥下，一拥而上，双方展开恶战。交战结果，如赌局败，则赌局局头就带着手下人弃赌场而去，赌场为混混儿所占领；如混混儿输，他们便乖乖地撤走，赌场仍为赌局局头所有。要是双方相持不下，就会由局外人从中调解，以混混儿跟赌局局头共同占有赌场而了结纷争，混混儿算是达到了目的。

这样的搅局，都是发生在城市里盈利大的赌场中。像家乡一带都是小赌小局，值不得有人承受如此大的伤痛来搅局。但在聚赌的过程中，也时常因为有来自这样那样的情况而搅了赌局的事情发生。因此这句或许来自外埠的俗语，也就被当地人理解、接受并应用了。

出点子

点子，一个流传广泛的词语，最常见的用法是指"办法、主意"。比如说："他点子多""净歪点子"。要是需要别人给自己出个主意想个办法，就说："你给出个点子。"秘而待发的主意，家乡话称"鼓鼓点（注：记音词）""鬼点子"。

主意、办法为什么用"点子"来代表呢？

赌具五花八门，常见的有牌九、纸牌、色子等。过去，我所见的家乡赌博形式是玩儿牌九。牌九有两种玩法，一是推牌九，二是"顶牛"。牌九博具是长约四厘米、宽约两厘米的长方形硬木板、竹片或硬木贴骨面，共32块，也叫32张。面上是排列不同、个数不一的圆点，个数从2到12。出牌的输赢，都是根据牌面上的点子数来设计规则。因此，出牌就是琢磨点子数、出点子牌，点子便成了琢磨的内容。所以，看到人在琢磨事儿、拿主意，就说："他在那里琢磨点子。"引申开来，出主意，就成了"出点子"。

先弄个幺在手

扑克的传入，让国人的消遣又多了一种活动，也有用扑克来赌博的。不管是赌博还是闲耍，总见有人做些小动作，偷牌换牌。

有种扑克玩法叫"扒光腚"，就是每人各出一张牌，以牌大者为赢，其他人就要把小牌送出，直至有人把所有的牌都送出、输光，成为"光腚"。

有那不实在的人，为了赢牌耍手法：扒光腚的规矩，输了的人要洗牌，又类似下象棋礼让弱者一样，下一局开牌输者先摸牌。于是洗牌者自己把一张最大的"老幺（A）"放在上面，摸牌时他先摸过来，也就是先弄个幺在手。

后来，比喻那些不管结果咋样，先用手段取得先手的做法，就说是"先来个幺在手"。这句俗语和山曼先生《齐鲁乡语谭》收录的"先打个兔子别在腰里再说"，在意思表达上有异曲同工之妙。

说出大天来也白搭

古有"樗蒲"博戏，也叫"五木之戏"，博具由五块樗树子状的木片组成。每块木片正反两面分别涂成黑白色。博戏规则以投掷落地的博具呈现的颜色组合判定大小、输赢。博具共六种组合，五白最大，称"卢"；四白一黑次之，称"雉"。所以博戏者在"五木"掷出但还没有固定出颜色时，往往呼喊着希望得到的"卢"，即所谓"呼卢"；当看到出现一黑色时，知道求"卢"是不可能了，就退而求其次，转而喊二等的"雉"，即所谓"喝雉"。这就是呼卢喝雉代指赌博的来历。李白诗《少年行》："呼卢百万终不惜，报仇千里如咫尺"。陆游《风顺舟行甚疾戏书》诗句："呼卢喝雉连暮夜，击兔伐狐穷岁年。"说的是戍边军士夜夜赌博、天天打猎的生活。

虽然博戏的博具、形式千变万化，但博戏者的心态是一样的。博戏中有"卢"则呼卢，无"卢"则喝雉，没卢没雉那呼喝什么呢？在推牌九中，最大的牌是"天"，俗称"天牌""大天"，是博者最希望得到的牌。《江湖丛谈》有一段详细的描述："有学他们的叫牌法的人，他们说这种方法，不论是打麻雀、打扑克、推牌九、押宝，只要是关于赌的耍儿，要学会了叫牌法，想用什么牌，就叫什么牌。譬如推牌九吧，上家是露出九点，对门是八点，下家亦是九点，庄家露出一张大天，手里攥着一张牌，不是大天，是别的点儿。如若叫：'来张大天！'那手里的牌就能变成大天。一对大天，能赢三家吃个通。叫牌法就能有这种力量！"

这个出老千来的大天，从表面看似乎是"说"出来的。

赌局上"说"出大天来，赢钱能心随所愿，但生活中遇上问题就是两码事了，说出大天来也不一定能解决问题：一个人为了说服对方接受自己的某种说法，不厌其详，极尽劝说之能。而对方心坚如铁，明确态度："你就是说下大天来也白搭。"意思是不管你说啥，我都不答应。

和押宝一样

押宝，是赌场术语。而"押"最先是源自契约习惯。债权人为了利益不受损害，让债务人写下契约文书，质押在债权人手里作为凭证，即所谓"空口无凭，立字为据"。"字据"由此而来。为了保证契约信用，债务人要亲自署名、画押。

赌场上讲究"离手无悔"。约定俗成的赌场规矩，都是具有源自质押信用的效应。因此放钱买赌的行为，也便成了"押"。

旧时代赌博方式很多，有麻将、牌九、扑克、骰子、宝、担、金钱、百子担、抓担、干子宝、黑红宝等。赌场中，带"宝"的赌博形式，主赌者做局叫"做宝"或"出宝"，来赌者放钱买宝叫"押宝"，公开宝数叫"开宝"。

押宝、投注、下注都是赌场形式不同的买赌术语，而实质都是放钱参赌。而民间则不细分，因此，赌场也叫"宝局"，赌博投注都称押宝。

投资于某种利害成败无法断定的事项上，投资者对项目缺乏十足的把握。一半凭勇气、运气去做，最终还真赚了钱。事后自己对这个结果都不自信，就说："当时就和押宝一样啊，心里一点儿数都没有。现在想想，真有些后怕！"

第二十二章 人生终礼

白喜事

家乡有语"红白喜事"。按语法分析,"喜事"分别受红、白修饰,词语意思应该包含红、白两种喜事。原先一直不解,怎么会有这样的结构呢?家乡话"红白事"好理解,红喜事也好讲,白喜事怎么讲?过去,男女结婚多用红色装饰器物、环境来彰显喜庆,于是叫"红事";亡者丧葬,多用白色,以示哀悼,所以称白丧事,或简称"白事"。白事儿何喜之有?当时怀疑是不是家乡方言的随意所致。

后来读书看到这样一段文字,方才明白,也证明了家乡方言并非杜撰:"清朝乾隆年间探花刘凤浩,遇一人家,在为儿子办婚礼的时候,高龄的老人也正巧过世。刘凤浩为此撰对联一副:红喜事,白喜事,红白喜事;哭不得,笑不得,哭笑不得。"

高寿的人去世的丧事,因老人能活到高寿,并且子孙满堂,相比那些低寿而亡的人,结局要好,所以民间也叫"喜丧"。由此,称白喜事也就有了依据。白喜事联系红喜事,合称"红白喜事",泛指婚丧。"红白喜事""打墙盖屋""孩生日、娘满月"连起来代指农村日常生活、交往的事务。

"人生自古谁无死""西方路上无老少"。若儿孙满堂,高寿离世,寿终正寝，也不失为人生一喜。

出殃

过去，由于科学知识的缺乏，人们对生老病死不能正确认识，大都按迷信思想理解。1995年版《广饶县志》第三十四编第一章"宗教"第六节"迷信禁忌"："人死后算卦有'殃'，要出'殃'"。

过去民间，围绕着"殃"，在丧葬仪式中有比较复杂的程序。"所谓'殃'，民间认为即死者最后所吐之气。俗谓此气凝而不散，夭亡或冤死者尤甚，人遇之则死，这就是所谓的'遭殃'，故预防而驱散之"。（《中国民俗通志·丧葬志》）

过去的丧葬礼仪中，开殃榜是很重要的一项。有的地方"榜"的内容很复杂，简单地说就是记载死者生卒时辰、生肖冲克及有关殡殓活动的内容。其中就有对于死者"殃"出的时间、方位。甚至写有"殃"的颜色、高低，为的是让人躲避。因为人们认为"殃"是死者六魄形成的，人死后就要离去。由于一些原因，"殃"不能出而留在家里，这样对居家不利，那就该"出殃"。

对于"殃"，各地对其性质的认识基本相同，但驱散之法各异，大体有两种方式，一种是丧家自己做，一种是请阴阳先生来做。

《中国民俗通志·丧葬志》有这样的记载：出殃有一定的仪式。丧家要根据殃榜上所开出（殃出）的日子、时辰，把死者临终时的卧室布置起来，通常是把死者的被褥铺好，衣服打开，放在炕头。打一盆洗脸水，放上毛巾、肥皂。小桌上摆上点心、茶水、烟具等。如果死者是女性，还要摆上梳头匣子和化妆品。根据推算出来的出殃的方向，还要把窗户撕开一个洞，好让"殃"从这里出去。有的还在桌子上摆一碟没有包馅的饺子，说是让亡魂吃了觉得没有滋味。另外，出殃时有的把炕席卷起来，在炕上洒一些灰，有的则在地上撒一些沙土。根据民间的说法，出殃后，灰或沙土留下死者的足迹，据此可判断亡者托生的类别。

有时也会碰到阴阳先生所说的"六凶神冲，殃不出"的现象，这主要指死者去世的年月日时冲犯"六凶神"，致使殃煞占据住宅的一个地方不出来，从而使殃煞留在家中而可能对活着的人不利，所以这需要阴阳先生来禳解。其实也是"出殃"的一种形式。书中记录了禳解的烦琐过程，在此不作赘述。

汉族百姓进行一些与神鬼有关的活动，大都是为了祈福、禳灾，不算是信仰。因此，自己做，是"宁可信其有，不可信其无"；别人做，则有对其言行嘲讽的现象。

也许是"出殃"的仪式在当地不常见，因为对于庄户人家来说，发丧出殡，几天下来，花销颇大，有的会因此手头变得更紧，而做出殃的法事也要花钱。偶有做的，别人见了，难免被认为是搞怪、闹特殊而引来非议。

所以，生活中有人做事特别，不被众人认同，就有人说："待（在）那里出殃。"或者说："净出殃""真是出煞那殃啊""出不尽的那殃"。

趴到灵棚里装亲生的

旧时代的农村家庭中，那些因母亲改嫁而跟随到继父家生活的继子、遗腹子，难免要承受一些有形无形被区别对待的压力。这种压力不但来自家庭内部，也来自继父家的宗亲族人。受封建宗法观念影响，人们认为，保持宗族血脉纯粹是对祖先、家族名誉的维护。所以，通常无宗族血缘的人（族人配偶除外）是上不了族谱，进不了祠堂的。甚至，继父去世，连披麻戴孝当孝子参加葬礼仪式的资格都被质疑，因为，当孝子就意味着继承家产。

过去在农村时，为亡者发丧出殡有烦琐的仪式程序，其中，拜祭是最隆重的仪式：亡者家里设下灵棚，亲朋好友前来献供祭拜，凭吊亡灵。亡者的男性后辈，都要在灵棚分列，跪哭陪灵。此时，前来帮忙、看事的人多。那些闹纠纷的人为了要挟，往往在这个紧要档口生事。族内为争夺遗产，有将那本来已经披麻戴孝陪灵陪哭的继子或遗腹子赶出灵棚的事情。这些可怜的人，往往被欺辱为"趴到灵棚里装亲生的"。此情此景，往往叫善良的人唏嘘不已，感叹物欲下的人情冷暖。

社会上还有另一种现象：按迷信说法，如果幼子与父母命相相冲相克，为保全大人孩子相互平安，家里的长辈就要为幼子认干娘。有了干娘就有了干爹。当地风俗，干娘干爹过世后，干儿子要和亲儿子一起陪灵。原本这也无可厚非。但是，《清稗类钞·风俗·势利》还记叙了这样一种情况："甲乙二人彼此本为友矣，而乙见甲之富贵日渐增盛也，益思有以交欢之，且欲附于戚党之列，得使其攀缘于异日，夸耀于他人也，乃以子女寄拜甲之膝下，而认之为干亲。其与人必曰为舍亲"。这种趋炎附势的行为，往往会被人讥讽"趴到灵棚里装亲生的"

生活中，两个人原本关系远，但其中一人出于某种利益原因，在对方的某件事上，表现出了超乎关系的关心和热情，就会被人讥讽为"趴到灵棚里装亲生的"。

和抢孝帽子似的

《礼记》有"五服"的概念，以此来区分血缘关系的亲疏远近。这些古老的礼制，流传了几千年，直到今天，依然影响着我们的生活。平日里，论起族情亲疏，都按五服来论。

其实，古代礼制中的"五服"有两种：《汉书·地理志》："尧遭洪水，怀山襄陵，天下分绝，为十二州，使禹治之。水土既平，更制九州，列五服，任土作贡。"何谓五服？服，服从也。《国语·周语》记载，周穆王时祭公谋父曾阐发过五服，说："先王之制，邦内甸服，邦外侯服，侯卫宾服，夷蛮要服，戎狄荒服。日祭、月祀、时享、岁贡、终王，先王之训也。"具体而言，即以王畿为中心，按相等远近做正方形或圆形边界，依次划分区域为"甸服""侯服""宾服"（汉书作"绥服"）、"要服""荒服"，共"五服"。《荀子·正论篇》云："封内甸服，封外侯服，侯卫宾服，蛮夷要服，戎狄荒服"。《诗经·大雅·文王有声》："镐京辟雍，自西自东，自南自北，无不思服。"

王城四周各五百里的区域，叫作甸服：其中最靠近王城的一百里地区缴纳带藁秸的谷物，其外一百里的区域缴纳禾穗，再往外一百里的区域缴纳去掉藁芒的禾穗，再往外一百里的区域缴纳带壳的谷子，最远的一百里缴纳无壳的米。甸服以外五百里的区域叫侯服：其中最靠近甸服的一百里是封王朝卿大夫的地方，其次的百里是封男爵的领域。其余三百里是封大国诸侯的领域。侯服以外五百里的区域是绥服：其中靠近侯服的三百里，斟酌人民的情形来施行文教。其余二百里则振兴武力以显示保卫力量。绥服以外五百里是要服：其中靠近绥服的三百里是夷人住的地方，其余二百里是流放罪人的地方。要服以外五百里是荒服：其中靠近要服的三百里是蛮荒地带，其余二百里也是流放罪人的地方。

以王城为核心的"五服"区划，由近及远，基本按与王的亲疏远近关系划分。这种亲疏关系同样表现在丧礼服饰上。

华夏传统文化，讲究"慎终思远"，以此当作敬孝教化，修身养德的方式。中国封建社会是由父系家族组成的社会，以父宗为重。其亲属范围包括自高祖以下的男系后裔及其配偶，即自高祖至玄孙的九个世代，通常称为本宗九族。在此范围内的亲属，包括直系亲属和旁系亲属，为有服亲属，死为其服丧。血缘近者服重，远者服轻，依次递减。服制按服丧期限及丧服粗细的不同，分为五种，即所谓"五服"，由重到轻，依次为：斩衰（音摧）、齐衰（音资崔，zī cuī）、大功（亦称"大红"）、小功（亦称"上红"）、缌麻。

"五服"丧制，不但规定了穿戴的服饰，还规定了穿戴的期限，称"服期"。"五服"的服期各有不同，最长的三年，最少的只有十四五天。时间的长短也体现、区分血缘关系的近远。家乡一带论族情关系近远，常说"和谁服期近，和谁服期远""有服期""没服期"，即由此而来。

《齐如山文集》"国人善制礼"一篇论述道："古云：'非天子不议礼，不制度。'其义固不见得是说天子尽知礼，但礼仪制度，必须在上者制定，行之全国，方得齐整一致。若人人皆可随便出主意，则所有礼节制度必致杂乱分歧，毫无系统矣。国中数十年来即犯此病，民国后将前清之制度一概废去，而又未悉心审定。国人风有创造礼制之兴趣，以致社会婚丧等事日见分歧……如正办丧事时所穿之服，尚可勉强仿古，但又不能常穿，因常穿之服与古制大不同也。于是各处有各处之规矩，各人有各人之服色……"

随着社会的发展，以及生活背景的原因，后世的丧服制有了不同程度的简化，不管是服饰还是期限，到了近代变化更是明显。像黄河三角洲一代贫穷偏僻的地方，虽说还叫"披麻戴孝"，孝服早已不是麻布质地，款式做工也只是依稀还有古制的痕迹。如"孝子之服"，边缘不缝，这就是源自"斩衰"所谓的"斩"。其他辈分的孝服，也和古制差别很大。但各种孝服的轻重之分、亲疏之别，依然分明。

在黄河三角洲，"五服"远亲的孝服只用白布蒙缝在鞋面上，谓之"表鞋"，俗语"'五服'沿儿，表白鞋儿"；"五服"外的近支，即"同五世祖的亲属"，丧家要分给"对麻（注：记音字，音若"骂"）儿"，也就是两块叫"麻子"的白布，类似古礼"素服"中的"免"。但对服外的人只是礼数而已，并不实际佩戴。

每个近亲戴孝者，在丧礼过程中也戴麻子，就是所谓的"孝帽子"，也就是古籍说的"以尺布缠头"。"麻子"之称，是否来自"披麻戴孝"，未考。

一块用来缠头的尺布，为什么称"帽"呢？《说文》解释"帽"是

"小儿及蛮夷头衣也"。《山东社会风俗史》:"李时珍《本草纲目·服器部》讲:'古以尺布裹头为巾,后世以纱罗布葛缝合,方者为巾,圆者曰帽。'"也就是说,古代的帽是裹头巾的一种。因此,方言中的孝帽子的帽,是古代的帽,不是现代的帽。

按当地风俗,第一次戴麻子的小孩儿,在丧礼完成以后,要把麻子也就是孝帽子,扯下来扔掉不要。这大概是让小孩子远离晦气的意思吧。

在物资极度匮乏的年代,这一尺见方的白布,都是不易得的。该分到"对麻儿"的远支,时常有因丧家失误漏分未得而闹纠纷的。所以,当大人把孩子头上的孝帽子扯下来扔掉时,周围很多人,尤其是家庭妇女就抢来做笼布,或做鞋里子布。

毕竟与殡仪有关的事物,都被人们视为连着"丧气",所以抢孝帽子这一不雅的行为,就被人们拿来讽刺那些让人反感的不体面的哄抢行为。

今天殡仪改革,使流行了两千多年的繁文缛节,消失在了历史的长河中。但至亲情缘,不会因形式的简化而减弱。文明节俭的礼仪背后,依然是活着的人对至亲逝者的无限缅怀!

砸了瓦碴儿子了

《淮南子·齐俗训》:"入其国者从其俗,入其家者避其讳。"忌讳,是过去重要的生活习俗,语言避讳是其中之一。如对死亡,过去家乡人除了骂人,平常都是用一些含蓄的语汇表达。如"老了""走了""咽气了""没(mú)了"等。也有用与殡仪相关的事物指代。像现在有"爬烟囱",过去则有"砸了瓦碴儿子了"。

传说在古代,有个叫张生的读书人,娶妻何氏,生了个儿子金生。可是,何氏因产后血崩而亡。后来,张生又娶了继室,金生有了继母。继母像亲生儿子一样照顾着幼小的金生,白天抱着,夜里搂着。张生看了很欣慰。可是好景不长。金生三岁时,张生得病去世了。金生继母的娘家人都劝她趁年轻改嫁，可是继母死活不同意。她和娘家人说："三从四德是女人本分，我嫁给了张生，就要从一而终。金生从小没娘，现在又没了爹，我不能丢下他不管。等金生长大了，我就熬出头了。"

为了把金生抚养成人，继母真是经历了千辛万苦。家里有什么好吃的，继母就放在家里床头柜的瓦盆里，方便幼小的金生拿着吃。一晃十几年过去了，金生长成了小小书生，十五岁考中秀才，十八岁中了举人，成了县里备受青睐的年轻才俊。但他还是改不了从床头柜的瓦盆里拿瓜果零食的习惯。继母也照例把好吃的东西放在盆里。

就在金生准备来年会试的时候，继母却病倒了。金生请来良医诊治，没日没夜地悉心照料，可苦命的继母还是去世了。金生哭得死去活来，每当他看到床头柜上那个盛瓜果的瓦盆，睹物思人，泪水就忍不住地流，以致昏厥过去好几次。乡邻们见了，觉得这样哭下去哪行呢，于是，在发丧时，趁着金生哭晕在棺材旁的机会，让人把那个瓦盆给摔碎了。从此，民间举行丧礼时，便有了摔瓦盆的习俗。

这种习俗，在家乡演变为摔瓦和砸碗两种形式：亲朋们祭拜完毕，帮忙的人给死者盖棺，然后抬棺离家。这时，由顶瓦的长子把顶在头顶的瓦片摔碎。还要请帮忙的人用菜刀打碎一个黑碗。"砸了瓦碴儿子了"由此而来。

干顶瓦

农村丧礼有一项叫"顶瓦"的风俗。顶瓦人的确定，体现顶瓦者在家族中的地位。意味着顶瓦者在继承家产以及将来主持家庭事务中，是当然的主导者或最大受益者。王力主编的《中国古代文化常识·大宗、小宗》有述：古代宗法上有大宗、小宗的分别。嫡长子孙这一系是大宗，其余的子孙是小宗。周天子自称是上帝的长子，其王位由嫡长子世袭，这是天下的大宗；余子分封为诸侯，对天子来说是小宗。诸侯的君位也由嫡长子世袭，在本国是大宗；余子分封为卿大夫，对诸侯来说是小宗。卿大夫在本族是大宗；余子为士，对卿大夫来说是小宗。士和庶人的关系也是这样。在宗法上，大宗比小宗为尊，长子比其余诸子为尊。嫡长子被认为是继承始祖的，称为宗子。只有宗子才有主祭始祖的特权，才能继承特别多的财产，应该受到小宗的尊敬。《礼记·大传》说："尊祖故敬宗；敬宗，尊祖之义也。"这样，嫡长子的地位就显得特别高贵，对其余诸子来说，在家族上是以兄统弟，在政治上是以君统臣。

顶瓦是由亡者的长子担当。独子即长子。无子者从侄孙辈中由亲疏关系排定，不能随便安排。因为，尤其是无子亡者，对于非亲生子顶瓦者的选派，通常是经过家庭或家族商议安排的，否则就会因日后的财产继承问题产生纠纷。俗话说"侄子门前站，不算绝户汉"。旧时代，那些无子者的家庭，为了自己一些实际生活问题，尤其是身后事能得到家族中人的帮助，生前就拿出一些家产给侄子辈中的某人，让其为亡者顶瓦送终。不然，得罪了族人，很多事务就会受冷落，事情变得难办了。

也有一种情况是，非亲生子给别人顶了瓦，但由于亡者贫穷无资产，或者其他原因，没有继承到财产。在家乡，做了一件事，没有回报，就称为"干"做了。因此，给别人顶了瓦，却没有得到相应的好处，便是"干顶瓦"。这话也被人们用在生活语言中，表示为别人做了某种付出而没得到回报。

少不了老和尚那俩经钱儿

《山东社会风俗史》"延僧道诵经超度"一节，在讲述近代山东各地丧葬风俗时写道：《菏泽县志》载："士大夫旧不用浮屠，迩来竞崇佛事，相沿以成风矣。"无棣"治丧延僧道，通夕诵经"，齐河"邀僧道讽诵佛书，梵音铙吹，声闻远迩"，临邑"念经修斋，佛事盛作"。这些地区情况各异，即便是流行，也颇有微词。临淄"或有用僧尼道士作佛事者，然皆出妇人女子之意，近多非之"，长清"亦有用僧道通（诵）经者"，惠民"亦有尚浮屠作佛事者"，临朐"招聘僧道，诵经作斋，此种迷信在明达之家犹所不免"。而山东潍坊以东的县区，延僧道之风较少。1934年《昌乐县志》载："延请僧道做斋诵经与夫迷信风水，停枢不葬者，本邑尚少此风。"莱阳"中产之家，于初终次午佣鼓吹，延僧道"，蓬莱一带"百日、周年俱有祭，间作佛事"。

上述内容都是记载山东各地以前治丧时请僧道诵经做法事的情况。

据北京市政协《文史资料汇编》第二十二辑，付长青《回忆东岳庙》一文说："旧时的北京，人们受到儒、释、道'三教圆融'的某些影响，在宗教信仰上往往佛、道不分，管和尚叫'青衣僧'，道士叫'蓝衣僧'，喇嘛叫'黄衣僧'。""那时，一般大户人家办丧事，都喜欢请东岳庙的道士念经。开始，请东岳庙的道士念经都先不讲价钱，后给封香资。封香资只有多封的，没有少给的。后来慢慢就先讲价钱了，念经管斋的一天五角，不管斋的每天一元。"

由于过去这些社会现象的存在，影响了人们对语言的创设，在遇到前来讨债或要工钱、报酬的人，如果数目不大，讨要的人要得急，被讨者又给得不痛快，或想拖欠，就会不耐烦地说："你急啥？还少了老和尚那俩经钱吗？"或者说："少不了老和尚那俩经钱啊！"

第二十三章 耒耜耧耙

二齿子挝地没了镢

二齿子是一件农具,镢也是一件农具。这两件农具结构相似,使用姿势相同,都是抡起来,砸下去,抓起来,俗称"挝"(注:记音字)。

镢通常用来挖掘地瓜、萝卜等块根作物。如"挝地瓜""挝萝卜"等。因过去收获玉米高粱也连根刨,家乡就说"挝棒子(玉米)""挝秫秫"。《乡言解颐》:"白露斫高粱,寒露打完场。"把"挝"写作"斫"。斫是单纯砍,而"zhuā"的动作砍挖连动。并且农具二齿子、三齿子、四齿子都不是砍,家乡也说"使二齿子zhuā"。三齿子、四齿子也一样。所以,写"挝"更合适。

在牛耕时代,小地块用牲口耕不方便,或者缺牲口少犁具的人家,就用镢或锨翻整。用锨,当地叫"翻地""揠地""撅地";用镢,俗称"挝地"。

二齿子只有两根长齿,插入草堆方便。通常用二齿子来扒放那些成垛成堆的庄稼、柴草等。因没有锨、镢那种兜土的铁平面,所以不适合翻土整地。所以,如果看到有人用二齿子挝地,那只有一种可能,就是没镢。

在黄河三角洲的大部分地区,生活中,如果一个人面对一个难题或一个对手,表现得没办法或认怂,那些关切的人就会说:"平时觉(jiǎo)

着了不得（di），这霎（现在）没决了吧"。没决，当地方言。意思是：没本事了。

"没决"和"没镢"同音，所以，俏皮人就运用谐音双关关系，用"二齿子挝地没了镢（决）"表示遇事没决断、没办法、没能耐了。于揶揄之中添些诙谐，指责之中透露着温和。

过去，确有用三齿子、四齿子（比二齿子齿多，齿摆列相对密，能兜土）挝地的。二齿子挝地，也许是过去那些一贫如洗的庄稼人真实而无奈的办法，也许是为了语言表达需要而故意虚构。

自家的笆子上柴火

家乡过去有句顺口溜"无能无奈，拾柴火剜菜"。20世纪80年代以前，庄户人家，工闲时的大人，干不了重活的孩子，割草剜菜是经常的事。

严格地说，割草和拾柴火是两码事。草是来喂牛羊骡马的，一般长在水边和庄稼地里，草质相对较软，气味清新，像热草、芦草等，是牲口猪羊的好饲料；而纤维粗，草质硬，气味大的皮根头（学名：二色补血草）、绊子草（结缕草）、刺蒌蓬（猪毛草）等杂草，牲口不爱吃，但燃烧值大，是很好的柴火。多长在光照强、干旱的沟头涯岭荒坡野地。

割草用镰，拾柴火有时不用镰割，是"捡拾"，所以才称"拾"柴火。正如当地俗语"秋后拾豆茬，春天拉大笆"。春天青黄不接，野地里显眼的荒草干柴早被人们收拾净了，透气差，怄烟少火的烂麦穰，碎裹脑（注：记音词），都弄来烧火。在地里晒了一冬的棒子茬干透了，人们背上包袱去捡拾。还有就是拉大笆。

大笆，顾名思义就是体形大的笆。它长达近一米的齿，是用乡人称作"豆条钢"的黄豆粗钢条弯制而成。四五十根钢条间隔两公分，均匀地排列，顶端穿过两块前后横置的方木条固定好，而钢条的末端向下弯着约两公分长的弧钩。钩子的形状关系着柴草的爬升效率，土话叫"上柴火""不上柴火"。所以钩子既要造型有力，又要圆弧顺滑。顺着顶端穿笆齿的两个方横木条上方，分别钉着一个订书针形的铁箍圈，大小刚好能插入扁担头。插好扁担，再用绳子绑固定。绳子另一头结成一个绳套。拉大笆的人把绳套挂在肩上，一手扶着平放的扁担前端，然后迈开步子向前拉就行了。

有大笆，就有小笆。在过去黄河三角洲的农家，家家户户都有一张用来搂草搂柴的笆子，一米多长的把，一尺多长的齿。笆子齿是竹篾子做的，末端是用火烤了后，人工弯成的九十度左右的钩。树叶、庄稼叶、碎柴草，被耙子的弯齿挂到后，在拉力的推动下，顺齿上爬。爬得顺，爬得多，也就是"上柴火"。

有时借邻居家的笆子用，因为不是使惯了的自家工具，自然不顺手，觉得不如"自家（gā）的笆子上柴火"。

这句话用来比喻自己的工具好使。或比喻自己的人在一些事情上比外人上急（急所急）。

放下杈把摸扫帚

手工农业时代，收获来的麦子、豆子、谷子等庄稼，要脱粒，都是在场院用碌碡碾压。杈把扫帚是最常用的家什。

麦收前，要把荒闲了大半年的场（当地对打麦场的叫法）锄整好，叫"拾掇场"。然后泼场（湮场）、碾场。

麦子上了场，把麦子棵厚薄均匀地摊到碾压结实的场地上，叫"放场"，也叫"摊场"。这时主要使用的工具是杈，也叫"杈把"。用易于弯曲造型、坚韧结实的白蜡杆、柳杆，经过定型做成。有三齿或四齿，能杈能推能端。麦棵放开了，再用竹扫帚围着周边扫净圆边，叫"撩场"。从此，场院上的活儿便离不了这两件家什了。

为了早晒干，摊放好的麦子每隔一段时间就要用杈挑着翻一遍，叫"翻场"。翻过一遍，照例再拿扫帚围边"撩场"。如此多次翻晒。晴天，用差不多一两天的功夫晒干，就要"打场"。杈把扫帚使用的频率就更高了。除了拉碌碡、用碾杆打场，其他时间一家人都是翻挑、堆放。等场上的麦子碾压脱粒干净了，就要马不停蹄地拿杈将麦穰挑起、推走，这叫"起场"。麦穰挑净，再用推耙把麦粒堆成堆，叫"堆（方言念zuī）场"。以上场景，《庄户杂字》这样记载："铡开麦个子，勤使蜡叉翻。下晌垛了穗，早晨再另摊。明日把场打，麸料牲口餐。套上骡和马，不禁碌碡颠。笆先起了略（撩），刮板聚堆尖。扫帚扫净粒，伺候好上锨。"

麦粒堆好后，只要风力合适就得赶紧扬场。父亲说"'船使八面风'，扬场也是一样"。又道："有风没风，堆在当中。"粮食粒堆到当中，东西南北，八面来风，任我使用。

拿父亲的话说，风可遇不可求。好风来了，打干扬净，粮食收到家里才算是收成。如家乡农谚："谷上场，麦入仓，豆子扛到肩膀上。"风不好，粮食扬不出来，遇上天气，粮食就要受损失。最起码，晚上要守在场院里看守。为了不错过那阵好风，簸箕一扬开了，全家人都要忙活。扬场的甩簸箕，供锨的忙上锨，其他人扒堆、撩场、推下檩。人手少了就要"撂下杈把摸扫帚"，干了这再干那。

后来，这个劳动情形比喻人干活主动、勤快，不闲着。

借就梛梛头砸坷垃

牛耕时代的农业生产活动全是手工劳动。在靠天吃饭的条件下，地里最重的活就数整地了。现在水浇和机具条件好，农田翻耕整平，都是在墒情合适的时候，地耕起来后，耢耙两遍就行了。可在靠天吃法的时候，节气到了，雨水没下，地干土硬，耕起来后，地里有很多土坷垃。牲口拉的木耙，又没有今天机械耙绞旋的功能，所以，耢耙上四五遍有些坷垃也耙不开。很多时候是坷垃遍地。农谚曰："麦子不怕草，就怕坷垃咬。"于是只好人工砸，俗称"砸坷垃（家乡方言kuǎ lā）"。

为了提高砸坷垃的效率，不少人家里都有一件专门的工具——木榔头，俗称"榔榔头"。木榔头分杆和头两部分。选取木质坚硬的果木作头，大半尺长，圆柱形。取其中段凿榫、安把儿，把儿长一米多。果木做的榔头，比铁轻便，着力面积大，又有一定硬度，不易腐烂，轻重适中。那时晒粪、整地、敲粪疙瘩、砸土坷垃，木榔头是应手的工具。冬闲捉鱼也是砸冰的拿手工具。

木榔头的工作原理是借助其自身重力，借力打力，增加打击强度，从而达到省力高效的目的，所以借力是它最突出的用法。因此，劳动人民就把这个特点借用到语言表达上，表示有人借助别人的话或影响，给人施加压力，敲打、打击人，就说他"借就榔榔头砸坷垃"。

懈晃耧

家乡人形容那些结构松动不牢固的物件，或身架松散无力的人，常比喻"和懈晃耧一样"。

凡是普通话里读音xiè的字，在家乡方言里都念作普通话里不存在的音"xiài"。如"解事（能理解事）"的解，姓解的解，松懈的懈，懈劲的懈，机械的械等。懈晃，是典型的黄河三角洲方言，指物体结构松动不牢固。

耧，农业生产用来播种的农具。播种的方式有耧播、撒播、沟播、点播。大面积的播种是用耧播，也叫"耩地"。有的地方就把耧叫作"耩子"。

木耧出现于汉朝，直至沿用到新中国成立以后的20世纪70、80年代，是过去北方地区常见的播种农具。据《中国民俗通志·生产志》记载：耧由耧架、耧杆、耧斗、耧腿、耧铧几大部分组成。由于制作费工费力而又笨拙，木耧后来被制作简易、轻便结实的铁制耧代替。

木制耧都是榫卯结构。播种又是露天作业，难免日晒雨淋。天长日久，木耧逐渐破旧，结构变形，松散晃动，俗称"懈晃了"。这样的耧，俗称"懈晃耧"。

第二十四章 顺应民心

带加耗的

以前老家那些参与粮食、棉花交易的人，遇有掺假、杂质等争论的时候，常用到"加耗"这个词语，说："这还有加耗吗？"遇到办事有夹带，不满者也说："这还兴（允许）带加耗啊？"

加耗，原本是古代封建社会正税定额以外，朝廷借口弥补损耗而加收的份额。起始于五代后唐明宗时期。在以粮为赋税的时代，称为"鼠尾耗""省耗""升斗耗""仓场耗"。实行一条鞭法后，税赋以钱币征收，但百姓上缴的银子多是散碎的，官府收缴来后，上交入库，需要将散碎的银子熔铸为斤两、成色一致的标准官银。在这个过程中，必定有损耗，这部分损耗称为"火耗"。因为是官府借口确保税额足斤足数，而在原数上再加"耗"了的部分，所以都称"加耗"。

加耗，名义上是为了弥补损耗，但事实上往往成了贪官污吏巧取豪夺、盘剥百姓、中饱私囊的幌子。因为鼠耗、火耗等究竟是多少，没有具体数，收多收少，官府说了算。有些贪官污吏，能多收就多收，除交足国库部分，余下的就据为己有。更荒唐的是，清雍正朝为避免地方官贪污国税，保证国库税收不受损失，还下旨"加耗养廉"，明文支持地方官员多征"加耗"。致使有的地方，老百姓负担的火耗，竟超过正税数倍。

《中国近代农业史资料·第一辑》第三章"鸦片战争后的苛捐杂税与农民负担"记载:"(安徽)雍正二年以提火耗为养廉,安省自同治初,前江督曾国藩定章又酌加十分之二三,今议附加,是为耗外加耗。不知地方进化则经费日繁,雍正时,火耗不过十分之一,同治定章时,已至十之三四。至今日各项新政经费浩繁,又非同治年间之比,故惯例亦较前不同,势所必至。东(山东)省从前征收折色,州县任意浮收随时加增。各处征漕,原系正耗分别征收者居多。至武定一代,从前有每石折钱二十余千,折银至七八两者,民间不免抗违……此从前历久征收漕米正耗实在情形也。"

加耗,在民间语言中表示"不在数的那部分"或"加杂、夹带"。

闹样盘

遇到一户人家在办事过程中,相关人之间因纠纷而发生争执,甚至打斗,让事情黄了。背后往往会有人传这件事:"今门儿某某家的事上闹了样盘了。"又或者,一个好生事的人出现在某个场合,有人会说:"这事有他在场非闹样盘不行啊。"

样盘是什么东西?闹纠纷怎么就成了"闹样盘"?

清朝道光年间,湖北崇阳漕粮浮收的矛盾尖锐化,导致"钟九闹漕"事件的发生。

清朝道光二十年冬漕开仓,乡民钟人杰等人率众闹漕,"不容官打样盘,每石明加二斗二升,书差、样盘、斗级余米全行革除"。说得通俗一些,就是因官府收税乱加名目多收乱收引发民众抗议,提出"每石税米,只明确加收二斗二升的'耗''费',以往加收的数量大的其他名目的米全部除掉"。在这些要求除掉的名目中,以"样盘"米最为不合理。

盘,就是层的意思。在收粮税的时候,把盛具中的粮食分作三盘,即三层,官府先从上层量取一斗粮食做样品,定质量价,谓之"样盘"。中间一层上缴，最下面的剩下。但这一斗的"样盘"不计算在上缴粮税斤两数之内，也就是额外多收的。

因"样盘"等诸多不合理的加收名目，数量很大，民怨已久，几经交涉，终酿暴动。

崇阳的暴动震惊了朝廷，道光皇帝亲授方略，湖广总督裕泰、提督刘允孝等，率领清军两万余人围剿崇阳暴民。道光二十二年正月，钟人杰等人被俘，暴动失败。道光二十二年四月，钟人杰、陈宝铭、汪敦族被杀。

这一起历时久、影响大的事件，因不满官府打"样盘"而闹，故民间俗称"闹样盘"。后以此比喻某件事引发纷争出现乱子。

抗粮不缴——反了

记得小时候，孩子们闹着玩儿，遇上年龄小的孩子不听大孩子指挥，大孩子就会常常说这样一句话："你抗粮不缴——反了？"那时，这句话也常被用在大人之间的玩笑话上。其实，这可不是一句闹着玩儿的话，而是一句事关政治经济军国大事的话。

以前常听父亲那一代的老人说："种地纳粮，天经地义。"纳粮，就是缴纳农业税。

税，是国家、政府政权为了向社会提供公共产品，满足社会共同需要，按照法律的规定参与社会产品的分配，强制、无偿取得财政收入的一种规范形式。

中国古代的税，有正税、杂税之分。所谓正税，在以农业立国的我国封建社会就是农业税，也就是田赋。"税"字本义是征收谷物，所以从"禾"；"赋"字本义是征收货币，所以从"贝"。

明朝中叶以前，国家正税都是征收粮食，所以有"皇粮国税"的说法。以前听父亲说过"奉上皇粮不怕官"。《马首农事》记载的俗话有"庄稼完了粮，便是自在王"。完粮就是缴完皇粮国课（税）。

张居正制定"一条鞭法"后，税赋全部货币化，不直接纳粮，只缴银钱，虽说，几千年的赋税制度让百姓，尤其是种地的农民认可了缴税纳赋，但在历史上因统治者的苛捐杂税，以及贪官污吏横征暴敛，不知引发了多少次劳动人民的愤怒反抗。远的不说，"民国"初年，在黄河三角洲上就发生了一次抗税民变：

"民国"元年王文域主政乐安县，因其施政不善，多有民愤，百姓送外号"王欠毁"。"文"字手写体与"欠"相似。或是因百姓识字不多，或是因怨恨而有意念半边，把"域"字读作"或者"的"或"。而"或"在当地方言中读 huī。这样一来，"域"就与"毁"同音。而"毁"就是毁掉、毁灭的意思。"欠毁"就是"欠灭""欠杀"。因王文域民愤大，所以百姓才有此戏谑称谓。

袁世凯上台后，为了搜刮民脂民膏，在全国搞"验契"，借以收税。"民国"二年阴历正月（阳历二月），王文域奉上峰指令，在县内查验地契。白契（没有加盖官府红印，也就是没有交税的契约文书）一张，验费一元一角；红契一张，验费一角。白契通过查验交税后盖官府红印的，另按标的物价值的百分之六纳税。当时省府规定，在期限之内所缴税款，按百分之五奖励县首。王文域为了多得奖励，督促严厉。老百姓慑于他的横暴，争先呈验。因人太多，办公的房间容纳不了，就在大堂的外面扎一席棚收容。老百姓们因此咒言道："县官立了外柜了。"家乡方言，外柜是丧礼上在室外所设收记账仪的桌柜。老百姓是以办丧事的比喻来表示对县官的仇视。不想一语成谶。

县内新河以北的乡村地片，多为黄河淤荒大洼。百姓多有开荒地亩，所以白契很多。按验契规定纳税，负担太多，百姓难以承受。因此，来县呈验的人不多。至民国三年二月，王文域便带了几个护卫，坐轿下乡到县北部的碑寺口庄，住在一农户家蹲点催验。第一天还有验契的。第二天多数庄民串通抗税，来者无几。到了夜里，周围几个村庄的几千村民齐集碑寺口庄，围在王文域所住的农户院外要求免验。王文域想以威弹压，命令卫队朝天放枪，意欲震慑众人。本来请愿的群众就愤愤不平，又加之王文域如此举动，更加激怒了群众。于是一呼群应，一拥而上，围殴王文域以及其卫兵。看事态不好的王文域，翻墙跑到房东的邻居家，躲藏在房子夹道中，但还是被搜获。愤怒的暴民急怒之下，用二齿子把他的头挝碎。房东男主人也被打昏。民众把王文域的尸体拖到村外庙上。有人打算用火焚烧，被人制止。

事发后，省府派员带兵缉捕办案。周围村庄稍有名望，以及参与事件的村民都跑到外地去了。一年时间地都没有人种。后来有七八个庄众被捕杀，才得以了案，余者不究。

恰巧这一年，全国改定重复县名。因外地有县同名，乐安县又改为该县历史上曾用过的"广饶"县名。取"广大平坦，饶沃益农"之义。民间又把改名和民变联系，说改名源自上峰"对民变广众饶恕之义"。查考史料，改名时间为该年元月，而民变发生在二月，结案时间则更晚，因此两者无客观联系。

第二十五章　绳头套索

翻绳提秤——好大的系（戏）

杆秤杠杆的支点是吊在秤杆上固定位置的绳儿，俗谓之"秤系"（在家乡方言中，其他物件上类似的吊绳叫"吊系儿"）。根据秤的大小，秤系分别用细绳、粗绳，讲究的用粗细不同的牛皮条。

翻绳，是装满庄稼的牛马大车上用来拉翻庄稼卸载的大粗绳。大绳的一头拴在"车尾（yǐ）巴"上。装车时，待庄稼装平车厢，就把大绳向车前拉直铺在装好的庄稼上，再继续装载。直到装足车载，最后把余在外面的大绳，从前往后翻到装好庄稼的车顶，再向后拉到车尾部拴牢，以固定车载。庄稼拉到场院，解开拴在车尾的绳扣，再放开驾辕牲口肚带，把车辕条竖起，车尾到地，形成斜坡。几个人拉动大绳，将车上的庄稼拉动翻滚下来。因此，这根绳子叫"翻绳"，有的地方也叫"拉绳"。

生产队时期，需要运输的东西多，所以都要配置的车大马壮。秋季拉大豆棵，车装得和小山一样。卸车时，一二十人拉着几丈长的翻绳排成一长串，喊着号子，指挥一呼，众人一应，大有排山倒海之势。场面颇为动人，是孩子们最爱看的场景。

如果用这样的大翻绳来当提秤的秤系，这"系"真是大了。

"系"和"戏"同音。演戏，场面小的谓之小戏，场面大的谓之大戏。"好大的系"谐音双关"好大的戏",喻指场面大。生活中,遇到小事被当事人故意渲染弄成大场面,就会有人讽喻道:"翻绳提秤——好大的系(戏)。"

奓鼻

牛耕时代,牛是农业生产的重要动力。但是,要使一个不能用人言与之沟通的牲口成为农民的得力助手,驯养是关键。当一个初生的牛犊,从断奶到成长为一个身强体健驯服能干的畜力,除了主人的细心喂养,还要适时进行各种各样的训练和约束。对生性犟脾气的牛,和驯养骡马单靠笼头缰绳不一样,小牛犊长成半大牛除了给它套笼头,再大点儿就要给牛扎上鼻圈。《淮南子·原道篇》:"络马之口,穿牛之鼻者,人也。"说的就是这两件事。

过去,农村铁匠打鼻圈是基本活路之一:把碾打得粗细适中的长条铁两头凿出眼儿,弯成碗口大的圆圈。扎鼻圈的时候,几个人把牛控制住,用锥子扎穿两个牛鼻孔中间的软组织,将鼻圈的一头穿过去,上方用铁条连接封口,再拴连在笼头环里的牛缰绳上。有的将就事儿,用筷子粗的竹子做鼻圈。

牛鼻圈用久了,尤其是后一种方法,连接的部分难免因结构不牢而张开、脱落,俗称"奓了鼻圈"。简称"奓鼻"。引申为不服约束。如警告别人不要不服管:"你待(要)奓鼻啊?"

上套了

从字面上看,上套、进套、进圈套看差不多,都有"进入了易于控制境况"的意思。与"进圈套"相比,家乡话里用的更多是"上套"和"进套"。

在黄河三角洲,虽然也有使用"圈套"狩猎野兔、捕获鸽子的,但毕竟是极少数。相反，对上套、进套的"套"，凡是种地的庄稼人都熟悉。因此更容易作为语言元素应用到日常交流中。

雏牲口，不管是骡马牛驴，在刚开始学会干活的时候，车套、犁套都很难给它们套上。于是，庄户人就会采用循序渐进、循循善诱的办法。先在它的腰上搭上一条装了少量沙土的口袋，锻炼它的负重习惯和劳动意识。口袋里沙土的重量逐渐加重，等它不再乱蹦乱窜了，就要给它套拉套了。一开始只是一个空套，为的是让它熟悉认可"套"这个物件。等到小家伙对套不再排斥，就在套的后面挂上一个拖板。拖板上压个装了土的袋子，重量一般也不会太重。等到它驯服，然后就要套在车辕中拉车了，俗称"上套了"。开始还是人牵着。等人能安稳地做到车上，小牲口依然能安稳地拉车，才算是真正训好了。

生活中，有一个孩子原来不听话不正干，后来慢慢变得乖顺、听话、干活，做事开始往正道上走了，长辈就暗自高兴地说："这孩子开始上套了。"

拾掇得钩挂吊鼻

这句话，即使是生活或曾经生活在庄俗环境中，也有不少人对这句话理解得不准确，更不用说现在的年轻人了。

清朝临朐县人马益著编写的《庄农日用杂字》有："只得把牛套，拉绳丈二三。肚带省背鞅，搭腰四指宽……撇绳皮罩口，笼嘴荆条编。驴将辔头戴，牛把缰绳栓……"牛耕马拉时代，牲口拉犁、拉耧、拉车，都需要有牲口套。马有马套，牛有牛套。套上还有一些辅助的部件。像马肚带，牛脊襻等。这些地方每次套车（牲口）要拴，卸车（牲口）要解。如果每次套、卸都要系扣子、解套子，费时费力，系得长短高低也不好掌握。这影响干活不说，弄不好还能葬送（伤害）牲口。于是灵巧讲究的人就把经常使用的牲口套的长短量好，头上固定上铁挂钩。车上、农具上安上铁"鼻子"（鼻子形的铁扣）。使用时，钩子挂在鼻子上既快又省事。其他诸如不便固定但需要绑定的肚带等，吊绳也设计上金属吊环，拴的时候，容易走绳，好系好解。因为安置了钩、挂、吊、鼻，牲口套不但套、卸便捷，还减少了不必要的绳头线脑，看上去利利索索。

生活中，要是有人收拾的有条有理，干净利落，人们就会形容说："你看人家家里，啥稿（注：记音字，东西）儿搞到啥埝儿（地方）上，拾掇地（dī）钩挂吊鼻。"

踢蹬吊刂子

牲口袭击、反抗或自卫的本能动作就是踢和蹬。干活的时候，牲口踢、蹬往往造成农具的损坏，所以，踢蹬又引申为"损坏"。好比说"咱那耧叫谁谁踢蹬了"，意思就是耧让借用者给损坏了。

吊刂子，是牲口拉套上的一块横木构件，套绳通过它吊挂在农具上，故有此称。俗谚"驴口马后"，某个原因导致牲口不想干了，尤其是骡马，最拿手的攻击动作就是后踢。而吊刂子处在骡马和农具之间，是牲口后踢最容易踢到的部件。所以踢蹬吊刂子是牲口捣蛋常见的事。因此"踢蹬吊刂子"就成了捣蛋生乱的代称。

第二十六章 趣话游戏

瞪起眼来和砸杏核儿的似的

在20世纪60、70年代以前,家乡小孩子们经常玩儿的一种游戏叫"砸杏核儿",也叫"'qiū'(砸的意思,其字不详)杏核儿"。

麦黄时节,杏子成熟,果黄色,故有卖"黄杏"的。这时候其他水果还没有成熟。孩子们在享受这种酸甜鲜果的同时,还可以收集杏核儿。杏子由于产量、储运、营养等原因,价钱便宜,无论穷富都能吃得起。所以,只要喜欢,每个孩子都能收集一些杏核儿用来玩儿"砸杏核儿"的游戏。

砸杏核儿,不同的地方有不同的玩法。家乡的玩法是,两人对垒,在地上挖一个能盛下两个杏核的小坑,按"剪子包袱锤"确定一人先放一枚杏核儿于坑中,另一人拿一枚杏核儿打击坑中的杏核。如果能将坑中杏核儿击出,这枚杏核儿归击打者;若击打不出,就易人换子,攻守易位。

这不值钱的小物件,对于过去没有玩具的孩子们来说,就算是稀罕的东西。再加上争赢怕输的心理,游戏者的紧张程度不亚于那些赌徒。又由于坑小核儿小,又是在地上,所以,游戏者往往弯腰跪地瞄准,那神态就像赌桌上的赌徒,瞪眼瞪目,全神贯注。

游戏时孩子的这种表情为家乡人所熟知,所以就拿来比喻人因专注于贪婪而瞪大眼的样子。看见有人这个表情，平常关系随便，又爱打趣者就会说："你看你瞪起眼来和砸杏核儿的（的、地、得在家乡人都说dī）啊似的。"

抓瞎

抓瞎，家乡话表示因事先没有准备而导致钱物上的不凑手。需要指出的是：家乡话说起来，语音儿更像是"抓虾"。

《中国民俗通志·民间语言志》在写到俗语中的歇后语类别时说："谐音歇后语是歇后语里较特殊的一类，就是后一部分在意思上能解释前一部分，同时利用音同或音近现象表达作者的真意。"举的第一个例子就是"河里摸不着鱼——抓虾（瞎）"。由此语言规律推断："抓虾"作为谐音双关歇后语的后半部分，来对仅作为引语的"摸不着鱼"做解释，它的意义在于利用谐音双关手法代指与之同音、近音词语"抓瞎"。也就是说，"摸不着鱼"和"抓虾"都不是要表达的本体。抓虾，只为与表达本体"抓瞎"发生谐音关系而来。"抓瞎"才是说话者要表达的真意。那抓瞎又是咋回事呢？

记得小时候，家乡的孩子们有一个经常做的游戏，叫"摸瞎"，也叫"抓瞎"。明代沈榜写的《宛署杂记》中详细记载了游戏"摸瞎鱼"的方法："群儿牵绳为城，空其中方丈。城中轮者二儿，各用帕，厚蒙其目，如瞎状。一儿手执木鱼，时敲一声，而旋易其地以误之。一儿候声往摸，以巧遇夺鱼为胜……"《土风录》"摸盲盲"："小儿以巾掩目，暗中摸索，谓之摸盲盲。"很显然，盲是瞎，不是虾。家乡以前的孩子们玩儿的玩具里没有木鱼，只是给一个人蒙上眼睛，别的孩子在他的周围跑动，蒙眼睛的人凭借声音来判断周围孩子的方位，东一把西一把地连摸带抓。因为是蒙着眼睛，跟瞎子一样，瞎摸、瞎抓。所以叫"摸瞎"或"抓瞎"。这样乱抓，很难抓到什么。

需要财、物时却拿不出来，家乡俗话谓之"没啥摸""没啥摸一把"。这和游戏"抓瞎"是何其相似？

民间对各种名称的运用一般都遵循"约定俗成"。很少有人去关注其根源、对错。例如，过去家乡有大人孩子都称作"摸白菜"的游戏：选定一个主持者或裁判和一个类似捕手者，主持人手捂捕手的眼睛，嘴里念着庄户人都是这么理解这么说的歌诀："参百秸，摸白（家乡方言读bēi，与碑同音）菜，摸摸哪里倒回来"。其他孩子纷纷跑向主持者指定的地方，手摸为到。然后再向回跑，以回到主持人站的地方为赢。在众人开始回跑时，主持者放出"捕手"，捉到谁，谁为输。然后由输者充当"捕手"，再进行下一个循环。

尽管这个游戏在家乡不知流传了多少代、多少年，却不知游戏中的口诀，与最初的游戏来源已经相去甚远。因此歌诀也变得面目全非。正确的歌诀应该是："蔡伯喈，摸碑猜，摸摸哪里倒回来。"游戏演绎自东汉文学家书法家蔡邕黑夜摸碑猜字的故事。即字谜"黄娟幼妇，外甥齑臼"的传说。因此可以推知，游戏的名字不是"摸白菜"，是"摸碑猜"。家乡方言中，碑、百、白、伯同音，都读bēi。像"大伯哥"叫"大bēi"。

所以，对于民间语言的推论确定，不但要研究生活，还要借助古旧书籍的记载作参考。

扬豹

记得上师范时，学姚鼐《登泰山记》，有"稍见云中白若樗蒲数十立者，山也。"课上吕长春老师讲：樗蒲博戏类似家乡的游戏"扒豹"

樗蒲是出现于汉末的一种博戏。有说法，博戏中用于掷采的投子最初是用樗木制成，故称樗蒲。又由于这种木制掷具系五枚一组，所以又叫"五木之戏"，或简称"五木"。姚鼐写的樗蒲不是指博戏名称，而是博戏里的博具，即掷具。

有人根据宋代郑樵《通志·草木略》中"樗似椿……叶脱处有痕，为樗蒲子"的记载，认为樗蒲之得名，系由樗叶脱处所留痕迹而来，所以五木投子又被简称为"齿"，掷得采名称为"齿采"。

综上所述，笔者认为：这种游戏的投子形状是关键，而与木质无关，所以不必非用樗木来做，因此，游戏的名称来自木质的说法不对。以投子像叶子落了后留在枝条的痕迹形状来命名，也很牵强，因为按常理这个痕迹太不醒目，不大会引起人们的关注而借用到语言表达上。

从现存资料的樗蒲博具图像看，博具形状极似樗树的果实，也就是樗树子。

《楚辞·招魂》："成枭而牟，呼五白些。"王逸注："五白，博齿也。"意思是：对手掷出了"枭"采，自己要想赢，掷出的博具就得有五个是白面朝上。所以临掷博具之前，口中直呼叫"五白"，意在祈求得到克制"枭"采的"五白"。按王逸注，博具叫"博齿"，也称"齿"。

《列子·说府》："击博楼上"注曰"琼，四面为眼，亦名为齿"。网络上说掷的是色子，这不对。古代有称作"博茕"的博具，即后来的骰子，俗称"色子"的前身。从古书中所述形状看，琼应是玉质尖头长方柱形的投器博具，玩儿法类似后来的五木。

《招魂》里的博戏还是博弈双方各有六个投子的"六博"。不知是受"五白"规则的影响，还是受条件限制的缘故，后世出现了共有五个投子的"五木博戏"，即樗蒲博戏。其投具，沿用了六博的称谓"博齿"。

樗蒲博戏的每一枚掷具都有正反两面，一面涂黑，一面涂白，黑面上画有牛犊，白面上画有野鸡。有的资料上说，掷出五子皆黑，名叫"卢"，是最高的采。《晋书·柳毅传》："喝五木成卢"，即游戏者在掷"五木"时往往口喊希望得到的"卢"，即所谓的"呼卢"。

樗蒲的"樗"，就是樗树的樗。家乡把樗树俗称作"樗樗树"，管樗树的果实樗树子叫"薄博齿"（注：记音词）。家乡方言对樗树子的称谓与古代博戏中的术语正相吻合。

综合所有这些，怎么看也不像都是巧合！因此，笔者认为：樗蒲之名，源自樗树子。反过来，因樗树子状如博齿，又比博齿薄，故乡人俗称"薄博齿"。

赌博中，几枚色子、骰子掷出相同数，为"豹子"。在五木之戏中掷出的博具全黑（或五白），就像是数字皆同的"豹子"。大概这是家乡把相似玩法的游戏称作"扲豹"的原因吧。所不同的是，在家乡已演化为小孩之间的游戏。所用的"博具"也不是樗蒲，而是就地取材用秫秸秆制作的简易玩具：取一骨节高粱秆，纵向一劈两开，在有瓤的一面，用指甲刻上为数不等的指甲印，分别从一到多。劈开的高粱秆根数也不是固定的五根，也可以根据参与游戏的孩子的人数可多可少。今有画着二人樗蒲博戏的汉像砖出土，上有两枚被一人往下投掷的博具，为长条形，两头圆锐，中间平广，隐约有横状刻痕。像极了过去家乡这种简易的博具。

游戏时，把所有的博具合拢成束，然后竖着向地面投掷。这个动作在方言中叫"扲"。而最好的"采"就是有指甲痕的面全部朝上，类似"豹子"。所以这个游戏叫"扲豹"。

这个游戏除了"扲"，还有另一种玩法儿：博具个数和参加的人数相同。由一个人把所有的博具向空中抛撒，每个人只抢一个，以数字大者为赢。

向空中抛撒散物，在方言中叫"扬"，读若古入声。如"扬土"等。所以这种玩法叫"扬豹"。

这个玩法是把博具抛撒，让别人哄抢。所以，生活中，看到自己的东西未经自己同意，被人分撒给众人而生气，或者看到亲近者给一些无关紧要的人分发钱物，就抱怨说："这是扬豹吗？"

一拃不如四指近

俗话说"一拃不如四指近"，是说亲缘关系远的人，在一些利害关系中，表现得不如关系近的人上急（关切、关注、关心），哪怕这种远近只不过像一拃与四指般的差别。

这是农耕乡居生活背景下宗族关系影响的体现和遗留。

古人"布指知寸""迈步定亩""手捧成升"。过去黄河三角洲，如果不是匠人、裁缝，很少有尺子，人们常常借助人的身体部位作为衡量物体长度的工具和单位。如，两臂平展的长度叫"一庹"，单支胳膊的长度叫"一扩"，还有"几指""几拃"等。因此，通常理解，一拃，是人的手的五指最大限度地张开后，拇指尖和其余四指尖所能达到的最宽度、最长度；四指，是四指并拢的宽度、长度。

那么，对于长度的比较应该是长短宽窄，而不是远近。也就是说，单从字面上理解，这句俗语里"一拃"和"四指"的比较，应该是长度。那写作"一拃不如四指'短'"才对啊，为什么这里用了个"近"呢？是家乡人用词不当吗？还是为了当地习惯用"近""远"表示人的血缘关系而故意这样写呢？那岂不造成了词语搭配上的不当吗？再说，用原本属于空间距离范畴的"近""远"，表述亲族间血缘关系的亲疏，其文化根源又是什么？

不管哪个时代，结构、语义不合情理的话是流行不开来的，因此凡是流传的语言都有根由。

用长度体现亲缘关系亲疏的文化根源，应追溯到古代体现宗法政体的"五服"封建制：以天子为核心，以五百里为一区划，画五个同心圆，由近及远分为甸服、侯服、绥服、要服、荒服，合称五服。服，服是天子之意。远古分封制把众多亲贵，按与天子亲缘关系的亲疏，逐次分封在近服至远服。即亲者近，疏者远。由此，亲缘关系不但有了血缘的亲疏，还有了空间距离近远的直观体现。

再回到题中的俗语，本来只分宽窄长短的一拃和四指，是怎么也论起近远来的呢？这源于过去家乡曾经的生活。

在过去文化娱乐几近荒芜的家乡，冬春两闲，为了打发枯燥单调的荒村生活，大人孩子都因地制宜地做一些游戏活动。其中场面最大的就数"撂窝儿"，也叫"拽窝儿"。有的地方称之为"丢瓦"。那时，街口场院，经常看见撂窝儿的大青年、小孩子。几十米距离不等的空地上，两头各挖一个碗口左右大小的"窝儿"。"窝"的中心嵌入一块指头肚大小的砖头儿作为中心点。少则三四人，多则七八人，各自手持一块瓦片或扁形铁块儿，甚至是半截砖。最好的是块根据自己意图浇铸塑形的锡饼子。游戏规则是：以两头的"窝儿"为投掷点，来回向另一头的"窝儿"内抛丢。允许击打敌方。不管分帮儿还是单人，竞赛各方，以砖瓦、铁块儿、锡饼等撂（抛）出后，落点最靠近"窝儿"的中心点为赢。远者为输。这就和现代冬奥项目"冰壶"的竞赛规则差不多。因此，等抛掷全都落定后，开始测量各个落点到"窝儿"中心点的距离。因为没有尺子，除了用麻线，大都是直接以"拃"和"指"来测量。落点到中心点"一拃"的，自然不如距中心点"四指"的近，这才有了"一拃不如四指近"。

《诗经·小雅·常棣》："兄弟阋于墙，外御其侮。"生活中，叔伯兄弟血缘关系不远，但不如同胞兄弟近。就像游戏里点与点的距离，一拃不算远，还不如四指近。多么贴切的比喻，多么严谨的用词！流行俗语虽"土"，但都是符合语言规律的典范。

第二十七章 勤劳节俭

省囤尖，不省囤底

郑板桥题江苏兴化施耐庵神碑对联："遵祖宗一脉传流克勤克俭，教子孙两派正路唯读唯耕。"是农耕社会历来提倡耕读勤俭的真实写照。以前，既受传统文化熏染，又身处艰苦环境的乡人，稼穑艰辛，收入微薄，更懂得勤俭节约的重要。"一粥一饭当思来之不易，半丝半缕恒念物力维艰"。崇尚勤劳，注重节俭，更适合平民百姓，因为他们平日里过的都是节衣缩食的日子。当地俗谚"勤上坡懒，赶集，烧火对着锅肚脐"。有道是"凡勤就俭，凡馋就懒"。而"好吃懒做"是最为人所不齿的品行之一。

过去农村没有商品粮，家家户户吃饭都是靠自己储存粮食。粮食的储具很杂乱，有用瓷瓮的，有用口袋、麻袋的，有用粮囤的。

粮囤的形制、材质也是因地制宜。有的地方用高粱秸秆制作，制作方法：秫秸（高粱秸秆）穿编成下有方底，上方圆口的桶形，里外用和了麦糠的细泥抹平抹严。有的是用紫穗槐条子编囤，这是最常见的。为了尽量多地存放粮食，有的在瓮上或囤上，用苇篾编的圈折子螺旋盘高，以此扩大囤的储量。

到了麦熟、秋收时节，新粮食下来，为了节省器具和空间，只要粮食多，一个粮囤都是装满后，还要堆上一个粮食尖。所以，省囤尖，是说从新粮食刚下来，粮囤的粮食还有尖的时候就开始坚持节省。因为这样节省的时间长，等到来年新粮食入囤，就能省下不少粮食。

《中国家庭史》引用陆九韶《居家正本制用篇》里的话："……（收入分十份，其中）六份为十二（个）月之用"，"取一月合用之数，约三十份，日用其一，可余而不可尽用"。这个过日子的方法，就是从开始，每一天都要节约。这和俗语"省囤尖，不省囤底"表达的意思一样。就像当地生活谚语说的"一顿省一口，一年省一斗""一人省一斗，全家买头牛"，表达了未雨绸缪和积少成多的含义。这一斗粮食，有时可以活命啊。

节俭是千百年来中华民族所提倡的传统，也透露着过去生活资源匮乏的无奈。今天已是国富民丰，但勤俭节约的优良传统不能丢，国家仍在提倡。

背着粪篮子推磨——臭一嗅啦儿

农谚曰："庄稼一枝花，全凭粪当家。"在化肥普及以前，种地施肥都是粪肥、土杂肥。在粪肥中，除了人粪尿和鸡窝猪圈牛栏马壕里的牲畜粪便，还有一个肥源就是拾粪。

过去的农村，家养的牲口出出进进，干活、喝水、街上、湾边，都会拉下些粪便。有些猪经常撒在街上，也有不少粪便。那时候，家里大都有一套捡拾粪便的工具——粪篮子。又叫"粪笆篮子"，简称"粪笆"。粪篮子盛粪，还配有一个从地上除粪的粪叉子。

那时庄里的大街小巷、庄外湾边，常见到拾粪的人，n型的粪篮子木把儿挂在肩上，红荆条编的圆筒状粪篮子横背在身后，手里像持手杖一样拿着粪叉子，东瞧瞧、西瞅瞅，看见一橛（注：记音字，方言，意思同"坨"）粪就像捡到了值钱东西一样高兴。

反映旧山东农村生活的《庄户杂字》有："打张铁粪叉，买个荆条篮。早起拾大粪，春季种庄田。"写的就是旧山东很多地方普遍的现象：冬春两闲时候，那些勤快的人，用当地土话说，早晨"扒明不醒"地起来，在街上、湾边、村头转悠。为的是赶在别人前头，拾夜里牲畜拉的那点粪。

《山东移民史》记载："光绪二年（1876年），以"兴亚家"——振兴亚洲的活动家身份在中国游历的日本间谍曾根俊虎，到达山东日照一个叫"两县"的地方，当地之贫穷令他瞠目：该村人家有一百五六十户，贫寒简陋至极，路上堆满污秽之物，臭气冲鼻。拾粪人之多令人瞠目结舌。看到马来驴来，就争先恐后地带着粪筐赶来等着马驴排粪。"

当我读到这一段话时，感觉是那么似曾相识：这正是20世纪70年代以前，贫穷家乡常见的情景！

当地俗语"勤上坡，懒赶集，出门背着粪篮子"，是庄户人勤劳节俭的体现和概括！那时经常见背着粪篮子的人，走走转转，有粪就捡。遇上熟悉的人，或街上有热闹的事，就停下来把粪篮子放在一边，或拉上几句，或凑过去看热闹儿。如果是个不太注意别人感受的人，便一直背着粪篮子。因为粪篮子里的粪有味，人走到哪里，就臭到哪里。所以就有"背着粪篮子串门——走到哪里臭到哪里"的俗话。

后来，说话有技巧的人，就进一步把"背着粪篮子"和"推磨"嫁接在一起（生活中是绝对没有背着粪篮子推磨的），产生了"臭一圈"的寓意。一圈，方言也叫"臭一嘎啦（注：记音词）儿"。嘎啦、旮旯，家乡话同时存在，说明不是一回事。家乡说旮旯，意思和普通话是一样；说嘎啦，是衣物被褥布匹上的水渍干后留下的圈痕，因为通常是密闭的圆圈状，所以也是一圈、一周的意思。所以，"背着粪篮子推磨——臭一嘎啦儿"比喻一个人到哪里都处不好，名声臭遍了。

烤火不解怀，瞎了这把柴

家乡方言中，"瞎"有浪费的意思。像"别瞎了东西啊！"是说"不要浪费了东西啊!"

20世纪80、90年代以前,以种地为主业的家乡产出少,人们的生活条件差,各家在冬天几乎没有取暖的设施。冬天,利用烧火做饭的灶火,把和灶台连在一起作为烟道的土炕烧热一些,以此来驱寒取暖。有俗语"知不道谁家那炕头热"(比喻人需要选择时,不知道哪一方对自己有利)。

等热炕头落了凉,屋里实在冷得厉害,有的就抱一把柴火来放在"屋当场子"(屋中间的空地)点着了,一家或一伙人取一会儿暖,俗称"烤火"。

那时候,人们都是穿厚厚的棉袄,为了充分利用这点儿火的热能,在没有不方便的人在场的情况下,有的会解开棉衣扣,敞开怀,烤烤棉袄的里面,然后系上扣子,或外扎上腰(把最外面的衣服扎起来),这样好让热量在自己的棉袄里多保持一会儿。如果不解开怀,隔着厚棉袄棉裤烤火,透过棉衣传导到身上的热量就少,柴火的热能得不到充分利用,也就是"瞎"了柴火。所以才有"烤火不解怀,瞎了这把柴"。比喻对人力物力资源要采用适当的方式充分利用,否则就会造成浪费。

剜到篮子里的才是菜

"无能无奈,拾柴火剜菜",这是贫穷年代家乡多数老百姓的生活写照。土生土长的老百姓,大多无力培养自己的孩子习文进仕,也无力培养孩子练武报国,只好世代隶耕。面朝黄土背朝天,土里刨食,一生追求个温饱,可不就是无能无耐?拾柴火剜菜是过去家乡百姓老老少少常干的活。

那时候,春荒、麦前,家家剜菜添补粮荒或喂牲畜儿;农闲、秋后,户户割草拾柴,以备烧用。就连小孩子,放学后,假期里,谁没有拾过柴火剜过菜?

那时家家户户粮食少,喂猪几乎全靠野菜,所以,剜菜的人很多。

小时候，我就经常去剜菜：春天里，下午放学后，星期天，荒道上，野地里，到处可见一群群一伙伙剜菜的孩子。有时候大人们也不少。所以，野地里的野菜几乎被找寻遍了。因此，能找到一块野菜繁茂的去处都是一种幸运。记得那时候找到一片遍地的野菜，我和小伙伴们都会激动得眼里放光，嘴里说话都不成溜了，直咋呼："哎呀，这么多啊！"

"参差荇菜，左右流之。"之所以比兴"窈窕淑女，寤寐求之。"正是源于采摘者看见繁茂喜人的荇菜而欣喜欲求的心情！

因为激动，那时候我剜菜的手都有些不听使唤了。有的孩子这里剜一把，看着另一处菜多，又跑到另一个地方，剜不了几把，再从那里跑到别处。他跑来跑去，自然耽误了剜菜，直气得和他一块来的哥哥或姐姐大声呵斥："乱跑啥？摁着一块埝剜就行啊。"这些大一些的孩子知道，地里的菜再多，剜不到自己的筐子里也白搭——剜到篮子里的才是菜。

熟悉这一普遍现象的家乡人，从中悟出这样一个道理：只有争取到自己手里的才是真正属于自己的，否则再多、再好也不是自己的菜。

留着过见年

过去，经常听大人们说到"见年"这个词："遇上见年啥样啥样""见年的时候有啥吃吃啥"等。过去，每逢见年，粮食歉收乃至绝收，家家户户粮食不够吃，甚至家无隔夜粮。野菜草种成为活命的吃食。山穷水尽，连树皮、枕头糠、棒子穰都吃。

见年，就是没有收成的歉收之年，因此也有写作"歉年"的。因歉收，粮食欠缺。在旧中国，如果因歉收没多余的粮食交租，只能欠着，所以书上也有写作"欠年"的。

《中国近代农业史资料》"租佃关系中的超经济强制"一文有："杨家坳，租谷五十七担，册载正米五斗八升，每担定价六百文，逐年荒歉，旧欠极多……而年岁荒歉，因而偿还者，亦十中七八……租户之刁顽者，又借口岁收之歉，任意拖欠。"

小时候，看到家里有限且不断减少的存粮，幼小的心灵里感觉挨饿就像是恶兽般追迫，让幼小的我时时忧恐。因此对大人言语中的"见年"因害怕而记忆深刻。老人们说的"jiàn年"，语音经久而挥之不去。所以牢固而真切的记忆是"jiàn年"，绝对不是"qiàn"年。虽然不确定"jiàn年"的"jiàn"是哪个字。

后来，读老北京人齐如山编著的《中国风俗丛谈·婚娶》，有："办喜事，莫铺张，留着钱，御饥荒；办喜事，少花钱。留着钱，过减年"。写的是"减"年。由此可以断定：不管是写作"见"还是"减"，"jiàn"年的语音是广泛真实存在的，并不是家乡独有。

需要指出的是：家乡语言中"jiàn年"的"jiàn"，和"歉""欠"，调同而音不同；和"减"，音同而调不同；和"见"，音、调则完全相同，

在网上看到《中国近代反帝反封建歌谣选》有载："咸丰年，大贱年，涡河两边草吃完。"《东北人民抗日诗词选》有载："年景大荒乱，人民过贱年。"

"贱年"的"贱"，有的解释，意思上和歉收联系过于迂回。再者，荒歉之年，除了老百姓的命贱，什么东西都贵。何来"贱"年之说？一看就知是后人仅靠听音臆想来的字。但值得注意的是："贱"和"见"，音、调完全相同。这就侧面证明了家乡话中"jiàn"年的叫法，并非孤例。至于"jiàn"字是哪个，就要放到语言环境中分析了：

从事理上理解，不管是"歉"还是"欠"，表现灾荒年都合理。过去，"欠"有假借为"歉"，所以把"歉年"写作"欠年"还能讲得通。但再演变成"见年"，一般人就很难理解了。有说法是，草书"欠"和"见"的写法很接近，而产生了混淆。这个答案显然是不大合理。因为"jiàn年"一说广泛存在而明显，误认误写毕竟都是偶然，不会影响到人们广泛地认同。综合分析，笔者认为合理解释应该来自民间有意识的语言

避讳。

《淮南子·精神篇》说:"仓颉作书而天下雨粟,鬼夜哭。"这种对汉字起源的神秘化解说,势必造成人们对文字神秘化的认识,文字形体的崇拜和避忌习俗也就相应产生了。(《中国民俗语言学》)

以文字为载体的语言避讳习俗,广泛存在于传统社会生活和文化中。如,筷子本来称"箸",后来船家为了避讳"住",改叫"快"。再后来造"筷"字取而代之。《土风录》:"《菽园杂记》云:'吴中凡舟行讳滞,故呼箸为快子。'"再如,过去失火不叫失火,叫"走水"。像这种用语义相对的反义字词来取代原义字词的做法,看似违背语言常规,但都是出于文字避讳这一特有的语言习惯。

许多地方过年常见有书写"招财进宝""和气生财"的字样,贴在门口、家中。由于"财"的偏旁"贝"与"背运"的"背"谐音,于是,书写者就有意把"贝"写成"见"的字形,流传至今。此类现象,在语言、文字中不胜枚举。《中国民俗通志·民间语言志》:"明代李豫亨《推蓬寤语》:'世有误恶字而呼为美字者,如立箸讳滞(住)呼为快子,今流传久之,至有士大夫间,亦呼箸为快子者,忘其始也。'"

商家忌"折本",就把猪舌称作"猪招财"。同样道理,"亏""欠"历来也存在于民间的语音避讳之列。可以推断:"见年"的"见"来自民间对"欠年"中"欠"的避讳。见,在家乡可表示"有收获"的意思,像常说的"见了新粮食了""见了收成了""见了回头货了"等。而说庄稼没收成叫"不见啥"。"见"字,从最初的篆书和后来的草书看,都和"欠"字相似。欠怕了的百姓想把"欠"替换掉,很容易就联想到字形相似、字义相反的"见"。于是,"见年"就出现在希望不"欠"的人们的语言中了。

总之,"见年"作为饥荒年的名称,在家乡方言中存在已久,现在很多20世纪60年代以前出生的老人都知道。笔者记录语音,暂定虚字,妄猜由来,以俟高明。

毛泽东有句曾经很响亮的语录："备战备荒为人民！"父亲常说："手中有粮，心中不慌。"过去，粮食丰收，庄户人都有存粮防饥荒的做法。从生产责任制以后，地里每年打的粮食多了，家家已是衣食无忧。然而，从旧社会、穷时代过来的父亲深知粮食的宝贵和饥荒的残酷。因此，每年麦收后都要存下三大瓮的麦子，以备"见年"。

由来已久的这种生活经历，让家乡看到某个人有一件衣服、一种吃食，在该穿时不穿、该吃时不吃，就会调侃说："你留着过见年啊？"

第二十八章 骡马牛驴

噘嘴骡子卖驴钱——被了嘴的害了

《吕氏春秋·观表》记载：“古之善相马者，寒风是相口齿，麻朝相颊，子女厉相目，卫忌相髭，许鄙相尻，投伐褐相胸胁，管青相唇肠，陈悲相股脚，秦牙相前，赞君相后。凡此十人者，皆天下之良工也。若赵之王良，秦之伯乐、九方皋，尤尽其妙，其所以相者不同，见马之一征也，而知节之高卑，足之滑易，材之坚脆，能之长短。”简而言之，就是这些善相马者通过观察马的一个部位特征就知道它的脾性、能力。

当地农村，把牲口买卖的中间人叫“经纪”。“经纪”凭借对牛马驴骡特性、常见病症的谙熟，得以操控牲口行情价格，从中获取佣金，甚至是差价。他们看牙齿知道牲口几岁口，观体态、眼神即可判断出牲口的力气大小、行动快慢、性情温烈。经纪除了会说只有行内人听懂的近似江湖暗语的行话，还有一套通俗的牲口经。诸如相驴脚程：“远看一张皮儿，近看四个蹄儿。”相牛力气：“前裆放下斗，后裆放下手”“前腿直似箭，力量大无边。后退弯如弓，行走快如风”。相马脾性：“好马嘴唇厚又长，好汉有付高鼻梁。”

“噘嘴骡子卖驴钱”就是出自相骡子的经验：骡子噘嘴，意味着不老实，难驾驭，有时还会用嘴咬人。“驴口马后”是告诫人远离驴嘴和马屁股，因为驴有咬人的毛病，马有后踢的习性。驴马杂交，生子为骡，因此难免有驴口的基因。骡子和马同称"大牲口"。本以力大、耐劳而被看作是上好的畜力，但如果有了噘嘴咬人、难使唤的毛病，自然没人愿意饲养。《北京市志稿·货殖志·骡马业》："据（"民国"）二十一年之调查……骡价约五十元，驴价约二十元。"说一头大骡子，卖了个小驴的价钱，有些夸大，但价格受影响是肯定的。究其原因，就是因为长了一个噘嘴。

生活中，"噘嘴子骡子卖驴钱——被了嘴的害了"，常被用来讽喻那些嘴上坏事或惹祸的人。

课马上不得阵

见有节目报道，说西安出土的3000年前的殉马坑战车，四匹马都是雄性。于是想起家乡的一句俗语："课马上不得阵"，意思是过去女人上不了战场。比喻做不了那些难做的事情。

这句带有轻视女性观点的俗语，在今天已经不入主流。但语言本身有值得了解的社会背景。

无独有偶，军博展出的精仿复制品秦铜车马中的八匹马也均为骟马，秦俑坑出土的陶辕马俑也均为骟马。截止目前，出土的秦俑陶马中没有发现母马。

出土陶马俑的塑造应该是以秦宫厩苑内的马作为模特。也就是说在秦代驾辕拉车（战车）的没有母马。军事骑乘用马均用公马，也用为控制公马青春期发情而阉割过的骟马。现代科学证明，公马如果在青春期之前被阉割，成马通常会比自由成长的马高大。

课马，也就是母马。相比公马，母马的个头、力气小，脾性远不如公马刚烈。生理上的弱点，让母马不适合在短兵相接的战场上争斗。再一个原因就是留着母马可以繁衍生养，以保证马匹来源。

《唐六典》："《汉旧仪》：'太仆牧师诸苑三十六所，分布北边、西边，以郎为苑监，官奴婢三万人分养马三十万头，择取教习，给六厩；牛、羊无数，以给牺牲。中兴省，汉阳有牧马苑令，羽林郎监领。'魏置牧官都尉，晋因之""诸牧监掌群牧孳课之事""马牧牝马四游五课，驼四游六课，牛、驴三游四课。四、三者，皆言其岁而游牝（发情）也"。

"课，岁课驹、犊也。"就是说，雌性牲畜，到了繁殖年龄，从次年要课（征收）繁育税。所以，母马因此俗称"课"马。今写"骒"马，应为后来由"课"音而新造字。已经掩盖了课马名称的本真含义。

课，家乡读kuò。如上课（kuò）、功课（kuò）等。

懒驴上磨屎尿多

过去的农村没有粮食加工机械，吃粮都是靠推碾推磨来碾米磨面。贫困人家靠人力推磨，条件较好的人家则用驴拉磨。因为拉磨是按着固定的轨迹在磨道里转圈，所以，人们针对犟驴脾气，把驴的两只眼睛蒙上。犟驴两眼一抹儿黑，胆子小了许多，就变得听话了，只好乖乖地拉磨。

驴拉磨省了人力，但有件麻烦事就是驴的排便问题。为了解决这个问题，有的给驴带粪兜，有的准备下粪簸箕伺候接屎尿。

但是，不知是驴真的有意识，还是巧合，有的驴只要上套拉磨，也就是方言说的"上磨"，拉屎撒尿的次数就多了起来。人们打扫麻烦不说，驴一拉屎撒尿就必须站住，这样就耽误了干活。于是人们就总结出"懒驴上磨屎尿多"，说是那驴怕干活、偷懒。爱干净、干活着急的主人自然生气，这样的驴便往往是落个"拉了磨，挨磨棍——费力不讨好"。

大部分懒惰的人，每逢干活，总是有些偷懒的借口，常被指责为"懒驴上磨屎尿多"。

官庄借牛——陪

官庄，是黄河三角洲地区众多村庄的称谓。在民间，关于官庄之称的来历，几无确切答案。过往岁月，不关官政民生，地方旧志，盖未涉及。遇文化革新，移风易俗，庄去旧名。近来地方编志，家族续谱，对官庄追本溯源。可惜，要么不学无术，要么心存私念，而做无知荒谬杜撰，给后世辨识，带来混乱。

翻阅史书古籍，官庄，赫然在目。不过是庄户人不涉文史，浑然不知罢了。

纵观中国历史，无非就是土地权的争夺与更替。从夏、商、周的更替，到分封诸侯，兼并六国。从废井田、开阡陌，到打土豪、分田地……悠悠几千年，茫茫华夏土，就是一部土地史。

现在的人认为大地主是土地大户，实际上，权贵豪强一直是真正的大地主。从汉代，到元明，甚至清代，历代豪强权贵拥有的最大财富，不是金银细软，而是大量的土地。他们的府邸都是在京城都邑，为了管理这些远在偏僻远郊的田产，就在田地上建房立舍。《乡言解颐·村庄》："惟《通鉴》史炤《释文》：'唐置庄田使。'胡三省曰：'盖主庄田及外舍之事，是以田舍为庄'"。这就是"庄"的来历。因庄为权贵官员所属所立，故称"官庄"。

村，为民人自然"聚落"，故称"村落"。村、庄，今天同称，前世异源。

《中国传统法律文化研究》之"中国古代土地权力形态"一章，有"官田"一节，明确写明："宋代的官田名目颇多，主要有'官庄''屯田''营田''户绝没官田''逃田'等"。可证：官庄原非民居。

"千年田，八百主""百年田地转三家"。朝代更迭，世事变迁，物是人非。后来"官庄"民居，不过是鹊巢鸠占。民间"官庄"名称由来，多循过往事物，在此不加赘述。仅以上内容，足证"官庄是官府为移民所立"的论断无知。更何况本地同时的移民，不是"官庄"仅有，其他移民所居村落为什么不叫"官庄"？难道官府不管？不通。其他由来，更是荒谬，乃民间臆想，实属无稽之谈。

言归正传：在以前落后的牛耕时代，牛、马等畜力是主要的劳动力，但是，百姓人家由于经济条件差，缺牛少马的人家很多。为了耕地，有的雇佣有牲口的人家，有的投亲拜友，借牲口帮忙耕地。

一个叫"官庄"的小村，过去偏僻贫穷，全村一共也没有几头牛。耕耩季节，邻里之间借用、雇佣都轮不过来。没办法，只好到其他村的亲戚朋友家借。因为出庄借一次牲口，一来路远不方便，二来借东西毕竟开口难，再加上农时紧迫，因此，牲口借来，就尽量多干点。如果好不容易借来使一天的牛，结果没干到一半，大半天就过去了。眼看着本来计算着一天耕完的地，到天黑怕是耕不完，又很难再和人家张嘴延用，于是为了赶时间，便只好不让牛休息，直到干完。这就是方言说的"一陪儿"（注：记音字。从开始干到休息叫"一陪儿"）干完。

后来如果遇上干活、做事不休息的情况，就拿"官庄借牛——一陪儿"来比喻。

犟驴不喝湾水

有个比较通行的词语"驴脾气"，是说这个人脾气很犟，很邪。在电视剧《西安事变》中，毛主席说到逼蒋抗日，就借老百姓关于赶驴的办法来比喻："一拉，二推，三打。"家乡话中也有"属犟驴的——牵着不走，打着倒退"的话。

在湾塘结冰的冬天，过去农村饮牲口，都是用水桶到井里打相对温和的水。而到了夏天通常是把牲口牵到湾沿儿、河边去喝水。这对牛马来说都行，唯独驴，死活也拉不到水边去。所以人们饮驴都是用水桶把湾水或河水提上岸来，让它在桶里喝。

山曼先生在《齐鲁乡语谭》写了一句俗话"驴不喝水，强按河里去了"。另见有"驴不喝水强摁头"。乍看这两句话，好像是驴不喝水。驴不喝水咋活呢？不是不喝水，是如家乡俗语所说："犟驴不喝湾水"即不喝没有盛到桶里的水。

湾水还是湾水，河水还是河水，不盛到桶里不喝，可见驴真是认死理，叫它犟驴名副其实。这句俗语是讽刺那些固执认死理的人。

借坡下驴

过去有俗语"驴是一大怪，赶着不如骑着快"。故有"走驴"之称。以前用骡马驴作代步工具。现在有的地方还留存有上马石。邹平出去的现代作家李广田，在散文《上马石》中写道："但这条巷子是曾经有过繁盛日子的，从现在说起，也不过是百十年前的事情罢了。那时候这里完全是一片高大的楼房。据说从这里赶了骡马到五里外的一条河流去饮水，在这距离中间络绎不绝的都是骡马，没有人能计算出一个实在数目。虽然那条河水现在已成了平田，而'饮马河'这个名字却还时常被人提起。再如这巷口的一块上马石也可以说是当年繁盛的一个记号吧。"

骑马骑骡骑驴，就和学骑自行车一样，也是需要有个学习的过程才能掌握。过去，乡间村庄代步最常见的还是骑驴。驴虽然不如骡马高，但要想骑上去也不是一件很容易的事，尤其是对于孩子和以前的那些小脚女人。

骑驴的都是小户人家，是没有上马石做辅助的。在家里或许还有小板凳，在外只能是崖（方言读yāi）头、斜坡可以借助了。

记得小时候，生产队里的牛马闲着的时候，都要放到坡里吃青草，即放牛、放马。马的数量少，生性烈，都是生产队里的饲养员骑着。小伙伴们就征得饲养员的同意，趁机骑牛到坡里割草。一是脱了走路的劳累，二来也可以用牛驮草，免了背负的辛苦。但是，人小牛高，要骑上去很不容易，在家里还好说，牛槽、墙脚都可以借助。但到了坡里，牛背上驮上了一大捆草，直接骑上很难。那时只有借助沟底斜坡，让牛在低处，人在高处，骑到牛上就容易了很多。

由此可以推想那些个矮脚小、行动不便的女人，从家里上下驴时有个板凳借助。可在没有板凳的地方下驴，找个斜坡借以下驴是很自然的事。

这个体会，让人们联想到了交涉中的人，借势就势找退路打圆场的情形，赋予"借坡下驴"以处事技巧的喻义。

不像他姥姥家那走驴

过去的女人缠足（当地也叫撮脚、裹脚），行动不便。出门走路，只要是有条件，就要借助外力。大户人家，坐轿乘车。家贫小户，由男人推车载着。稍微富裕的家里养有一头驴，用作家人外出代步。就连大诗人杜甫也曾"骑驴十三载，旅食京华春。"（《奉赠韦左丞丈二十二韵》）

这些用来载人的驴，不像驾车拉磨的驴那样要求身高力大，而是体小步健、性情温和的母驴，骑乘舒服，俗称"走驴"。过去用来代步的牲口都可以冠以"走"，除了走驴，还有"走骡"。

家里没驴的也可以雇驴。地方戏《王小赶脚》就是这样的一个生活故事。

当地有歌谣：

小公鸡，绿尾巴，
从小待俺姥姥家，
姥姥给俺好饭儿吃，
妗子给俺官粉儿搽。
一搭搭到十八九，
大舅二舅找婆家。
找到南楼做官家，

也有楼,也有马,

也有大车拉庄稼,

也有轿车子走娘家……

过去,如果家里孩子多,娘亲顾不过来,家里的女儿有的从小就被送到姥姥家抚养。这样的现象不少。男孩住姥姥家的少,一是男孩调皮难管,二是重男轻女,让亲戚代养的多是女儿。"姥姥看外甥,使煞不唉哼。"姥姥疼外甥,真心实意,当娘的放心。既然是从小寄养在姥姥家很多年,其间就免不了经常回家和爹娘团聚。来回的路上大多是骑驴。骑的次数多了,从坐骑的感觉,到使唤驾驭,必定会产生一种适应的习惯。以后不管是刚骑婆家的驴,还是骑新雇来的驴,必定不习惯。就想起在姥姥家骑的驴,感觉"不像姥姥家的走驴好骑"。后来,人们就用这句话表示推断人或器具不像是好样子。

小时候,我和小伙伴们骑生产队里的牛到坡里割草,习惯了一头,每次都是认着骑。偶尔换了,就觉得不好骑。今天骑车、开车也是一样。不管车好与差,自己用惯了的就觉得顺手、好用。

语言的产生和流传一定是有比较广泛的生活背景,但具体到一个词语一句话的义项,尤其是小范围流传的俗话,则更多的是来自普遍现象背景下的抽象。这样更会在人们的语言表达中获得广泛认同而流传开来。

"不像她姥姥家(gā)那走驴",也有说作"不像她姥姥那走牲口"。

骑着驴找驴

"骑着驴找驴",这句家乡流传广泛的俗语,在古代书籍诗文中早就存在,称之"骑驴觅驴"。

宋朝释道原《景德传灯录》卷二十八第二问:"本无今有有何物,

本有今无无何物。诵经不见有无义，真似骑驴更觅驴。"禅宗常以这种比喻来启发人们"道在自心，无须外求"。宋朝黄庭坚《寄黄龙清老》诗："骑驴觅驴但可笑，非马喻马亦成痴。一天月色为谁好？二老风流各自知。"

有这样一个"骑着驴找驴"的民间故事：从前一个人有五头驴，这天要到集市上全部卖掉。路上，自己骑了一头，赶着四头。因为驴多，他顾虑照看不好，怕有的驴跑丢了，所以他脑子里老想着驴的数量——五头。不知是一时之糊，还是心理紧张所致，当他走着走着看到走在他前面的驴只有四头时，就觉得比自己的"五头"少了一头，心里一下子慌了。情急之下，他竟然忘了自己腚底下还骑着一头，就四下里寻找。

这个看起来好似笑话的故事，在人们的日常生活中却时有类似的情况：由于心神分散或其他情况，明明拿在手里的东西却觉察不到，还在那里四处寻找。正是这些类似的体会，使得这个看似虚构的故事能被人们认可而广为流传。

省钱买瘸驴，不算有眼色

买卖，讲究"一分钱，一分货""便宜无好货，好货不便宜"。

过去，黄河三角洲普通的庄户人家，除了置地盖房子娶媳妇之外，买车买牲口算是大的投资了。没有土地就不能吃饭活命，没有房屋就不能安身立命，不娶妻就不能延续生命，这都是必须做的。牲口虽然是种地的畜力，非常重要，但是还不像前面三件大事一样必须做。没有牲口可以用人力，虽然差点累点，可总不至于直接危及身家性命。这也是收入有限，不得已的事情。所以，有的穷人家干脆没有牲口。有的会花少量的钱买头小牲口，慢慢养大。反正牲口主要吃草，而草毕竟不像粮食那样贵，勤勤手割些也就够了。也有的花不多的钱，买头有点儿毛病的牲口。这样的牲口往往因为有缺陷，价格上便宜不少。

牲口买卖，大都是通过牲口经纪撮合。有的怕被经纪人从中捣鬼抽利，俗称"割耳朵"，于是有的买卖双方就自己协商价格。如果是有一定经验的人，或机缘巧合，用合适的价钱，买到心仪的牲口，这叫"长着眼色shēi了"；花了好牲口的价钱，事后才发现牲口有缺陷，就叫"没（mù）长着眼色"或"输了眼色了"。

而一头驴因为有明显的瘸腿毛病，买方把价格压下来，省了钱，那就不是因为有眼色（眼力。色音shēi）买到了便宜牲口，而是这个牲口本身就不那么值钱。用俗语说就是"省钱买瘸驴，不算有眼色"。比喻购置东西、办事虽然省了钱，但换来的利益也相应不足，这不算是有能耐。

打马骡子惊

在牛耕马拉的农业时代，人们会根据不同的使用目的选择不同的牲口来饲养。所谓牛耕马拉，就突出体现了牛马的不同品性特长：牛擅耕，马擅拉。其实，与拉相比，马更擅长跑。伯乐看到拉车的良马潸然泪下，就是因为拉车几乎要葬送了这匹"日驰千里"的神骥。在牲口中最擅长拉车的是骡子，它身高力大，腿长足健，并因无性繁殖能力相对温和，是驾车良畜。人们之所以费心费力地杂交育骡，就是因为这个品质而为。

在牲口中，骡马俗称大牲口。好的骡马价格贵，是财富的象征。人们常用骡马成群来表示大户财主。

以前在家种地时，常听父亲和那些牲口把式说，和牛驴的邪犟不同，大牲口都机灵，能领会人的意图，但情感也相对复杂，会记仇。尤其是骡子。它没有过错，车把式一般不乱打。一是好车把式，对良驹都爱惜。二是车把式也知道骡子这记仇的脾性。那些老车把式还言之凿凿地讲过一些骡马故意报复伤人的故事。

不是用于骑兵作战，从拉车的用途来说，骡子的价值要比马高。所以，旧时代只有条件好的财主才有一色高大骡子配套的"牲口具"。记得

20世纪70年代以前，只见过供销社有一辆一色高大骡子的"三硬套"车。而旧时的一般富户，和集体化后的生产队，大都是骡马搭配。身材更高大的骡子驾辕，马子拉骖（俗语读作chuǎn）。骖马拉的是丈多长的软套，还要领路，而骡子是驾辕，所以在拉车时，拉骖的马更容易出错。因此，车把式打马的时候更多。再加上骡子比马更善驾车，即使车把式想着骡马一起驱赶，一般只需打马就可以了。因为那些骡子良驹见主人打了前面的马，就有所警觉，而主动领会和顺从车把式的意思了。

甲指责乙，而旁边的丙认为甲的话暗含指责自己，丙就说："有啥事你明说，不用指桑骂槐。"甲就说："你用得着打马骡子惊吗？"

第二十九章 古刑旧罚

一惊一乍

由于俗语大多流传久远，又是口耳相传，所以，很多语句涉及的生活元素，因看不到确切的文字记载，已经不被人们熟知。因此在理解、记录中难免存在误传误听，出现字、音、义的差别。比如说当地俗语中有"一惊一乍（zhà）"，意思是对一个不大的事，某个人小题大作，大惊小怪，过度诈唬，以至于惊吓了别人。如此一来就会招致责问："啥事啊，看你一惊一乍的？"等人明白了过来，还会埋怨他："这么点儿小事儿值得一惊一乍的吗？"

《齐鲁乡语谭》有两段对"一惊二拶"的表述：拶，是旧时的一种刑具。用皮条连接五根小木棍，套入受刑人的手指而后收紧，名为"拶指""上拶"或简称"拶"。这种刑罚一般用于妇女。大老爷坐堂审案，将女犯人带上来，先是一拍惊堂木："大胆犯妇，快快招来！"犯人喊冤："民妇冤枉！"老爷一生气，或者装着生气，发下一个签来："如此泼妇，不上刑岂肯招供，上拶！"这一拍，一拶，就被民间总结为"一惊二拶"。这"一惊""二拶"足以令一般的人心惊胆战。后来，戏剧演出，把这个场景搬到了舞台上。舞台上审讯人犯也用了"一惊""二拶"，虽然还是声色俱厉，但已经没有了实质。因此"一惊二拶"就有了

"虚张声势，咋咋呼呼"的意味。

"一惊二拶"中的"一"和"二"应是序数，不是基数。也就是第一次先"惊"，第二次再"拶"。但也容易理解成一次惊两次拶；而"一惊一乍"的"一"是基数，理解起来不会产生歧义。

零刀旋

家乡话表示发狠的语句不少。如有人说："恨起那恨来零刀旋了他（你）。"零，是零碎；旋，类似"旋床"中的旋，旋转着削割。零刀旋，就是被称作"千刀万剐"的古代酷刑"凌迟"。

孔子曰："夫一仞之墙，民不能逾，百仞之山，童子登游焉，陵迟故也。今其仁义之陵迟久矣，能谓民无逾乎？"《荀子·宥坐篇》记载："百仞之山，任负车登焉，何则？陵迟故。"《三都赋》："至于战国，王道凌迟，风雅寝顿"。陵迟，本义是指逐渐缓慢升高的山坡。有些朝代的史篇记载具有象征意义：陵，高坡或堤岸，代表制度、律法及所有国体的划定界限；迟，代表界限逐渐消失。所以陵迟酷刑的设立，有在纲纪出现衰落的起始，必须采取有效措施，以防制度被逐渐逾越践踏而崩溃的意味。

不过元朝以后出现的文字只有"凌迟"的写法，也就是两点水的"凌"，而且只作为刑的解释。从此"凌迟"只是肉刑的名字，"陵迟"的写法只留存在古籍中，后来的人不再采用。只有少数人才会了解它从前的意义。

"凌迟"一词的由来，除了上述避免王道凌迟而采取酷刑立威的意味，大概还有"杀人者欲其死之徐而不速也，故亦取渐次"之义。

把此酷刑定为刑名的是辽代。到了元、明、清时，凌迟则赫然载入法典酷刑之中了。

凌迟酷刑，最多的是用在那些造反朝廷，或谋害皇帝、篡权夺位的人身上。有道是："舍得一身剐，敢把皇帝拉下马。"这"一身剐"就是指凌迟酷刑。凡是敢于反抗朝廷、危害皇权者，都要惨遭此刑。

明朝嘉靖年间，宫女杨金英等十多个人被逼造反，准备把皇帝勒死，由于紧张慌乱，没有成功。事败后全部被凌迟处死。太平天国的著名首领石达开出走四川，被清军围困，最后部将全部被杀，他自己被押往成都凌迟处死。

统治者之所以在绞斩等死刑之外又立凌迟之法，其目的就是以它的极其残忍凶暴来震慑人心，让百姓畏惧王法，甘当朝廷的顺民。著名的南宋爱国诗人陆游，在他的《渭南文集》中记述了凌迟的残酷："肌肉已尽而气息未绝，肝心联络而视听犹存。"可见受此刑者死得多么痛苦了！史料记载，明朝大太监刘瑾被凌迟三日才死。明末才子郑鄤、抗清名将袁崇焕都是被凌迟处死的。

凌迟，这充满血腥味的字眼，直到光绪三十一年（1905年），才从朝廷法典中取消。

点天灯

过去在家乡，胡作非为者招人憎恨，有的人就会诅咒道："乜个（'那个人'的蔑称），脱不了叫人家点了天灯啊。"

点天灯是古时的一种酷刑：把犯人扒光衣服，用麻布包裹，再放进油缸里浸泡。入夜后，将他头下脚上拴在一根竖立的高木杆上，从脚上点燃。三国时的董卓，就是被王允设计杀死之后，又点了天灯。

点天灯的刑罚名称，是一个形象的比喻，因为点的不是"灯"。古代新年前后，民间有在高处悬挂灯盏之俗，此灯彻夜通明，谓之"天灯"。明代杨慎《甲午临安除岁》诗："隣墙儿女亦无睡，岁火天灯喧五更。"清代潘荣陛《帝京岁时纪胜·十二月·祀灶》："廿三日更尽时，家家祀灶，院内立竿，悬挂天灯。"

2019年，故宫博物院复原了一个天灯，成为唯一存世的实物标本。

第三十章 古代官体

旗杆底下误了差

民俗语言和民俗活动一样,就其来源而言,有地方土生,有官俗民化,还有书籍内容的方言化。

"旗杆底下误了差"这句俗话所涉及的内容,与家乡老百姓的生活风马牛不相及。但当地俗语中确确实实就有这句话,并且很常用。比方某一个人,自己本家的大爷家里有事,他又和大爷住得很近,可等到他获知大爷有事要办而来到大爷家帮忙时,发现比他远的人都早来了。晚来的他就觉得不好意思,便自嘲说:"你看,旗杆底下误了差了。"

古代军旅将帅带兵,以旗帜为号召。《孙子兵法》:"军政曰:'言不相闻,故为金鼓;视不相见,故为旌旗。'"宋代人周密所撰《齐东野语》中有篇《出师旗折》云:"盖旗者,一军之号令也。"唐代封演撰著的《封氏闻见记》有载:"故军前大旗谓之牙旗,出师则有建牙祃牙(出旗祭旗的仪式,分派将令出师发兵)之事,军中听号令必至牙旗之下。"

古代将帅旗上还写着将帅的姓名、官衔、军种等,代表战旗主人的名号身份。黄河三角洲方言中有"旗号"一词。家乡话"你别打着谁谁的旗号",意思是你不要假借某人的名义来说话办事。豫剧《穆桂英挂帅》有一经典唱段:

辕门外那三声炮如同雷震，

天波府里走出保国臣，

头戴金冠压双鬓，

当年的铁甲我又穿在了身。

帅字旗，飘如云，

斗大的穆字震乾坤，

上写着浑天侯穆氏桂英……

综上所述，可知古时军中旗帜和主将主帅形影相随，旗杆底下就是将帅发号施令的地方。

《土风录·旗杆》："今大僚署衙及神庙前立竿张旗，谓之旗杆，固宜。"书中还有一篇《官役曰差》："官役遣曰差，吏人曰差人。"也就说在署衙内官守派遣叫"差"，署吏叫差人。"差人"当差领命，不同于军中的"听令"，而叫"听差"。因此，俗语"旗杆底下误了差"更像典出办差的署衙。

按常理，身处办差的署衙，署首有所差遣，都能及时得知。偏巧，就在听差最便捷的地方却因为某个原因，上差下来却没有及时获悉，造成延误、耽搁。这句俗语比喻身处做事优先、便利的境地却误了事儿。

八抬大轿也请不动

轿子是我国从古代通行，沿用到新中国成立前后的特殊的载人交通工具。《隋书·礼仪制》载："今辇制像轺车而不施轮，用人荷之。"意思是：没有轮的"车"，用人抬着走，这便是轿子了。据史书记载，轿子的雏形远在夏朝时期就已经存在。《尚书·益稷》中，记述大禹治水时自称："予乘四载，随山刊木。""四载"当中，就包括原始的轿子。当然，那只是轿子的雏形。1978年，在河南固始县侯古堆开掘的春秋战国古墓中出土了三乘肩舆。

轿子作为一种交通工具，从秦汉两晋到唐宋，轿子形制不断进化，使用范围不断扩大，得到较大普及的是在宋朝。在著名的《清明上河图》中，繁华的北宋京城汴梁大街上有许多轿子出游。这些轿子虽然同汉唐时期的轿子大同小异，仍两人抬杠，但选材精良，上雕花纹飞龙，造型美观。样子和近代见到的大致相同。南宋时，轿子的使用进一步推广。《宋史·舆服志》中说："中兴东征西伐，以道路阻险，诏许百官乘轿"。到明朝中后期，连中小地主也"人人皆小肩舆，无一骑马者"（明朝顾起元《客座赘语》）。明清时期，轿子发展为四人抬或八人抬。王公贵族之所以越来越宠爱轿子，是因为坐在这种特殊的交通工具上，无车马颠簸之苦，安稳舒适。清朝文人王渔洋有诗道："行到前门门未启，轿中安坐吃槟榔。"这时，轿子已成为一种比较普遍的重要代步工具。

轿子，大致有两种形制或类型。一种是不上帷子的凉轿，也叫亮轿或显轿，一种是上帷子的暖轿，又称暗轿。不同的官品，在轿子的形制类型、帷子的用料颜色等方面都有严格的区分。如明清时期的一般官吏用蓝呢或绿呢作轿帷，所以有"蓝呢官轿""绿呢官轿"之称。

轿子按其用途多样，名字也各不同：皇室王公所用的称为舆轿，达官贵人所乘的叫作官轿，人们娶亲所用的那种装饰华丽的轿子，则称为花轿。抬轿子的人有多有少，一般二至八人。起初，只官员才有资格乘坐轿子，后来虽然平民也可乘轿，但民间多为二人抬便轿。官员所乘的轿子，有四人抬和八人抬之分。如清朝规定，凡是三品以上的京官，在京城乘"四人抬"，出京城乘"八人抬"；外省督抚乘"八人抬"，督抚部属乘"四人抬"；三品以上的钦差大臣，乘"八人抬"等。至于皇室贵戚所乘的轿子，则有多到十多人乃至三十多人抬。此外，乘轿还有一些其他方面的规定，处处显示着封建社会森严的等级制度。

古代轿子形制上也有规定。例如在清初皇帝后妃乘坐豪华的辇，亲王坐的轿子是银顶黄盖红帏，三品以上大官虽可用银顶，皂色盖帏，四品以下只准乘锡顶、两人抬的小轿。至于一般的地主豪绅用轿，黑油齐头、平顶皂幔。

过去结婚用的花轿，也叫喜轿。装饰华丽，以红色来显示喜庆吉利，因此也俗称大红花轿。清制，民间婚嫁用八人抬花轿。但普通人家通常是用相对便宜的四人抬花轿。

不管是官轿，还是花轿，比较四人小轿，乘坐八抬大轿要排场得多。因此，俗语"八抬大轿也请不动"，用以表示请人者态度诚恳、仪式庄重，而被请者摆架子、难请，多含讽刺意味。不满一个人难邀请，就说："还得八抬大轿去请你啊？"

诈营

齐鲁各地都有"茅屎栏子（粪坑）扔手雷——炸了蝇（营）"的歇后语。炸营，其实是后来的演变。最初的说法应为"诈营"。

自古"兵不厌诈"。《说文》："诈，欺也。"《尔雅》："诈，伪也。"《荀子》："匿行曰诈。"

诈敌营的办法，一是扮作敌人混入敌营，突然袭击其要害，如敌人指挥系统、物资场库等；二是安排内应，藏匿在敌人阵营中，在适当时机制造惊慌和混乱。不管哪一种情况，只要得逞，足以令毫无防备或草木皆兵状态中的敌军阵营惊慌失措，混乱不堪。

《资治通鉴·晋纪·淝水之战》记载："秦兵遂退，不可复止。谢玄、谢琰、桓伊等引兵渡水击之。融驰骑略陈，欲以帅退者，马倒，为晋兵所杀，秦兵遂溃。玄等乘胜追击，至于青冈。秦兵大败，自相蹈藉而死者，蔽野塞川。其走者闻风声鹤唳，皆以为晋兵且至，昼夜不敢息，草行露宿，重以饥冻，死者什七八。初，秦兵少却，朱序在陈后呼曰：'秦兵败矣！'众遂大奔。"

朱序原为东晋梁州刺史,被前秦俘虏后,任度支尚书。淝水之战时被派为使臣到晋营劝降,但他私下与晋军约为内应。当两军对峙,前秦军军队刚开始出现退却时,他趁势诈喊:"秦军败了!"混乱中的秦军士兵不知就里,信以为真,便乱了阵脚,惊恐逃窜,自相践踏,溃不成军。东晋军队乘势追杀,大获全胜。

不管是乔装冒充,还是夜间偷袭,袭敌都是近距离,极具突然性,敌人往往猝不及防。另外,残酷激烈的生死争斗环境往往使人神经紧张,心理失常,稍有异样,极易能发生骚动、混乱,乃至惊慌万恐四处逃窜,导致大乱。古今中外的军队中常有因士兵晚上梦呓,或出现幻觉引起的"诈营事件"。这些事件有一个共同的特点,就是由制造或出现"惊恐"而导致混乱,所以,诈营也叫"惊营"。

现在常见歇后语"茅厕栏子扔手雷——炸营(蝇)"。从"手雷"看,"炸"营是很晚的事了。

本身乡宦儿

以前在老家住的时候,经常听庄里的人说:"不用亲戚流人(亲戚们)、一窝当块(本家)帮忙,人家(指某人)本身乡宦儿就足够了""谁也不用,全凭本身乡宦就行了"。记得当时我也曾问过啥叫"本身乡宦儿",得到的答案也只是"自个的本事"。至于为什么叫"本身乡宦儿"就没有人能够解答了。

后来,随着对"乡宦"的了解,才对"本身乡宦儿"有所理解。乡宦就是离职或告老还乡的退休官员。

西周已形成了官吏退休养老的制度。《礼记·王制》说,卿大夫"六十不亲学,七十致政"。致政,还君事。也就是退休。此后,秦汉、魏晋南北朝、唐、宋、元、明、清,都沿袭了官员退休制度,但是各个时期的规定不同。论退休后的待遇数宋代最优,不但开"老子退休、儿子顶官"的先河，并且退休官员享受半数俸禄，甚至全数。

明朝初期规定，三品以上的官员，按现职退休。四品以下，任现职满三年且无大过者，可升一级致仕。明中叶改为业绩突出者可升两级致仕。退休金方面，明初曾规定，致仕官食原俸，但很快就予以取消。后来规定退休官员一般情况下不发放退休金，但不会让你喝西北风，若家贫不能自存者，"有司月给米二石，修（终）其身"。清朝基本上也按着明朝的退休制度执行。

虽然，相比之下，明清退休官员的待遇是最差的，但是，退休官员终身可免捐税。从另一方面，差的退休待遇也刺激助长了官员贪污。有道是："三年清知府，十万雪花银。"但凭这些自身创造的身价就足以确保退休回乡养老的乡宦锦衣玉食、享乐终生。正是这些本身具备的资本身价，所以才有了"本身乡宦"。

做官掉了印

常言道："私凭文书官凭印"。今天私人的印章，更多的是作为文化元素用在书画作品上，作为信用的范围小。但是，从官印到公章，其权威性一直没有减弱。不同的是，不同时期，从材质到形制都发生了很大的变化。

印章的出现很久远。《周礼·玺节》郑氏注云："玺节者，今印章也。"也就是说，印章在很早以前都称玺。"秦以前，皆以金玉为印，龙虎钮，惟其所好"。到了秦朝，为了体现皇权独尊，只有帝王印称玺，以玉为体，故称"玉玺"。其他称印。根据爵位高低，官职大小，分别用金印、银印、铜印。到了武则天的时候，女皇因"玺"字音与"息"同，与"死"近，故而改称"宝"。宋、元、明、清沿用。皇帝印大逾四寸，印钮多改为直柄，从长寸许至长约一握，居印当中，这就是"印把子"的来历。

印章的创制，来自远古中国雕刻书写文字。因为纸张发明以前，文字是写在竹简、木牍上，印章不是印在表面不平的竹简和木简上，而是印到附设在书简上的封蜡或者封泥上，所以印文是阴文。有的甚至还是刻的正字，印出的字是反字。后来纸张出现以后，阳文更清晰，所以多为阳字朱文。那时的官印金属为多，故多为铸造，少用雕刻。武官用印，有"急就章"，故印又称"章"。

印章在历史长河中不断演化。字体从最初的甲骨文、金文，到秦汉时期的篆字。汉以后有了隶书、楷书。印章的印文内容和颁发对象，也从古代的官员，发展到部门机构。新中国成立以后，其形状，也由以前的方形，发展为采用源自西方国家的圆形。根据不同部门不同用途，还有椭圆、菱形。印章的内容也从过去单一的文字，演变为图案和文字组合。尽管在中国古代纯文字的印章也被称作"图书"，故有"文凭书，官凭印"。但到了现在，带有图案的印章，才是名副其实的"图章"。

印章历经几千年的演变，款式、材质、字体、称谓、用途等复杂多样，历来多有专述。总起来说，从印章的持有者区别，印章有官印和私章之分。私章又俗称"戳子"。以前的私章多用于交易，而官印则是权力的体现。许慎《说文》云："印，执政所持信也。"因为官印的性质，所以有"官不离印，货不离身"。不管古代的官员，还是今天的主政和主管者，如果把印章丢了，也就失去了行使权力的印信条件。

稗官野史多有做官丢印的记载，因此，民间就用"做官掉了印"来比喻做事却丢掉或忘记了关键之物。如：割庄稼却把镰刀落下了，考试把准考证丢了，结婚登记却弄丢了身份证等。

嘴上没有把门的

旧时称官署叫"衙门"。"衙门"是由"牙门"转化而来。猛兽的利牙，古时常用来象征武力。"牙门"系古代军事用语，是军旅营门的别称。当时战事频繁，王者打天下、守江山，完全凭借武力，因此特别器重军事将领。军事长官们以此为荣，往往将猛兽的爪、牙置于办公处，炫耀武力。后来嫌麻烦，就在军营门外以木头刻画成大型兽牙作饰。营中还出现了旗杆端饰有兽牙、边缘剪裁成齿形的牙旗。于是，营门也被形象地称作"牙门"。汉末时，"牙门"成了军旅营门的别称。后来，这一名称逐渐移用于官府。

唐代封演的《封氏闻见记》卷五"公牙"篇说："近代通谓府廷为公衙，公衙即古之公朝也。字本作'牙'。《诗》曰：'祈父予王之爪牙。'祈父，司法，掌武备，象为猛兽，以爪牙为卫。故军前大旗谓之'牙旗'，出师则有建牙之事，军中听号令必至牙旗之下，称与府朝无异。近俗尚武，是以通呼公府为公牙，府门为牙门。字稍讹变，转而为'衙'也。"

唐朝以后，"衙门"一词广为流行。到了北宋以后，人们就几乎只知道"衙门"而不知有"牙门"了。又由"衙门"派生出许多词，如：衙役，指衙门里的差役；衙内，衙守公子。

官府的衙役也被老百姓称为"爪牙"。而守卫衙门口的"爪牙"又被民间称作"把门儿的"。牙和把门儿的就等同了，"嘴上没牙"就成了"嘴上没把门的"了。喻指口无遮拦，管不住自己的嘴。也是暗示人嘴里没牙，和屁眼儿一样。言外之意说他说话跟放屁一样，胡说。

和"嘴上没把门儿的"意思相反的俗语是"红口白牙"。例如"这是你红口白牙说的"，意思是：这是从你嘴里说出来的话，要说话算话，否则就是放屁了。

说不出个子儿啊卯儿来

这句方言俗语，用普通话说就是"说不出个子丑寅卯来"。

宋·释普济《五灯会元》卷五："师曰：'汝还识十二时吗？'曰：

'如何是十二时？'师曰：'子丑寅卯。'僧礼拜。"据说这是"说不出个子丑寅卯来"的语源。其实过去"说不出子丑寅卯"的远不止这个僧人。

在过去没有钟表的时代，最常见的计时工具是漏壶。古时夜间凭漏壶的时刻报更，所以又叫"更漏"。唐代词人有词《浣溪沙·夜夜相思更漏残》。认定时刻，以漏壶标尺的刻度为标记，所以漏壶又叫"漏刻"。

古代把一夜分为五更，按更次如数击鼓报时，所以几更也叫几鼓。一更时长一个时辰。古代把一天分为十二个时辰，用天干命名，即从现行时刻的夜里十一点开始，每两个小时为一时辰，依次为子时、丑时、寅时、卯时、辰时、巳时、午时、未时、申时、酉时、戌时、亥时。

古代用漏壶计时，漏壶有播水壶和受水壶两部分。播水壶分二至四层，每层均有小孔，可滴水，最后流入受水壶。受水壶里有立箭，箭上有一百刻度，箭随蓄水增加逐渐上升，露出刻数，以显示时间，"时刻"由此而来。一时辰表现到刻度上约等八点三刻。按现在的时间单位换算，约14.4578分钟为一刻。这就是一刻钟作十五分的来历。

上述计时工具都是铜制品，不用说一般百姓家买不起，就是买得起，在落后的农耕社会背景下，庄户人家日出而作，日落而息，对于他们来说，每天的时刻表，远不如与农事密切相关的节气重要。识几个字的便买本皇历，也没有必要花费那不菲的钱，买一个对他们来说作用不大的漏壶。

因此，过去在没有钟鼓报时、更夫值更的地方，老百姓对于时间的掌握，都是白天看太阳，晚上看星星月亮。看太阳，是按太阳窝儿（太阳）到了哪里，分：刚出太阳、半头晌、正晌午、半下晌、没了太阳等；看月亮，以星星月亮运行的方位来断知时间。当地有歌谣："大卯出来二卯撵，三卯出来明了天。"我小时候常听母亲说："月门儿帝儿快正南了""参门儿（参星）到了那里（方位以手所指）"。《日知录》："七月流火，农夫之辞也；三星在天，妇人之语也"。三星，参宿三星，也就是母亲说的"参门儿"。农夫春种秋收，所以关注四季交替；农妇日织夜纺，所以关注斗转星移。

这样的社会背景下，一般人很难准确地分清楚具体的时辰。"说不出个子丑寅卯来"也就是很自然和较普遍的事了。这句话在家乡说久、说省、说俗了，就成了"说不出个子儿（子）啊卯儿（卯）来"。比喻一个人对事理了解不透，表达不清。

了解了前段文里的歌谣和母亲观"参"辨时的方法，再去理解来自远古的《诗经》中古奥难懂的"三星在天""三星在隅""三星在户"，是多么的清晰浅易。我不得不佩服"礼失求诸野"的高明！

打点

收音机里播报时间，日常生活中看表，都是说几点。与此关联的有整点、晚点等。你或者说"点"是时间术语，因为时间在表盘上表现为一个个点状的标记，所以称点。

记得小时候上学，到了上课时间，听到上课的铃声或钟声，都说"打点了"。那时生产队里集合上工，也要"打点"。后来习惯了书本上说的"打钟""打铃"，就觉得家乡话"打点"很土，心想这是哪里来的叫法啊，咋这么怪？其实不然，这不过是因为自己知识面窄的缘故。

点，原本是一种响器，形状扁平，铸有云纹，也叫云牌或云板。古人有通过敲击点传递信息的方法。《红楼梦》第四回："雨村犹未看完，忽听传点，人报：'王老爷来拜。'雨村听说，忙具衣冠出去迎接。"传点的点，就是这种响器。

老北京传说：老龙王想把北京城的甜水全部偷走，就让龙婆和龙女拿大篓把甜水装着出了西直门。甜水全没了，老百姓怎么过啊？大将高亮拎上长枪就追出了西直门，到河边赶上了龙婆和龙女。高亮提枪便刺，水篓扎漏了，水自然就留下来了，可高亮也被水给淹死了。人们为了纪念他，在西直门外修了座桥，叫高亮桥，后来叫成了"高粱桥"。龙婆和龙女没有用，老龙王就要亲自出马了。为了报复，他想把整个北京城淹掉。但是他的法术没有刘伯温大，被刘伯温抓住，用大铁链子给锁在东直门里的那口直通海眼儿的深井里。龙王被抓，龙子也不服了，于是就顺着崇文门桥下的海眼想拱出来，还是要淹北京城。刘伯温也不含糊，把他也给抓住，就镇压在崇文门下了。刘大军师留话：龙子要想翻身，得等崇文门上打点儿。可是他暗中盼咐原本和其他八门一样都打点的崇文门换成了打钟。崇文门从此只敲钟，不打点了，龙子也就一直没有翻身的时候。于是，老北京城人就有了"九门八点一口钟"的说法。

实际是，以前相当于卫戍区司令的九门提督衙门就设在崇文门（哈德门）里头。早先的北京除了崇文门，其余城门都是早上开门晚上关门。只有崇文门是日夜开着，因为它是京师收税总机关，故通宵有官员、司役守卫。内城其他八门用敲"点"来传递启闭城门的信息。负责发布时间的钟鼓楼一敲钟，然后崇文门也跟着敲钟，其他的八个城门就一个一个的跟着打点、吆喝："关城喽！"老北京有俗语："城门响点不等人，出城进城要紧跟。"崇文门以示区别，有事则用钟鸣之，这才是形成"九门八点一口钟"说法的真实来历。

明清时期的北京城，每天五次用钟、点来报时。到了时刻，就打钟打点，钟点齐鸣来报知。所以，听到打钟打点声响了，也就意味着某个时刻到了。由此，时间和钟点就关联了，到时间也叫"到钟点了"。说简单了，就是"到点了"。

随着计时报时方式的演变，以及"点"这种响器报时功能的废弃，"点"原本的意思不再为人们熟知。倒是家乡方言中还保留着它的原意。子曰："礼失求诸野。"此之谓也！

父母官

父母官，是人们对自己家乡各级地方行政主官的传统称谓。

"乐只君子，民之父母""恺悌君子，民之父母"（《诗经》）。早在春秋战国以前就出现了："天子为民之父母，以为天下王"。而"父母官"的来历，源自两汉时南阳郡的两位太守，一位是西汉的召信臣，一位是东汉的杜诗。

《汉书》记载，西汉元帝的时候，召信臣任南阳郡太守。任职期间，关心百姓疾苦，为地方办实事，兴修水利，开渠筑坝，灌溉农田。让郡内"水丰地沃"，农兴粮丰。他还提倡婚丧简办，禁止铺张，严惩贪官。辖区内政治清平，百姓安居。对这样一位爱民如子的清官廉吏，百姓尊称为"召父"。

《后汉书》记载，东汉时期，南阳太守杜诗，清廉节俭，为保治内清平，善于用计，除暴立威。在任期间，减轻徭役税赋，兴修水利，疏浚旧渠，发明"水排"。因为他亲政爱民，政绩卓著，南阳的百姓就将他和以前的太守召信臣对比，称他为"杜母"，谓之"前有召父，后有杜母"。由此成就了"父母官"这一中国封建政治文化背景下的名词。

老皇历——忘不得

《日知录·天文》："三代以上，人人皆知天文。'七月流火'，农夫之辞也；'三星在天'，妇人之语也。"中国古代历法，据说在尧舜时代就已经很发达。我国作为世界上最早发明历法的国家之一，很早就设立观测天象、推算历法的机构，负责观测天象，掌握每日刻漏计时，推算历法等。像唐朝的司天台，宋朝的司天，明清的钦天监。

如果说中国天文研究曾经有过辉煌时期，到了明清则已经没落。即使如此，钦天监依然是朝廷重视的敏感机构。清朝时都是由亲王掌管。每年元旦，钦天监必须上一奏折，而且要在皇帝起床前送达宫中。皇帝起床，盥梳完毕后，任何事不做，先看此折，尽管多是些迷信、祈祥的事项内容。就是这朝廷如此重视的机构，除了从事大多数是为宫廷政治、军事、生活服务的迷信事务，而与百姓生活、社会生产有实在意义的也就是编纂历书这一项基本工作。

《文史通义·卷一·易教》："然三代以后，历显而《易》微；历存于官守，而《易》流于师传；故儒者敢于拟《易》，而不敢造历也。"也就是说，夏、商、周以后，历书为国家独掌。因皇家制定颁布，所以俗称"皇历"。民间也写作"黄历"，据说是因为历书都是黄色封面。作为装饰，黄色是帝王家的专属颜色。如，龙袍，以黄色为主；皇家建筑，以金顶独居。黄历印成黄色，本身就是皇权的象征。

到了清朝乾隆年间，因避讳弘历的"历"字，历书改称"时宪书"，简称"宪书"。清朝，每年冬至，历书编好后，先进奉给皇帝观阅。要举行隆重的典礼，谓之"进时宪书"。历书除了印有每年的时令月令节气，还有每月日出日落时刻及月朔月望。另外还有每日宜、忌事项等迷信内容。虽然这些从科学的角度说毫无根据，但在今天依然是许多人择日办事的信条，而在科学荒芜的古代更是人们安排生活生产所依据的指南和"金科玉律"。

不管哪个时代的历书，都是一年一换。去年的，今年就不能用了，这便有了"老皇历（黄历）——念不得"的俗语。喻指那些不合时宜的事理、规矩、办法不能再用。

第三十一章 俗人俗事

刮下春风下秋雨

在科学技术落后的过去,各地民众根据自己的生产生活经验,总结出了许多反映气候现象等自然规律的谚语,用以指导当地人们的生产、生活。每个地区,由于地理环境不同,所以各地谚语也各有特色。

黄河三角洲气象谚语很多:"八月十五云遮月,正月十五雪打灯",是说今年八月十五阴天,来年正月十五就要下雪;"雪里灯盏,雨里秋千",是说正月十五如果下雪,清明这天很可能下雨;"刮了坟头土,大旱四十五",是说要是清明节这天刮风,往后要干旱四十五天(当地民俗,清明节要往坟上添土,俗称"添坟",此时刮风就很容易刮起土来);"八月初一下一阵,旱到来年五月尽",是说如果八月十五下了一阵雨,就可能预示着天气一直干旱到明年的五月底;"五月十三,淋(家乡方言音lún)破瓷罐",说农历五月十三是下大雨的日子,即"雨日"。类似这样的气象谚语当地还有很多。这些都是家乡劳动人民经验的积累,智慧的结晶。

当地俗语"没有苗处不下雨"是说没有效益的地方,就不去有所付出和投入,所以雨水通常有"雨露恩泽"的寓意。因此,俗语"刮下春风下秋雨",和前面那些只有气象意义的谚语不同,除了有"即春天如多风,秋天就多雨"的气象意义,还有其生活的比喻义:做事、为人,前期铺垫付出，日后收获好处。

"刮下春风下秋雨"也有的说成"刮下春风，好下秋雨"。句式稍有变化，通过比较不难看出，前者多表现事物关联的自然性、因果性，后者更强调行为的主动性、目的性。

长着个棉裤腰嘴，还想学那画眉叫

当地土语"尖嘴薄舌"，说的是有此长相的人善说，常常多话生事。与此相反，认为嘴唇厚是天生拙嘴笨腮的相貌。

20世纪没有绒衣绒裤、毛衣毛裤之前的家乡人，把一层厚厚的棉絮夹在里表两层布中间缝制成棉裤，用它和棉袄配套，作为御寒的服装。棉裤尺码肥，衣层厚。为了好扎腰、穿脱方便，棉裤腰做得肥大，甚至肥大到足以装进一个孩子。以前，把孩子扎到裤腰里带的父母不在少数。棉裤又叫"缅腰子裤"，因为宽大，平时扎腰带时肥出来的腰围要缅（卷、折叠）在一起。如此一来，裤腰更加肥厚。

画眉即画眉鸟，也叫虎鸫、金画眉。叫声明亮悦耳，善于仿效其他鸟的叫声。它那清脆多变而富有音韵的鸣叫，让所有听它叫的人都喜欢，也博得许多诗人的赞叹。欧阳修《画眉诗》诗句："百啭千声随意移，山花红紫树高低。"清代诗人查慎行《清溪口号》中也有一首写画眉鸟的诗："溪女不画眉，爱听画眉鸟。夹岸一声啼，晓山青未了。"民间常常用画眉来比喻说话好听、嘴巧的人。好比夸一个懂事会说话的乖巧孩子，就说："你看这孩子说起话来像那画眉叫！"

可生活中偏有那没有语言天赋却愣做巧说的人，常常适得其反，招人不快，就被奚落为"长着个棉裤腰嘴，还想学那画眉叫"。

摆晒

六月六是天贶节。关于天贶节的来历，《道教大辞典》记载，宋真宗称梦见神人降天书，遂定是日为天贶节。还在泰山脚下的岱庙建造一座宏大的天贶殿。

六月六也是佛寺的一个节日，叫作翻经节。节日的来历源自这样一个传说：唐僧到西天取经回来，不慎将所有经书丢落到海中，捞起来晒干，方才保存下来。这天恰好是六月六日，因此，寺庙藏经也在这一天翻检摆晒。

还有一个传说：乾隆皇帝在扬州巡游的路上恰遭大雨，淋湿了外衣，又不好借百姓的衣服替换，只好等雨过天晴晒干再穿。这一天正好是六月六，因而有"晒龙袍"之说。

这些故事传到民间，人们效仿，就在这一天晒书，晒衣服，故六月六也叫"晒衣节"。

民间传说一般都以某个客观存在的历史事件、历史人物、地方风物或民间习俗为引子，同时加进某些虚构成分，以表达人们对周围事物的某些看法。学术界通常将民间传说分成历史传说、风物传说、人物传说、习俗传说……习俗传说是以解释某种民间习俗的来源及与之有关的事件为基本内容，此类传说大多产生于比较遥远的年代。随着社会的发展和习俗的变化，也会产生关于同一习俗的不同传说。（《中华文学通史》）

前述三个传说就是如此。虽然不同，但又有关联，前两个与天书佛经关联，后两个都有"晾晒"。值得注意的是，传说本身是历史的存在，而传说中的故事则往往不是真实的历史。但这并不影响人们对传说的认可和传播，因为人们关注的是传说故事，对故事的史实性往往不关注。

过去家乡的人们也有在六月六这天晒衣服的习俗，并说这一天晒了衣服不易发霉生虫。每逢晒衣节，穷门小户也就是在天井院里晾晒。有那富裕人家，院子里光照的地方晒不开，就到门口外边，临街放上板凳，支上板子，摆上衣服布匹晾晒。如此一来，难免招致心眼儿小的人的嫉妒，以为有意露富显阔，借此炫耀。这就可能招一些嫉恨："不就是有几件衣裳吗"，于是"摆晒"也就成了"炫耀和显示自己"。

也有一种理解是"摆甩",就是在人前指手画脚,显示自己的存在和能耐。因为在当地说"甩"是shài,与"晒"同音。

摆谱

文化学者易中天,在一档节目中模仿那些要面子、撑门面的人时说:"摆谱,就是摆脸谱。"大概这是教授认为摆谱的意思中有脸面的成分,故而如此说吧。岂不知也暴露了文史大师语言知识上民俗文化部分的缺失。这个词语与脸谱没有半点关系。其中所表现的讲面子、长脸面的成分,来自生活中实实在在的"摆谱"行为。

中国传统文化中,根生于封建宗法制度的崇宗敬祖习俗由来已久,影响着几千年中国社会的上层建筑和经济基础。宗谱,作为这一文化传统的核心元素,体现宗族脉系、尊贵卑微、血缘亲疏,历来备受重视!

来自游牧民族的满洲旗人,原本没有修谱的习俗。后来修谱的原因是入关后,朝廷要求旗人人家修谱。

乾隆时期,旗人人家人口暴增。由于历史的原因,各地衙门旗人登记册上记录的各家各户资料不够准确。以此为依据发放旗人钱粮,常有冒名顶替的。

乾隆四十五年,普遍发放旗人钱粮变成了世职承袭。旗人的继承权也发生了数不清的纷争。旗人习俗,长子等成家析产者,不再有权继承,只有末支一脉继承。后来有很多旗人人家继承世职的并不是末支,也有的是大份,这样矛盾也就多了。究竟哪一支哪一脉继承世职继承钱粮,朝廷和官府只遵循旗人人家自己的家谱。旗人的旗谱旗册问题就成了旗人衙门最多的官司纷争。于是朝廷开始要求旗人人家修谱,目的就是要让旗人确定谁是老祖先世职继承人。所谓执谱人,就成了继承者。从此,满洲旗人人家也开始了持旗册族谱为贵、为重的习俗。

清代有过几次将北京及周边闲散旗人(即京旗)派往东北,实行由国家组织的屯垦，这是清朝统治者为解决八旗兵丁的生计问题所采取的重要措施之一。嘉庆十九年至道光十年（1814—1830），在吉林的双城子进行第二次移垦。它的规模虽不如乾隆初年那一次大，但由于从中表现出的矛盾和问题更为深刻，也更具普遍性。又由于它处在汉族农民大量涌入东北的前夜，作为这一大规模垦荒运动的前奏，它的影响也更为深远。

那对于旗人至关重要的族谱，也随着迁徙带到了新的聚居地。每逢祭祖请谱的节日、仪式，都把族谱请出来摆放。因为是来自不同的地方，移民不和故园旧居的街坊邻居那样对于彼此的家世相互了解，因此，平时凑在一起拉家常，有族众谱大的人也会请出族谱，摆给外人看，炫耀自己家族大或祖上军功显赫，以此来长脸面、撑门面。这种带有显摆意味的举动被人们拿来做了语典，泛指那些故意摆出某种姿态显示给人看的要面子、撑门面行为。

这句源自移民东北的北京旗人的俗语典故，为什么不是来自数量更多的山东等地汉族移民呢？

清初，为了填补因战争而减少的东北人口，以耕种荒芜的土地，朝廷虽然曾效仿汉族移民，在东北对关内汉人实行招垦。但蜂拥而至的汉人，让旗人惊慌起来，因怕大量汉人的垦荒会破坏清廷龙脉，于是马上封关禁止。但关外"棒打狍子瓢舀鱼"的丰富自然资源，极大地吸引着关内，尤其是山东的饥民。因此，还是有人偷越关卡，往关外跑，所以才有了"闯"关东！听父亲说，在闯关东的人中，还有很多是杀了人、闯了祸、欠了债的逃亡者。

汉人族群，大都世代聚居。由于印刷条件，尤其是族权的限制，过去的族谱家谱都是手抄誊写，数量大多只有一份，都是掌握在族长手里。除非是整族迁移，否则家谱是不会脱离族群，让这些自发式的零散迁移的饥民带走，更不用说那些逃亡者了。虽然到了道光年间，朝廷开禁放关，但出关的汉人，依然是以散民为主。因此，这些饥荒中的汉族中人，是不可能带着族谱的。

而移民东北的北京旗人就不同了，他们既不是逃亡者，也不是没有饭吃的饥民，而是朝廷有组织的重回故土的"回屯"。举家，甚至是族群移民居多。何况与汉人族谱只用于祭祀、联族作用不同，旗人的族谱就是执谱人作为世职和钱粮继承者的身份证，必须带在身边！因此，只有这些人才"摆谱"。

人五人六

家乡方言说一个人不好，就说他"没人样儿"；说一个人装人物扮好人，就说他"人五人六"。那问题来了：装人物就装人物吧，为什么还出来"五""六"呢？

还是那句"是草都有根，是话都有因"，只要是流传开来的语言，就有它产生的生活背景。虽然有些文化现象的源远流长，但回望历史长河，还是能依稀看到它的影子。

有位网友说得好："令人困惑的是'人五人六'出自何方？天有五黄六月，地有五颜六色，人有五脏六腑，这口语'人五人六'是如何约定的，让人匪夷所思。"

如果说这位网友对一般人只管使用而不问来路的俗语做溯源思考已是难能可贵，而另一位网友关于这句俗语来源的探究则可以为师矣："（乡人）说话幽默，喜欢创新，所以遣词造句与众不同，值得研究。其中有两个特点，一是常用词语谐音，二是乐于凑成四字格。'人五人六'这个词语的生成，就是个典型。'人五人六'中的数词'五'和'六'，跟数量并无关系。'人五'很可能是'人物'的谐音，'人六'也许是配搭来的。"

愚以为此论有些道理：自古以来，谐辞隐语是民俗语言的重要形式和习惯。如果表示对"甲"不认可，有的不直接否认，以谐辞示否。如："人家是官儿啊。"答："什么官儿，蝈蝈儿。"家乡称蝈蝈，音若"官官儿"。把"官儿"谐音为"蝈蝈儿"表示不认可,甚至蔑视。

否定"甲",有的还连接一个不存在的"乙",制造一种谐隐效果。好比一个说:"这是老板说的。"一个驳:"什么'老'板'少'板,我才不听这一套。"再如:"张姐让做的。"驳:"什么张'姐'张'妹',谁也不行。"这里的"老板"和"张姐"是实指,"少板""张妹"就是虚指。

人物,很早就存在汉语语汇中。三国时,刘邵著有《人物志》。《后汉书·许劭传》:"好共核论乡党人物。"苏轼:"大江东去,浪淘尽千古风流人物。"人物指有才德名望的人,还指人的品貌风度。如宋代孙光宪《北梦琐言》:"蒋凝侍郎亦有人物,每到朝士家,人以为祥瑞。"家乡话里有:"某某很不人物。"其中的意思就是为人品质差、少风度。

看到一个不是人物的人装人物,或遇到有人说"那是个人物"而不认可,直接否认觉得效果不好,就"谐隐"一下吧:"他还人五(物)?人六呢还。"把"人物"谐音作"人五"——已经不承认是"人物"了,再顺着"人五"说成"人六",比直接否认又增加了浓厚的诙谐意味!

北京民俗专家王作楫在谈《北京的年文化》时,讲了这样一段话:"过去我在中央电视台做节目,主持人问我,吃'过水面'要淘几遍?我说过去北京人的习俗叫'神三鬼四人五六',什么意思呢?夏至时节拿去供神的凉面,淘三遍,是为'神三';拿去供祖先的,就淘四遍;你要是自己吃,三伏天热,多过几遍,过个五六遍。所以是'神三鬼四人五六'。"并说俗话"人五人六的"就是从这里来的。

专家没说为什么"人五六"。他说的更像是根据已有的"人五人六"的俗语而后定的做法,所以给出的并不算是俗语来源。

中国传统文化发扬人之一刘宏毅先生在《说文解字》中解释:一卦(有)六爻,五爻六爻为天位,三爻四爻为人位,初爻二爻为地位。做人不好,意味着没守人的本分,就是没在人位,所以有"不三不四";不在其位,而谋其事,做高于自己位置的事,说高于自己地位的话,即被认为是超过了人该在的本位，越位到了"五六"位，就被人讽作"人五人六"。

以上内容，权作列举，以俟高明。

有枣没枣打一杆儿

枣树是黄河三角洲最常见的树种之一，传统品类有金丝小枣、银丝小枣、躺枣、凌枣等。20世纪60、70年代以前，区域内不少人家有种枣树的习惯。也有成片成林的枣树园子，于是就有了叫"枣行"的人名，也生成了不少带枣字的俗话、熟语，像"枣木杠子""仨核桃俩枣"等。

黄河三角洲农谚："四月枣发芽，五月开枣花，六月枣树结疙瘩。七月十五枣红腚，八月十五打个净。"

当地讲"偷瓜摸枣不算贼"。也许是因为有这样的宽容，才使得那些调皮的孩子，从枣树开花就在别人家的枣园里转悠。树上有了枣儿，就更经常光顾。

枣树园子，叫园子却大都没有围墙，是开放的。所以，尽管枣园子的主人严密看管，有的还在临着房后枣园子的房屋后墙上掏了瞭望孔，发现有孩子靠近便大声斥责，但也阻止不了那些平日里没有水果零食可吃的顽皮而嘴馋的孩子们。

谚曰："七月十五点红，八月十五满红。"到了收获枣的时候，枣树的主人都是把打枣的时间安排在孩子们还在睡梦中的凌晨两三点。那时候收获枣子的方法是用竹竿敲打树枝，俗称"打枣"。把枣击落到地上，再有人捡起来放到篮子里，叫"拾枣"。如果哪个小孩侥幸被枣树主人家叫来拾枣，这样的美差可真足以叫那些未被"邀请"的小伙伴们羡慕不已。

本地民谣："家里有棵枣树，人人和你好。等枣打没了，人人和你恼。"

因为是晚上打枣，光线不好，那时又没有电灯照明，很难看清树上哪里有枣哪里没枣。为了避免漏打，打枣的人只能是在树冠上密密拍打，不管那里有枣没枣，都要打上几杆子。正所谓"有枣没枣打一杆儿"。

后来人们就以此比喻那些不管事情有没有好结果都要试试的做法。

物换星移，从21世纪初开始，以沾化为正宗原产地的冬枣，经培育推广，由中心根源地沾化，辐射周边市县，在黄河三角洲地区广泛种植，形成了独具黄河三角洲水土特质的优良枣树品种。是享誉全国乃至世界的特产。家乡原来不怕打的小枣被品质更优异的冬枣代替。冬枣的优点是甜、脆。不用说用竹竿敲打，就是从树上掉到地上都会摔碎。所以，现在收枣都是摘，有枣都不去打一杆儿，更不用说没枣了。

人家的庄稼自个的孩儿

过去，庄稼是庄户人唯一的生活资料来源，正所谓"民以食为天"。对于财物，大多数普通人都有些私念，因此，当看到自己的庄稼和相邻地段别人的庄稼，种地的人都习惯比较一下。不知是眼光差别的缘故，还是"心理偏盲"的作用，本来差不多的庄稼，总是觉得别人的庄稼比自己的好。我在家种地时就有这种真实感受。这大概是不希望自己的庄稼比别人差的心理作怪吧。

人就是很奇怪，同样是自己的，庄稼总是觉得别人的好，而对孩子，却总是觉得自己的好。这就是家乡人常说的"人家的庄稼自家的孩儿"。这大概都是因亲情导致的"心里偏盲"吧。

在当地流传着这样一个笑话：两个朋友在集市上相遇，都要给在学堂读书的孩子买点东西送去，一个是买用的，另一个是买吃的。正巧，两人的孩子都在同一个学堂里念书，其中给孩子买吃的人性格大大咧咧，自己图省事，就托另一个人捎去。对方说不认得他的儿子，这个人就说："俺儿子长得最好看，你到了学堂里把东西给那个最好看的小孩准没错。"对方也就答应了。等过了几天，孩子放学回家，这个大大咧咧的人就问儿子说："那天，你学堂里谁谁的爹把我给你买的什么什么东西给你了吗？"

儿子回答说没有啊。这个人很生气，就去找那个捎东西的人，责问那人说："你为啥没把我托你捎的东西给我儿子？"那个人回答道："你说给长得最好的那个孩子就没错。我到了学堂里，挨着瞅瞅，就数着俺儿子最好看，我就给俺孩子了。"这显然是一个杜撰的笑话。故事虽是虚构的，但反映的是普遍存在于人们心里的真实感受。

《吕氏春秋》："人不爱倕之指，而爱己之指，有之利故也。"意思是："人们不爱巧匠灵敏的手指，而爱自己的手指，是由于自己的手指对自己有利的原因。"

醉煞不认那壶酒钱

在玻璃还是奢侈品的年代，酒是散打壶装，买酒就叫"打壶酒"，买酒的钱自然就是那壶酒钱了。

俗语中的事件人物虽没有记载，但联系社会生活推断，可能是出自这么两种情况，一、行为不检点的喝酒者到酒馆儿喝酒，或者到专门卖酒的酒铺里买酒，酒到手后，就喝掉了，却不给钱。这时，酒量不大的他都已经醉了，面对店主讨要酒钱，他就是不认账，说自己没有消费。这种情况很极端，不太可能。二、一个嗜酒者，平常手里有钱就一定花掉买酒喝，家人因此不让他碰家里的钱。一日因为买别的东西，又必须他去，只好把钱交给他。又知道他有嗜酒的毛病，便千叮咛万嘱咐他不要用钱买了酒喝。谁知他把持不住，还是把钱拿去打酒喝了。凡此嗜酒者，只要手里有足够的钱，必定是逢喝必醉。钱没了，事儿没办成，回到家，醉得分不出东西南北了。家里人追问钱的事，他说不清楚。家里人知道喝成那样，钱又不见了，必定是拿钱打酒了，自然要责备他花钱买酒，喝醉误事。喝醉的人有一个共同的特点，就是从不说自己醉。越是醉，越是不承认醉。家里人这时一定很生气，就会狠狠地说："你啊，都快醉煞了还不认账。"

这句话在当地被广泛应用,用来比喻在事实面前不承认自己的错误和缺点。

清朝年间著名学者章学诚在《文史通义》中批驳写文章"终其身于空套之中反以讥人"者说:"正如醉酒甚者必自辩其饮酒不醉耳"。

留一手

一手,理解起来意思很多。可以是杂耍卖艺的一个手法,也可以是拳家的一个招数,也可以是匠人的一种手艺,也可以是手艺师傅的一种秘方工艺等。因为这些都是用手去做、表现在手上的事情,所以谓之"手"。

家乡人常说的"一手",往往是指最拿手的那一手。好比说有种工艺活,其他人也能做,但总是不出色,而有一个人做的格外好,人就说他"真有一手"。如果一个人在行事或干活的时候,保留了解决关键环节的方法,就会被人说"你还'留一手'啊"?

留一手,是说在行业技艺传授中保留最关键的部分不传授。所以,说这句话来自哪个行当都合情合理。今天,我们先从以下这些行业中寻找各自的故事来理解。

以前,在庄里听一位木匠说起随师学艺时的亲身经历。他是跟师傅学做马车,这也是农村木工中最复杂的手艺。因组件多,结构复杂,大部分木匠做不了,一个县里也就有为数不多几个匠人会做,所以师傅授徒都比较保守。开始接触马车打造时,每到组装关键的部件,师傅都是把徒弟打发走,自己亲自组装。

庄里有习武的传统,所练拳术唤作"底攻(注:记音词)拳",也有写作"狄公拳"。听学拳的人讲,一些老拳师在教了徒弟们套路后,拆招实用的技法则更多的只是教给自己的子孙。

这姑且有老师的狭隘,但也许有老师的无奈。有一个流传很广的"猫教老虎"的民间故事,说老虎拜猫为师学本领,猫师傅教老虎的时候,留了一手爬树的本领，在忘恩负义的老虎想加害师傅的时候，猫爬树保住了性命。故事应该是替那些留一手的师傅们开脱。鲁迅《朝花夕拾》"狗猫鼠"篇，就有猫教老虎本领却留一手的描述。

和这故事类似，以前我看过一个连环画故事，说的是一个拳师去外地收徒授艺，一年临到年底，就和徒弟们说："师傅领进门，变化在个人。我把全部套路、手法都教给你们了，以后要多加练习。"然后就辞别回家过年。徒弟们除了束脩，还给师傅送了许多礼物。谁知其中一个恶徒，听师傅已经把所有的武艺都教给大家了，又见师傅上了岁数，而自己身强力壮，觉得武艺超过师傅了，就起了抢劫师傅财物的歹心。他借送师傅的名义，把师傅的随身单刀拿了过来，到了半路上就露出了杀机。师傅见状，就说："你就知道一定能杀得了我吗？"恶徒说："你已经把所有的招数都教了我们了，又上了年纪，还没了武器，这不是明摆着的事吗？"师傅听了，就拿原本用来拄着走路的竹竿指着这个恶徒说；"你只要能砍断我手里的竹杖，我就认输，随你处置。"恶徒一听，手起刀落砍向师傅手中的竹竿。"嚓"的一声，竹竿被刀削出一个锐利的竹尖，师傅顺势把竹尖顶住了恶徒的喉咙，恶徒一下子被制住了。不服输的恶徒，竟还怨师傅留了一招，还撒谎说全教了。师傅道："我的这一招，不是留的，是我临时想出来的。"可见，不留一手或许真有些麻烦。

旧时代，各行业都有一套自己的规矩。但收徒"三不收""三不传"的规矩，诸多行业却相似。《近代江湖秘闻》这样解释："一不收功名人家的弟子，二不收结了婚的人，三不同时收两个徒弟；一不传六耳，二不传女，三不传尽。"不传尽，就是留一手。

留一手现在看来是有些狭隘的现象，其实也是过去江湖险恶、人心不古的社会环境逼出来的行业习俗。

这既说明了行业、师傅的保守，也表现了谋生的不易。之所以有这样的现象、规矩，一是有些从业者为了不使徒弟超过自己，以给全家人保有一个吃饱饭的机会。有道是"教会徒弟，饿死师傅。"二是有些行业，如武艺行,还因为要防备有徒弟心生歹意。因此,许多行业的技艺越传越少,甚至失灭。

人心的复杂,也许是造就人间许多无奈与遗憾的根本原因。

扒瞎话

过去的家乡,荒村野乡,除了个别大庄年下扎台子唱戏,或者偶有说书的来庄里说几天鼓书之外,几乎再没有其他文化活动了。所以,在农闲季节,熬夜时,听老人或者见多识广者拉呱讲故事,成为大人孩子的娱乐项目。

生活环境枯燥憋闷,又是处于求知欲强、好奇心重时期的孩子们,对那些有趣的故事好像永远也听不够。往往缠着大人天天讲、夜夜拉,直叫那一个个呱篓子都"倒了筐子"(把筐子里的东西都倒出来了)。

庄户人拉的那些呱儿,大都是由最初听书、看闲书学来的,然后通过一辈辈口耳相传留下来的民间故事、神话传说。"饥者歌其食,劳者歌其事"。这些神话故事除了表达老百姓朴素的道德观,更多地是表达了人们对美好生活的追求和向往。

因为有许多片段带有明显的神话、传奇色彩,在现实生活中遇不上,看不到,实现不了,所以就被称之为"瞎话"。讲这样的故事,拉这样的呱儿,就叫"扒瞎话"。

如果平常有人说话没根据,不能叫人相信,就会被人说是在"扒瞎话"。

《左传·召公谏厉王弭谤》有"故天子听政,使公卿至于列士献诗,瞽献曲,史献书,师箴,瞍赋,矇诵……"《汉书·贾谊传》:"瞽史颂诗。"盲人说唱,历史久远。"瞎话"称谓,大概是受了当初瞎子说书的影响。

民间说书的瞎子艺人,没有女艺人的姿色,没有健康男演员的表情等肢体语言的辅助，他们所擅长的多是离奇的故事。或许是因为这些玄虚故事在生活中是看不到的，所以人们就把这些故事的内容特点连同说书者的生理缺陷，关联起来称之为"瞎话"。

不知是受"瞎话"这个称谓的启发而创作的，还是早就存在，社会上真就流传着一种内容不符合实际、胡说瞎编的"瞎话"。这类瞎话，一般都内容短小，利用夸张、不符合实际的事物，制造出一种荒谬的诙谐。《广饶县志》1989年版有："说瞎话，道瞎话，窗户台上种了二亩大西瓜。大车拉一个，小车拉半拿（拉），来了个光腚猴子，揪揪肚皮装了八啊。"

遇到人说话有意编造、无中生有、不现实，当地老百姓常斥之"睁着眼，说瞎话"。现在还常常听上了年纪的人说："和这那（现在的）小孩说早（以前）那些没啥吃穿和忍饿的日子，都认为是扒瞎话。"即孩子认为大人的话是瞎编，没有的事，不相信。

好拉头

说起"好拉头"，在博兴县有一个"咸鱼翻身"的故事。故事是某村庄的一个旧传说：庄里有个人家里来了客，他表现热情，对客人说："你先坐下歇会儿，我去准备饭，咱煎鱼吃。"等饭菜端上来，客人一看都是粗茶淡饭，青菜素食。客人面带疑惑。主人连忙解释："本来是想煎咸鱼吃，可是鱼腌得很咸了，我就拿到湾上去洗，谁知那条大咸鱼'扑棱'一下子跳到湾里，一个猛子不见了。"

主人一番话，说得客人大眼瞪小眼。不知是被主人这种离谱的说辞蒙住了，还是被主人这三岁小孩都不信的拙劣谎言气坏了？等回过神来，说一句："好拉头来！"意思是"你说的真夸张啊"。从此，"某某庄那咸鱼窜到湾里——好拉头"就出了名了。遇到认为别人说的事儿很夸张，人们就会拿这句歇后语来评价。

后来，关于这个村"好拉头"的故事不断被丰富。有的是本村的演绎，有的则是其他地方人编的段子，加到这个村"好拉头"的集子里，为的是借"好拉头"故乡的名头，提高段子的效果。尤其是前几年社会上流行段子的时期，"好拉头"的段子增添不少，其真实性就无可考证了。这也许就是乡言俗语产生、流传的特征之一吧。

耍光棍

"光棍儿"也叫"光棍子"，本是一个比喻性的名词，用精光无挂扯的棍子，比喻那些了无牵挂，"一个人吃饱了，一家人不饥困"的单身汉。近年来，文字中也偶见称作"女光棍儿"的。

家乡话里还有一种不带儿化音的"光棍"。有俗话说"光棍不吃眼前亏""匹夫之勇，称不起光棍""光棍不斗势力""眉毛上插针——眼前的光棍"等，都表现出了"光棍"的人格特质

这几句俗话里的"光棍"是名词，也是形容词：一个人无权无势，甚至经济条件很差，但心眼儿灵活、能说会道，见啥人说啥话，言辞仗义。虽处处事事以赚人便宜为能事，不过口碑还不错，这样的人常被形容为"很光棍"。

而社会上有一类不务正业、靠耍嘴皮子，甚至坑蒙拐骗但又装体面的人。这类人以赚便宜为唯一目的，善于见机行事，说话冠冕堂皇。众人评价其为人往往说："这个人不咋样，净耍光棍。"

有钱的王八坐上席

王八，原指娼家的男人。也指行为下作，地位低下的人。《五代史·前蜀世家》："王建少无赖，以屠牛（过去屠牛是比较重的犯罪行为）、盗驴、贩私盐为事，里人谓之'贼王八'。"《七修类稿》："今詈人曰'王八'，或云'忘八'之讹，言忘孝、悌、忠、信、礼、义、廉、耻，不然也。"

以上各种说法所指的人，不管是人格品质、还是身份地位，都是不受人待见的。但在"有钱能使鬼推磨"的社会环境中，即使这样的人有了钱，也能得到一些人的高看而待为上宾。

以酒款待是家乡最郑重的待客方式。但在早先，一般人家来亲戚都是吃顿饭，不喝酒，因为家里穷，买不起酒。

有一个人惯于掏包做起手，平日里游手好闲，手上又不干净，备受乡邻鄙视，街坊邻居大都不愿和他来往。此人嗜酒成性，弄钱来先买酒喝。

听老人们说过，有个心眼多的人，不用花钱却善于使鬼推磨。家里有亲戚身份体面，逢年过节都要来走亲戚。亲戚有身份，来了就要好好招待。可是这个善耍光棍的人，既想把客人招待好，又不舍得花钱。于是，有身份的亲戚来了，他每每要设下酒局，家里做菜却不买酒。每次都请前面说的起手邻居来陪客。

平日里没人待见，现在有人请喝酒，还是陪有身份的客人，邻居自然觉得脸上有光，所以，每次都是花钱买上原瓶的好酒带上。在平常约酒只"喝一壶"散酒的年代，能有一斤装的原瓶好酒，不管是主人还是客人，都是很体面的事。因此，他每次都是被主人让到和客人并排的上席去坐。

这个生活中活生生的例子，很好地诠释了"有钱的王八坐上席"这句满含俗世情态的话。

好人不过三圆成

家乡方言"圆成"，意思是在生活中规劝人，或给矛盾双方调解说和事。"好人不过三圆成"，一句俗语包含着几千年来中国哲学思想、数术理论。也能看到两千年中国封建社会法律体系中民间习惯法以和解、息讼为原则的影子。

中国自古就有司法调解制度，与之并行的还有传统民间调解习惯法。远在我国的周代，就设有"调人"一职，其职责是"司尤民之难而谐合之"。秦汉时设有乡官负责民间纠纷调解。明代"大明律"以国家立法的形式对民间调解做出法律规定。清朝各代皇帝更是接连下旨，晓喻天下，强调以调解方式解决民间纠纷，从而达到息讼止争。

这种传统文化的影响也表现在中国的现行司法体系和管理体制中。司法上有司法调节，行政管理上有行政调解，还有人民自治性质的人民调解。起源于中国古代的司法调解制度，也被现代许多国家，包括美国在内的西方司法体系所借鉴，是现代国家调解制度的文化源头。

我国古代解决民间纠纷的调解方式有深厚的政治、文化、哲学基础。《周易·讼卦》讲述的是人与人之间争执。总论讼卦，凶相重重，到处都是祸患与危机。这是由于讼卦所涉及的主题是与人争讼所决定的。因为这是利益上的争夺，得失双方都对这种结果过于在乎。失败者人财两输，心有不甘，一定会想方设法在别的地方挽回损失。而获胜者也耗费精力、影响家业。只有以中正之德处于其中，才能获得吉祥。倘若不知道适可而止的道理，得饶人处不饶人的话，必然会招来怨言与嫉恨，连自己得到的好处也可能会被损毁，好似竹篮打水，最后是一场空。

民间广为流传的传统启蒙读物《增广贤文》就有"养家不争讼"的语句。当地老百姓也有"养家不制气，制气不养家""打官司，穷到底""赢了官司输了钱"的说法。因此，解决纷争的办法不是打官司，而是调解劝和。

有道是"中间无人事难成。"纠纷往往关联着利益之争，所以调解就不是一件简单的事，首先要有合适的调解人。不管是争执一方托请，还是调解者主动介入，调解者必须有一定威信，并且得有争议双方都认可的人，才有可能达到化解问题的目的。即使如此，也不能保证每次说合调解都收到成效，有时，说事的人要跑上两三趟，加条件，换办法。乡间有"好人不过三圆成"的说法，是说协商调解的成败，大都不过三次，成就成，不成也就不成了。

这个观点应源自"事不过三"的传统观念。"事不过三"也不是老百姓随意的想法。老子的《道德经》有云："一生二，二生三，三生万物"。《史记·律书》："数始于一，终于十，成于三。"《白虎通义·封公侯》："天道莫不成于三。天有三光，日、月、星；地有三形，高、下、平；人有三尊，君、父、师。故一公三卿佐之，一卿三大夫佐之，一大夫三元士佐之。天有三光然后能遍照，各自有三法，物成于三，有始有中有终，明天道而终之也。"《仪礼·士冠礼》："主人戒宾，宾礼辞，许"。郑玄注："礼辞，一辞而许也；再辞而许曰'固辞'；三辞曰'终辞'，不许也。"《礼记》："三谏而不听，则逃之。"

论堆

论堆，就是按"堆"论多少、论价钱。在过去的乡村生活中，会遇到很多论堆（方言读zuǐ）的事情。如卖那些不大值钱的东西，为了省事儿，有的就不按斤卖，而是分成一堆一堆的，按堆论价。

记得小时候，生产队里分东西，除了比较重要又好称量的粮食是按斤分，其他大部分的农产品都是论堆分。像地瓜、萝卜、瓜菜、棉花柴、玉米秸、高粱秆等：先按要分配的份数，一份一堆地分好，上面分别放上写着序号的小纸片，然后参与分配的家庭一同抓阄，家乡叫"拾阄"（家乡方言读"qiǔ"）。各自按抓到的序号，到堆上对号认领。

论堆的东西，都是摊放在地上的。这个特点，身处乡间生活的人很熟悉，于是就运用到语言表达之中。乡野村庄，人们的行为要率性的多，有的人为了自己的某种目的，很少讲究体面。当和人发生矛盾，争执到了激烈的程度，见用体面的办法达不到目的了，就躺在人家家里，对方不答应要求不起来。或者，凭力气打斗赚不了便宜，也会躺在地上以命相搏。这样的行为家乡人就形象地称之为"论了堆"。意思是说这个人不讲道理，不顾体面，跌撞打滚，躺在地上"创土蛋"。

人家牵驴你拔橛

在牛耕马拉驴驮的过去，牲口是家里值钱的财产。那些品行不端，又妄想不劳而获的人便有偷别人家牲口的歪主意。在家乡，谁家的牲口被偷了，就说"叫人家牵了去了"。这大概是因为偷牲口都是牵着走。

《笑林广记》写了这样一个笑话：有个偷牛贼，被带枷示众。亲戚问他犯了什么罪，贼说："我在街上走，看见地上有根绳子，以为是没用的，就捡回去了，因此被抓。"亲戚说："拾一根绳子有什么罪？"贼又说："因为绳子上还有一样东西。"亲戚问："什么东西？"贼答道："是一头小小耕牛。"

看似笑话，其实都是社会生活的折射。《五代史·前蜀世家》："王建少无赖，以屠牛（过去屠牛是比较重的犯罪行为）、盗驴、贩私盐为事，里人谓之'贼王八'。""盗驴"赫然在列。

牲口被偷一般有这么两种情况，一是晚上在家里拴着被偷走，另一种是白天把牲口放到坡里吃草时被偷。

有青草的季节，过去为了节省，家里的牲口白天不在家里喂养，要牵到村边的草塘、草场，或者上坡干活顺便牵到离地块不远有水草的沟底、河边吃草。在民风还算是淳朴的岁月，像这种情况都没有人在附近看护。只是为防止牲口自己逃脱，把一条长绳子一头接在牲口缰绳上，一头再用一个木质或铁制的橛子（俗称"系驴橛子"）固定到地上，俗称"系牲口"。这样也给那些动歪脑子的贼留下了偷盗的空子。

如果牲口在系着的时候被人牵（偷）了去，那贼是不会把拴牲口的橛子拔走的，因为拔这深插在地里的橛子要费力气不说，带上个橛子不但没用，反而碍事。

在牲口被人牵走了以后，地上只有一根橛子，尤其是铁橛子。路过的人看见了，以为是别人丢失或忘记的，多数人会去拔了拿回家。要是丢牲口的人看见并认出是自己拴驴的橛子，很有可能误以为丢驴与他有关。闹不好，拔橛子的人落一个偷驴的嫌疑，无法开脱。

别人把坏事做下，你因为一个没有价值的牵连而做了替罪羊，家乡的人就会用"人家牵驴你拔橛儿"来比喻。

以上所记，不过是过去家乡人生活中与俗语描述相似的场景，不算是该俗语的起源，因为此类语言早就存在于古典中。《通俗编》"牵牛拔椿"词条有："《易》：'无妄之灾，或系之牛，行人之得，邑人之灾。'言行人牵牛以去，居者反遭诘捕之扰也。按：今谚'他人牵牛我拔椿'，由此语稍演。"

穷汉子乍富——知不道咋着好了

《训蒙增广改本》有言："乍富不知新受用，乍贫不改旧家风。"良好的家庭文化积淀，不是一个白丁平民获得了一定物质财富后在短时间内就可以实现的，而是需要经历一个长期、未知的过程才有可能具备。元代陶宗仪《南村辍耕录》："谚云'三代仕宦，学不得著衣吃饭。'"按：《魏书》，文帝诏群臣云："三世长者知被服，五世长者知饮食。"

一些原来贫穷，阅历浅，文化积淀缺失，即使有机会暴富，如果不善学习、不知进取，就可能因把持经营不当而不能保持长久发展，以致失去已经得到的财富、地位。从古到今，生活实例，屡见不鲜。

富贵是绝大多数人追求的人生状态，但事物都是一分为二的。应既看到它有利的一面，也要审视它不利的一面。两千多年前，《吕氏春秋》就有："贵富而不知道，适足以为患，不如贫贱。贫贱之致物也难，虽欲过之奚由？出则以车，入则以辇，务以自佚，命之曰招蹶之机；肥肉厚酒，务以自强，命之曰烂肠之食；靡曼皓齿，郑、卫之音，务以自乐，命之曰伐性之斧。三患者，贵富之所致也。故古人有不肯贵富者矣，由重生故也，非夸以名也，为其实也。则此论之不可不察也。"

"树小墙新画不古"，一方面描述了新贵之家的外在环境，另一方面也揭示了暴发户文化积淀的苍白。一首打油诗就是那些世代权贵挖苦新富人家的："入得门来油漆香，柜中无有旧衣裳。墙上挂着时人画，祖坟青松三寸长"。

因为短时间致富，文化积淀跟不上，不知道怎么做才能保持良好的势头。往往出现个人、家庭、事业经营不当，无法实现持续的发展，久而久之就可能招致灾祸。正所谓"穷汉子乍富——知不道咋着好了（咋着，家乡话说作'咋zhōu'）"。

因为不知道"咋着好"而胡作非为，导致落败的行为，俗称"烧包"，当地也叫"烧了包了""烧作地"。

民俗专家山曼的《齐鲁乡语谭》有"烧包"一篇："烧酒，酿造方法与黄酒大不相同。原料在窖池中发酵酝酿，酿好之后装入蒸锅，蒸汽冷却得酒。旧称这样的酿酒作坊为'烧锅子'。……在烧酒作坊里，出料、拌料、装锅，都是极辛苦的工作。工作场地温度很高，酒工们赤膊上阵，个个大汗满身。外人称他为'烧包子'，语气间多含不恭敬的意思。……作坊里的酒工，因为工作的关系，也有一些喝酒的机会。酒后，常衣帽不整而面带醉容，这足以使老实巴交的农夫将他们看作'另类'。……若同样是穷苦庄稼人，有人也到镇上去吃喝，大家的议论随之爆发：'看他那个过了今日没明日的样子，简直像个烧包子。'以后，将'烧包子'作一个单独的词使用，凡一时手头有几个钱，不知道正确使用，导致把事情搞砸的行为，往往为人所不齿，可统称为'烧包'。"

狗尿苔长到金銮宝殿上

北京故宫中的太和殿是清朝皇宫的正殿，民间俗称"金銮殿"。然而，真正的金銮殿却在唐朝长安的大明宫，并且，那里的金銮殿不是皇宫中最重要的正殿。

金銮殿位于大明宫太液池南边，与麟德殿、翰林院相邻。《资治通鉴》有："苍猝召翰林学士郑絪、卫次公等至金銮殿。"宋代程大昌《雍录》曰："金銮坡者，龙首山之支陇，隐起平地而坡陁靡迤者也。其上有殿，名曰金銮殿。"由于毗邻大明宫西边的翰林院，金銮殿是文人学士等待皇帝诏命应对之所，因此极有名气。

李白在翰林院就职的时候，经常出入金銮殿，受到唐玄宗的召见。他的《赠从弟南平太守之遥二首》写有："承恩初入银台门，著书独在金銮殿。"说自己身为翰林供奉，每天都进出翰林院，撰写著作就在金銮殿。

和李白一样，翰林们经常出入金銮殿，故翰林学士又美称为"金銮"。

因为这种密切的联系，金銮殿经常被这些翰林学士写在诗文中得以传播，使得它影响很大，闻名遐迩。而很少被写进诗文里的大明宫正殿"含元殿"则在民间默默无闻。因此民间就误以为"声名显赫"的金銮殿为皇帝办理朝政的正殿，而被写进一些民间戏曲小说中。从此，皇宫的正殿称为金銮殿的俗称日渐形成。

狗尿莪（注：莪，音ē，家乡方言中，读音为"ē"的字多读若"ō"蘑菇的别称。狗尿莪是一种有毒蘑菇的俗称），一种有毒蘑菇的俗称。民间有说因狗尿而生，故名。体小、貌丑、色污、名秽而被视为弃物、烂物。别看这样，长在金銮宝殿的金顶上，也会处在一般人到不了的位置，领略一般人看不到的风景，因为它长的位置好。所以当地有俗语："狗尿莪长在金銮宝殿上——东西不好，长在埝儿上。"讽喻那些因出身好而获得比一般人待遇优厚、地位优越的平庸之人。埝儿，地方。埝上，喻处在好地位上。

笑下大牙来

现代汉语里有"笑掉牙"的说法，而家乡却是"笑下大牙来"。别看只多一个"大"字，却体现了家乡俗语的高明。

《汉书·匡衡传》："匡衡字稚圭，东海承人也。父世农夫，至衡好学，家贫，庸作以供资用，尤精力过绝人。诸儒为之语曰：'无说《诗》，匡鼎来；匡语《诗》，解人颐。'"说的是有人在讲《诗经》被别人制止，说匡衡就要过来了，因为匡衡讲《诗经》是出了名的好，精彩的程度能叫人笑到下巴脱臼。

《齐东野语·解颐》："匡衡好学，精力绝人，诸儒为之语曰：'无说《诗》，匡鼎来；匡说《诗》，解人颐。'盖言其善于讲诵，能使人喜而至于解颐也。至今俗谚以人喜过甚者，云'兜不上下颏'，即其意也。本朝盛度，以第二名登第，其父喜甚，颐解而卒。又岐山县樊纪登第，其父亦以喜而颐脱，有声如破瓮。按《医经》云：'喜则气缓，能令致脱颐。'信非戏语也。"

上面这段话，除了说匡衡讲《诗经》令人掉下巴，还说了两个人因儿子登科欢喜过度而笑掉下巴。

"颐"，本义是下巴。《方言·十》："颐，颔也。南楚谓之颔，秦晋谓之颐"《京音字汇》："颏，俗言下巴。"家乡方言就称下巴叫"下颏（hai）"。

"笑掉牙"，易让人理解成单纯的掉牙。而生活中这种现象是不可能的，所以说不通。"笑下大牙来"的原意是下颌关节脱臼。因下排大牙紧靠下颌关节，跟着一起掉，说得通。

有人认为普通话有一定规范，实际上，因汉语新旧兴废，有些现代汉语词汇本末脱节，有的元素因脱离本源，几经转换，已经变得面目不清。与之相比，原生态的方言俗语因为源自生活，表述更真切。汪曾祺说："语言的唯一标准，是准确。"

生活中为一件事高兴，可以夸张地说："欢喜地笑下大牙来"；见一个人高兴而心生嫉妒还有的说："看你欢气得，觑（小心）笑下大牙来啊。"

跐着鼻子上头——不要脸

以前对家乡俗语"跐着鼻子上脸"不理解：按现代汉语解释，"脸"就是"面"，那跐着鼻子就已经在脸上了，怎么还上脸？

其实，"脸面"在古汉语中是分开的两个词，即脸是脸，面是面。以前论起这句俗语，听有学问的当地人把前额称作"脸"，觉得有道理，因为由此说法，脚跐到鼻子上，要更进一步，才上到"脸"的位置上。那么，再去理解"跐着鼻子上脸"，表达的意思就通顺了：比喻一个人得寸进尺。

这样一来，另一个俗语"跐者鼻子上头——不要脸"也好理解了：从鼻子要上到头顶上，脸是必经之地。按常理，要先上到脸上，再上到头上。而跐着鼻子直接跨到头顶，也就是不要脸了。

后来读书，《京音字汇》则解释为："脸，目下颊上也。"方知与乡人"脸为额"的认为有差别，但据此义也不影响以上对两句俗语的理解，道理依然相同。

数不过被窝儿里几条腿来

今天的孩子们都有自己的房间，甚至连只有几个月的小宝宝，都有自己的宝宝室。回忆四十多年以前，农村人家的孩子，不用说有自己的房间自己的床，很多人家的小孩都没有一床（条）专属自己的被子。

那时候，大多数的家庭是哥哥搂着（睡觉时一个被窝，俗称"搂着"）弟弟，姐姐搂着妹妹，甚至哥儿几个，姐儿几个一床被子一个被窝儿。有的一倒一颠，叫"通脚腿儿"。这个孩子的脚，就在另一个孩子的胳膊一边，胳膊、腿混搭不清。"数不过被窝儿里几条腿来"就是产生于这种贫困的生活背景。

孩子们顽皮，睡在一起免不了打打闹闹，数数被窝儿里几根腿也不奇怪。然而，那时候的孩子没有现在孩子受教育的优越条件。家里吃穿都是问题，对孩子读书的事也远不像今天的家长这么重视。家长很少有"望子成龙"的期望，只盼着孩子们能平安长大成人、生儿育女就满足了。很多孩子上学晚，有的孩子一天学校门都没进。因为睡在一起的孩子多了，还真有数不清几条腿的情况。

在生活中，"数不过被窝儿里几条腿"比喻数目算不清，或头脑愚笨，做事糊涂。

狗不咬加棍儿戳

电视剧《打狗棍》火了一阵。电视剧上那根打狗棍不是真正的打狗棍，而是一件代表权力与荣誉的信物。真正的打狗棍是一根用来打狗的木棍儿、竹竿儿。打狗棍的由来，就是要饭的人用来打狗的。

在过去的饥荒年月，家里没有吃的，为了活命糊口，就要背井离乡逃荒要饭。去别人家里乞讨，因为是没见过面的生人，所以主人家的狗必定跑过来狂吠，遇上凶恶的狗还会扑上来撕咬。为了防备被狗咬伤，所以，上门要饭的人都要拿一根足以打退恶狗的细木棍，俗称"打狗棍"。

生活中也常常看见狗无故地乱咬行人的情况，甚至"狗咬吕洞宾"都是常有的事。不过，狗通人性、有记性，对自己主人家的大人孩子都很驯良。然而，调皮的孩子生性顽劣，什么都好奇，什么都想动。当地有一句比喻这些小孩顽劣习性的俗话："狗腚眼里舒舒（伸伸）手"。

狗腚眼儿里舒手纯属夸张，而拿棍子招惹狗却是真实的现象。因此还有"七岁八岁狗也嫌"的俗话。本来狗因为熟识不咬他，但是他却无故地拿一根棍子戳击、招惹狗。见此情景，家长就数落上一句："你看你，狗不咬加棍儿戳。"也有外人招惹别人家的狗而招致被咬的事情。生活中用这句话比喻、责备人没事找事，无事生非。

念喜歌儿

在一项喜庆的活动仪式中，献上美好祝词很常见。过去在家乡，谁家盖屋打墙、娶媳妇、过满月，为了求个喜庆吉利，不少时候，主人要请人念喜歌。家乡方言"念喜歌guǒ儿"。

顾名思义，喜歌就是喜庆活动中说唱的歌词，说念自由，形式多样。因时、因地、因人、因事，灵活编排。但都紧扣主体，突出喜庆，表达祝福。像盖新房上梁，主家要发钱粮（烧纸祭神）、放鞭炮、赏酒烟、分糖果、送礼吃饭。还有一项就是请人念喜歌。如有老人念：

北屋朝南方，
越瞅越正当。
快赏快赏，
黄金万两。
去得快，来得急，
门口竖着状元旗。
状元旗上一枝花，
富贵荣华第一家。

传统婚俗，婚前男方要"铺床"。请儿女双全的年轻媳妇，或婶子，或嫂子，来给新房铺床叠被。在席的下面、四角，有的放上麸子、盐，意为"有福有缘"；有的放上针线、花生、红枣，意为"千里姻缘一线牵""早生多生""儿女双全"。以前睡土炕，为了软和，铺上豆秸、麦穰，今天虽然睡上了舒适的床，依然沿袭了这个风俗。铺床者边铺边说：

问："床上铺的是什么？"
答："是豆秸，养活儿来做秀才。"

问："床上铺的是什么？"

答："是麦穰，一年一个状元郎。"

但人生不可能事事随心所愿，如果一件麻烦事儿，明显着难办，但有人此时却说些不实际的好话，持不同意见的人就说："你待那喽（那里）念喜歌儿啊？明明不好办，你就说好办，你去办办试试。"

念喜歌儿，喻指人说美好却难以实现的话。

光棍儿喝水，吃壶打壶

这是听父亲说的一句当地俗语，到现在记忆犹新。当初听父亲这样说的时候，我马上联想到平日里那些为数众多的单身光棍儿的生活情景，觉得很真实、很贴切、很典型，因而记在了心里。

旧中国，政治腐败，百业凋零，农民普遍贫穷，造就了为数众多的光棍儿汉。这首先是社会的原因，但不管是解放前还是解放后，除了因出身成分"不好"而影响说媳妇的，不少光棍儿相比那些说上媳妇的人，无论是个人条件还是家庭条件都不算好。而单身生活让贫困的家境雪上加霜。随着年龄的增加，体力的衰退，家中生活每况愈下，用家徒四壁来形容一点都不为过。常见有的光棍儿家里只有一个土炕，一床旧铺盖，一口小锅，一把烧水壶，几个饭碗，几双筷子。听父亲说过一个老光棍儿，一双筷子一只碗，用了很多年，以致那双筷子的细头都被磨成了尖儿。一年除夕，他看到人家家里有小孩放鞭嬉闹，再看自己孤身一人，家里连个打碗、调皮的孩子都没有。预想到日后生活无望，不禁心灰意冷，怨从悲来，折了筷子摔了碗。这不是唯一的现象，也成了生活中孩子打了碗，别人劝止打孩子的理由："打个碗怕啥？光棍子家里没打碗的"。被劝者听了，也觉得膝下有儿女而宽慰，便缓和了态度，饶孩子一次。

家里吃水，人口多的人家为了方便，一般都有一根担杖、两只梢（本义木桶，也泛指水桶），一次挑两桶，并且因人多要多挑几趟，好把家里的水瓮盛满，这样，吃起来方便，也不用天天挑水，得空好做别的事情。

单身汉却不同，光棍儿的日子，拿当地俗话说："一个人吃饱了，一家人不饥困（饿）"，所以很多生活用品和生活方式都是从简。有些人生性懒惰、连吃饭都将就。有道是："寡妇门前是非多，光棍儿家中烟火少。"所以他们家里大都没有水缸，甚至一只大的水桶都没有。于是，吃水时，有的光棍儿就用绳子拴上烧水壶，打一壶来用。因为一壶水只能够一顿饭用，下顿吃水只好再去打，这便就有了俗语"光棍儿喝水，吃（一）壶打壶"。比喻东西用一点儿置办一点儿，凑合应付的懒散行为。也代指无长远打算，做一天和尚撞一天钟的态度和做法。

懒汉子干

"吃壶打壶"这种干活少干的做法，是懒汉子的行为，而另一种多干的做法也是懒汉子的表现：生活中，有人为了省功夫，把本来应该分两次或几次干的活儿并作一次去做。这样一来，极易因超量而造成或可能造成工具损坏人身损伤，家长或管事者就会指责他是"懒汉子干"。

看书见有"懒汉挑担——一担担"的俗语，和"懒汉子干"语出同源。懒人的普遍心态，就是尽量把劳动的时间缩短，这样就可以多歇会儿，其他少有考虑。但这样做的后果往往容易出状况！

和放了坡似的

物匮民贫时代，在夏秋两季庄稼收获过程中，掉在地里的庄稼棵，包括麦穗、豆棵、高粱穗、玉米槌等，都有人捡拾，俗称"拾庄稼"（家，方言有gā音。稼同家音，此处也说gā）。

"人上一百，形形色色"。不管是在封建宗法时代，还是缺吃少穿的生产队时期，人多了是什么样的也有，总有人以拾庄稼之名，借机偷取地里未收割的庄稼。为了杜绝滥收滥拿，旧时的庄规乡约和后来的集体制度，都规定庄稼没有收割完成，不允许到坡里捡拾庄稼。并安排专人看护，谓之"看坡"。只有等庄稼都收净了，才放开不管，允许人们到坡里捡拾，叫作"放坡"。

《清代习惯法：社会与国家》"会"一节有："……为看秋而设之会。山东武城、高苑（即高青）等地有组织'义坡会'之习惯。每年届秋禾将熟之时，各村按地集资，雇人昼夜看守，直至收获，会始解散。事实上，这类'会'在整个华北平原均甚普遍，它们在乡村社会生活中的重要意义亦不只限于守望相助这一点。"

地处华北平原与高青县相邻的家乡等区县，自然也是如此。这里只写"看秋"，虽然有麦秋、大秋之称。

《中国风俗丛谈》（齐如山著）"拾麦子"记载："北方麦子成熟，收割之时，永远准许贫家妇女跟随割麦工人，捡拾遗在地上之穗。……按这种风气来源已久，自周朝即已盛行，《诗经》已详载之，《小雅·大田》第三章云：'彼有不获稚，此有不敛穧；彼有遗秉，彼有滞穗，伊寡妇之利'……到了民国，北方还是如此，麦熟收割之时，满地有成群妇女跟着捡拾，这可以算是每年贫寒妇女的一种小小的收获，所以这种风俗，流行了几千年而不衰……"

唐代诗人白居易《观刈麦》有诗句："复有贫妇人，抱子在其旁，右手秉遗穗，左臂悬敝筐。听其相顾言，闻者为悲伤。家田输税尽，拾此充饥肠。"看到今天有人乱编史志，真佩服大哲学家亚里士多德说的"诗比历史更普遍，更真实"这句话。

集体化时期，生产生活条件有了较大改善，小麦种得多了，那时候，不仅是秋季，麦季也有村里的民兵看坡。我在上小学的时候，有两年，麦秋两季的假期，村里还通过学校组织学生在各个村口执勤，查禁那些拾庄稼的行为。

每到"放坡"的时候，解除了管制的人们往往蜂拥而至，纷纷争拾那点漏在地里的粮食、柴草。

因此，生活中遇上滥拿滥抢、无人看管的情况，人们就形容说"咋和放了坡的（样子）似的？"

马前作揖，强似马后磕头

封建礼教是统治者为统治人民而规定的人与人之间等级关系的政治、文化体系。它规定了不同的人之间，有着严格不可僭越的礼节规范，以此来约束人们的言行，从而达到从精神上控制下层人民的目的。

传统礼仪划为吉礼、凶礼、军礼、宾礼、嘉礼五类，称为五礼，其说载于《周礼·春官·大宗伯》。吉礼是五礼之冠，主要是对天神、地祇、人鬼的祭祀典礼。其中，天神、地祇只能由天子祭祀，诸侯大夫可以祭祀山川，士庶人则只能祭祀自己的祖先和灶神。凶礼是哀悯吊唁忧患之礼。军礼是师旅操演、征伐之礼。宾礼是天子、诸侯接待宾客的礼仪。嘉礼是关于人际关系、沟通、联络感情的礼仪。

作揖是汉族传统礼仪中的相见礼。宋代陆游《老学庵笔记》曰："古所谓揖，但举手而已。"清人阎若璩在对《论语·述而》的解释中说："古之揖，今之拱手。"

早在周代，根据双方的地位和关系，作揖形式多样。有土揖、时揖、天揖、特揖、旅揖、旁三揖之分。重礼可作揖加鞠躬，"一揖到地"即是。在此不一一细说。

"引手曰揖，下手曰拜"。古有"九拜"之礼，同样复杂。《周礼·春官·太祝》记载，九拜分为稽首、顿首、空首、振动、吉拜、凶拜、奇拜、褒拜、肃拜。最初是祭祀鬼神时的礼节，后来演变为君臣、长幼、尊卑间的礼节。九拜之礼与"三叩九拜"不是一回事，并非连续跪拜九次，而是九种形式。其中稽首是跪下后，两手着地，拜头至地，停留一段时间，是拜礼中最重的。顿首是引头至地，稍顿即起，为拜礼中的次重者。这两种拜礼，因都有以头触地的动作，所以民间笼统地称之为"磕头"。

磕头，不管是稽首还是顿首，所要表现的礼节都要比作揖重。但礼数在日常生活人情交往中的应用，不但讲究礼节形式，礼数的时机把握和态度表现也很重要。

在旧社会，朝见觐见自然郑重、规矩，就是迎来送往、问路寻人也要合乎礼节。喜迎故朋，应早早恭候，迎面向前，拱手寒暄。欢送老友，常挡在马前，揖手相告，依依惜别。本来是寻常的礼节就足以让对方感动不已，深情难忘。但是错过了时机，等要迎送的人过去了，望着远去的马背，即使把原本一揖就妥的礼节，换成磕头的重礼也没有意义了。

马前作揖，强似马后磕头，比喻本来只需要一般付出就可以达到的效果，因耽误了时机，即使付出更大的努力也难以达到。

泱泱华夏，礼仪之邦。时值当今，破旧立新。陈规陋习，繁文缛节，早已被时代淘汰。但蕴含于礼仪中的人文修养，处世之道，生存智慧，仍需要今天的人，尤其是涉世未深的孩子了解、重视。

砸杠子与敲竹杠

砸杠子，是过去家乡人对拦路抢劫的俗称。以前发生在家乡周边范围的拦路抢劫，多以木头杠子为凶器击打受害者。俗语"砸煞卖盐的了，"意思是砸了盐贩的杠子，抢来了盐，手里的盐多了，不稀罕了，做饭做菜盐放得多，言外之意是说饭菜咸了。这些都是砸杠子在当地语言中的留痕。

如果财物在运输、买卖、交付等过程中，被人以借口强行截取或勒索，家乡话就会用被砸杠子比喻。

砸杠子和已在现代汉语中流行的词语敲竹杠，在字面上看，语义上好像有点儿关联。

敲竹杠，背后有这样几个传说：清朝道光年间，以林则徐为首的戒烟派掀起了禁烟运动，在海关港口设卡把守，严查鸦片。一天，码头上停着的船上，上来了一个扛着一捆竹杠的人，几根竹杠都把他的腰压弯了。他上了船放下竹杠，然后坐上去一动不动。这时，又上来一个乡下老汉，也一屁股坐在那人的竹杠上，抽起旱烟来。开船之前，有几个查烟人员上了船，各处检查盘问，看看是否有人私运鸦片。这时，乡下老汉正好抽完一袋烟，就把烟袋锅子在屁股下的竹杠上敲了几下。扛竹杠的人慌忙从怀里掏出一些钱，塞给老汉。乡下老汉觉得很奇怪，怎么有人白白给钱？原来，那人扛的竹杠里装着满满的鸦片，他见老汉敲他的竹杠，以为老汉知情而用这个敲竹杠的举动，向自己暗示，勒索钱财。所以赶紧塞钱，来堵住老汉的嘴——他把老汉磕烟灰的动作误认为敲他竹杠了。

要说这是一次巧合，在四川确实存在着一种蓄意敲竹杠勒索的行业现象。四川多山路，旧社会有钱人走路，要坐两人抬的滑竿。贫苦百姓也借抬滑竿赚些钱，糊口谋生。也有些不厚道的抬滑竿者，想从乘客身上多捞些油水，常常选准合适的对象，合谋勒索：滑竿抬到半山腰，前不着村，后不着店，其中一个抬滑竿的就敲几下肩上的竹杠。另一个心领神会，两人便停下滑竿，以各种理由加价，甚至以把乘客丢在半路相要挟。在这种情况下，那些普通的乘客，几乎都无计可施，任由宰割。因此人们就把强行抬价、勒索的做法称作"敲竹杠"。

原来，"宰客"现象自古有之。

烂泥糊不到墙上

过去，黄河三角洲小清河以北的民居，大都是土墼垒墙、土泥抹顶的平顶土屋，和土墼垒的院墙。所以，新建、修葺时，都是用土加上麦穰或麦糠来和泥，抹在屋顶或墙体上，俗称"泥屋、泥墙"。

有俗语"宁泥三间房（房顶），不泥一堵墙"，是说泥房顶和泥墙这两种活比较起来，泥房顶容易，泥墙难，因为泥墙要克服泥重力带来的脱落、下坠问题。所以，泥墙的泥更要有相当的黏合力。

为此，临泥墙以前就要做一些适当的准备。首先要备下保存完好结实的麦穰或麦糠，还要到坡里找那些不带盐碱的小红土拉回家，然后浇水洇泥。等泥洇透，放上麦穰或麦糠，用大镘反复翻倒，俗称"倒泥"。人在没膝厚的泥里，抡着八九斤重的镢头，要把厚达半米多的泥均匀地勾翻到底，并且如此往复几遍，这样才能把泥和得腻和。这是一个卖力气的活。好的泥，黏合力、附着力强，软滑适中，抹在墙上，压光后平整密实。正如家乡俗话所说："齐不齐，一探泥。"这句俗语比喻办事全靠包装。

生活中也有这种情形，就是偶有一处墙皮脱落，因为面积小，值不当得专门拉土和泥，有些不讲究的人就从临近的湾塘里掏些现成的湾泥来将就着补上。湾塘里的泥，由于长年浸泡在水中，加上淤积物的沤腐，所以，松软无力，俗称"烂泥"。好泥泥墙，是先把泥用力剜到墙上，以增加泥和墙的黏着力，再用抿板泥平；像湾泥这种烂泥黏合力、附着力差，剜不住。只能慢慢地糊在墙上。即使这样，依然容易脱落。生活中人们常常用"烂泥糊不上墙"比喻那些不成器的庸才。

熟悉传统儒家文化的朋友都知道"宰予昼寝"，"朽木不可雕也，粪土之墙不可杇也"（《论语·公冶长第五》）。孔圣人都用"烂墙"喻人，老百姓以"烂泥"喻人，何土之有啊？

洋灰脑袋

洋灰脑袋，比喻人接受能力差、头脑不开窍。

20世纪70年代以前，家乡的砖体建筑，都是用石灰膏加入沙子和成"叉灰"垒墙，用石灰膏加麻刀和成的"麻刀灰"泥（抹）墙。麻刀是把麻用刀剁或用铡刀铡成一寸左右的小段，和在石灰膏儿里起勾连结合作用的碎麻。

后来，水泥生产技术的引进，石灰逐渐被水泥取代。以前，人们把一些来自外国的舶来品，都冠以"洋"字，如火柴叫"洋火"，西红柿叫"洋柿子"，煤油叫"洋油"，自行车叫"洋车"，缝纫机叫"洋针"，收音机叫"洋戏匣子"，机织布叫"洋布"，机织线叫"洋线"等。石灰是土生土长的本地货，而水泥产品、技术是从外国引进，所以，人们就把水泥叫"洋灰"。即使后来的水泥只在当地生产，依然被称为洋灰。这是很多带"洋"字物品的共同情况。

家乡早有俗语"榆木疙瘩脑袋"。榆木本来就又硬又肉，榆树的树疙瘩就更硬更肉难开解了，以此比喻人不开窍。而水泥凝固后更坚固，砸都很难砸开。人们就用这凝固后硬得砸不开的洋灰，比喻那些接受能力差、愚笨不开窍的头脑。

水大还泡不倒墙？

直到20世纪80年代末，黄河三角洲小清河以北的乡村，才不再土筑房屋院墙。在此之前，一直沿用由来已久名副其实的"土木"建筑习俗，脱墼垒墙：找一块近水、取土方便的平地，用土加水、麦穰和好泥。把墼模子放在平地上，用泥填满、踩平、抹光。然后抓着模子上的吊系儿慢慢上提，直到模子和泥墼两相脱离。整个过程俗称"脱墼"。有的地方叫"脱坯（家乡方言读pēi）"（虽是习惯称谓，但墼是成品，用需要再加工的"坯"称呼不合适）。不管人有多少、模子几个，都是照此操作，依次排列。那时候经常看见平地上整齐排列着成片的墼，鳞次栉比，煞是好看。

等到墼基本晒干后，要把墼从地上掀起来，长方形的墼横着竖起来，几个彼此依靠而立，进一步晾晒，直到干透。或者运走直接垒墙，或临时垒堆成攒，上面复土防雨，用时再运。

垒墙时，在打好的地基上砌砖做基础，俗称"垒碱脚"。因为砖贵钱少，大都不能多垒，大屋一般在十层，十二层的碱脚就要让一般人家羡慕。小屋、院墙也就垒三两层，有的院墙甚至不垒碱脚，直接用土墼垒起。这样垒起来的土墙，当大雨积水或者洪水淹到了土结构的墙体，时间久了就会造成土墙的坍塌。

这种现象在过去的黄河三角洲经常发生，不说建国前的黄河决口洪灾，就是暴雨天、连阴雨也足以让那些旧屋破墙不堪洇浸而倒塌。有俗语把"破屋烂墙病老婆"说成是过日子不消停的三大烦恼。

水大了泡倒墙的现象，让人们看到了原本好似柔弱的水，积攒多了、时间久了也会显现出泡倒高大墙体的力量，于是就用疑问语气的"水大了还泡不倒墙"，来肯定"只要不断努力，功到自然成"。

落淤

水干以后淤积下泥沙，当地百姓叫"落淤"。除了这个本义，生活中，人们还把"落淤"比作从经手的财物中留下一部分。之所以把"落淤"比作留取好处，是因为它不同于一般意义上的泥沙淤积，而是跟黄河三角洲的自然和生产环境有关。

落淤的淤，在本地俗称"淤土"，特指淤积的红土，也叫"红淤土"。淤沙不称淤土，叫"淤沙"。黄河三角洲小清河以北地区，盐碱地多，不宜作物生长。不管是黄河决口的水灾，还是黄河水利工程的农田灌溉，黄河水所到之处，都能淤积下一层红淤土。淤土有隔绝盐碱的性质，盐碱地的土质因而能得到改善，使原来不宜耕种或产量不高的盐碱地，变得适宜作物生长，甚至成为好地。这些好处都是来自水过落下的淤土，所以"落淤"落了个"留取好处"的喻意。

山曼先生《流动的传统——一条大河的文化印迹》有："而这天赐的良田，是靠每年到来的洪水漫滩落淤所造成的，所以世世代代生活在黄河滩区的农民，对于洪水，非但没有畏惧的心理，反倒觉得是那样的亲切。倘若数年没有洪水漫滩，他们的土地就会变得不那么肥美了，因此不免产生失落感。"

借光

小时候跟父母去赶集，遇到集市上人多拥挤的时候，常听到街上那些推车挑担的人一边往前走，一边不断地喊着"借光，借光"。因为小，虽然看到前面的人有的躲闪，也感觉借光是请人让道，但不明白为啥叫"借光"。不过对于"借"的本义是明确理解的，于是就想：自己走路，为什么还借？借的还是光？这光又是啥光？疑惑归疑惑，那时候完全没有探究的想法，只是像对待很多不明白的那些大人的行为一样，在脑子里留存了很久。

随着长大、学习，后来知道了借光就是指人们请求别人提供某种方便、帮助，以及从别人那里分享某种益处。山东民谣：

白米饭，扑鼻香，
我下南洼去栽秧。
自己吃饭自己挣，
不借别人半点光。

借光的意思和用法尽管懂了，出自哪里却搞不清。直到学了匡衡"凿壁借光"的典故才算有所领悟。

再后来，又读到《战国策·秦二·甘茂亡秦且之齐》："甘茂亡秦，且之齐，出关遇苏子，曰：'君闻夫江上之处女乎？'苏子曰：'不闻。'曰：'夫江上之处女，有家贫而无烛者，处女相与语，欲去之。家贫无烛者将去矣，谓处女曰：'妾以无烛，故常先至，扫室布席，何爱余明之照四壁者？幸以赐妾，何妨于处女？妾自以有益于处女，何为去我？'处女相语以为然而留之……'"

无独有偶，《烈女传》也记载了相似的故事："齐女徐吾者，齐东海上贫妇人也，与邻妇李吾之属，会烛相从夜绩。徐吾最贫，而烛数不属。李吾谓其属曰：'徐吾烛数不属，请勿与夜也！'徐吾曰：'妾以烛不属之故，起常先，息常后，洒扫陈席，以待来者，自与弊薄，坐常处下。夫一室之中，益一人烛不为暗，损一人烛不为明，何爱东壁之余光乎？'"

这两个故事内容相似：有一帮女子在一起做活，其中有一个贫家无烛的女子，每夜都凑过来纺线或搓麻。有灯烛的女子就商量着要把她赶走。家贫的女子就对那些女子说："我因为灯烛不是我的，所以常常先到，打扫屋子，布置席子。你们何必爱惜照在四壁上的那一点余光呢？如果借一点余光给我，对于你们又有什么妨碍呢？我自以为我对你们还是有用的，为什么一定赶我走呢？"女子们听了，认为她说得对，就把她留下来了。

《齐民要术》："'冬，民既入，妇人同巷，相从夜绩……（《汉书·食货志》）'必相从者，所以省费燎火，同巧拙而合习俗。"

古人借光的情景，在我小时候的家乡依然普遍。常言道："人多言不寒，话多则不倦。"那时候春冬两闲的晚上，勤劳的家乡姐妹，就常常凑在一起掌灯做活，纺花纺线。借光，是常见现象。

抬杠

如果在家乡遇上一个人讲理总是说一些极端的论点、论据，往往被回应作："你这是抬杠。"抬杠，也叫"斗嘴"。

方言有"顶牛"，也叫"顶死门子"，特点是有些蛮不讲理地顶撞人。而"抬杠"是借机伶巧诈的嘴上功夫指摘别人，同时又闪避别人指摘。所以抬杠比顶牛高明机智。

有个关于抬杠的民间故事：从前，有个人最会抬杠，方圆百里没有人能抬得过他。他忽发奇想，想借抬杠发财，于是，就在家腾出了两间屋子，开起了抬杠铺。招牌上写："若能抬杠赢我，奉送银子二十两；倘败于我，输钱五百。"

一天，有个年轻人路过，看了招牌上写的，觉得自己平日里会抬个杠，再加上年轻气盛，就去找抬杠铺掌柜的比试。掌柜的说："我先问，你答。再你问，我答。"年轻人说行。这时院子里风吹杨树哗哗作响，掌柜的指着杨树问："你说这是风响，还是树叶响？"年轻人无以应对，只好输给抬杠铺掌柜五百文钱。

年轻人回到家，心里窝囊地吃不下饭。他爹问他怎么了，他只好把实情说了出来。他爹一听气得一蹦老高，说："老子去会会他。"到了那里，抬杠铺掌柜的一看来了个老头儿，心想又该发财了，正准备上前搭话，老头冷不丁对着掌柜的脸"啪"地就是一巴掌。掌柜的急忙喊道："你这是干啥？"老头问他："你说是你的脸响，还是我的巴掌响？"抬杠铺掌柜的手摸着火辣辣疼的脸，却答不上来，只好拿出二十两银子送给了老头。

说起"抬杠"，总忘不了以前有爷俩一段叫人发笑的抬杠：一日，父说："今年的豆子（大豆）准很关打（打粮食多，产量高），豆荚子很密。"儿子听了说："豆荚子很密就关打啊？那得看豆棵多高，要是只有一拃高（约20厘米），夹子再密也白搭。"见儿子挑战老子，惯于抬杠的老子顺嘴答道："那也得看豆荚子多大，一个豆荚子一米长，一拃高的豆棵也打不少啊。"

抬杠，常见，也不难理解，问题是人们为何将这样的斗嘴称为"抬杠"呢？这得从以前东北的一种习俗"抬杠会"说起。

雅瑟、袁钰编著的《中国古代常识1000问》有这样的描述："在中国北方地区，每年农历正月十五日元宵节这一天，就会有身强力壮的人抬着竹、木杠，上面有轿子，一个伶牙俐齿的小丑坐在里面。他们抬着竹杠和轿子在人群里穿梭，围观的人则和那个小丑随机式的比赛斗嘴，甚至用花巧的话来对骂。久而久之，人们就把类似斗嘴的对话称为'抬扛'。"

满族作家文康在通俗小说《儿女英雄传》第三十三回里写道："只看孟子与告子两个抬了半生的扛，抬到后来，也不过一个道得个'食色性也'，一个道得个'乃若其性，则可以为愈矣'"

这种"抬杠会"在满族进入中原后，成了中国人抬杠的来源。

识货不识货，捡着大的摸

到了夏天，庄里就会有赶集下乡卖杏换瓜的人，"识货不识货，捡着大的摸"，这句俗语应来自对庄户百姓的评述，因为还有相似的一句俗话可以佐证："庄稼老头不识货，专捡大的摸。"庄户老头买东西专捡大的摸，是因为他熟悉的大部分农产品以体大为好。如瓜果桃李，同在一块地中或一棵树上，差不多的生长条件，长得大的发育成长就相对好。瓜果以熟为好，通常情况下，瓜大熟得好，果大熟的多。

但特殊情况，瓜果大的也不一定熟，大人还是要凭经验辨识一下。可没有经验的小孩则往往只简单地倾向个大的，所以还有俗语"小孩吃瓜摸大的"。《谈征·言部》记：唐明皇召诸学士宴于便殿，因酒酣，故谓李白曰："我朝与天后之朝何如？"白曰："天后朝政出多门国尤奸幸，任人之道如小儿市瓜，不择香味惟拣肥大者；我朝任如淘沙取金、剖石采玉，皆得其精粹者。"

如果换了别的物品就不一定了，不用说翡翠玛瑙、古玩珍宝，就是一般的家什用具，也主要看材质和工艺，不能以大小来论优劣。甚至同样是农产品的蔬菜，有些也不能凭大小来区分好坏，像茄子、黄瓜等就不能简单地以大为好了，鲜嫩的才好吃。

"识货不识货，捡着大的摸"既指挑选物件，在识别不确定的情况下，权且选大的；也喻指那些对事物缺乏认识，求大尚粗的愚笨做法。

家有千口，主事一人

家乡俗语"没了王子乱了蜂"。没，读音mù。《京音字汇》："没，

mù。又音'莫'，与殁同，又俗读'眉'。"可以看出，老北京把"没"读mù是正音，念méi是俗读；现在，读méi成了标准音，读mù反被视作俗读、方言了。

《礼记·坊记》："子云：'天无二日，土无二王，家无二主，尊无二上'。"

常言说："一山难容二虎""龙多不行雨""母鸡多了不下蛋，老婆多了不做饭"。

题中俗语是说：一个家庭不管有多大，掌舵拿主意、拍板定音的人只能有一个。一个组织、单位只能有一个主管者。

"主事一人"浅显确切，而"家有千口"好像是运用了夸张的方法。其实，其源自确切的社会生活背景。

《清史稿》曰："友于兄弟，同居三五世以上，号义门"。据北宋的《义门陈氏宗谱·累朝恩典》记载："淳化四年，宣陈兢入朝，赐一御鸽，和醍酒一壶，合门三千余口尝其味道"。

这种义门同居的现象，对于一个家族的内部管理、财力支持等方面都是一个非常大的挑战。正如"义门陈"第八任家主陈兢答宋太宗"汝义门所以义聚，何也？"的问题时所言："公也。公则无私，无私方可义聚。"这句话，依然是今天主家、主政者搞好管理的不二规律。

《清稗类钞·门阀类》"族长"一节记载："合族之法，因其地而异。山西尉迟氏。自唐至今，未尝分家。其法：于族中选有才行者为族长，有事则至宗祠理之。有公案，有钤记，凡族中之事，皆听其一言为进止，无敢违。"

这两家巨族，虽未见确凿的人数记载，推其世代累积，加之奴仆工役，可知人数众多。

今天看来不可思议的现象，在当时的社会环境下，除了追求广大门楣、显祖耀宗的传统道德观念，也确有它实际的生存生活需要。主要原因来自古代的抽丁制和"摊丁入亩"。另外，家大势大，有利于提高应对自然与社会问题的能力。从过去资料统计看，各个地区的富户，家庭人口都远远多于贫困人家。为了保持家族的财力总量，也是维持大家族的原因之一。"分贝与人为贫"。农业史记载，在华北地区，过去很多富户，因为兄弟分家析产，马上就由地多人多牲口多的富户，解体为几个土地少、畜力弱的小农小户。

《增广贤文》有语："父子和而家不退，兄弟和而家不分"。过去分家的原因很多，主要还是财务问题。也常见有男丁好吃懒做，引起其他家庭成员的不满。听老人们说，家乡有靠勤劳打拼成为富户的兄弟五人，一直不分家，合力以求家业发展。尽管家大业大，但兄弟们坚持亲耕不辍，从不雇长工，只是在农忙时节雇用短工。兄弟间偶有争执，就把气撒在干活上，近乎疯干，让那些跟着干活的短工只得吃力相随。这样的事多了，以致其家雇工时，人市上的觅汉都要掂量一番。在乡人看似笑谈的举动，实际上包含着一个不被外人理解的"过家（过日子）之道"：明事理的兄弟们，知道维持大家庭的重要性，谁也不会因怄气撂挑子不干活，导致家庭分裂、由富变贫。

一句俗语背后，是封建社会宗法制度的体现，是绵延久远的"道德人家"！

力巴

"力巴"一词，在不同的地方，有不同的意思。如济南方言中有"离巴"，是指外行。在家乡则更复杂，除了有"离巴"，还有"离巴了""离不大巴"等。

山东地方有"离巴"，而北京老话有"力巴"。力巴，意指明确，使用也很频繁。民俗专家齐如山在其著作《北京土话》中记载："凡诸事皆未学过者，谓之'力巴'。故对工商界初来学徒之小孩，皆以此呼之。或云诸事未学，须以气力巴结向上之义，总之与'行家'二字相对之名词，故谚有'行家莫说力巴'一语。"

其他书中有见"行家看门道，力巴看热闹"的俗语。在我新结识的北京谢老师那里，学了一句"力巴摔跤——要嘛吃嘛"。

北京土语还有"力巴头"。齐如山的说法："力巴"指称这类人中的小孩，"力巴头"则指称成人。

和山曼先生在《齐鲁乡语谭·力巴头》中记叙相似，在过去，为了挣口活命饭，家乡有些人到天津去，在老乡开的油坊里干苦力做伙计，榨油卖油。也有的到北京去找活干。

齐如山的著述中有一篇"山东饭馆规矩好"的文章中说："明清两代五六百年中，北京饭馆皆山东人所开，他省庖人未尝无开设者，然总不能长久。盖因其规矩不及山东馆之美善也。"从中看出老北京时期山东人开的饭馆多。

那么，可以由此推断：济南话中的"离巴"，跟北京土语中"力巴"是互相音转的关系。是济南的"离巴"音转自了北京的"力巴"？还是北京的"力巴"音转自济南的"离巴"？现在看不到确切的证据。

在家乡话中，不但有"离巴"，还有"力巴头"的称谓。并且还流传着与北京的力巴和力巴头有关的故事。

因为那些去北京讨生活的都是些大字不识几个的庄户人，所以到了北京有不少人就去老乡开的饭馆里干粗活做伙计。

有个去北京找活的年轻人，走的时候穿得破破烂烂。等干了一段时间回家，穿着干干净净的新衣服，一身体面的样子。左邻右舍见了很眼热，和他聊起来就问："混得这么好，你是在那里干啥啊？"这个人不好意思说是打杂跑腿，又不好撒谎，就按着北京的叫法，说做"力巴"。周围的人不知道"力巴"是个啥差事，从他穿戴上看，推断一定是个很不错的差事，就说"某人成了力巴了。"原来的意思是这个人干了个好差事。后来这个"小力巴"长大成了"力巴头"，再回到家乡，他说话更有了底气。人们看到他从穷光蛋到"力巴"，再到"力巴头"，越来越厉害了，议论的也越来越多。久了，就把他做"力巴""发达"，演变为某某"力巴了"，表示"厉害了""了不得了""不得了了"。而"力巴头了"，表示"更厉害了"。

秕子爆糠下三烂

在等级社会，芸芸众生被人为地分作"三六九等"。中国封建社会，人们把"九流"分为上、中、下三种。"上九流"是：

一流佛祖二流仙，
三流皇帝四流官，
五流员外六流客，
七烧八当九庄田。

其中"客"指客（商人），"烧"是烧锅（作酒的），"当"是开当铺的。

"中九流"是：

一流举子二流医，
三流风鉴四流批，
五流丹青六流工，
七僧八道九琴棋。

其中"风鉴"就是看风水的阴阳先生，"批"是批八字等算命的。

"下九流"是：

一修脚，二剃头，

三从四班五抹油,

六把七娼八戏九吹手。

其中"从"是奴仆,"班"是班头衙役,"抹油"指开饭馆跑堂打杂的,"把"是江湖卖艺的人!

庄稼发育不好、干瘪的籽粒,老百姓俗称"秕子";粮食脱粒后剩下的壳皮,因轻而易飘,俗称"爆糠"。又因为两者在打场、扬场、簸簸箕的时候很容易混在一起,所以,合称"秕子爆糠"。

"下三烂",一说是过去的三个行业:捏脚的,剃头的,按摩的,都是过去被认为是最下贱的行业。另一说是来源于磨面粉不好的部分。过去京城有专门的磨坊,"因磨麦子,面须磨五六遍,面质方能出净,一次名曰'一烂'。盖第一次麦子粒也就刚破开,以后一次比一次较烂,故名几烂。但是前几次的面较白,后两三次麸子亦烂混入面中,则面较差矣。故人之下等者,亦名曰下三烂"。(《齐如山文集》)

家乡的老百姓打场收粮食有"秕子爆糠",加工粮食要吹风除净,也有"秕子爆糠"。加上前面说的磨坊里的"下三烂","秕子爆糠""下三烂"很自然地被熟悉磨坊的人们连起来,喻指那些"品行和地位低下不入流的人"。

"下三烂"在现代汉语中写作"下三滥"。

扫地出门

在现代汉语中,"扫地出门"比喻将坏的东西彻底清除出去。如:"解放军一到,工厂里的流氓立即被扫地出门。"有时也指人被清理出户。家乡人说的扫地出门,意思是赶走、断绝关系。如:"谁谁谁今回儿是叫人家彻底扫地出门了。"

这些已经被人们认可了的意思,却跟词语的本义相去甚远。

扫地出门，原本出自木工行业的规矩：过去木工到一处揽工包活，无论大小工程做完以后，干活者必须把场地打扫干净，才能收工，出门离去，名曰"扫地出门"。因此最初的引申义是做事彻底，有始有终。以后再引申为双方交付清楚，没有一点瓜葛。

相比现在的人，古人对这个词语更熟悉。清朝李绿园《歧路灯》第八十四回："绍闻道：'有七八年的，也有三四年的，也有昨年的，还有几次利息还过的。要是清白扫地出门，总得两千两。'"这里的扫地出门是结算完成，清楚明了的意思。

现在网上还见有"工程扫地出门"的说法。看来这个好的传统并没有淹没在工程延误、质量纠纷、款项拖欠的种种不诚信经营中。传统，有经久不变的处世良方；诚信，是被永远呼唤的社会良知！

吃饱了撑的

在家乡话中，指责别人多管闲事，有的说："你这是吃饱了撑的啊？"

多管闲事和吃饱了又有啥关联呢？

在旧中国，从来"民以食为天"，对于普通百姓来说，吃饭历来是天大的事。穷苦百姓，为了有饭吃，整日忙碌辛苦，即使如此，也会有不少岁月挣扎在饥饿的生死线上。历史上关于吃饭的历史事件、人间故事几乎贯穿中国的历史进程。就是到了中华人民共和国成立后的1960年，全国性饥荒还夺去了很多人的生命。听父母亲说起那时候的情景，人都饿得皮包骨头，有的成了水肿，只鼓着个皮薄得看得见肠子的肚子。大部分人走路都走不动，整天坐着，啥事都干不了。

我七八岁的时候就知道关注家里的粮食了，因为父母长年在为一家人的吃饭问题操心操劳，甚至因犯愁而吵嘴，那情景让我们兄妹们看在眼里，记在心里。

人在吃不饱的时候，必定是老想着吃的问题，就连见面问候都是先问吃饱了没。《中国古代常识1000问》"拜祭礼制"一节中写道："相见第一句话，多问：'食昧'，翻译成现代汉语就是'吃了吗'。"可见"吃了吗"这句问候语很早就存在了。马未都把这个独具中国特色的问候，称为"国问"。这是长久以来，国民饥馑的生活在礼节、语言中的留痕。汉语语言中存在着大量包含"吃"元素的词语，如吃亏、吃累、吃紧、吃惊、吃香、吃喝、吃苦、吃闲饭等，大概不下上百个。

既然"以食为天"，那么，吃饱了就没有啥大事了，人也就相对清闲了。有道是"人不可一日无事"，因为一旦清闲下来，就会容易生出些闲是闲非来。常听父亲说："饱暖生闲意"。有闲意，生闲事，这闲事不管是自己的还是别人的，都可能会招致那些为吃饱问题辛苦操持的人的非议："你可是吃饱了，有闲心管那闲事。"更有难听的："你真是吃饱了撑的。"指责中透着漫骂的意味。

如此背景下，语言表达就把吃饱和管闲事联系起来了。

尽管，以后吃饱不是问题了，管的那件事也与吃饱吃不饱没有一点关系，人们在语言上还是沿袭着以前的习惯说法，以"吃饱了撑的"来指责人管闲事。

打谱过成九金孟家

以前常听街坊邻居讲一个富家大户的故事：一年麦子丰收，打麦场上扬场，两个"扬簸箕子"从长条形粮堆的两头对着扬，麦子檩（家乡对长条状的麦子堆的叫法）高到两边的人不能互视。雇工们都是小户人家，没见过这么多的麦子，就去请当家的老太太来看看，好让老太太高兴高兴。谁知老太太一看就哭了。众人不解，老太太说："老爷活着的时候，家里日进斗金。这一季才打这么些粮食，还不如过去一天的收入。"乡间的人称这个大户是"九金孟家"或"九金孟"。凡事都讲究个来龙去脉的父亲，也是这么称呼的。著书立说的徐珂在著名的《清稗类钞》中则称"九经孟家"。其实都是误听误传所致：孟家不是"九金孟家"，也不是"九经孟家"，而是"旧军孟家"。本是过去济南府章丘县旧军镇的孟氏家族，当地人称"旧军孟"。是以瑞蚨祥为代表的"祥"字家族商号的东家，遐迩闻名的缙绅地主和商业资本家。

如果有人一心把日子过好，表现得超常能干，别人看了就半开玩笑半讽刺地说："人家打谱过成九金孟家（gā）。"

掐到墙头上

过去的农村，有句老话"人留后代防备老"。养儿留后思想的存在，虽说落后些，但也是人之常情，谁都希望自己的家族人丁兴旺。除了这个理想化的观念，还因一个实际的养老问题。受宗法制度、迷信思想等社会问题的制约，都使得旧社会的女儿不能很好地解决父母的养老问题，这也是过去重男轻女的实际原因。养儿防老就成了旧社会的流行观念。

但是，养老也不是只靠一个理念和习惯就能解决好的事情。家庭关系受各种因素的影响，往往错综复杂，所以才有"清官难断家务事"的说法。就拿这养老来说，不管是经济条件，还是道德品行的原因，在过去，围绕这个问题就发生了许多令人唏嘘，甚至是令人愤慨的故事。

以前在农村，只要不是独子，老人年龄大了需要孩子供养，都是兄弟们轮流照管。有一个老人，育有两子。年老体衰，行动不便。就找两个儿子要求跟着他们吃饭。两个儿子商量着轮流管饭伺候。言定单月在老大家，双月在老二家，每月月底到期，下月初一交接。

某一月正逢小金，今天二十九，明天就是下月初一，老大自然按约定叫老二来接爹。老二说这才二十九天，你咋就叫我去接呢。老大说咱说好的是月底到期，月初交接。老二也有理，说我为啥吃这一天的亏？最后是谁也不让步，老大不要，老二不接。

原来分家时，爹娘把大家子的院子一分为二，兄弟俩垒墙分居，只有一墙之隔。老大见老二不去接老爹，就自己把老人背了过来，回家把门关上。老二一看进不了老大家，就把老爹措到了墙头上，也不管了。

后来，根据这真实的故事编了一出吕戏《墙头记》，教育后人兄弟和睦、孝敬老人。

"措到墙头上"这句话常常用来比喻需要赡养的老人没人管。

第三十二章 女红什么样

走样儿

农耕文明,男耕女织。古诗有云:"阿妹已长大,女红当自勤。"女红,亦作"女工""女功",或称"女事",属于中国民间工艺的一环,多指女子所做的针线活方面的工作。举凡妇女手工制作的传统技艺,像纺织、编制、缝纫、刺绣、拼布、贴布绣、剪花、浆染等,都称为"女红"。过去择女,讲究"德、言、工、容"。"工"就是女红。

《史记·货殖列传》记载:"故太公望封于营邱,地潟卤,人民寡,于是太公劝其女功,通鱼盐,则人物归之,襁至而辐凑。故齐冠带衣履天下。"这句话是说,从西周太公望时期,齐地女红就技冠天下。可见女红在黄河三角洲有着悠久的历史传统。

在家乡,女红俗称"做针线活儿""做营生儿"。在这些针线活儿里,有的需要借助事先用纸做好的平面模型复制。这纸做的平面模型,当地叫"样儿""样子",如鞋样儿、花样儿等。

20世纪60、70年代以前,做鞋做袜是妇女的常业。家家女主人都有一个大纸本子,里面夹着全家人的鞋样儿,有鞋底样儿、鞋帮样儿、秀花样儿。初裁一个鞋样儿,叫"绞(剪)鞋样";看到别人有合适的鞋样儿,自己比着剪下来,叫"托鞋样儿""扒鞋样儿"。扒,就是扒皮的扒,大概因为凡是扒下的皮都是和原物一样，所以这个工序有此俗称吧？有俗语"和扒下来的一样"表示物件形体相似。

做鞋时，先把鞋底或鞋帮底样缝几个针脚简单地固定在袼褙或布上，然后沿着样子的边沿剪下来，俗称"托鞋底""阔鞋底"或"阔鞋帮儿"。这个过程中要是不小心失手，或由于手生，剪子走边不到位，致使剪下来的布料和底样儿不一样，就叫"走样儿"或"跑了样儿"。

后来，做事出现了和协商好、规定好、设计好的意图不一样的状态，或者事物和原样有了偏差，人们就形象地比喻为走样儿、跑样儿了。

绱鞋不用锥子——针（真）好

在20世纪60、70年代农耕经济状态下的乡村，主要生活用品，像吃的、穿的、用的大都是自己动手。过去，没有机织布，没有缝纫机，更没有成品的鞋袜裤褂，衣服鞋帽都是自己手工缝制。

做鞋，先打"袼褙"（家乡方言读jiē bèi）：把蒿种子碾压成粉，和成糨子。拿一块洗好的旧布，在平板上用水沾湿铺平，上面均匀地抹上薄薄的糨子，再把旧布一层层铺平粘好。根据鞋底鞋帮不同的用途，做成的袼褙厚薄不等。等晒干揭下后，钉上鞋样依样剪下来，所谓"阔鞋底""阔鞋帮子"。在阔下的鞋底、鞋帮子片儿上面粘新布，铰齐，包上牙绊儿，缉鞋底、缉鞋口。缉好后，就要纳鞋底、纳鞋帮。等这一切准备工作做好后，便要做最后一道工序：绱鞋。就是把做好的鞋底、鞋帮缝合在一起，成鞋。

本来，在纳鞋底的时候，因为好几层"袼褙"摞成一厘米左右的鞋底，要想穿过麻线，就要先借助针锥子把鞋底扎透。到了绱鞋的时候，又在鞋底加了一层鞋帮，就更厚了。所以，绱鞋更要使用针锥子。但是，有那能工巧匠，做鞋好手，袼褙打得软硬适中，手上也有功夫，绱鞋时，不用针锥子先扎好针眼，而是直接用套在手指上的顶针儿，把线针直接顶入、扎透,省了针锥子扎眼儿的功夫。

绱鞋不用借助针锥子只用针,那就是针和针上功夫好,人们就运用谐音歇后语表示"真好"!

绱鞋不用针锥子,往往是炫功夫的成分多,毕竟费力,事实上少有人做。也或许是人们为了表达"真好"的意思,把难做的事情夸大虚构,以满足谐音的需求,提高表达的效果。

莱芜麻——大批(脾)儿的

在20世纪80年代以前,黄河三角洲的农村,做新鞋是家家户户娘亲姐妹如同纺织一样辛苦的家庭劳动。寒夜暑午,油灯旁、门洞里、墙荫中、大树下,一把针锥子,一个铁顶针儿,一根钢针,一缕麻线,鞋底鞋帮手中拿,麻线棉线随针飞,千针穿,万线纳,针针线线饱含着母亲慈恩、姐妹亲情。

虽然后期做布鞋的布料已经由手工粗布换成了机织细布,样式也从以前的"三面脸子(鞋)""对脸子(鞋)""捏脸子(鞋)",换成了"袜卡子鞋""砸扣子鞋",但鞋底依然是用麻线纳的千层底。

麻线耐水耐磨,适合田间劳作,千百年来一直是庄户人百姓服饰的重要缝制材料。纳鞋底的麻线是用麻搓成的粗线。

麻是从各种麻类植物中取得的纤维,过去指一年生或多年生草本双子叶植物皮层的韧皮纤维。长有这些韧皮纤维的作物,也俗称"麻",包括大麻、苎麻、黄麻、红麻、亚麻、苘麻。

以前在黄河三角洲种植苘麻,俗称"苘"。后来被产值高的红麻代替。这两种作物产的麻主要用来制作麻绳、麻袋等,因为其拉力相对小,所以不能用来制作做鞋的细麻线。家乡妇女搓制麻线的麻,是大麻剥取的纤维。

由于土质的原因,当地不种植大麻,做鞋所用麻都是卖麻的人从外地贩运来的。和家乡的妇女们一样，以前母亲经常赶集买麻。在这些来自外地的麻中，以产自莱芜的麻最受当地欢迎。

一位老家是莱芜的网友在其微博上撰文：我的故乡处于莱芜市西部的平原上，村名叫仪封……记得小时候，我们村基本上家家种麻。最近从百度上查看，才知道那时我们所称的"麻"，学名叫大麻，这让我有点吃惊。在我印象里，大麻是毒品。资料表明，大麻有二亚种，那时我们村种的麻，可以生产纤维和油，稀疏分枝的茎和长而中空的节间，在中国其他地方也有种植。另一亚种就是能生产大麻烟违禁品的植物，在大多数国家禁止栽培……我村的大麻以麻皮细薄、柔软、胶质少、纤维长、拉力强著称，当地有"山口烟、仪封麻，城子县的香椿芽"之说。

千家驹1935年主编的《中国农村经济论文集》，收录了莱芜籍历史学家王毓铨的一篇文章《山东莱芜县农村实况》，其中记载：除谷物食料之栽培外，多营商品生产——姜、麻、花生等。……（姜、麻种植）至少要占耕地的百分之五……鲁西区的鲁西镇及其附近，又几乎无家不种麻……各重要镇市以及莱芜城东西两关，或五天一"集"，或十天一"集"。每个集上，姜、麻常占最重要的地位。姜、麻交易实指恐怕占一"集"交易总额之十之七八。……集开始的前一晚上，远来买的卖的都住在集所在镇市的店里。翌日八时左右交易便开始了，市上的拥挤扰攘那是不必说的。贩卖姜、麻者再雇小车或人力小担搬运出境。

杜甫《房兵曹马诗》有："竹批双耳峻"。批，判、削的意思。在家乡话中，凡是被削分而成长条薄片状物件称之"批儿"。如原来在鏊子上烙饼用来翻饼的长条状竹板，叫"翻饼批子"。

麻是鲜麻沤好后从麻杆上劈剥下来，再晾干、硫熏的条片状粗纤维，因此叫"麻批儿"。莱芜麻皮薄儿，批儿宽且长，就是所谓"批儿大"，也反过来就是"大批儿"。

当地方言中，把做事、遇事反应慢、不着急的性子叫"脾儿大""大脾儿"。人们利用前后两个"大pī儿"的谐音关系，关联在歇后语中，借麻大批儿，喻指人大脾儿。

铃铛棒槌儿

家乡方言中，"铃铛棒槌儿"比喻那些因装束不整而勾连挂碰零乱作响的情形。

用铃铛这种有碰撞响声的物件比喻凌乱，好理解，棒槌儿是怎么跟零乱扯上了关系呢？其实，这里的棒槌儿，说的不是那种结实粗壮的木棒、铁棒，而是花边手工编制工艺中用的小棒槌儿状的木坠儿。

花边，一种以棉线、麻线、丝线或各种织物为原料，经过绣制或编织而成的装饰性带状镂空制品。花边有各种花纹图案，作为装饰用的带状织物，常用作各种服装、窗帘、台布、床罩、灯罩、床品等制品的嵌条或镶边。

相传，花边工艺在清末由欧洲传入我国，花边的种类也发展有"棒槌花边""青州府花边""雕平绣""梭子花边""即墨镶边""手拿花边""百代丽花边""刺绣花边""编结花边""机织花边"等。

棒槌花边的编织，先在铺了软垫的工作台上固定设计好的图纸底样儿，然后把事先缠好了丝线的棒槌状的线坠儿，用大头针别在图纸上。编织者依据花样儿图案，来回抛掷棒槌儿，把线像编辫子一样编织成绞纱花边。所以这种编织工艺在家乡一带也叫"撂（扔的意思）棒槌儿"。技艺娴熟的好手，除了挪动大头针位置的时间，双手交叉投掷，速度飞快，胜似技艺高超的杂耍演员，甚至边和旁边的人聊天边干活，也能一丝不苟，凌而不乱。

因为一根线拴一个棒槌儿，整件织物众多的线上坠了众多的棒槌儿。这些令人眼花缭乱、来回翻飞的棒槌儿，相互碰撞，发出"哗啦哗啦"的响声，在不谙此道的人看来凌乱不堪，所以，棒槌儿就和同样"哗啷哗嘟"乱响的铃铛关联一起,表示装束凌乱之状。

来回牵机儿

手工纺织有一道工序,《天工开物》称为"整经"。家乡把整经俗称"牵机",就是把纺好、染好、络到线籰子上的线,按着所织布匹的面长、幅宽、条纹花色,通过编排、牵拉、挂折,安排经线的长度、根数以及各色经线的花样。

要实现这样的牵拉,先按织布长度分别在场地两头各固定根数相应、离地两拃高的木桩,在两头木桩间的空地上把足够数的线籰子一个个成一字状排好。这排籰子上方,依靠墙,或拉线挂上一溜个数与籰子相当的"牵溜子"。准备停当,把线籰子上的线一根根抽出,分别穿过一个个挂好的"牵溜子",再汇集到牵机人的手里。随着牵机人的牵拉、走动,缠绕在籰子上的线就会顺顺溜溜地拉出,汇成线绺子。牵机人再来回把线绺交给守在两头木桩后专门挂线的人,由挂线人分别挂在两头的木桩上,组成符合纺织者设计意图的经线编排。

因为牵线的人来来回回的动作基本不变,所以人们用"来回牵机"比喻那些做事往复不变、重复怠工的现象,也指合作双方之间的来回扯皮!

第三十三章 坐贾行商

要你那九斤十二两

古老的贸易活动，在家乡产生了众多的俗语，诸如"穄子面子（饼子）换干粮——赚了""买卖不成仁义在""强求不是买卖"。除此之外，买卖活动中还有一些禁忌。

在家乡一带，上了年纪的人卖东西，忌讳别人买九斤。如果称出的东西不巧正好九斤，或九斤稍多，卖者往往以商量的语气说："凑十斤吧。"而了解这个风俗的买者也都有意避开九斤这个斤两，以免惹得卖东西的人不高兴。如果遇到要求添秤（斤两）到十斤的情况，要么欣然同意，要么嫌多减秤，只买八斤，或更少。总之没有坚持买九斤的主顾。如果遇到不了解这个习俗的年轻人，卖者也解释说："人家没有卖九斤的。"买者便知道其中一定有忌讳，也就不勉强了。

我对民俗中的现象，尤其是对民间语言中的习俗向来比较关注，遇到未知的一种习俗或一个方言语汇，往往喜欢寻根求源，问为什么。忌卖九斤这个问题就曾经引起过我的好奇，开始问了许多人，都没得到确切的答案，就连在农村里算是知识农民、经多见广的父亲也没能说出个子丑寅卯来。

这很显然是个忌讳现象。我一开始就往人头上联系，因为觉得这个斤两和书上说的人的头颅重量差不多。一次就这个问题请教老岳父。老人虽说不清忌讳买卖九斤的原因,但告诉我本地有表示威吓人的俗语"要你那九斤十二两"。因此就推测两者之间很可能有关联。

在农村,遇上两个人争执,那些喜欢发狠的人,或者大人吓唬小孩,常常说:"要你那头。"联系这个语言实例,不但给我的推断增加了一个佐证,还让我顿悟了一个自己疑惑了很久的问题:杀人怎么叫"要了他的命"?生命是个形神合一的概念,没见谁拿着从别人那里要来的"命",但古代打仗邀功,按斩敌首个数为升级数,故头称"首级"可证:斩杀敌人后弃尸而要头。至此方才明白:"要头""要命"的说法可能由此而来。要了头,命自然就被剥夺了。

后来在网上发现一个帖子,说的应该是江浙一带的习俗:此地旧习俗过年杀猪,称猪头叫"元宝",用做祭祖敬神的"福子",重量不能是九斤半,据说人头是九斤半。因此,杀猪者"下"猪头十分介意,有的先背着主人称一下,如正好九斤半就切掉一点,否则,主家不高兴。

这里写的虽然是江浙一带的习俗,但是不同地方对人头轻重的认识是没有区别的。细节上虽然有差别,但对于黄河三角洲"忌卖九斤"的印证却是很接近的。另外,民间舞狮的狮子造型,也有"十斤狮子九斤头,还有一斤在后头"的说法,也从另一个方面,把九斤和"头"联系在了一起。

也许看上去这不像是一个确凿的答案,民俗有时候就是这样,对于许多没有确切来源的习俗,也是不问来路,但同样认可、使用、流传。这也是有些习俗来源难以查证的原因之一。姑且妄言,以俟高明。

干啥的说啥,卖啥的吆喝啥

常言道"在商言商""三句话不离本行"。过去很多摆摊摊主和肩挑车载的行商,卖东西都是靠吆喝招揽买主,俗称"叫卖"。许多文艺作品里都有表现。著名相声表演艺术家侯宝林、郭启儒表演的相声《卖布头》，绘声绘色地再现了老北京一些买卖行当的吆喝声，最为经典。

20世纪70年代以前出生的人，无不是在走街串巷的叫卖声中度过了缺少文化娱乐的童年时光。那时候，那回荡在村镇上空的叫卖声就是孩子们的集结号：卖油条的老人挎着的柳编筻子上，横担着六七根筷子粗柳枝，柳枝上串着用细柳条拴着的油条，边走边吆喝："香油——馃子"。油炸的香气弥散在筻子周围，孩子们围着跟着，只能闻闻那诱人的香味。春暖花开，赊小鸡小鸭的来了，他们肩挑着两层摞在一起的扁平苇篾鸡笼，富有弹性的扁担挑子随着他们那走起来富有节律的身形架步颤颤悠悠，人担一体的和谐，就像舞台上的舞者。再加上那悠扬的叫声，足以叫那赊小鸡赊小鸭的妇女和看热闹的孩子趋之若鹜："赊——小鸡喽——赊小鸡喽"。"麦添金浪滚，杏树枝头黄"（杜甫《春望》）。虽说"宁吃鲜桃一口，不吃烂杏一筐"这最早下来黄杏和换杏人的吆喝，也是孩子们尝鲜的追逐。麦收后，瓜果上市，街上会有下乡换西瓜的："换——西瓜喽"。夏天的早上、雨后、傍晚常有卖鱼的叫声："称——鲜鱼吃喽"。秋后、初冬、春闲时节，"箍炉子（匠）"下乡来锯锅锯盆，寂寞的孩子们也会围上去看热闹。至今忘不了的是那最专业的叫喊："锯——锅了——锯——盆吧"。最吸引孩子们的还是年节看戏、赶集卖糖葫芦的叫卖声："糖——蘸儿喽"。收破烂换针换线的人来了，车子上兼卖些针头线脑，还有小孩喜欢的麻糖、小玩具、糖稀等。收破烂的人根据小孩子拿来的破烂多少适当地用指头长的一段细高粱莛杆，蘸上一根儿两根儿糖稀。收破烂的吆喝声也很有特色："破铺衬，烂套子，戴不着的烂帽子，拿来换针换线喽"。卖馍馍火烧的："饽饽了""旋饼角jiā儿喽"。随着梆子声由远及近，下乡换豆腐的身影出现在了闻声而出、等着换豆腐的乡邻的视线里：他肩上一副颤颤悠悠却不用手扶的豆腐挑子，一手持梆子，一手敲梆子，边走边喊："换——豆腐喽。"那叫卖声中有寒冬里人们对那碗热乎乎的炖豆腐的期盼。

先前下乡买卖者的叫卖声虽然五花八门，但都不离经营主题。所以人们就用"卖啥的吆喝啥"来劝解那些不务正业的人，要干啥说啥，不能心猿意马，否则一定做不成事儿，落个"赔钱赚吆喝"而没收获。

叫买叫卖，声声悠远。唤起回不到那个地方那个时光的人们无限回忆，化作悠悠岁月里的无限乡愁！

很经纪

家乡人把牲口交易中撮合买卖的中间人称作"经纪"或"牲口经纪"。也把各种交易的中间人，都谓之"经纪"。像粮食经纪、棉花经纪等。就连联系买卖树木的也叫"树经纪"。

经纪一词出自《礼记·月令》："毋（不要）失经纪"（谓天文进退度数）。后来，"经纪"一词的意思几经演变，成为买卖交易中间说合人的名称。

在我国，经纪人这一职业非常古老。西周时称"质人"。到了汉代，有专门说合双方牲畜买卖的，称"驵侩（zǎng kuài）"或"驵会"。后逐渐扩大到各种交易，经纪成了为买卖双方说合交易而收取佣金的中间人。

自唐代开始，经纪人称"牙人"。明朝，经纪人除了说合买卖，还有代替官府监督商人纳税的责任，称牙行（牙，有替官府衙门办事之义）。清袭明制，但以私牙为主。民国时期，经纪人也称掮客或市侩。明朝谢肇淛《五杂俎·地部二》："驵侩之徒，冒险射利……今之茶，什五为奸商驵侩私通贸易。"

经纪行乃是无本生意，有入就盈，但过去经纪行大都唯利是图，凭借熟悉牛马经，巧舌如簧，少数者指鹿为马，兼以奸阴手法，操弄交易。所以，常被人们视为奸行。

旧时代，黄河三角洲牲口交易集市上，牛经纪凭借对牛马驴骡习性以及行情的熟悉，往往把持着牲口交易，他们各自代表买方和卖方讨价还价,为了掩人耳目,都是把手插进衣服袖子内通过摸指头手型来交流,俗称"摸手"或"摸指头"。这样,既瞒过竞价的对手,也背着买卖双方,两边不知道买价卖价。经纪行还有只能业内人听懂的行话。有此行业背景,即使是对买卖双方公平的价格,也会给人以暗箱操作、抽头渔利的嫌疑。因此,行中人被赋予了惯于捣鬼,六亲不认,唯利是图的形象。有俗语:"进了经纪行,不认爹和娘。"

此话明显有偏激之嫌,因为牲口买卖大都离不开经纪,他们受街里街坊委托,帮人买到放心、中意的牲口,也算是一份乡情。但无风不起浪,经纪有以上声誉必定存在着实在的生活背景。"骡马牵连入市沽,倩他经纪较锱铢。可怜长尾刀刀剪,指鹿论钱得价无。"便是文字记录的情形。诗中把"经纪"和"较锱铢"联系起来,看来经纪行确有锱铢必较、斤斤计较的特点。家乡方言"很经纪",就表示一个人为人行事算计、计较。

《南村辍耕录》有:"今人以善能经营者为经纪。唐朝滕王元婴与蒋王皆好聚敛,太宗尝赐诸王帛,敕曰:'滕叔、蒋兄自能经纪,不须赐物。'"文中说二王"皆好聚敛",不难读出,此"经纪"并非贬义,指经营。经营就意味着"筹划、算计"。看来"经纪"一词有"算计"的意思由来已久。

下重了乡

以前庄乡人到县城办事情,都说"上城";城里人到乡间去做事或买卖,则叫"下乡"。城外有郭,郭外为乡。是地位有高下,还是地址有高低,"上城""下乡"就在语言中固定了。家乡话里,城里人进村叫"下乡",乡人到自己村庄以外不是集市的乡间买卖东西,也叫"下乡"。比如说"下乡换豆腐""下乡换(卖)西瓜"等。

"行曰商,止曰贾"。下乡做买卖的不是店铺的老板,而是来乡间买有卖无的商贩,而且是小商小贩。因为一个村庄里人们的产出或者消费都是有限的，所以不管是收购还是换卖，有时连一个商贩都满足不了。就拿换豆腐来说吧，大一点的村庄，还能换完一个（一锅豆浆做出的整块豆腐）豆腐，小一点的村庄就要两三个村庄才能卖出去一个。如果一个村同时来两个豆腐挑子，那对卖方来说，交易的结果一定是很不称心了。这种两个或两个以上经营同种商品的商贩，同时到一个地方买卖的情况，就是家乡话说的"下重了乡"。

以此类似，在家乡，凡是两方或更多方为了同一个目标，同一个时间出现在了同一个去处，都被比喻为下重了乡。像两个人有同样的事，都需要请人帮忙，结果求到了同一个人那里；或只适合一个人做的项目被两个人同时看上，结果出现了项目上的冲突等。

和卖不了的秫秸似的

限于自然和社会条件，过去，家乡一带的人们都要种植一些高粱。在过去黄河三角洲自给自足的落后农耕社会背景下，高粱浑身是宝，农家生活中，许多方面都能用到高粱物产。

我写过一篇散文《难忘家乡青纱帐》，写高粱的用途："那时，如果没有高粱，村里百姓就过不了日子。秫秫粒是家乡人饭桌上的主食，过去家乡一带，说一个人一辈子有饭吃，就说他"喝一辈子红秫秫黏粥"。秫秫葶子是饲料，养猪喂牛少不了。秫秫穗儿刮去粒，是缚炊帚、扎笤帚的笤帚苗。秫秸更是家家离不开的生活资料，好的做箔材，打箔建房。剔拔下的也能夹箔障子当墙、勒栅栏子做门儿。劈下的秫秸叶，烧火做饭。就是秫秸楂，也是盖屋做房檐的材料。庄户人家的许多生活资料，都取材于高粱棵。除了自己家用，也可以卖钱、换粮、贴补家用，给家里添置家什，或给孩子买件过年的新衣裳。甚至打墙、盖屋、嫁闺女、娶媳妇，这些高粱物产都是一笔不小的经济来源。最讨娘们儿欢心的是穗莛秆，她们精挑细选，分粗细，别长短，物尽其用。给孩子插笼子，做玩具。更多的是勒笊篱、钉盖簟儿、穿篦子。别看这些家什不起眼儿，可承载着祖祖辈辈、一家老小吃饭的大事。烀地瓜、贴饼子、蒸包子、下饺子，都离不了这些小物件。每家做饭各有各的故事，但家家户户那薄薄的篦子上升腾着的，都是母亲和着秫秫面蒸出的勤俭品质；圆圆的盖簟上承托着的，无不是母亲寄于白面饺子所包裹的香醇母爱。这些简陋环保的炊具，也留存着游子们对母亲饭香、家乡年味儿的记忆！"

其中说的箔材，就是把桀了穗的整棵高粱劈叶子去楂子后的秸秆，长度有三米多。把几十根秸秆捆绑齐整，就叫一个"箔材"或一个"秫秸""秫秸个子"

箔材主要的用途是用来编制盖房搭顶的建材——秫秸箔，因此得名。自己盖屋用箔材，也可以卖了换钱贴补家用。

箔材很高，赶集出卖时，用小推车推到集市上，为了少占地方，也为了让赶集的人看得见，就把一捆捆的秫秸靠墙直直地竖立起来。有人买，就搬了运走；没人问，靠墙直竖的秫秸就一直竖立在那里。所以，在干活、办事时，如果有人该动时不动，站在那里偷懒，长辈或管事的人就生气地扒数（数落）他道："你看你，站在那里和卖不了的秫秸啊似的，一动不动。"

褒贬的是买主

"《诗》既亡，《春秋》作。寓褒贬，别善恶"。褒贬，在书面语中包含着褒和贬两种意思，像"褒贬不一""有褒有贬"等。但在家乡方言中则只表示"贬"的意思。例如说"你就好褒贬人"，意思是"你就喜欢贬低人"。刘宝瑞、郭全宝合说的相声《当行话》，就有来自老北京话的"褒贬"一词，说的是当铺站柜台的故意挑当品的毛病。其词义跟家乡方言相同。

"褒贬的是买主"，是说在来买东西的顾客中，那些给货挑毛病的人，往往正是打算买的买主。言外之意：那些对商品不评头论足的人，则都不是买主。《淮南子·说林训》："有訾我货者，欲与我市。"不过是俗语"褒贬的是买主"的雅言表述。可见这类话流行很久了。

生活中，不仅仅是买卖关系，凡遇到合作事宜，一方因合作者挑剔而不乐意，明白事理的就会从中说和："褒贬是买主。"意思是"有争执的，恰恰是打算合作的"，以此来善意地调和、点拨。

紧趁的庄稼，要笑的买卖

种庄稼季节性强，农时到来，抓紧劳作，不能贻误，否则就会影响庄稼的收成；做买卖则不同，有一些生意的时效性不是很强，讨价还价，言来语去，不能刻板严肃，懂得退让，和气生财。听父亲说过一句买卖人的信条"打也来，骂也来，不挣钱不来"。常言道："要价无多，还价无少""买心不和卖心同""宁可要跑，不能要少"。卖者求利，都是想卖高价，而买者虽以买到合适的商品为主要目的，但也要尽量地省钱，

这样一来，往往买者为了省钱买到自己中意的商品，就有意压低价格，常见的办法就是指摘商品的种种不足，希望卖者知难而退，压价让利。虽然对方有时说话不客气，一旦买卖达成，买卖双方，皆大欢喜，也就不计较那些话语了。有言道："人无笑脸莫开店。"因此，深谙此道的买卖人能笑对主顾、左右逢源。然而，很多初入行的经商者，却不知门道，凡事争强好胜，甚至盛气凌人。自己门庭冷落，生意惨淡，还不知道真正的缘由。

散摊子

摊贩就是把所卖货物摊摆在面前卖的小贩。直接摆在地上叫"地摊"，摆在案子上的叫"案子"；不管地摊还是案子，都叫"摊子"。

这些摊子中以卖杂货的种类最多，摆放也难免最杂乱。所以，比喻

家什、物件摆放不整齐的情形，就称作"杂货摊子""杂烂摊子"。俗语"收拾烂摊子"比喻应对难收拾的局面。

摊贩摆摊大都在集会闹市之上，开集摆摊而聚，罢市收摊而散。因为买卖都是围绕着摊子进行，摊子散了，就意味着买卖不做了。所以，遇上合作的事情，散伙做不成了，或一个团伙、组织解体，就说"散摊子"了。

据《燕京岁时记》记载："每届中秋，市人之巧者，用黄土扶成媚兔之像以出售，谓之兔儿爷。"人们按照月宫里有嫦娥玉兔的说法，把玉兔进一步艺术化、人格化，乃至神化，之后，用泥巴塑造成各种不同形式的兔儿爷。旧时每年农历八月，北京街头就出现兔儿爷摊子。特别是东四、西单、鼓楼前之类的闹市，均有人摆出兔儿爷摊子，兔儿爷摊子那是琳琅满目，色彩鲜艳，吸引不少孩子们围观购买。这么多的兔儿爷聚一个地方，形成一个非常大的摊子。如果爷与爷打起架来，众爷们非得一哄而散，最后散了摊子。后来就有了"兔儿爷打架——散摊子"这句俗语，比方几个人合伙做生意，如果半途而废，就说散摊子了。再比如团体人员、组织机构解散，也用这一俗语表述，形象生动。

根据歇后语产生的规律来看，"兔爷儿打架"不是"散摊子"的最初来源，这不过是对"散摊子"这句俗语的一种形象描述。

在家乡，装束或构件解体，也会被叫作"散摊子"。

第三十四章 相生相克

鱼找鱼虾找虾，鲇鱼找那火嘎牙

熟悉鱼的生活习性的人们，在和鱼打交道的过程中，发现鱼虾为了生存，都是分别成群，虾和虾在一起，鱼和鱼在一块。既然鲇鱼和火嘎牙鱼相貌相似，缺乏生物知识的百姓，就认为它们是一类，那也就会在一起。于是，人们就用"鱼找鱼虾找虾，鲇鱼找那火嘎牙（嘎鱼）"来表示"人以群分，物以类聚"的意思。

其实鲇鱼和嘎牙这两种看起来相貌相似的鱼不是一类，他们是不会生活在一起的。但是这个看似明显的错误，并没有导致这句话因失真而不被人们认可、流传。如果换成是鲇鱼找鲇鱼，反而让语言失去了谐趣意味而显得呆板。

一物降一物，卤水点豆腐

"卤水"是一个多用途的语汇，不同的行业有不同的定义。我们只说"卤水点豆腐"中的卤水。它是一种食品添加剂，学名盐卤。是由海水或盐湖水制盐后，残留于盐池内的母液，是我国北方制豆腐常用的凝固剂。能使豆浆中的蛋白质凝结成凝胶，把水分析出来。用盐卤做凝固剂制成的豆腐，硬度、弹性和韧性较强，称为"老豆腐""北豆腐""硬豆腐"。因为有了这一食品制作工艺，才有了人们常说的"卤水点豆腐，一物降一物"。

卤水，除了前面所讲的来路，过去的黄河三角洲地区，还有另一种提炼方法，就是在用硝土提炼火硝的过程中分离而来。可以说，卤水是提炼火硝的副产品。

火硝的提炼，俗称"烧硝"，是一门技术活。烧硝匠们把淋好的硝水倒进烧锅里，大火烧开后，改为小火慢熬，不可让硝水沸腾、溢出。随着不断蒸发，锅内硝水变成深红色并逐渐减少。等熬到一定的程度，也就是烧硝匠们说的"火口"，拿片秫秸皮儿，把锅内滚烫的液体滴在上面，放凉后看到有固体凝结就可以停火了。停火后，锅底沉淀下厚厚的白色固体——盐（通常称为"硝盐"）。再把盐上面的液体舀到口大底小的陶瓷盆里（为的是以后硝坨容易倒出），等沉淀十二小时左右，就会看到盆底呈现白色晶莹透亮的盆状固体，称为"硝坨"。这道工序叫"盆硝"。盆中未结晶的深红色液体就是卤水。

卤水可以点豆腐，也可以上地作肥料。听以前家里曾经烧硝炼卤的长辈说，他家里自留地的玉米经常上（灌施）卤水。

烧硝制卤的基本方法说起来简单，看起来不难，但细节的掌握是关键。因为收集硝土费力大，烧硝提炼费柴多，而出硝量小，因此不谙此道者，往往不敢问津。

点豆腐的"点"，指制作豆腐时添加卤水的手法：点滴。

听父亲说过，以前他帮我祖父出（做）豆腐时，我祖父和他讲，卤水添加的量以及均匀的程度直接影响着豆腐的质和量。多而不匀，豆腐老硬，口感差，斤两少；少而不均，豆腐松散，难成型，易破裂；只有卤水用量适中，混洒均匀，做出的豆腐才能量多质优，软而不散，弹糯滑爽。

因为添加的总量少，又要混合均匀，因此，要匀速以点滴入，适度搅动，力求卤水和豆汁充分混合，均匀凝固——这就是"点豆腐"的来历。

听父亲讲，爷爷做的豆腐质优量多，口碑好，销路快，不少同行来取经。有道是："教会徒弟，饿死师傅。"尽管爷爷宽厚，别人观摩下卤，每每现场示范，但为了让自己的小生意保持一定的竞争力，以求给家里人挣口活命的饭，其中最秘密的要领是从不外传的：做豆腐的卤水，或是从不同人家，或是不同批次买来的，其浓度参差不一，要是简单地按一个量来加入，其结果是不一样的。所以，爷爷每次买来卤水，都要再加热到自己掌握的浓度，然后才用。因此，他点卤水，尽管是现场示范，但其中的路数只有他自己知道，外人是看不出来的。别人比着量点卤水，量同质不同，因此总不得要领。

行业的秘密包括制作技术、经营手段都是不会轻易外传的。这也是不管传统还是现代行业所共同保持的做法。

是猫就逼鼠

家乡有俗语"是猫就逼鼠"，字面意思是：无论个体大小，只要是个猫，就能降得住老鼠，哪怕老鼠个体再大。这句话在家乡语言里表示"凡是相克的两类人或事物，因具备了克敌的特质而占主动的一方，无论体量对比优劣，都能对被克一方形成绝对的克制"。好比说过去的主子和奴才，主子哪怕是个小孩，奴才是大汉，也会被少主子压制。再如今天的警察和罪犯，通常情况下，不管罪犯多么强大，总是处于被警察威慑的心理劣势。

最初，这句俗话，还是父母给我讲在家乡普遍流传的一个故事时说的：传说某朝，朝廷认为，人上了岁数，年老力衰，除了吃饭，没有用处，于是就依据"六十花甲子"的理论，制定了一个"人到六十就活埋"的规矩，即"六十换甲子"。有个大臣，是个孝子，他的父亲活到六十岁时，按照朝廷的规定，就要活埋。但他不想这样做，便想了一个办法。他在家里垒了一面夹墙，让父亲藏在夹墙里，每日上朝回来给父亲送饭吃。

他还在夹墙里放了一只猫和一些书，给父亲解闷儿。父亲每日在夹墙里看书、养猫，倒也活得安然。

有一天，这个大臣又给他父亲送饭，临走时悲伤地对父亲说："这恐怕是儿最后一次给您送饭了！"他父亲听了很惊讶，忙问："为啥这样说呢？"儿子对父亲说："前些天，金殿上不知从哪里来了五个大怪物，长着一身灰皮，小眼尖嘴儿，还有一条细长的尾巴。这五个怪物每天在金殿上乱咬乱闹。皇帝既怕又烦，下令大臣想办法除掉他们。大臣们谁也没见过这些像人不是人，像兽不是兽的大怪物，都不敢靠近，更不用说想办法除掉它们了。皇帝很生气，逼着大臣们轮流想办法，轮到谁，想不出办法就杀谁。已经有好几个大臣被杀头了。明天就轮到我了，我也没办法。看来凶多吉少，儿怕是活不过明天了。"父亲听了，想了想说："我儿不要发愁，照你说的样子，这几个怪物像是长得变了形的大老鼠。听人说'十斤的猫，能降千斤的鼠'。咱家里的这只猫也养了很多年了，你明天上朝时把它放在你的衣袖里，看见那几个怪物，就把它放出来，也许能制服那些怪物。"

第二天早朝，儿子按着父亲的办法，来到金殿上，看见那几个怪物，便把袖筒里的猫放了出来。那猫便冲着怪物扑了上去，一个个把它们都咬死了。皇帝见了很高兴，就问这个大臣是怎么想出的办法，大臣只好把父亲出主意的事说了。皇帝听了就觉得：老人见识多，留着不是没有用处，反而是很有用处，应该善待老人，于是就下令取消"六十活埋"的规定，敕令臣民好好赡养老人。

这个故事，小时候听着很有意思，后来就觉得有些荒诞，认为是当地民间编的"瞎话"。后来读《中国学生趣味百科博览》，在一则"家有一老，犹如一宝"的文章中，竟然看到了这个故事。稍有不同的是，书中说的不是"活埋"，而是"活坟"，即把过了六十的老人，一律关进野外的地窖里，平时家里给送点吃的，时间久了，也就冻饿死了。

这个看似不可思议的风俗，却被今天考古中发现的古代"自死窑"所证实了。

"活埋""活坟"不是历史上的偶然和个别现象，亚当·斯密在《国富论》初版序中说过："在较落后的渔猎国家中，每个具备劳动能力的人，都可以从事有用的生产劳动，尽其所能为自己、家庭成员及其部落的老人、小孩以及那些没有劳动能力的人提供生活必需品。但是这样的国家都是极其贫困的，也正是物品的匮乏，使得他们不得不直接杀死老人、小孩以及长期病重的人，或者将他们遗弃在野外任其自生自灭。"

第三十五章　锅碗瓢盆

知道锅儿是铁打的了

生活中，常常有这种情形：一件在大人看来孩子不能去做的事情，就嘱咐孩子，但是孩子却没有遵从，硬是去做了，结果受到了损失或伤害。大人就会数落他，说："和你说觩去做，就是不听，咋着？今回知道锅是铁打的了吧。"意思是"这一次知道其中的厉害了吧"。

这儿为什么用"锅是铁打的"来表示厉害的意思呢？

在以前，庄里人形容一个人穷到了极点，就说"吊起锅来当钟打"，意为家里没米下锅，锅里没饭，锅闲着。可见庄户人家就是再穷，家里也要有口锅。一般人家除了有口盘在锅台（灶台）里用来蒸干粮、熬黏粥的大锅外，还有一个熬菜的小铁锅，俗称小锅儿。

和大锅盘有锅台固定不动的情形不同，小锅儿一般都是临时支放。用锅时，拿两块砖八字形摆放在大锅灶口下方，和灶口三点支撑，然后在锅下生火熬菜。不用时就放在灶间的边上。因为小锅儿除了尖利的锅沿，还有两个张开的锅子耳朵（把手）也是尖硬向外，小孩一旦摔倒碰上，必定是头破血流。又因为那时的房间面积都狭小，调皮的孩子们来回在屋子里乱窜，很容易磕到碰到。家里的大人常喊他们："觩碰到小锅儿上啊，磕破头啊"。

小时候我就和许多孩子一样都被大人这样叮嘱过。听话的孩子会注意，不听话的孩子就当成了耳旁风，真就有小孩子因胡打乱闹，碰到放在一边的小锅沿上。大人们就会训斥他："和你说就是不听，碰破头了吧，这霎霎（这会儿）知道锅儿是铁打的了？"意思是早和你说锅子很硬很尖碰上就破，你就是不听，现在相信了吧？后来，就以此表示"知道厉害了吧？"

有朋友问，为什么是小锅儿，而不是大锅呢？大锅都是盘在锅台里，锅沿外面还有锅台沿，所以不突出，小孩子很难去碰到。再者，家乡话中带儿化音的字，一般是指小的、细的、尖的等，称呼大锅，一定不带"儿"，只有小锅儿才带儿化音。老百姓说这句话都是"'锅儿'是铁打的"，所以是指小锅儿。

砸喽锅了

在过去普遍不富裕的农村，百姓家里，锅也许不是最值钱的家什，但在以能吃上饭为最大需求的年代，作为吃饭的家伙，它无疑是家庭生活中最关键的。如果家里有些钱财，一定还有比锅值钱的柜子、车辆等。但是，要是把家庭的物品结构不断简化，最后别的家什可以没有，剩下的恐怕就是做饭的铁锅。穷到没有炕，打地铺也能睡觉，但锅是一定有的。说一个人穷，今天还说"家里穷得叮当响"，意思是家里只有一口没有食物空铁锅。以前我经常看到很多贫穷的单身汉家里只有一口锅。这说明，不管多么穷，只要还有一口锅，这日子还能坚持下去；要是连锅都没有了，也就意味着这个家庭的日子彻底维持不下去，不是个家了。

在那些艰难而蒙昧的岁月里，还真就不时地上演连这吃饭的锅都不保的闹剧。一个是因某种家庭矛盾发展到难以调和的地步，其中一个关键人觉得家庭生活不能维持下去，或者没有维持下去的意义了，要么通过家庭的解体另起炉灶，或者闹个家破人亡获得解脱，于是，常见的，也是最能表明心志的举动，就是把家里的锅砸了。街坊邻居就说："谁谁家砸了锅了，不打谱过了（生活下去了）。"

另一种情况是，两个人或两个家庭，发生了不可调和的矛盾冲突，如果当事的某一方被压迫到了极点，或者因事恨透了另一方，到了以命相搏的地步，除了直接杀人放火，最狠的发泄办法，最伤人的报复，就是把对方家的锅砸了，意思就是不让他过日子了。

联系过去真实的生活，不管哪种情况，砸锅就意味着出现了难以应付的危机。所以，生活中，只要是当事人所做的事情出现了难以收拾的状况，就说："今回儿（这次）砸喽锅了。"演变到后来，许多事情都会冠以"砸"，如演出不成功就说"演砸了"，办事办坏了就说"办砸了"，还有"干砸了""弄砸了"等。

一锅做上那十二样饭

家乡刘官庄是吕剧发源地，吕剧文化的影响深远而广泛，家乡语言中有许多来自吕剧剧情内容的元素。"一锅做上十二样"就是吕剧《小姑贤》的一句唱词。

封建社会妇女地位低下，《小姑贤》说的就是在此社会背景下陈腐婆媳关系陈陈相因的家庭故事。剧中王刁氏为了难为、折磨儿媳李氏女，让李氏女给她在一个锅里做出十二样的饭。她是这样唱的：

到厨房，
大锅刷得明似镜，
小锅儿刷得光滑滑。
锅前头给我熬稀饭，
锅后边去把那个黏粥馇。
锅左边做上菜豆腐，

锅右边烧汤要酸辣。

馏上一把干豆角，

切上半斤大葱花，

蒸上两个窝窝头，

抽空再把那个面筋炸。

当中间里有点空，

你给我馏上个八斤半的大地瓜。

一锅做上十二样，

在黏粥锅里给俺撇壶茶。

你做熟了，

用勺子

搅三搅，

扒三扒，

还不许给俺掺和了它。

这顿饭你做下，

万般大事咱不拉。

要是贱人不会做，

休说为娘难打发……

一段串联了家乡饭名称的唱词，尤其是一句不可能做到的"一锅做上十二样"，把一个肆意为难、欺压、折磨儿媳的恶婆婆刻画得活灵活现。

戏曲创作显然运用了艺术夸张、虚构的手法，使作品高于生活，但其创作灵感是来源于真实的生活。俗话说"众口难调"，旧时代，儿媳在家里的地位低下，其中很大的方面就表现在做饭上。惠民县歌谣《推磨》从另一个角度反映了这一社会现实：

推磨推到三更半，

碾米碾到四更多。
刚倒床上打个盹，
婆婆呼唤烧灶火。
扶着窗户往外看，
月亮星星还未落，
这是烧的什么火？
锅又大，水又多，
柴火又湿点不着（zhuō）。
公公要吃白米饭，
婆婆要吃油馍馍，
小姑子要吃韭菜合，
这可实在难坏了我。
娘家娘，娘家爹，
俺那娘家亲哥哥，
再待三天不接我，
高悬梁头见阎罗，
不在人间受折磨！

是富有智慧的吕剧艺人，根据早就存在于家乡语言的俗语，创编了王刁氏经典的唱段？还是家乡百姓将戏中的唱词反其道而用之，让唱词中不可能做到的"一锅做上十二样"得以实现，同样用夸张的手法创造了这句俗语，来表现那些心灵手巧的家乡妇女？这很难有确切的答案。但不管哪种可能，都充分彰显了黄河三角洲人在语言创造和表达上的聪明才智。

谁还没打个黑碗

过去的农村，许多生活用具远没有今天这样讲究、漂亮。就拿餐具来说吧，记得20世纪70年代的时候，有的人家还用小葫芦瓢儿做的木把勺子舀粥汤。从瓮里舀水也有的用葫芦一锯两开做的大瓢。吃饭的碗，还有不少是外面涂了黑釉烧成的黑碗，胎粗瓷黑，不好看。

吃饭打碗是很平常的生活现象，每个人都有过这样的失误。把一个生活情景提炼成一句能广为流传的俗语，也不是随随便便就能做到的。仔细体味这句俗话，既有具体的意思表达和情感交流，又包含着朴素的哲理和语言技巧。

那时候，除了黑碗，家里也有白瓷碗。比起质量粗糙、价格便宜的黑碗，人们对细瓷白碗要稀罕（珍视）许多，所以打一个白瓷碗人们要心疼。再者，穷人家黑碗的使用率高，打碎的概率也高。正因为黑碗便宜，打了也会心痛，所以用"谁还没打个黑碗"比喻对人们经常难免又是无关大局大事的错误表示谅解，贴切而又客观。

"人非圣贤，孰能无过"。同样的意思，雅言官话只能透过字面，直白地表达；而乡语俗话，却借生活中常见的现象，诙谐地表达了出来，因其背后关联的生活内涵而耐人寻味。

噘起嘴来和撩油勺子似的

人生气不高兴时，大多怒形于色。生气的程度不同，在脸上的表情也各有不同：愤怒，多是拧眉立目，有熟语吹胡子瞪眼；生恨，会咬牙发狠，有成语咬牙切齿等。有时生气的程度不是很大，也没有强烈的反应，或不敢有过激的表示，也不好用语言发泄，有的会噘噘嘴表示，尤其是小孩儿，多是这种表情。大人就会似开玩笑地说："你看你，噘起嘴来和撩油勺子似的。"

撩油勺子是过去家里做菜时专门用来舀油的小勺儿。以前，老百姓几乎买不起瓶装的商品，所以家里一般没有瓶子。那时的食用油也没有包装。换油卖油的油贩子，把油装在撮口的油桶里，更早的时候则是装在油篓里。家里打油换油是用油罐子盛了油提回家。为了防止落上灰尘，平时盖一个硬纸或铁皮做的圆盖。

因为油贵吃不起,那时做菜放油,都是拿撩油勺子舀。舀油的动作之所以叫"撩",是说舀的少。撩,在方言里是表示动作轻轻地、浅浅地。为了防止因勺子大了不好掌握而舀多了油,于是,就打制了形制不同于汤勺的专用撩油勺儿:勺子头儿平而浅,直径大约有四厘米。为了方便从只有拳头大的油罐子口里往外舀油,勺子把儿做得和勺子头几乎成垂直角度。舀油时,不是平端着勺子把,而差不多是竖提着勺子把。这样,比起汤勺的勺子头那稍稍上翘的角度,撩油勺儿的勺子头儿上撅的角度就大多了,用方言说就是"撅撅着"。因此有了俗语中的比喻。

一勺子一碗

当地实诚人请人吃饭,或招待来客,都是让着吃、劝着吃。甚至,客人不好意思吃,主人就强制着吃。这都是在长期吃食短缺的条件下,人们为了招待好客人常劝吃劝喝而形成的生活和饮食习惯。相对主人的热情主动,客人往往保持一定的矜持,俗话说"主不动,客不动"。尽管现在不缺吃不缺喝了,但根植在风俗里的习惯却一时改不了。

遥想过去,家里来了客,主人可以没有大鱼大肉,但夏天也要熬锅子特意放了肉的茄子或豆角,冬天炖一锅子有猪肉的白菜粉条或者热豆腐。吃饭时,要先给客人舀菜盛汤。热情的主人,只舀那没水的菜,舀上尖尖一勺子菜。虽然,勺子的容积不如碗大,因为勺子上的菜冒了尖,扩大了体积,也就差不多满碗了。这充分表现出了主人实心实意的待客之情。相对于本来一勺子只能舀半碗,一勺子一碗的舀法就成了实在、热情的形象体现了。因此说一个人实诚时常道:"人家做事一勺子一碗的"。

打了盆儿说盆儿,打了碗儿说碗儿

都知道"清官难断家务事",但细思其中原因的却不多。仔细分析,难断的原因应该是：由于一家人天天生活在一起，相互之间牵扯的事情千丝万缕，错综复杂，"揩揩耳朵腮动弹"。争执双方，往往各就不同的节点，说事讲理，因此，就出现了"公说公有理，婆说婆有理"。正因为这样，与和外人因为单纯一件事而争执不同，家里的人吵嘴往往是牵扯几件事，甚至是长期的很多事交织在一起，日积月累形成的矛盾，所以很难理得清。于是，即使清官，因为只擅长"个案"的审理，遇上"陈茄子烂瓜子"（过去的旧事）交织在一起的家务事，也很难有好的办法做出是非的判断。

面对这样的情况，熟悉日常家务事特点的调解人就说："打了盆儿说盆儿，打了碗儿说碗儿。"还是那句话"谁还没打个黑碗？"生活中打盆儿打碗儿的事常有的，要是因为你打了碗我批评你，你再拿我打盆的旧事回敬我，我再说你另一件其他的事，那就会出现谁也说不服谁，都觉得有理的局面。打了盆儿说盆儿，打了碗儿说碗儿，意思是，争执最初是因为什么事引起的，就单说那事，其他事先不说，即就事论事，避开已经过去的陈年旧事。矛盾单纯了，也就相对好解决了。虽然有些事情是割裂不开的，但作为解决问题的策略，比较起任凭所有的事搅和在一起，这样处理起来要好办得多。

摁下葫芦瓢起来

在过去的农耕文明的时代，老百姓家里的日用家具、盛具有很多是当地自然物的利用，像葫芦、瓢。葫芦成熟，去皮晒干，从上开小口掏出瓜瓤和种子，用来盛水、装酒等。也可以把一个干葫芦用锯一分为二，做成舀水搲面的瓢子。小瓢儿安上一个木把就是一个舀粥舀菜的勺子。因为瓢是葫芦的二分之一，形状上就是半个葫芦，所以有俗语"比着葫芦画瓢"，喻指模仿做事。

麻油磨制过程中，芝麻炒熟后，上油磨子磨成糊状，盛在大盆里，再把盆放在有水的锅里,烧水加热。工人一手拿葫芦,一手拿瓢,用葫芦在盆中反复按压(家乡方言叫"摁"),俗称"顿油"。通过芝麻糊颤动而澄出清油漂浮在上面,然后再将瓢摁下,让麻油淹进瓢,舀出。摁下葫芦的时候,瓢有时就浮在油脂上;摁下瓢舀油的时候,葫芦停浮在油脂上,葫芦和瓢轮换摁压的状况,被人们用来比喻这件麻烦事完了,又来一件,个接一个。

第三十六章 数说世事

管他三七二十一

在家乡方言里有这样一种"肯定之否定"的句式,即用肯定的词语、语气表示否定的意思。例如:"管他大爷二叔",意思是"不管他是大爷还是二叔";"管他三七二十一",意思是"不管他三七二十一"。

《容斋随笔·卷第七·俗语算术》:"三七二十一,苏秦说齐王之辞也。" 战国时,苏秦主张合纵抗秦,张仪经略连横事秦。一次,苏秦到了齐国都城临淄,见到了齐宣王,进行游说抗秦。齐宣王谈到齐国的兵力不足时,苏秦说:"都城临淄有七万户,我私自计算了一下,每户按三个男子服役,这就是三七二十一万兵,抗秦的兵源,用不着再往别处征召,仅临淄一城,就足够了。"

故事中的"三七二十一"来自计算、谋划。"不管三七二十一"就是"不考虑、不计算、不谋划",意指不问青红皂白、不计后果的做法。

民间还有"不管三七二十一"来历的另一种传说。《一本读懂中华民俗知识》记载了这样一个民间故事:从前,有一个财主,雇了个五大三粗的小伙子当长工。刚开始,他每天管小伙子三顿干饭,免得借撒尿的机会偷懒。不久,财主又动了心思,心想小伙子一顿能吃三碗干饭,一天下来就得吃九碗,于是,他吩咐老婆说:"从明天开始,每天管他三顿稀饭。"小伙子即使每顿吃七碗稀饭,干起活来还是有气无力。财主十分恼火,他生气地问长工:"你一天吃我三七二十一碗饭,怎么干活不像个男子汉?"小伙子装作没听见,边敲碗边说"干干干,一天九碗饭,汗毛都有劲,喷嚏响过山!稀稀稀,三七二十一,尿像竹竿雨,手脚软如泥。我着急没力气,你着急有何益?"财主听了,当着长工的面对老婆说:"算了,算了,从今天起,管他三三九碗干饭,不管他三七二十一碗稀饭。"

后来这件事慢慢传开了。随着时间的推移,"不管三七二十一"这句俗话的意思也发生了变化,指不分是非的言行。

分析两个"三七二十一",前一个为语源的可能性大。后一个不过是民间编造的一个往"不管三七二十一"语义上凑的趣味故事。

可以推断:家乡俗语"管他三七二十一"是从"不管三七二十一"演变来的。

一推(退)六二五

家乡话常常有这样的说法:"你啥事一推六二五,一点儿也不管,可叫别人咋办啊?"这是指责别人把责任推卸干净的意思。

浩然长篇小说《艳阳天》第一百二十七章:"你想一推六二五地混过关去,办不到!"

推,理解为推脱好明白,为什么推的是六二五,而不是别的数呢?"一推六二五"由何而来呢?

古代计算的"斤两法",又称为化零歌,是唐中叶创造的,将衡制中以"两"为单位的数量,化为以"斤"为单位的十进小数的歌诀。新中国以前,历史上一斤为十六两。南宋杨辉在《日用算法》中记载了化两为斤的歌诀。朱世杰在《算学启蒙·总括》中的"斤下留法"歌诀则更为完整:

一退六二五	二留一二五	三留一八七五
四留二五	五留三一二五	六留三七五
七留四三七五	八留单五	九留五六二五
十留六二五	十一留六八七五	十二留七五
十三留八一二五	十四留八七五	十五留九三七五

这就是：

1两=0.0625斤	2两=0.125斤	3两=0.1875斤
以此类推……	14两=0.875斤	15两=0.9375斤。

2到15两，换算成斤，最高位是小数点后第一位，口诀都是"几'留'多少"；而1两换算成斤，最高位是小数点后第二位，为了不混淆，口诀是"几'退'多少"。退，表示退后一位，以示区别。

"斤下留法"家乡民间简称"留法"。对于留法的出现、使用，网上有的人说是20世纪50年代有了十两秤，两种秤混用，为了两种秤的斤数换算，科学家研究的。此话说得不对。

老十六两秤的一斤，不等于市斤十两秤一斤的500克，所以没法用留法换算。1928年十六两秤的一斤才为500克。1959年统一使用一斤500克的十两秤。虽然留法口诀适应这两种秤之间斤数的换算，但不是有了十两秤才研究出的。因为在"一斤十六两"的时代，而货币单位为十进制的情况下，货币计算也用留法。如：一斤一元，一两就是六分二厘五；一斤两元，一两就是一毛二分五厘；一斤三元，一两就是一毛八分七厘五……一斤十五元，一两就是九毛三分七厘。

不说那些熟悉老秤算法的老人的亲身经历，但从民间一句俗话传说就足以证明留法实行的年代，远比20世纪50年代久远："圣人的胡话，算账的留法。"小时候，听家乡人说，"圣人"在奄奄一息的时候，已经到了语无伦次的程度，但因为是圣人，人们觉得圣人临终的话一定很重要，就把这些断断续续的话记了下来。后逐一加以解读，竟然总结出了这流传后世的留法。民间传说虽然不可以作为史料使用，但根据话中存在"圣人"，就能推断出留法出现的时间，不是没了圣人的新中国时代。

在具体的计算中，因过去都是打算盘计算，打"625"，是把代表数字的算盘珠向前推至算盘靠梁，因此，也便有了"一推六二五"的理解，意思是遇"一"就推"六二五"。

"二一添作五" "三一三十一"

一个亲戚受托帮着给他三个表哥分遗产，用了一句"三一三十一"，其中当银行行长的表哥竟然不知道是什么意思。不是行长业务水平低，说明许多优秀的传统民俗语言，在年轻一代别说用了，听都没听说过。

中国古代算法中的除法有"九归""归除"。"归"是一位除法，"九归"就是从一至九的一位除数的除法；"归除"是除数在两位以上时的除法。

朱世杰《算学启蒙·总括》的九归口诀："一归如一进，见一进成十。二一添作五，逢二进成十。三一三十一，三二六十二，逢三进成十……九归随身下，逢九进成十。"

"二一添作五"就是以2除10等于5。用作俗语，意思是"两人平分"；"三一三十一"就是以3除10商3余1。用作俗语，意思是"三人均分"，也可以引申为"按人数平分"。

四六不分

或指责，或开玩笑，说一个人对某件事物的基本道理都不懂，家乡人常言道："你四六不分，不搭理你了。"

四六不分，有的也说作"四六不懂""四六不通"。有的地方在"四六不分"前还加有"三七赶集"，连作"三七赶集，四六不通"。

那四、六怎么就和"不通""不分""不懂"扯上了关系呢？和"四六不分"并列表达，说明"三七赶集"也有表示不懂、不通、不清楚的意思，那又有啥来历呢？

"四六不懂"的来历有两种说法。一是说：人为父母所生养，戴天履地，吃天地所产的五谷杂粮而长，最应该感知感谢的是天地、父母。父为天，母为地，天和父都是四划写成，地和母都是六划写就，因此，知天地父母就简化为"四六懂"；相反，不知天地父母就是"四六不懂""四六不分"。

另一种说法是来自四书、六经。今天的人们常说"四书五经"，其实原本有六经，是中国儒家学派创始人孔子晚年整理的远古著作《诗》《书》《礼》《易》《乐》《春秋》，因在汉代被奉为经典，故称"六经"。由于其中的《乐》已失传，所以才有了后来"五经"的称谓。

虽然同为儒家经典，四书的成书、命名却不同于六经。四书，因为包括了记录孔子言论的《论语》，记录孟子言论的《孟子》，以及曾子的《大学》，和子思的《中庸》，所以也叫"四子书"。是南宋朱熹继承二程思想，把《礼记》中的《大学》《中庸》抽取出来，和《论语》《孟子》并列，并编撰了《四书章句集注》，确定了"四书"构成。

六经和四书，分别来自汉、宋两个不同的儒学体系。如果连这些儒家经典最基本的常识都不知道，分不清楚，那真是"四六不分""四六不懂""四六不通"了。

再说"三七赶集"。按旧俗赶集日期的设定，大都是按旧历五天一个集日。为了附近各处集日不冲突，排定时，先定阴历初一赶集，那下一个集日就是初六（也就是民间说的"集见集六天"），再十一、十六、二十一、二十六，下月周而复始。因是逢一、六日赶集，所以谓之"一、六集"。以此类推，逢二日赶的集，下一个集必是七日赶，谓之"二、七集"；逢三日赶集，下一集必到八日赶，谓之"三、八集"。依次还有"四、九集""五、十集"。如遇小尽月，三十日这天的集就要被延掉。如此一来,一个集,要么是二、七日赶,要么是三、八日赶,没有三、七日的集。假如有个人却要在逢三、逢七日去赶同一处的集,就是对这很平常的事理不通了,说明这个人糊涂。

不摸四至

《尔雅·释地》:"东至于泰远,西至于邠国,南至于濮铅,北至于祝栗,谓之四极。"说的是"疆域四至"。四至,指疆域的东南西北边界。

老百姓的生活中也有"四至"。

西南政法大学硕士生公杰,在其学位论文《民国时期山东农村土地交易契约研究》中,列举了一分山东各地常见的地契样本,张志和卖地契:

立卖契人张志和因无钱使用,央中说合,情愿将自己分侧宅地一份出卖于公敏伦永远为业,言明时值京钱贰拾千整,其钱当日交足无欠。如有争差违碍等情,卖主一面全管。土上土下凭无除留。恐后无凭,立字为证。

计开桃曲市尺二尺九寸的杆子。坐落大旺庄西岭宅基一处,房屋三间,步口南北,长口五杆,横口五杆零二尺。四至,北至伙山,西至买主,东至伙巷,南至路。四至分明,荒边草堰,凭无除留。

执契:公敏伦

立卖契人:张志和

说合:宋永登

知见:丁焕

代字:黄清源

嘉庆二十四年五月十六日立

这份地契中的四至,也就是田地、宅地到达的四周边界,是一块土地、宅院最基本的情况。

"不摸四至",字面上是说摸不清四周边界到什么地方,比喻对所临境地、所涉事物的基本情况不了解。

一尺墙头三尺法

自古民"以垣墙为藏闭"(《盐铁论·禁耕第五》),"私闯民宅"历来是明文规定的违法行为。个人宅第,不经主人同意不允许随便进入。深宅大院,家私殷实,恶意翻墙而入,自不必说,就是墙矮一尺,室如悬磬,一贫如洗的穷家破院,也受法律保护。常言道:"一尺墙头三尺法。"

以前在家乡常有大人们或争执、或规劝、或论述,经常说这句话。穷乡僻壤,低屋矮墙不少,这句话用在邻居街坊有意无意逾越这种界限而发生的纠纷中,再贴切不过了。墙头再矮,也受法律保护,所以,一尺墙头,好理解,但"法"为什么也以尺而论?又为什么是三尺?

《钦定四库全书儒学荟要·御定小学集注卷》有文:"……又谨三尺(注:三尺谓法律,古者以三尺竹简书之),考求立法之意而操纵之,斯可为政,不在人后矣!这样就很好理解了:古时候的法律条文,都是按规定书写在三尺的竹简之上,故有"三尺法",泛指法律。

龙注河的枣树——独一

家乡有表示唯一的人、事、物时,常常说"龙注河的枣树——独一"。在整个博兴县,这句俗话和语中的龙注河——今为县内最大自然村龙河村一样有名。龙河村,今分为吕艺镇所属的五个行政村龙一、龙二、龙三、龙四、龙五。村庄地处小清河北岸,县内地势最低、面积最大的大洼——龙河洼。

一百多年前,村庄周围地势低洼,长年积水,芦苇丛生,名称水寨。村里的孩子去外村走亲戚,被戏谑为"头顶茅鬓(芦花)的孩子"——

《龙河村记》（赵春颂主编）。书中又记："清光绪二十四年，黄河决口，淹没村庄。据说，当年村里被大水冲得只剩下村里周云柳家的一棵枣树挺立水中，由此产生了歇后语'龙注河的枣树——独一'。"

这是一句仅流传于家乡区域的俗语，但其社会历史背景却是广泛的。黄河灾难自古有之，岂止一省一县，一方一地，又岂止百年、千年？这句家乡人逐渐生疏的俗语典故背后，是有史以来黄河流域无数黄患水灾的缩影。今天说来似乎多少有些戏谑语气的俗语背后，是当年黄泛区千百万灾民的血泪。

千古岁月，万里黄河，只有到了新中国，才消除了大河大患，更变大患为大利，造福亿万人民。单从这一点看，那些热衷于崇拜三皇五帝，歌颂唐宗宋祖，赞美乾康盛世，却对新中国建设中难免的失误极尽贬低之能的人，是多么的无知与狭隘！今日之中国，为有史以来最文明、最强盛的。

八杆子搭（够）不着

杆子，是过去的一种丈量器具。和旧中国其他地方一样，旧时代的黄河三角洲，度量衡制度杂乱，器具多样。1993年版《博兴县志》对当地量器做了详细的记载：

营造尺：是清代营造工程中所用的尺，每尺为0.32米。"民国"初期，仍用于建设营造，丈量地亩，以后逐步废弃。

合尺：俗称潍县合尺，为3节折叠尺。每尺合53.12厘米。县内清代和"民国"期间，应用普遍，用于农房营造，集市布匹交易，木作计量等，所以又叫"木计尺"。至今农房建造，仍用此尺计量。

市尺：市制长度主单位。1931年"民国"政府统一市制，本县普遍用于长度计量，1959年改公制计量后，用场逐步减少，只在民间沿袭应用，每市尺等于0.333米。清朝乾隆时期，1728市尺（576米）为1市里。"民国"年间，改为1500市尺（150市丈，500米）是1市里，沿袭至今。

杆、步弓：丈量土地专用器。它们的长度在清代都是5营造尺（合1.6米）。民国间统一市制后，县内杆、步长度多为5市尺（合1.665米）。清代、民国间，均用此器具丈量土地，但境内计量不统一，有大亩、中亩之分，每大亩等于720平方杆，等于3市亩。每中亩等于540平方杆，等于2.45市亩。

从以上资料不难看出，"杆子"本来就是最长的单位丈量工具，八杆子就更长了。"八杆子搭不着"，也有说成"八杆子够不着"，比喻彼此关系远。

一个也是赶着，一群也是放着

旧社会许多无地可耕的家庭一贫如洗，为了活命，大人扛活，孩子就给财主放牛放羊，产生了许许多多的放牛娃、放羊娃。像歌曲《歌唱二小放牛郎》就是那个时代的生活记录。电影《鸡毛信》中，机智勇敢的小海娃给我们留下了一个难忘的可怜可爱可敬的放羊娃形象。就是在新中建立后的二三十年里，在广大的农村，老百姓虽然在政治上翻了身，但生活依然不富裕，有些孩子一天学都没上，在家放羊放牛。有的是给生产队里放牛，放羊大都是给自己家里放了。因为集体生产，牛都是生产队里的，家里只适合喂养几只羊。

我小时候，那些家里喂着羊的小孩，一早一晚，放学后、星期天，不管是炎热的夏天，还是寒冷的天，不管是刮着风，还是雨刚停，甚至是下着雪，只要是家里的羊饿得"咩咩"叫，就要赶着去放。几个附近的小伙伴大都掰伙着一起去放羊，几家子的羊合在一起，不但不会因为羊多了添麻烦，反而会因随了群，羊都变得乖顺了。

因此，有时候，谁家的大人孩子没空，家里的羊又一两天没吃东西了，看见邻居有去放羊的，就央托捎带上自己家的羊。放羊的，不管是大人还是孩子都会爽快地答应。一是邻里之间的互帮互助，二来多几只羊不会增加麻烦，因为放羊的人都知道"一个也是赶着，一群也是放着"，也

乐得做个顺水人情。于是，遇上类似这样的情况顺便给别人帮了忙，自己又不会因此增加负担的事情，就用这句话比喻

十里无准信

十里无准信，既有像"三人话虎""曾参杀人"般因流传环节多而造成的误听误传，也有因过去信息传输条件落后造成的闭塞。

以前，黄河三角洲上的人家，土生土长、世代聚居，亲戚大都在周边村庄，十里多路的亲戚就算远的。那时候，亲戚间彼此家中有事，都是步行来往，条件好些的骑个毛驴，所以交往很不方便。走亲戚，在不缺吃不缺喝的今天看来，不但不是一个负担，还会因彼此经常交往，增进了感情，增加了生活乐趣。但在过去，除了自己耽误干活，到了亲戚家，亲戚还要接应招待，有时这招待客人也是一项花费负担。所以，除了逢年过节必要的走动，平常没事彼此很少来往，因此信息传递很闭塞。

那时候，赶集的时候遇上认识的人，或听闻、或传话，是乡村间信息获取的重要渠道。这就难免出现虚听虚传的情况。经常有类似的情况：邻居在集上听说某个庄里一个人出事了，因为不熟悉这个村的情况，就回来和邻居说，在集上听说哪里哪里出了个啥事，出事的人叫啥等。邻居一听名字和自己的娘家哥哥一样，正所谓"是亲借不得"，就急忙跑了十好几里路赶回娘家探视，结果，娘家哥哥好好的，原来是本村同名的人出了事。类似误听误传的事情多了，才有了"十里无准信"的说法。

那时候的庄户人怎么也想不到，现在的百姓人家，不但有了固定电话、移动电话，还有了实时传输视频的可视电话。不管远隔万水千山，都能瞬间见面，实现无障碍沟通。十里无准信的事再也没有了。

七大姑八大姨

七大姑八大姨，泛指一般的亲属。其中的七、八非具体数量，泛指

多、乱、杂。

20世纪70年代以前的中国，绝大多数家庭亲属众多，形成了称谓繁杂的社会关系，甚至于许多人对有些亲戚关系都搞不清楚该怎么称呼。

这里我们要探讨的是，"七大姑八大姨"里的"泛指"为什么借用七、八，而不是五、六，九、十？为什么是姑、姨，而不是叔叔、大爷、亲娘舅？

虽然都叫亲戚，但是，从过去农村婚丧嫁娶的礼节重视程度和关系处理上看，姑、姨远不如亲娘舅重要。因为舅舅代表母亲的娘家人，有权力为母亲撑腰。旧时代娘舅的权利受国家律法保护。《大清律》明文规定，亲娘舅告外甥，外甥就要受责罚。

同一个人从血亲基因关系上说，大爷二叔和姑、姨是一样的，按说，那包括在大爷二叔中的堂伯叔父还不如亲姨近。但传统的父系社会，同姓的男性亲属生活在一起，密切的生活关系，使得家族关系紧密，远不是外嫁的姑以及少生活在一起的姨可比的。通过家乡俗语，就不难看出这些关系的近远亲疏。"管他大爷二叔"这句话是说一个人恼怒了，就连平日本该尊重的大爷二叔都不顾忌了，言外之意就是谁也不管了。虽说姑、姨向来是小孩子最愿意亲近的人，因为他们对侄子侄女、外甥外甥女都很疼爱。这些疼爱，也让她们在孩子们面前少了威严。至于和没有血缘关系的姑夫姨夫，关系就远了，当地俗语"姑夫姨夫当驴骑"。

至于用"七、八"泛指"多"，还好理解，但是表示"杂乱"，就不好理解了。

其实，只要你注意一下相关的汉语语言现象，就不难发现：凡与七、八有关的词语，差不多都表示乱。像"乱七八糟""七零八落""七上八下""横七竖八""七嘴八舌""七拼八凑""七言八语""杂七杂八""七歪八扭""七长八短""七高八低""七手八脚"等。

出现这种现象绝不是偶然的。据说其中的缘故是：九宫八卦中的其他卦象或者凶中带吉，或者吉中有吉，唯有第七宫的游魂卦和第八宫的归魂卦是纯粹的凶卦，所以古人求卦遇到第七卦和第八卦时心情又糟又乱。

后来在历史上又出现了"七国之乱"和"八王之乱"，所以，更证明了七、八这两个数字和"乱"的关联。这也是用"七、八"表示"乱"的又一种说法。

由于科学落后，传统文化中留存了不少缺乏科学依据的内容，导致许多传统文化问题不同于科学问题答案的唯一性，答案多样、随意、玄虚。

第三十七章 ❀ 门窗户闼

窗户纸——捅就破

窗户纸,现在几乎绝迹了。今天的孩子们只能在电影、电视剧中看到这样的情景:夜里,屋外的人为了窥视屋内情况,用手指蘸点儿唾沫,在窗户纸上轻轻一捅,窗户纸就破了一个洞。

在没有玻璃的年代,或者有了玻璃但买不起的人家,窗户没有像现在这样大格扇的,都是设计为棂格的形式。《中国建筑图解词典》收录的窗棂格形式有直棂窗棂格、破子棂窗棂格,还有较为复杂的步步锦窗棂格、灯笼锦窗棂格、龟背锦窗棂格、盘长纹窗棂格、冰裂纹窗棂格。普通人家都是结构简单、制作容易的直棂窗,或破子棂窗。但是,不管哪种样式的棂格,都是窗棂密而里面平滑,一为了防盗,二易于在里面裱糊。因此,当看到东北"窗户纸,糊在外",就当作一怪。

不管诗词歌赋,还是影视剧作,通常表现为富贵人家装窗纱,贫家民户糊窗纸。其实这还真不是一句半句的话就能说清楚的。在没有纸张的古代,王公贵族府邸的门窗多用绸布做装饰,多雨雪天气的北方再加上木板,在南方有用丝纱装裱。平民家庭则是挂草帘,遮风挡雨也是档上木板,而贫困人家门窗结构更简单,正所谓"绳枢瓮牖"。我小时候,庄里还有不少人家在山墙上安一个破瓮沿作窗子,平时则空着,冬天则堵上草把。为了御寒，有些窗户则是用土坯碎砖堵上。这些现象在20世纪70年代的乡下还很常见。

门也是没有棂格的板门，更无从所谓裱糊。冬天用谷秸干草或麦秸勒一个上半部分缺着的"半门子"，将就着挡挡风。有的人家半门子也没有，冷了，就大白天关门，屋里黑洞洞的。近代尚且如此，在古代一定更是简陋。

纸张发明后，纸张的透光性比绸布好，挡风的功效比丝纱好，因此是比较理想的裱糊门窗的材料。但由于刚开始纸张产出少，价格很贵，所以也只有富贵人家用得起。为了解决纸张易破的问题，后来人们制造一种在桐油里浸泡了的砂纸。通过桐油的浸泡工序，这种纸的防水性、透光性、坚韧性也强了。

在玻璃出现以前，还有一种门窗装饰材料叫"明瓦"。制作明瓦的材料南北方不同，北方的材料是天然矿石经打磨而成半透明的薄片，南方则主要是用贝壳、蛎壳磨制而成。这样的材料也只有王公贵族、豪绅富户才能用得起。

后来，随着造纸业的发展，纸张的价格低了，窗纸才进入了普通人家。窗纸的历史一直延续到近代，玻璃大规模进入中国并且价格大幅度下降以后。而偏远落后的农村，普遍用上透亮保温、美观结实的门窗玻璃，则是更晚的20世纪80年代以后了。在此之前，一段时间里，塑料布成为农村封闭门窗的材料。

记得我小时候的20世纪70年代，家乡的学校教室、家庭房屋还是用纸糊窗户。书纸、报纸都拿来糊窗户。讲究的人家用最普通的毛边纸，当地叫"毛头纸"。这种纸比报纸、书纸有韧性，但怕水，所以就像电影里表现的那样"一捅就破"。

"窗户纸——一捅就破"，比喻事理易通或物件易破。又因为窗户纸虽然薄，但不透明，所以，家乡还有"就隔着一层窗户纸"表示离真相很近，但却参研不透。

长了一副好门楼头子

门，作为房屋庭院建筑的重要组成部分，在过去可以说是五花八门。如果要分门别类，大体说，按门的形制，有双扇的"门"，单扇的"户"；按门的位置，分房门和院门。另外还有一些今天多数人不熟悉的"闾"（里门），阁（闾中小门），闳（宫中巷门），闱（宫中侧门），闺（小于闱的门），阁（小于闺的门），阖（独扇的外门）等。不同时期，不同功用，"门类"还远不止这些，可以说举不胜举。因门有专用，才有了"专门"一词。

在这些众多的门中，以院落的大门、临街的店铺门最靠外、最显眼。因为它首先出现在人们的视线中，最容易引起人的关注，也是最先给人留下印象的所在，就像人的面部一样。因此，有了"门面""门脸儿""店面""铺面""门头"等。

官府是官员办公的地方，官邸则是官员居住的地方，是封建社会朝廷按级别赐给官员的官宅，"有甲乙次第，故曰第也。"根据主人的身份等级，不用进入到宅邸里边，只从外面的院门上就能分辨出来。

过去，长辈们拉呱经常说到"一个朝南的广亮大门"。因门扇安在梁柱的位置，也叫"广梁大门"。

帝王官宦居所门的等级，除了宫门，就数王府大门了，广亮大门次之，金柱大门（门扇安在靠外的金柱上）再次之。

民宅不能僭越造门，不分等级，但也显示着贫富差别。如旧时的北京，富豪大户是"蛮子门"，一般富商则是"雕花如意门"，普通百姓多是"道士门"。穷乡僻壤，大都是小门小户，形制更简单。

齐如山《故都三百六十行》，有一篇《老字号》，写道："国人购买物件，皆重老字号，北京尤甚。俗语曰'老门面，旧板搭'……"板搭，即板搭门，一种临街的，由多块长板连搭拼装的，多用作店铺门脸的板门。这种门，过去，在庄里只一户人家有。

从小生活在贫穷的乡下，见过最好的就是地主富户院落方便大车出入的大车门。常听父亲把一种简易的院门叫"反翅子门楼"。乡村最简陋的是柴门，也叫栅栏子。从前，草栅柴扉，比比皆是。

门楼，是一些地方对大门建筑统称的俗名。严格地说，门楼是门的一种形制，和一般的门有区别。所谓"门楼"，顾名思义，不但有门，还有楼。《说文》："楼，重屋也。"

门楼式建筑一般是用在有防御功能的城池、村寨、豪宅大院，下方有门供出入开禁，门上有楼作瞭望防守。现存的门楼，远的、大的，像北京古城正阳门，即大前门，民间俗称"前门楼子"；近的、小的，像黄河三角洲本地广饶县乐安泉顺院的门楼。

大门是宅院的门面，因而备受人们重视。通过大门的样式可以清楚地表明宅院主人的身份地位，乃至于其所从事的职业。

既然"门楼"有大、小，高、低，好、孬之分，这一点和人的相貌有差别一样。因此，古人言："宅以门户为冠带"，说明古人就有了把门和人的装束相联系的语言习惯。无独有偶，家乡人看到一个男子面相俊秀、仪表堂堂，就说他"长得很装（饰）门面"或"长了一副好门楼头子"。

如果一个男子徒有外表，就像只看到一个外在的好门楼，内里空洞，家乡人就会评价说他"光（只）长了一个好门楼头子"。

大门不出，二门不迈

古人论述门户，说："入必由之，出必由之。"

乡间庭院建筑，旧时代贫民家庭最好也就是个独门小院。官宦人家、财主富商则有二进、三进的大院落，以老北京二进、三进式四合院最典型。

此类院落的使用格局，外事处理在前院，家人居住在后院。牵扯外界的往来事宜，一般是在前院解决，绝对不到后院，正所谓"内外有别"。

后院发生事端，都是自己家里人之间的问题，所以，就用"后院起火"来比喻。

这里说的后院是相对前院来称呼的，因为，二进院的住宅，主人的内室在第二道门内的后院，而三进院落的后院，通常不作家庭主人的生活居室，而是作为女仆的居所，是宅院的最后边，也就是第三道门以里。主人则仍是住在二道院门，即所谓的"二门"里边。也就是说，不管是三进还是二进的宅院，主人的内室都在二门以内。

二门，也叫"垂花门"，它是内宅与外宅（前院）的分界线和唯一通道。因其檐柱不落地，垂吊在屋檐下，称为垂柱，其下有一垂珠，通常彩绘为花瓣的形式，故被称为垂花门。

屏障作用是垂花门的主要功能。为了保证内宅的隐蔽性，在垂花门内侧正面再安装一道门，这道门称为"屏门"。除了家族中有重大仪式，如婚丧嫁娶，需要将屏门打开之外，其余时间，屏门都是关闭的。人们进出二门时，不通过屏门，而是走屏门两侧的侧门，通过垂花门两侧的抄手游廊到达内院和各个房间。垂花门的这种功能，充分起到了既沟通内外宅，又严格划分内外空间的特殊作用。

封建观念，内外有分，男女有别，通常家里的女人是不见外人的。所以，富贵家女眷旧时也称"内眷"。

富贵人家生活无虞，小姐、太太更是养尊处优。除了在内院做些女红，没有必要，几乎从不外出。就是外人经常来往的二门外的前院，女眷平时也很少踏足，这就是俗话所说的"大门不出，二门不迈"。迈，在家乡方言里念"mèi"。也有称"大门不出，二门不入"的。两种说法表达的意思相同，但"二门不迈"理解起来容易一些，不会产生歧义。

富贵人家的内眷，不用奔波劳作，有条件"宅家"。所以，这句俗话有时表示某个人（通常是女人）家庭条件好，不用操劳，养尊处优。好比说："人家有福啊，家里啥事儿也不用她操心，成天价大门不出，二门不迈，在家里擎吃坐穿。"

而贫困人家，生活窘迫，即使在讲究"男主外，女主内"的旧时代，不仅是家里的男子要早出晚归，辛苦劳作，女子为了生存，也不得不抛头露面，出门劳动谋生。所以，如果穷人家的人，闭门不出，那就可能被视为好逸恶劳，懒惰了。因此这句俗语也用来指责那些没有条件享受，但又整天宅在家里不劳动的懒惰行为。如："你看你，整天待在家里，大门不出，二门不迈，哪像个过日子的样儿啊？"

第三十八章 草木人生

横草拿不成竖的

横,家乡方言读若"浑"。是达官显贵的轻蔑,还是平头民姓的自嘲,老百姓,尤其是土生土长的庄稼人,在过去有"草民"之称。庄户人家种地干活就意味着"动草",衣食住行,几乎天天和"草"打交道,百姓生活几乎都离不开"草"。

那时候有"小厮十一,自挣自吃"的说法,是说集体化以前,小男孩长到十一二岁,在春天就可以到"人市"出卖劳动力,俗称"扛小活",给人家干些"掫花""掫谷""薅萝卜苗"的活来养活自己了。成年短工,一天能挣一斗秫秫,小工也有几升,还管吃。

当然,小孩子干的最多的还是帮着家里做些力所能及的活,平常割草拾柴、剜菜拔草。秋麦二季,送水送饭,拾麦穗,搂豆叶。像俗语说的"秋后拾豆楂,春天拉大耙""秋天搂豆叶,冬天背粪笆"。

那时候虽然也有家长因为孩子学习差批评孩子,但听到最多的教训是因为孩子不好好干活,常说的一句话是"横草拿不成竖的"。曾子曰"夫孝,置之而塞乎天地"(孝道树立起来,可以充满天地)。(《礼记》)而如果一个孩子连根横着的草,都不去拿成竖的,可见是多么不成器啊。

拾柴的不跟放羊的走

形容老百姓贫穷，常说"缺吃少穿"。都知道"民以食为天"，而吃饭离不开烧火，要烧火，就要有柴火，因此，"缺吃的，没烧的"也是以前家乡那些当家人常挂在嘴上的愁事。那时，每家每户不管是大人还是孩子，整天不是为吃忙，就是为烧忙。

家乡过去有句顺口溜："无能无奈，拾柴火剜菜。"庄户人家中农闲时的大人，平时干不了重活的孩子，割草拾柴剜菜是最经常的事。

"秋后拾豆楂，春天拉大耙"，因为某些柴草的获取不是用镰刀割斧头砍，是捡拾而来，故称"拾柴火"。叫习惯了，就连用镰刀割那些适合当柴烧的草，家乡话也叫"拾柴火"。

俗语说："拾柴的不跟放羊的走。"这看似是因为羊吃草，人割草，相互冲突，存在竞争关系，而实际是出于有生活经验的人都知道的原因：虽然柴、草相连，但严格意义上说，割草和拾柴是两码事。割过草拾过柴的人都懂：喂牲畜的饲草，也叫青草，一般长在水边和庄稼地里，草质相对软嫩，气味清新。一来青草的燃烧值低，二来家里的牲畜需要，所以大都不舍得烧。割这样的饲草，叫"割草"；相反，纤维粗、草质硬、气味大的皮根头（学名：二色补血草）、刺蒺蓬（猪毛草）等杂草，牲口不爱吃，但燃烧值大，是好柴火。这些草大多长在光照强、干旱的沟头涯岭，荒坡野地。

羊爱吃的草不是好柴，好柴羊不爱吃，两者殊途岂能同归？因此，"拾柴的不跟放羊的走"。正所谓"志不同，道不合。"

瞎子拔豆楂——不离那块地茬

家乡俗语"秋后拾豆楂，春天拉大耙"说的是名副其实的"拾"柴。豆楂是豆棵收割后留在地里的根茬，质地硬。有谁落枕而脖子僵硬，别人会打趣，谓之"吃了豆楂"，就是由豆楂硬而起。因为硬，所以燃烧值高，是上等的烧柴。早在秋后耕地种麦子时，就随着耕地拾走了，所以才有"秋后拾豆楂"。

在生产队的时候，常见有些用双铧耕地的人身上斜挎着包袱，因为不需要时时用手扶犁，手有空闲，于是边犁地，边拾豆楂。耕地的人不捡，那些跟着大人上坡拾柴火的孩子就会跟在耕地的犁后面捡拾。

贫穷岁月，那些残疾人也同样在为生存辛苦挣扎。小时候，常见那些盲人有的算卦唱曲，叫街乞讨。没有这些技能的，就跟着家里的人割草拾柴。

盲人割草不能像常人那样四处寻找那些柴草丰茂的地方，只能靠家人领到一个有柴草的地方，固定在一个范围内，一把挨一把地摸着割。

常人可以捡拾豆楂，盲人看不到，捡不来，只能在一块割了豆棵的地里，蹲在地上靠手摸，顺着一垄垄的豆楂，一根一根地拔。因为行动不方便，只在一块地片挨着拔，不换地方。这便有了"瞎子拔豆楂——不离那块地苲（地块）"，比喻一个人固守一处做事，不挪地方。

秆草把子换豆秸——一茬不如一茬

过去农户的柴草，不但有野地的野草，也有庄稼秸秆。质量差的拿来烧火做饭，质量好的留着喂家畜。家里没有牲畜的，有的就卖了换钱。

在留作牲口饲料的庄稼秸秆中，谷子的秸秆，俗称"谷秸"或"秆草"，是上好的饲草。秆草营养价值高，气味微甜，牲口爱吃。谷子收割时就捆成了捆，掐了谷穗后，剩下成捆的秸秆，俗称"秆草把子"。因为成捆，铡草方便，切得碎，易于饲喂。

豆秸，即大豆秸秆。大豆收割后，运到场院里碾压脱粒后，剩下的豆秸虽然松碎了不少，但草质依然粗硬，气味微苦，不如秆草香甜，牲口不太爱吃。松散的状态，铡草的时候，不好掇弄。所以相对秆草谷秸，豆秸是次等的饲草。因此，吃完了秆草换成了豆秸，或拿秆草去兑换豆秸，质量就差了。

茬，是收割庄稼剩在地里的秸秆槎子，借指一季庄稼，喻指一波事物或一代人。这句俗语比喻人一代不如一代，或事物一波不如一波。

相同的意思，也有的说成"秫秸个子换秆草（秆草把子）——一茬不如一茬"。秫秸个子，就是成捆的高粱秆。都是成捆的庄稼秸秆，高粱秸虽然不能做牲口饲草，但成捆的高粱秸秆，不管是形体还是经济价值，都要远远高于秆草把子。

歪脖子秫秫——各自一类种儿

"靠水吃水，靠山吃山"，过去，生活在碱场地上的家乡人靠天吃饭，只能在缺水的盐碱地上大面积种植耐碱抗旱的高粱，俗称"秫秫"。那时，高粱物产应用到庄户人家生活的方方面面。如今生活改变，一些产自高粱秸秆的小物件，从人们的生活和视野中永远消失了。

手工纺织，有一道工序，《天工开物》称为"整经"。就是把纺好、染好、络到线篗子上的线，按着所织布的面长、幅宽、条纹花色，通过棉线编排、牵拉、挂折，确定经线的长度、根数，以及各色花样。这个过程，家乡俗称"牵机"：先把排好的线篗子上的线抽出，穿过挂在墙上成串排列着的"牵溜子"，再汇集到牵机人的手里，随着牵机人的牵拉、走动，缠绕在篗子上的线就会顺溜溜地被拉出，汇成线绺子，来回牵挂在按织布长度距离固定的两头的桩柱上，组成符合纺者设计意图的经线。

这"牵溜子"，是由一个个用弯形莛杆做成的U型挂件连缀而成。其表面光滑，阻力小，线从上面穿过，牵拉省力滑顺，不伤线。根据花色设计的需要，U型挂件有十二、十八、二十四个不等。

一般的高粱穗莛杆又直又硬，不易弯曲，但是在黄河三角洲上有一种特殊的秫秫，成熟后穗头向下，茎秆自然弯曲成钩，就像一个直立的人歪着脖子。所以家乡人把这种高粱形象地称作"歪脖子秫秫",简称"歪秫秫"。歪秫秫秸秆不高,做不了箔材,籽粒产量也低,人们种植它就是为了制作"牵溜子",所以种植面积不大。这个特殊的株型,不同于当地广泛种植的直莛秆的秫秫,是特别的一个品种。所以,人们就用它来比喻那些说话办事不同于常人的人:"他说话办事,是歪脖子秫秫——各自(独自)一类种儿。"

拔喽(了)蒿子显出狼

黄河三角洲,一马平川,没有高山密林屏障,缺少大型动物生存的自然条件,再加上人烟比较稠密,所以区域内没有大型野生动物。小时候还听父亲说有捉貔子拿獾的。捉獾的人都是在狭小的洞穴内,用叫作"拿钩"的工具逮獾,因此被叫作"拿獾"。现在,就连这些小型食肉动物也见不到了。

20世纪70年代以前,到了夏天,高粱棵起来了,广阔的原野上青纱帐一望无际。身处其间,遮天蔽日。走在高粱地里,风吹草动,有些阴森可怕,叫人有草木皆兵的恐慌。因为除了怕有坏人藏身其中,再就是听大人们说过,以前这时候的高粱地里,会有从南山上下来的"麻虎",也就是狼。照老人们的说法,秋后,随着高粱的收获,秸秆砍倒,田野上没有屏障,藏身高粱地里的狼就走了。

有此说,也许是不知多少年以前的事了。不用说黄河三角洲,就是南部山区丘陵地带有狼的岁月怕是很遥远了。《诗经·齐风·还》:"子之昌兮,遭我乎峱之阳兮。并驱从两狼兮,揖我谓我臧兮。"写的就是黄河三角洲南面不远的齐国都城临淄以南的山里,古人打猎追狼的情景。毛序:"哀公好田猎,从禽兽而无厌。国人化之,遂成风俗。"小清河于金朝开挖,此前平原上没有长河阻隔,山里有狼,距离不远的平原也可能有。

"拔了蒿子显出狼来了",或许是遥远岁月,家乡广大荒草野坡的真实情景。那时，在秋后收了庄稼的平原地带，也许有狼躲进沟头崖岭、荒坡野地里茂密的蓬蒿中。等到砍柴打草的人把那里的蒿子拔了，狼便无处藏身而显露出来了。

尽管现在家乡一带没有了狼，但"拔了蒿子显出狼来"仍是家乡人常挂在嘴边的俗语，喻指真相大白后那些被揭露出来的坏人。

苘杆子打狼，两头儿害怕

我小时候，生产队还有种植苘麻的。收获后的苘棵沤熟扒皮，剩下的杆子俗称"苘杆子"，通常过人高，形似木杆子。但因为是草本植物，中空，质地松软，故易断，远没有木杆坚硬结实，一般都是拿来当柴烧。

富有语言技巧的家乡人，运用联想的方法，把不可能出现的事情，合理地虚构出来：一个人遇到了狼，身边没有趁手的防卫器具，情急之下抓过一根苘杆子来，举着做要打的架势，但不敢真打。举着苘杆子，不过是虚张声势，因为他知道苘杆子不结实，一打就断，心里自然很害怕；而那狼不知道苘杆子的性质，看到面前的人手里拿着一根"长杆子"，同样心有忌惮，不敢靠前。这样，人恐慌，狼忌惮，两边都害怕。人们常常以此来比喻对立、相持的双方，因不了解对方实力而彼此忌惮的情形。

竖起草来有高低

中国传统礼教观念，尊卑、长幼有序，内外、亲疏有别。虽然旧的时代过去了，但这些文化痕迹不但被留在大量的历史文献中，现代汉语通行的文字语序中也依然清晰可见。如：君臣、男女、夫妻、子女、婆媳、主仆、贵贱、雅俗等。权贵民贱、男尊女卑的历史被定格在这些词语的字序中。

同样，这些观念也存在于受传统思想影响的黄河三角洲百姓生活中，留在了家乡的俗言俚语中。如"竖起草来有高低"。

这句家乡俗语，是教育、教训晚辈、下属，遵循上下有别、长幼有序的处世之道。

恩格斯说过"语言是从劳动中并和劳动一起产生出来的"。从《诗经》中看，古代先民的生活原始简朴，与大自然关系密切，所处环境的物象成了人们表情达意的载体，其中鸟兽草木等元素占有很大的比例。据三国时期陆机所著的《毛诗草木鸟兽虫鱼疏》记载，《诗经》305首诗中，135首共涉及草本植物80种，木本植物34种。

旧时代的庄户人家，没有条件读书，大都不识字，但他们同样有思想、有感情。当有意思需要表达的时候，身边熟悉的事物就成了他们喻理论事的载体。"近取诸身，远取诸物"，乡土内容的俗语就产生了。

草是乡野最常见的自然生物，随处可见。"野火烧不尽，春风吹又生"，年年生长的野草与乡村百姓的生活息息相关。种地要除草，做饭要烧草，喂养牲畜要饲草。虽说"民以食为天"，但事实上老百姓一年打交道最多的不是食物，而是"草"。之所以把老百姓称作"草民"，除了权贵视百姓生如草芥，恐怕也有终生与草为伴命贱式微的庄户人的自嘲。

在长期和草打交道的过程中，或许是草的大小高低，让他们联想到了人有长幼，位有高低。自然现象，使庄户人认可了礼尊的宗义："竖起草来还有高低呢，你这孩子咋没大没小呢？"以此教育孩子知序懂礼、敬重尊长。

第三十九章 油盐酱醋

稀罕得和香油啊似的

香油就是芝麻油。芝麻因产量低，经济效益小，所以种植面积少。物以稀为贵，水涨船高，芝麻油也就贵。贵了相对用的也就少。香油在烹饪中大多是用作"飘油"，即淋在做好的汤、菜上。用量也不需要多。综上原因，香油在使用时量少。因此家乡的百姓常用香油比喻那些因稀罕而不舍得多用的物品。常见拿熟人的"小气"开玩笑说："咋稀罕得和香油啊似的？"

还有一句同宗同源的俗语"和撒芝麻盐似的"。芝麻盐，顾名思义是把芝麻炒熟后，加入比例大大超过其他菜品的盐，一起压碎压细而成的下饭菜。因盐比例大，所以称"盐"。香油稀罕用得少，同来自芝麻食材的芝麻盐，又因咸度大，故食用起来量也少。

命是盐换的

盐作为人类生活必需品，"民之大命系之，军之命脉赖之"（明朝李开先语）。自古盐业生产因受物产地域的限制而具有自然的垄断性，使得多数地区"虽贵数倍，不得不买"，因此成为封建社会最重要的税收来源之一。于是历来查禁很严，致使一些不产盐的地方，盐成了紧俏稀缺、甚至是贵重的物品。

黄河三角洲濒临渤海，自古盐池广布，灶地众多，盐产量大。不但盐户煮盐，就是沿海的民户也多有产私盐的。在保证了供应和税收的情况下，尤其是明清以来，官府给灶户一些自主处置盐的政策，后来直接实行官私同营。所以，对于本地盐的买卖控制不算太严，因此当地盐价便宜。

"你那命是盐换的啊？"意思是数落声言要轻生或拼命的人，说他把命看得不值钱。

吃忌讳

《常谈考误·忌讳》："世俗谓放言不检者曰'无忌讳'及'不识忌讳'，皆与本旨大戾。《周礼·春官》：'小吏掌邦国之志，若有则诏王之忌讳。'郑氏注曰：先王死日为忌，名为讳。有官诏之，使人不得犯也。此则忌讳字也，何可妄用。"

时过境迁，对于"忌讳"的理解也发生了改变。现代汉语的解释是：因风俗习惯或个人理由等，对某些语言或举动有所顾忌，积久成为禁忌。

传统文化讲究"入境而问禁，入国而问俗，入门而问讳。"（《礼记·曲礼上》）因此，民众在生活中说话、做事有所忌讳，是民俗的一个重要方面。比如煮饺子，尤其是在被认为代表一年运势的大年下，饺子露馅了，不说"破"，不说"烂"，说"挣"。因为"挣"既有开的意思，又与挣钱的挣同音同字，故以此音讨口彩；蒸饽饽，表面开了口，不说"裂了"，说"笑了"。

人们平时吃饭常常离不了油盐酱醋，本来吃醋就是吃醋，但自从"吃醋"这个家常行为，被历史赋予了"主要以男女情感而心生的嫉妒"这一层含义，加之随着历史的进步，杂乱的男女关系也被人们所不齿，于是，人们在日常生活中吃饭就开始忌讳说"吃醋"了。

"吃醋"是通行于现代汉语的语汇。典出唐朝张鷟的《朝野佥载》。

从史料上看，唐太宗好像是中国历史上不太好色的君王。据记载，不太好色的唐太宗却想把一些美女赐给宰相房玄龄为妾，犒赏或收买下属。怎奈，房夫人善妒，房宰相惧内。房夫人一哭二闹三上吊，外加一顿拳脚撕咬，令房玄龄衣冠不整，几乎不能上朝。唐太宗听说后，觉得有趣，便掺和了进来，威胁房夫人："若宁不妒而生，宁妒而死？"房夫人说："妾宁妒而死。"唐太宗遂让侍从拿来一杯酒，说："若然，可饮此鸩。"房夫人"一举便尽，无所留难"。唐太宗见状说："我尚畏见，何况于玄龄。"结果，房夫人没死，因为杯子里不是毒酒，而是醋。是唐太宗试探房夫人妒性大小真假，还是凑乐子？或许都有吧！

房夫人有此表现，赐美一事也便作罢。房夫人此举本是女权史上的一段"壮举"，但在男尊女卑的思想、陋俗盛行的社会背景下，这"维权"的"吃醋"行为，却成了表示嫉妒的典故。原因大概是人们认为纳妾是正确的事情，而反对者却不应该嫉妒吧。可见男尊女卑的封建观念，在历史上的影响曾经多么广泛和漫长。

既然忌讳说"吃醋"，那到了必须表达吃醋意思的时候，该怎么说呢？聪明人就借不说吃醋的忌讳行为，表达所忌讳的字眼，即用"忌讳"代替"醋"，把吃醋说成"吃忌讳"。《中国民俗语言学》："普通话里的醋，在四川奉节叫'甜子'，在河北叫'忌讳'，又因为'醋'和'错'音近，所以在旧时北京、洛南、沈阳的饭馆里都忌讳说'醋'字，有的地方称'苦酒'。"

不管是哪种忌讳，都有它的生活文化背景。

吃忌讳，我最初是在滨州教育学院上学期间，听邹平籍的同学说的。因为以前在庄里无此一说，所以注意了这句话。过去家乡人做菜用到醋，是说"放醋"或"搞（家乡方言当'放'的意思）醋"。掐蒜泥加醋叫"和（huò）醋"。吃饺子食用醋是蘸着吃，所以叫"蘸醋"。这就自然地避开了"吃醋"这个忌讳词，因此，家乡人不"吃忌讳"。

省盐酸了酱

过去农村饭食单调，那时候，家乡的人们在冬天除了土埋窖藏，储存数量不多的萝卜、白菜、地瓜等蔬菜外，主要靠食用自己在秋天腌制的一瓮咸菜佐餐。也有的时候，或用粮食换，或花点钱买一小罐子虾酱食用。到了春天，咸菜不多了，家里的主妇就利用春天回暖生发的时机，做上一盆或一小瓮豆瓣酱，以接济食物短缺的春荒。

两千多年前齐鲁人就有食用酱的习俗。《论语》里有孔子"不得其酱不食"的记载。

做酱的主要材料是黄豆，家乡的做法是：豆子选好洗净、泡发煮熟、捞出放凉，拌上少量的面粉，揉搓成碎末，然后拍成饼子状，或抟成球形，在还没有苍蝇的晴朗天里晒两天，然后放在铺了麦穰或草纸的柳条簸子或笸箩里，遮光盖严，自然发酵。几天过后，豆瓣团子上就生出一些绿色的菌丝，这是做酱的关键，所以做酱也叫"丝酱"，就是通过发酵生菌做成酱。

等到菌团凉至干透，把菌团拿出来压碎，放入瓷盆或瓷瓮中，烧适量的开水，放凉，倒入盆或瓮中，再加入适量的盐，然后搅拌均匀，盖上纱布，防虫防尘，二次发酵。为了让它发酵均匀，每天打开容器搅拌一次，所以这个环节叫"搅酱"。

在这个环节中，放盐的多少很关键，多了，盐分过重，会减缓进一步发酵，影响酱的品质，将来吃的时候也会因为太咸而影响口感。听年年做酱的老岳母讲，十六两一斤的黄豆放三两半到四两盐。加水量也不宜过多或过少，否则也影响盐分的浓度。

凡酱类，为了保质不腐，都盐重。古人甚至说："酱成于盐而咸于盐"。（东汉应劭《风俗通》）

做酱时，有的主妇，或做酱量大的酱园，或因为各种材料比例掌握不好，或为了省点儿钱，而少放了盐，结果导致做的酱因盐的浓度低发了酸。盐虽然也是花钱买的，但为了省下少部分盐，而损失了更值钱的黄豆酱，就不合算了。"省了盐酸了酱，省了柴火凉了炕"，老百姓用生活中这活灵活现的实例，讽喻那些因小失大的人和事。

为了避免酸酱，做酱时，一定要适当多放点盐。于是，聪明的家乡人就沿此思路，运用夸张修辞推演出了另一句谐音歇后语："一斤豆子二斤盐——好酱（将）来。"

在家乡方言中，"好"可以表示好，也可以表示好的反义意思。说起"好"字在当地的用法，还有一个经典故事：有外地来的某局领导，其故里没有像博兴话中把"好"作不好讲的语言习惯。一日，因这位领导没有合理解决属下的问题，来自博兴当地的属下很不痛快，当面撂下一句"你真好人来"转身离去。这位领导便喝道："你回来，不要以为我不懂，好人就是孬种。"后被当笑话流传了开来，并由此产生了一句在一定范围内流行的语典"好人就是孬种"，用作戏言被称为"好人"的人。

真好将（喻指能人、能手），假好将，都可以用这句话表达，那就看是什么样的语境、语气了。分析起来，"好酱（将）来"这句家乡话正暗合了"酱者，百味之将帅，帅百味而行"的古语。真不得不佩服家乡人的语言智慧！